ZEITSCHRIFT FÜR DEUTSCHE PHILOLOGIE
(ZfdPh)

Herausgegeben von
Werner Besch und Hartmut Steinecke

in Verbindung mit
Christoph Cormeau † · Norbert Oellers · Helmut Tervooren

115. Band 1996 · Sonderheft

Klassik, modern
Für Norbert Oellers zum 60. Geburtstag

Herausgegeben von
Georg Guntermann, Jutta Osinski und Hartmut Steinecke

VORBEMERKUNG

Norbert Oellers, der am 8. Oktober 1996 60 Jahre alt wird, ist der *Zeitschrift für deutsche Philologie* seit langem verbunden. Bereits seit 1965 finden sich Beiträge und Rezensionen von ihm in der *ZfdPh*, seit 1982 hat er mehrere Sonderhefte mitbetreut und -herausgegeben. 1990 trat Norbert Oellers in den Herausgeberkreis ein. Sein wissenschaftlicher Ruf vor allem im Bereich der deutschen Klassikforschung und der Literatur des 20. Jahrhunderts hat der *ZfdPh* neue Beiträger zugeführt, sein klarer Blick für wissenschaftliche Qualität ist ihr in vielfacher Weise zugutegekommen. Bereits lange bevor wir als Herausgeber der *ZfdPh* zusammenarbeiteten, hatten uns ähnliche Interessen und wissenschaftliche Vorstellungen zu mehreren gemeinsamen Arbeits- und Forschungsprojekten geführt. So gilt der Geburtstagsgruß nicht nur dem Mitherausgeber, sondern auch dem Kollegen und dem Freund.

Die Herausgeber der *ZfdPh* widmen Norbert Oellers ein Sonderheft mit Beiträgen aus dem Kreis seiner wissenschaftlichen Schüler, das sich mit einem zentralen Thema seiner Forschungen beschäftigt: „Klassik, modern". Sie danken ihm damit für seine Mitarbeit und wünschen ihm noch viele Jahre fruchtbarer wissenschaftlicher Arbeit.

Im Namen der Herausgeber und des Verlags

Hartmut Steinecke

Vorbemerkung

Aus Anlaß eines sechzigsten Geburtstags eine akademische Festschrift zu erstellen, bedarf inzwischen der Begründung – nicht zuletzt im Blick auf den Jubilar selbst und seine Wünsche. Teilt Norbert Oellers doch die Vorbehalte mancher Kollegen gegenüber Ritual und Routine, denen diese Textgattung ausgesetzt ist. Hier indes haben Schüler, die er promovierte, die Möglichkeit wahrnehmen wollen, sich auf eigenen Tätigkeitsfeldern erkennbar im Blick auf ihren akademischen Lehrer zu erklären.

Eine solche Ehrung einheitlich zu gestalten, fällt nicht leicht: In Lehre und Forschung ist der Jubilar offen für vieles, und diese Vielfalt spiegelt sich auch in der Verschiedenheit der Beiträge. Daß der Träger des Marbacher Schillerpreises Arbeiten zur Schiller- und Goethezeit angeregt und betreut hat, versteht sich; daß aber auch Arbeiten über Ingeborg Bachmann und Elfriede Jelinek – um nur zwei Beispiele zu nennen – auf ihn zurückgehen, kann vielleicht den überraschen, der Norbert Oellers in erster Linie als Herausgeber der Schiller-Nationalausgabe kennengelernt hat.

Damit ist aber – wie der dafür Geehrte selbst anmerkte – bestenfalls ein Viertel seiner wissenschaftlichen Arbeit angesprochen. Bereits seine editorische Tätigkeit ist umfassender: Er hat sein philologisches Können nicht nur in den Dienst Schillers, sondern auch Nikolaus Lenaus und Else Lasker-Schülers gestellt. Das Klassische schließt das Moderne nicht aus. Die Bibliographie, die dieser Festschrift beigegeben ist, gibt über die ganze Breite seiner wissenschaftlichen Interessen und seines Forschens Auskunft; mit welch lebhaftem Engagement er sich der Wissenschaftsorganisation gewidmet hat, wissen diejenigen, die ihn als Vorsitzenden des Germanistenverbandes erlebt haben – auch dies nur ein Beispiel.

Wir danken den Herausgebern der *ZfdPh* für ihr Entgegenkommen und ihre Unterstützung, den Beiträgern für ihre Mitarbeit.

Georg Guntermann, Jutta Osinski

SCHILLERS „RÄUBER"
UND DIE PATHOGENESE MODERNER SUBJEKTIVITÄT

von Michael Hofmann, Bonn

Abstract

Nach einem kritischen Durchgang durch exemplarische Positionen der Forschung werden die Protagonisten von Schillers dramatischem Erstling als scheiternde Repräsentanten moderner Subjektivität interpretiert. Während Franz Moor eine pervertierte Form der Selbstbestimmung verkörpert, in der Subjektivität als Herrschaft über das Fremde im Eigenen und in den Anderen erscheint, schwankt sein Bruder zwischen einer unreflektierten Rebellion gegen die herrschende Ordnung und dem mißlingenden Versuch, Harmonie und natürliche Einheit in der Regression zum Mütterlichen und zu vorsymbolischen Vorstellungen von Natur, Familie und Kindheit wiederzuerlangen.

After a critical survey of exemplary positions in literary criticism, the protagonists in Schiller's first drama are interpreted as unsuccessful representatives of modern subjectivity. While Franz Moor embodies a perverted form of self-determination, in which subjectivity appears as control of the alien in oneself and in others, his brother vacillates between unthinking rebellion against the status quo and an unsuccessful attempt to regain harmony and natural unity in a regression to a state of motherliness and to presymbolic ideas about nature, family and childhood.

Friedrich Schillers dramatischer Erstling „Die Räuber" gehört zu den im Spannungsfeld von Aufklärung und Sturm und Drang am meisten interpretierten Texten. Die folgenden Ausführungen, die sich auf die Schauspielfassung des Stückes beziehen, sind von der Absicht geprägt, einen rein historisierenden Zugang zu Schillers Drama zu überwinden und dessen Aktualität zu verdeutlichen. Als Leitkonzept verwende ich im Anschluß an eine von mir vorgelegte umfassende Interpretation der „Räuber"[1] den Begriff „Pathogenese der modernen Subjektivität", der den Bezug des heutigen Rezipienten zu dem Text des achtzehnten Jahrhunderts verdeutlichen soll.

Ausgehend von der Überlegung, daß es beim gegenwärtigen Stand der literaturwissenschaftlichen Methodendiskussion nicht darum gehen kann, vermeintlich falsche Ansätze durch einen neuen und angeblich einzig richtigen zu ersetzen, entwickle ich ein Deutungsschema, das hermeneutisch-geistesgeschichtliche und sozialgeschichtliche Interpretationsmodelle mit Ansätzen der Kritischen Theorie, der Diskursanalyse und der strukturalen Psychoanalyse verbindet. Der Zielpunkt meiner Analyse liegt in dem Modell einer kritischen Geschichte des bürgerlich-modernen Subjekts, welche den Bezug des zu interpretierenden Textes zu histori-

---

[1] Vgl. Michael Hofmann: Friedrich Schiller: Die Räuber. Interpretation, München 1996.

schen Entwicklungen offenhält, ohne den Aporien eines eindimensionalen sozialgeschichtlichen Ansatzes zu verfallen. Die kritische Reflexion von Aufklärung –
so läßt sich eine Option des vorliegenden Ansatzes formulieren – ist nicht nur ein
zentrales Anliegen der „Räuber", sondern besitzt auch eine aktuelle Bedeutung
für unsere Gegenwart. Insofern läßt sich Horkheimers und Adornos „Dialektik
der Aufklärung" als ein wichtiges Bindeglied verstehen zwischen einer rein historisierenden Interpretation von Schillers Text und einer aktualisierenden Rezeption, die sowohl die Differenz als auch die Affinität des Stückes zur heutigen Situation reflektiert. Die Einsicht in die Grenzen des Ansatzes der Kritischen Theorie,
die mit ihrem negativen Hegelmarxismus und ihrem katastrophischen Determi-
nismus an die Logik idealistischer und teleologischer Denkmuster gebunden
bleibt, motiviert die Integration neuerer Texttheorien, deren Intention ich nicht
als Destruktion des aufklärerischen Impulses, sondern als zuspitzende Fortführung einer aufklärerischen Selbstkritik und als eine kritische Analyse der Genese moderner Subjektivität verstehe.[2] Auch dies stellt eine Option des vorliegenden Ansatzes dar, die auf der Überzeugung gründet, daß die Kritik der Aufklärung nicht deren Verächtern überlassen werden darf, sondern in Fortführung
von Ansätzen der klassisch-romantischen deutschen Literatur und der Kritischen
Theorie als radikale Selbstkritik der Aufklärung zu konzipieren ist. Aus einem
kritischen Überblick über die bisherige Beschäftigung mit Schillers Text lassen
sich drei Analyseebenen ableiten, die verschiedenen Orientierungen der Forschung entsprechen: Auf der ersten Interpretationsebene, die im wesentlichen der
hermeneutisch-geistesgeschichtlichen Forschungsrichtung ‚vor 1968' entspricht,
steht die Intention im Mittelpunkt, unter Berufung auf die formale Abrundung
von Schillers Stück eine Synthese zu erzeugen, welche die im Text zu erkennenden Widersprüche einebnet und stillstellt. Auf einer zweiten Ebene, die der sozialgeschichtlichen Interpretation im Gefolge der ‚Kulturrevolution' um 1968 entspricht, wird diese Synthese im Hinblick auf die sozialgeschichtliche Situierung
des Textes zurückgenommen und das Stück in seinen inhaltlichen und formalen
Aspekten im Hinblick auf die Situation des deutschen Bürgertums in der zweiten
Hälfte des achtzehnten Jahrhunderts analysiert. Während die zweite Sinnschicht
damit auf die zeitgenössische Rezeptionsebene in der Verknüpfung von Text und
subjektiver Erfahrung gesellschaftlicher Konflikte bezogen wird, ändert sich auf
der dritten Deutungsebene die Perspektive: Im Ausgang von einer Geschichte des
modernen Subjekts und unter Berufung auf die Kritische Theorie und poststrukturalistische Positionen wird der Text auf die Erfahrung des heutigen Rezipienten
bezogen und die Epoche von Aufklärung und Sturm und Drang als Urgeschichte
der Moderne interpretiert.

---

[2] Im Anschluß an Peter Pütz: Dekonstruktion als radikalisierte Aufklärung, in: ders.:
Die deutsche Aufklärung. 4., überarbeitete und erweiterte Auflage, Darmstadt 1991,
S. 165–188.

I.

Die hermeneutisch-geistesgeschichtliche Interpretation leugnet die rebellischen Impulse in Schillers Drama nicht, sucht aber unter Berufung auf die trotz der sprachlichen und formalen Neuerungen zu erkennende geschlossene Form des Stücks nach synthetischen Sinnstrukturen, welche die im Text gestalteten Widersprüche auflösen. So deutet Benno von Wiese in seiner einflußreichen Schiller-Monographie aus dem Jahre 1959 die Selbsttötung des Franz Moor und die Selbstauslieferung von dessen Bruder nicht nur als subjektive Eingeständnisse des Scheiterns ihrer jeweiligen Lebensentwürfe, sondern als eine objektive und damit ästhetisch-literarisch ‚gültige' Widerlegung von deren je verschiedener Rebellion gegen die herrschende Ordnung. Der Schluß des Dramas erscheint dem Interpreten durch eine affirmative Identifizierung des irdischen Tribunals mit dem göttlichen gekennzeichnet; insgesamt gehe es in dem Stück „um eine Ordnung, die nicht mehr in Ordnung ist, um ein Gefüge, das nicht mehr gefügt ist und um dessen Wiederherstellung oder Neugründung sich der Dichter im dramatischen Prozeß bemühte".[3] Die formale Synthese des Stücks beweist für von Wiese die Existenz einer harmonischen (göttlichen und menschlichen) Ordnung, die als ein Faktum erscheint, das nicht mehr auf seine Entstehungsbedingungen hin untersucht werden kann. Die Problematik dieser Position verdeutlicht bereits Hans Schwerte alias Schneider in einem Aufsatz aus dem Jahre 1960. Er erklärt, daß etwa „Karls Unterwerfung unter die sittliche Weltharmonie" problematisch erscheine, weil letztere von Schiller „nur behauptet, nirgends gezeigt"[4] werde. Aber auch Schwerte sucht in dem Drama eine übergreifende Sinnstruktur, welche dessen rebellische und verstörende Impulse zu relativieren, ja sogar zu überwinden vermag. So erklärt er, daß die vorher und nachher problematisierte „sittliche Ordnung der Weltharmonie [. . .] allein in Amalias Liebe zu Karl gezeigt wird, nur in Amalias Liebe schimmert ein Abglanz dieser verlorenen Harmonie".[5] Die von Schwerte vorgeschlagene Lösung des dargestellten Konflikts erweist sich als problematisch, weil der Gestalt der Amalia, die keinen entscheidenden Einfluß auf den Verlauf der Handlung nimmt, eine Bedeutung zuerkannt wird, welche diese zu überfordern scheint.

Eine sozialgeschichtliche Deutung, welche sowohl die unkritischen Deutungen der fünfziger Jahre als auch die Aporien eines dogmatischen ideologiekritischen Ansatzes überwindet und von der Überzeugung ausgeht, daß sich gesellschaftliche Widersprüche im Kunstwerk als Widersprüche der Form artikulieren, legt Klaus R. Scherpe in seiner Interpretation des Stückes aus dem Jahre 1979 vor. Scherpe erklärt:

---

[3] Benno von Wiese: Friedrich Schiller, Stuttgart 1959, S. 142.
[4] Hans Schwerte: Schillers „Räuber", in: Der Deutschunterricht 12/2, 1960, S. 18–41, hier S. 33.
[5] Ebd., S. 33.

Das Problem [. . .] liegt darin, daß der junge „Genius" sich selbst, überzeugt und be-
zwungen von der deutschen Misere, in der er stand, den revolutionären „Adlerflug"
versagte, zu dem er doch eben erst ansetzte. Diese Problematik lohnt die literarhistori-
sche Rekonstruktion, sowohl nach der Seite der eminenten Herausforderung an die
herrschende Macht als auch nach der Seite der melancholischen Resignation.[6]

Es geht Scherpe darum, weder die Brisanz der Rebellion noch das Gewicht der
Bindung an bestehende Ordnungen als wichtige Dimensionen des Stücks zu un-
terschlagen. Sowohl die Schwäche des patriarchalischen Herrschers, die der alte
Moor verkörpert, als auch die philosophisch legitimierte Unterdrückung nach
dem Muster von dessen Sohn Franz erscheinen ihm als realistische Gestaltungen
gesellschaftlicher Wirklichkeit in Deutschland um 1780. Die Rebellion des Räu-
bers Moor ist aus dieser Perspektive als ambivalent einzustufen: Der Traum von
der guten Herrschaft erscheint einerseits unverkennbar als Regression, er läßt sich
jedoch andererseits gegen die absolut böse Despotie des Franz Moor noch in seinem traumhaft-illusionären Charakter als die bessere Ordnung des Zusammenlebens ins Bild setzen. Der Schluß des Dramas erscheint in dieser Deutung im Gegensatz zu den Interpretationen der traditionellen Literaturwissenschaft als de-
monstrativer Hinweis auf das Schimärische der angestrebten harmonischen Weltordnung:

> Am Ende ist das Räuberdrama in der Tat so zeit- und ortlos, wie es manche Interpre-
> ten gern in toto sehen möchten. Doch gerade die ‚Gesellschaftslosigkeit' des versöhn-
> lichen Schlusses kann verstanden werden als *inhaltlich* kräftiges Dementi der Apologie
> der feudalaristokratischen Herrschaft, zu der sich der Autor am Ende *in aller Form* be-
> reitfindet.[7]

Scherpes Ausführungen bleiben trotz ihrer Differenzierung des sozialgeschichtlichen Ansatzes einem gewissen Schematismus verhaftet, wenn sie, wie in ihrer
Bewertung des Schlusses, die formalen Entscheidungen Schillers aus ideologischen Gründen kritisieren. Die allzu einseitig historisierende Perspektive hindert
Scherpe daran, in den Ambivalenzen des Stückes die Antinomien der modernen
Subjektivität etwa im Verhältnis zur staatlichen Gewalt und zu den objektiven In-
stitutionen zu erkennen. Scherpe schreibt:

> Eine die Verhältnisse sprengende Utopie hätte zusammenfügen müssen, was Schiller
> poetisch sittsam verteilt und mindert: die Sprengkraft des die Legitimität der feudalen
> Herrschaftsverhältnisse zermürbenden Materialismus eines Franz und den gewaltigen
> Idealismus eines Karl, der auch die Gewalttätigkeit eines Spiegelberg nicht scheut.
> Diese Utopie konnte allerdings nicht die Sache Schillers sein für seine Räubergeschich-
> te. Die Verhältnisse zwischen Stuttgart und Mannheim um 1780 gaben sie nicht her.[8]

---

[6] Klaus R. Scherpe: Die Räuber, in: Schillers Dramen. Neue Interpretationen, hg. v. Walter
Hinderer, Stuttgart 1979, S. 9–36, hier S. 17.
[7] Ebd., S. 30.
[8] Ebd., S. 31.

Das Problem, das Scherpe benennt, ließe sich in abstrahierter Form folgendermaßen formulieren: In welchem Verhältnis stehen die beiden Konzeptionen von Subjektivität, die in den Figuren der feindlichen Brüder Karl und Franz Moor veranschaulicht werden? Während die sozialgeschichtliche Perspektive die utopische Synthese aus der Seelenmechanik des philosophischen Materialismus und dem pathetischen Schwung der idealistischen Revolte noch gewissermaßen als realistisches politisches Ziel der Gegenwart des Interpreten formulierte, entwickelt die neuere Forschung eine Position, derzufolge die Antinomie des Dramas eine prinzipielle Aporie bürgerlich-moderner Subjektivität bezeichnet, die dem Stück aus heutiger Sicht eine überraschende Aktualität zu verleihen vermag.

Forschungsgeschichtlich ist der Übergang zu dieser neuen Perspektive durch die Rezeption von Horkheimers und Adornos „Dialektik der Aufklärung" vermittelt, welche den historisierenden Zugang überwindet und die Antinomien der Aufklärung als grundlegende Aporien abendländischer Subjektivität auffaßt, die in den historischen Erfahrungen des zwanzigsten Jahrhunderts mit der planmäßigen Ermordung der europäischen Juden ihre katastrophische Zuspitzung gefunden haben. In Anwendung von frühen Überlegungen Hans Mayers, der Schillers Stück zur europäischen Ideengeschichte hin geöffnet und dabei die Position Karl Moors mit dem Rousseauismus und die von dessen Bruder mit dem französischen Materialismus verbunden und eine synthetisierende Deutung kategorisch ausgeschlossen hatte[9], bezeichnet Harald Steinhagen Franz Moor in Analogie zur Sade-Deutung Horkheimers und Adornos als einen konsequenten Vertreter der Aufklärung und stellt damit Schillers Drama in den Kontext einer kritischen Analyse der Moderne.[10] Für das gesamte frühe Dramenwerk Schillers konstatiert der Interpret das Scheitern der anschaulichen Demonstration einer sinnhaften Weltordnung, die in den Texten intendiert gewesen sei. Franz Moors Position sei vor allem deshalb in dem Stück besonders stark, weil die von Schiller in der Vorrede des Stücks angesprochenen „Vorteile der dramatischen Methode, die Seele gleichsam bei ihren geheimsten Operationen zu ertappen" (3[11]), darauf verwiesen, daß die Figurengestaltung des Autors selbst von der manipulatorischen Menschenbehandlung seines Protagonisten nicht zu unterscheiden sei. Hauptziel der Theaterpraxis des jungen Schiller sei entgegen landläufiger Meinung und entgegen dessen eigenen Beteuerungen nicht die moralische Besserung der Rezipienten, sondern

---

[9] Vgl. Hans Mayer: Schillers Vorreden zu den Räubern, in: ders: Von Lessing bis Thomas Mann. Wandlungen der bürgerlichen Literatur in Deutschland, Pfullingen 1959, S. 134–154.
[10] Vgl. Harald Steinhagen: Der junge Schiller zwischen Marquis de Sade und Kant. Aufklärung und Idealismus, in: DVjs 56, 1982, S. 135–157.
[11] Aus Schillers „Räubern" wird mit Angabe der Seitenzahl nach folgender Ausgabe zitiert: Friedrich Schiller: Die Räuber, in: Schillers Werke. Nationalausgabe. Bd. 3, hg. v. Herbert Stubenrauch, Weimar 1953.

deren planvolle Beeinflussung und damit eine für den Autor lustvolle Form von Herrschaft. Wie bei Franz Moor sei im Falle der Bühnenpraxis die Methode der Beeinflussung gegenüber moralischen Zwecken neutral, wodurch sich die Krise einer harmonischen Weltordnung in besonders eklatanter Weise zeige.

In eine ähnliche Richtung weist die von diskursanalytischen Prämissen ausgehende Deutung der „Räuber", die Friedrich A. Kittler im Jahre 1991 vorgelegt hat. Im Sinne der kritischen Diskursgeschichte Michel Foucaults, so Kittler, zeige sich die entstehende Humanwissenschaft als ein Instrument der Manipulation, das Franz Moor bedenkenlos für seine egoistischen Zwecke nutze. Kittler sieht wie Steinhagen eine Parallele zwischen Franz Moors Handlungsweise und der Theaterpraxis des Dramatikers Schiller und setzt beide in Beziehung zu den pädagogischen Methoden der Karlsschule, denen es im Sinne des aufgeklärten Absolutismus um eine Manipulation der Subjekte im Dienste einer mit Herrschaft verbundenen abstrakten Vernunft und Moral ginge. Nicht durch Repressalien, sondern durch eine subtile Strategie bewirke die Schule bei ihren Zöglingen ebenso wie der Bühnenautor bei den Zuschauern und dessen Protagonist bei seinen Kontrahenten eine Verhaltens- und Mentalitätsveränderung, die als spontan und von „innen" kommend erscheine. In Anspielung auf die Beobachtungen, die der Eleve Schiller über seine Mitschüler niederschrieb, formuliert Kittler:

> Das Theater fungiert wie die Hohe Schule, die seinen Autor produziert hat. Der psychologische Spion, der bei seinen Gegenspielern „neugefundene Räder in dem unbegreiflichen Räderwerk der Seele" beobachtet bzw. in Bewegung setzt [d. i. Schiller, M. H.], untersteht der Kontrolle eines zweiten Spions, der das Räderwerk auch seiner Seele beobachtet bzw. in Bewegung setzt [d. i. der Herzog als ,Vater' der Karlsschüler, M. H.]. So wird das Theater zur ,moralischen Anstalt'.[12]

Aus der Manipulation der Subjekte im Dienste von mit Herrschaft verknüpfter Vernunft und Moral werde somit eine rational begründete Manipulation, die Herrschaft intendiere, den Bezug zu den moralischen Zwecken aber aufgebe.

Kittlers Deutung der Gestalt des Karl Moor folgt Motiven der strukturalen Psychoanalyse Lacans. Der alte Moor sei als schwacher Vater unfähig, die Welt der symbolischen Ordnung in der Auseinandersetzung mit dem Sohn in angemessener Form zu repräsentieren, weshalb dieser zwischen bedingungsloser Auflehnung und melancholischer Regression schwanke. Karls Unfähigkeit, der gesellschaftlichen Ordnung in ,realistischer' Weise zu begegnen, sei auf diesen fundamentalen Defekt zurückzuführen und bedinge seine Phantasien, die einen konfliktlosen Urzustand in einer harmonischen Natur und in einer intimen personalen Beziehung (Amalia) heraufbeschwörten:

---

[12] Friedrich A. Kittler: Dichter, Mutter, Kind, München 1991, S. 88.

Die Liebe des Vaters produziert das Genie des Sohns, das seinerseits den Sohn „für den Reiz von Größe und Schönheit" an der Nichte bzw. „Tochter" des Vaters „empfindlich macht". So wird dem Sohn „die ganze Welt *eine* Familie" [vgl. 78; Szene III, 2; M. H.], endogames „Elysium" ohne Befehl noch Gesetz.[13]

Zur Verdeutlichung dieser Deutungsdimension sei auf die bereits im Jahre 1977 publizierte „Werther"-Interpretation von Reinhart Meyer-Kalkus verwiesen, die an einem Leittext des Sturm und Drang eine analoge Problematik überzeugend nachweist. Auch im Falle Werthers, so die Argumentation, beruhe der Grundkonflikt des Protagonisten auf der Schwäche des Vaters und der von diesem repräsentierten symbolischen Ordnung:

> Psychotische Krankheiten [. . .] entstehen, der Lehre Lacans zufolge, aus einer ‚Verwerfung' (fr. ‚forclusion') des Namens des Vaters [. . .]. Infolge dieser Nichtanerkennung des [sic!] im Namen des Vaters symbolisierten Ordnung wird im Bedeutungssystem des Kindes eine Lücke klaffen, die es haltlos an die imagines der mütterlichen Allmacht ausliefert.[14]

So zeige sich bei Werther die „matriarchale Codierung des Begehrens" in der Liebe zur mütterlichen Lotte, aber auch in der Naturschwärmerei und in der Todessehnsucht, die eine Form des Strebens nach der verlorenen Einheit darstelle.

Überträgt man diese Überlegungen auf die Gestalt des Karl Moor[15], so läßt sich eine manisch-depressive Bewußtseinsstruktur diagnostizieren, bei der eine gewalttätige Aggression gegen die symbolische Ordnung und deren Repräsentanten von dem Versuch einer melancholischen Regression in ein vorsymbolisches Elysium abgelöst wird. Wenn hier pathologische Züge zu erkennen sind, so verweisen sie freilich nicht auf einen individuellen Defekt der literarischen Gestalt (oder womöglich des Autors), sondern auf ein grundlegendes Problem des Wirklichkeitsbezugs in der sich herausbildenden Moderne.

In der Perspektive der neueren Forschung repräsentieren die Brüder Karl und Franz Moor damit einander entgegengesetzte Ausprägungen moderner Subjektivität und nicht lediglich Bewußtseinsstrukturen des achtzehnten Jahrhunderts, die heute als überwunden angesehen werden können.

II.

Die Perspektive einer Pathogenese moderner Subjektivität knüpft zunächst an den avancierten sozialgeschichtlichen Ansatz Scherpes an. Der konsequent histo-

---

[13] Ebd., S. 82.
[14] Reinhart Meyer-Kalkus: Werthers Krankheit zum Tode. Pathologie und Familie in der Empfindsamkeit, in: Urszenen. Literaturwissenschaft als Diskursanalyse und Diskurskritik, hg. von Friedrich A. Kittler und Horst Turk, Frankfurt/M. 1977, S. 65–138, hier S. 121.
[15] Vgl. hierzu Hofmann [Anm. 1], S. 92–96.

rische Ansatz des Interpreten erkennt in dem literarischen Text tatsächlich eine
Geschichte der Subjektivität im achtzehnten Jahrhundert und macht diese subjektive Brechung, die jede gesellschaftliche Erfahrung bestimmt, durch historische
Bezüge plausibel. So leitet er die Schwäche der patriarchalen Ordnung und die
fehlende Legitimität der feudalen Herrschaftsverhältnisse aus den Voraussetzungen des Stückes selbst ab und rekonstruiert die Positionen der feindlichen Brüder
Moor aus dieser Perspektive. Er begründet die immanente Plausibilität der Haltung des Franz Moor aus dessen desillusionierter Einsicht in die Brüchigkeit der
metaphysischen und moralischen Werte, auf die sich die feudale Ordnung stützt.
Gleichzeitig problematisiert der ideologiekritische Usurpator in dieser Perspektive die moralisierende Kritik des Bürgertums eben an den feudalen Verhältnissen,
indem er die bürgerliche Kritik auf deren eigene Voraussetzungen anwendet. Seine ‚Seelenmechanik' erweist sich als Herrschaftswissen, das in zynischer Unbe-
fangenheit dem eigenen Vorteil dient und damit prinzipiell die Trennung zwischen bürgerlichem und feudalistisch-absolutistischem Bewußtsein überwindet.
Gesellschaftlich erscheint die Perspektive Franz Moors damit als eine Pervertie-
rung des Bündnisses zwischen absolutistischer Herrschaft und bürgerlicher Wissenschaft und als Vorstufe der Allianz bürgerlichen Denkens mit inhumaner gesellschaftlicher Herrschaft. Die Rebellion Karl Moors erweist sich in diesem Kontext zugleich als anachronistisch, indem sie sich an vorbürgerlichen Modellen
heroischen Kampfes orientiert (Sparta, Schlacht im Teutoburger Wald) und damit
die gesellschaftliche Realität des achtzehnten Jahrhunderts verfehlt, und als legi-
tim, weil sie aus verständlichen Gründen gegen die abstrakte Ordnung des sich
bildenden modernen Staates aufbegehrt. Die Mißachtung ‚realer' gesellschaftlicher Verhältnisse bedingt die Wirkungslosigkeit der Räuberrebellion, die darüber
hinaus in ihrer Orientierung an der gewalttätigen Veränderung der ungerechten
Verhältnisse die Voraussetzungen bürgerlichen Denkens sprengt und in ihrer
autoritären Struktur die kritisierte Väterordnung reproduziert. Hinter Karls
schließlicher Entsagung stehe, so Scherpe,

> das Erschrecken im bürgerlichen Bewußtsein über die Konsequenzen eines Handelns,
> das vom Ideal des menschenversöhnenden und tugendhaften Wirkens nicht gedeckt
> ist. Dem Gewaltmonopol des feudalistischen Staates ausgesetzt, kann die bürgerliche
> Opposition sich über die Möglichkeiten der eigenen Gewaltanwendung doch nur in
> der Form von Schuld und Sühne ihrer Ohnmacht vergewissern.[16]

Jenseits der sozialgeschichtlichen Deutungsebene werden die Positionen der
feindlichen Brüder Franz und Karl Moor zu Spielarten moderner Subjektivität,
die auch in unserer Gegenwart noch eine paradigmatische Bedeutung aufweisen.
Die Epoche des Sturm und Drang erscheint als Urgeschichte der modernen Subjektivität, die Dramenhandlung als Darstellung der Pathogenese des modernen

---

[16] Scherpe [Anm. 6], S. 26 f.

Subjekts. Noch deutlicher als bei der elaborierten Form der sozialgeschichtlichen Deutung wird hier nicht die literarische Konstruktion mit einer als bekannt vorausgesetzten Wirklichkeit verglichen, sondern es werden Formen der subjektiven Interpretation von Wirklichkeit untersucht. Dabei wird Subjektivität nicht als normative Größe vorausgesetzt, sondern als Resultat von rekonstruierbaren Konflikten gedeutet. Die im Drama gestalteten Jugendgeschichten der beiden feindlichen Brüder zeigen die Herausbildung spezifischer Formen von Subjektivität im Umgang mit einer bestimmten familiären Konstellation, die als Bindeglied zu ,Wirklichkeit' im weitesten Sinne fungiert. Franz Moor veranschaulicht dabei eine Konstellation, in der Subjektivität als Herrschaft und als Unterdrückung des Fremden im Selbst und im Anderen fungiert. In Analogie zu der Parallelisierung der Lehren Kants und de Sades in Horkheimers/Adornos „Dialektik der Aufklärung" fallen dem formalen kategorischen Imperativ des Franz Moor nicht nur die vermeintlich ,unmoralischen', sondern auch alle anderen Gefühlsregungen zum Opfer, die der strategischen Vernunft im Wege stehen. Familiäre Bindungen werden von ihm ebenso negiert wie das empfindsame Liebesverständnis, das der radikale Aufklärer Moor auf die „viehischen" Begierden reduziert. Mit dieser Haltung dient sich die bürgerliche Vernunft den abstrakten Herrschaftssystemen vom aufgeklärten Absolutismus bis zu den totalitären Regimen des zwanzigsten Jahrhunderts an. Gegen die Thesen Steinhagens und Kittlers, die das Vorgehen des Theaterdichters Schiller mit der manipulatorischen Menschenbehandlung von dessen Protagonisten identifizieren, ist aber darauf zu verweisen, daß auch die Position des Franz Moor in gut aufklärerischer Manier in einer psychologisierenden Argumentation dadurch relativiert wird, daß ihre Genese aus dem Ressentiment manifest wird. Franz Moor ersetzt die personalen Bindungen und die ,natürlichen' Gefühle durch die instrumentelle Vernunft, weil er sich vom Vater gegenüber dem erstgeborenen Bruder zurückgesetzt fühlt und weil die ,Natur' ihm vieles von dem vorenthalten hat, was sie eben dem Bruder gewährte, der vom Vater wie ein junges Genie behandelt wurde:

> Und dann der trockne Altagsmensch, der kalte, hölzerne Franz, und wie die Titelgen alle heissen mögen, die euch der Contrast zwischen ihm und mir mocht eingegeben haben, wenn er euch auf dem Schooße saß oder in die Backen zwickte – (14 f.)

> Ich habe grosse Rechte, über die Natur ungehalten zu seyn, und bey meiner Ehre! ich will sie geltend machen. – Warum bin ich nicht der erste aus Mutterleib gekrochen? Warum nicht der Einzige? Warum mußte sie mir diese Bürde von Häßlichkeit aufladen? [. . .] Warum gerade mir die Lappländers Nase? (18)

Bereits in der ersten Szene des ersten Aktes wird damit die Genealogie der ,Unmoral' aus dem Geiste des Ressentiments vorgeführt und der Leser in eine kritische Distanz zu der Rationalität versetzt, die Franz Moor repräsentiert. Die Problematik seiner Position zeigt sich, als er Amalias Zuneigung zu gewinnen sucht und die Geliebte des Bruders seinen manipulatorischen Bemühungen widersteht – in dieser Perspektive erhält die empfindsame Liebe in der Logik des Stücks ein relatives Recht gegenüber der Verleugnung von ‚Natur' im aufklärerischen Diskurs. Und das endgültige Scheitern Franzens bedeutet zwar keineswegs eine Demonstration der Wahrheit der christlichen Religion oder der Existenz einer harmonischen Weltordnung; die Alpträume, die den Usurpator heimsuchen, lassen sich aber durchaus als Wiederkehr des Verdrängten und damit als psychologisierende Darlegung des Scheiterns einer radikalisierten Rationalität verstehen. Die apokalyptischen Bilder (die „nächtlichen Labyrinthe" [5], von denen die Vorrede spricht) bedeuten nicht eine inhaltliche Bestätigung des christlichen Glaubens, sie symbolisieren vielmehr die Macht derjenigen Werte des ‚Natürlichen' und Unverfügbaren, die Franz verdrängt hatte. Wer den eigenen Körper zu entwirklichen sucht, dem erscheint dieser im Traum als „Schedel und Rippen und Kinnbacken und Beine" (119); wer sich selbst zum Herrn über sein eigenes Leben aufschwingt, dem erscheint der Tod als grauenhafte Erinnerung an die eigene Begrenztheit und Endlichkeit; wer jede emotionale Beziehung zwischen den Menschen leugnet, dem erscheint die moralische Instanz als alttestamentarisch rächender Gott. Das Stück instrumentalisiert damit die christliche Religion, indem es sie zur Verteidigerin der Natur erhebt, die Franz unterdrückt hat. Die prosaischen ‚modernen' Verhältnisse, die zu Karls Rebellion und zu seinem späteren Scheitern führen, haben Franz der ‚Natur', das heißt der eigenen Körperlichkeit und Emotionalität, aber auch dem Überlieferungszusammenhang der Tradition in Familie und Gesellschaft, radikal entfremdet. Daß die rächenden Bilder der zurückgekehrten Natur Franz nicht versöhnen können, daß er sein Verhalten nicht bereut, zeigt sein Ende. Die Unfähigkeit zu beten, die auf die „Ödnis" des Herzens zurückzuführen ist, zeigt sehr wohl die Macht des aufklärerischen Diskurses; sie verdeutlicht aber auch, daß in der Logik des Stückes Franz' Position als Ausdruck einer verarmten Persönlichkeit ebenso kritisch zu sehen ist wie die seines Bruders. Das Drama begegnet den Aporien eines dogmatischen Materialismus nicht – wie die Interpreten der fünfziger Jahre glaubten – mit einem Verweis auf absolut gültige Werte, es zeigt aber in der Geschichte des Franz Moor die immanente Problematik seiner Position. Insofern ist die vorgeschlagene Formel einer kritischen Geschichte des modernen Subjekts auch in bezug auf diese legitimiert. Subjektivität als Herrschaft, als Angleichung des Ich an die abstrakte Herrschaftsordnung der modernen Welt stellt eine in sich durchaus plausible, aber gleichwohl kritisch zu bewertende Reaktion auf die Problematik der Moderne dar.

Auf der anderen Seite wird die Haltlosigkeit von Karls Position mit konsequenter Klarheit dargelegt. Seine Rebellion gegen das „schlappe Kastraten-Jahrhundert" (21) basiert auf einer anachronistischen Rückwendung zu einem vormodernen heroischen Weltzustand, der an Goethes „Götz" erinnert. Während jedoch Goethes im späten Mittelalter spielendes Stück den heldenhaften, aber vergeblichen Kampf der letzten Ritter gestaltete, verlegt Schiller seine Handlung in die Gegenwart und verdeutlicht damit den illusionären Charakter der Räuberrebellion. Daß Karl Moor ein gestörtes Verhältnis zu der ihn umgebenden Wirklichkeit hat, zeigen die melancholischen Züge seines Charakters, welche die erwähnte „matriarchale Codierung seines Begehrens" bewirken und ihn nicht nur die familiäre Idylle mit Amalia, sondern einen umfassenden Schutz vor der Wirklichkeit in der imaginären Einheit mit dem Mütterlichen suchen läßt. Dieses fehlt zwar als personales Element im Drama, ist aber in Naturbildern – böhmische Wälder, Gegend an der Donau – und in Regressionsphantasien präsent. „Daß ich wiederkehren dürfte in meiner Mutter Leib!" (80) erklärt Karl im Angesicht der mütterlichen Natur, deren Fruchtbarkeit er beschworen hat: „Die Bäume brechen fast unter ihrem Seegen. – Der Weinstock voll Hoffnung." (78) Das verlorene Paradies der Kindheit erscheint aus dieser Perspektive als Objekt einer nicht mehr zu stillenden Sehnsucht:

> O all ihr Elisiums Scenen meiner Kindheit! – Werdet ihr nimmer zurükkehren – nimmer mit köstlichen Säuseln meinen brennenden Busen kühlen? – Traure mit mir Natur – Sie werden nimmer zurükkehren, nimmer mit köstlichen Säuseln meinen brennenden Busen kühlen. Dahin! dahin! unwiederbringlich! (80)

Die Tötung Amalias bedeutet den äußerlichen Vollzug des Abschieds von den idyllischen Phantasien Karl Moors und vermittelt die Einsicht in die Unmöglichkeit, die ‚natürliche' Harmonie der idealisierten Familie wiederherzustellen.

In der kritischen Geschichte des modernen Subjekts erscheinen die feindlichen Brüder Moor damit als Vertreter komplementärer Subjektivitätskonzeptionen, deren pathologischer Charakter verdeutlicht wird. Während Franz Moor eine pervertierte Form der Selbstbestimmung verkörpert, in der Subjektivität als Herrschaft über das Fremde im Eigenen und in den Anderen erscheint, schwankt sein Bruder zwischen einer vormodernen Rebellion gegen die herrschende Ordnung und dem scheiternden Versuch, Harmonie und natürliche Einheit in der Regression zum Mütterlichen und zu vorsymbolischen Vorstellungen von Natur, Familie und Kindheit wiederzuerlangen. Die Komplementarität der Positionen ist auf verschiedenen Ebenen deutlich: Franz versucht die Selbstbestimmung durch den ‚modernen' Weg der Seelenmechanik und der aufgeklärten Despotie zu erreichen, während Karl den heroischen Zustand zu rekonstituieren sucht, in dem personales Handeln Freiheit und Glück vermittelte. Franz unterdrückt die Natur in sich und in anderen im Interesse der Selbstbestimmung, während Karl Selbstbewußtsein und Selbstbestimmung zugunsten einer imaginären Einheit mit der Natur aufzugeben bereit ist. Der utopische Bezugspunkt einer kritischen Geschichte des modernen Subjekts ist damit die Vorstellung einer Vermittlung von Selbstbestimmung und Glück, einer Synthese von Selbstbewußtsein und Natur. Er entspricht

Horkheimers und Adornos Formel vom „Eingedenken der Natur im Subjekt".[17] Schiller zeigt jedoch bereits, worauf die Vertreter der Kritischen Theorie mit depressiver Penetranz verweisen: Die Organisation der modernen Welt – und schon die des aufgeklärten Absolutismus ist mit ihrer Etablierung unpersönlicher Machtstrukturen und mit ihrer Auflösung patriarchaler Herrschaft in diesem Sinne modern – verweist die Versöhnungsformel in den Bereich des Ortlosen und Wirklichkeitsfernen. Franz Moor demonstriert die Aporie von Subjektivität als Herrschaft, welche wesentliche Dimensionen des Menschlichen vom Subjekt abspaltet, Karl Moor repräsentiert den vergeblichen Versuch, den Aporien der modernen Welt mit vormodernen Positionen (heroischer Weltzustand) und vorsymbolischen Konzeptionen (Regression zur mütterlichen Natur) zu begegnen.

III.

Mit diesen Bestimmungen ist die Modernität von Schillers Drama ebenso wie die Logik einer Pathogenese moderner Subjektivität dargelegt. In den „Räubern" deutet sich eine Entwicklung an, die sowohl im literarischen Feld als auch in der Geschichte der Mentalitäten eine beherrschende Rolle spielen wird: Auf der einen Seite steht die Logik der instrumentellen Vernunft, die den aufklärerischen Impuls an die verschiedensten Formen gesellschaftlicher Herrschaft verraten und dabei das Subjekt um den Lohn seiner Bemühungen bringen wird; auf der anderen Seite steht im Anschluß an die rousseauistische Spur der Moderne der vergebliche Versuch, Subjektivität zurückzunehmen und unmittelbar mit der Natur zu versöhnen. Die kritische Geschichte des modernen Subjekts erweist sich somit als aporetisch; sie stellt die Versagungen dar, welche die verschiedenen Subjektivitätsmodelle bedingen, und widersetzt sich jeder teleologischen Perspektive, die – sei es aus idealistischem, sei es aus materialistischem Blickwinkel – die Versöhnung der Gegensätze in absehbarer Zeit erwartet.

Gleichzeitig stellt das skizzierte Textmodell eine besondere Aufgabe der Literatur heraus, indem es dieser die Funktion zuweist, mit der aporetischen Darstellung der Subjektgeschichte die Bedürfnisse der Subjektivität ins Bild zu setzen, die trotz deren beständiger Unterdrückung nicht verstummen wollen. Insofern bleibt der hier vertretene Ansatz den Impulsen der Aufklärung treu, indem er die Erwartung an eine Vermittlung von Selbstbestimmung und Glück, von Rationalität und gutem Leben offenhält. Er kann aber der Aufklärung nur treu bleiben, indem er deren Scheitern reflektiert und inszeniert; er identifiziert sich mit Adornos an Stendhals Formel vom Kunstwerk als *promesse de bonheur* orientiertem Satz: „Weil alles Glück am Bestehenden und in ihm Ersatz und falsch ist, muß sie das

---

[17] Max Horkheimer, Theodor W. Adorno: Dialektik der Aufklärung. Philosophische Fragmente, Frankfurt/M. 1988, S. 47.

Versprechen brechen, um ihm die Treue zu halten."[18] Und er folgt einer parallelen Aussage der ,spätmarxistischen' Ästhetik: „Um des Glücks willen wird dem Glück abgesagt. So überlebt Begehren in der Kunst."[19] Schillers dramatischer Erstling und die anderen literarischen Erzeugnisse des Sturm und Drang erweisen sich als Paradigmen einer Urgeschichte der Moderne und einer kritischen Geschichte des modernen Subjekts, indem sie die Bedürfnisse des Subjekts in einer zweckrational organisierten Welt einklagen. Indem Schiller das Scheitern der Rebellion des Sturm und Drang inszeniert, verweist er auf uneingelöste Versprechen der Aufklärung, deren Verwirklichung heute noch aussteht. Die Literatur kann als Gegendiskurs zum herrschenden Diskurs der modernen Gesellschaften deren Defizite verdeutlichen und die unterdrückten Bedürfnisse des modernen Subjekts artikulieren. Eine kritische Geschichte des modernen Subjekts sollte diese Funktion der Literatur begrifflich explizieren und diskursiv vertreten. Auf diese Weise kann sie von den Texten und den Methoden der Tradition profitieren, ohne die Ansprüche der Aktualität aufzugeben.

---

[18] Theodor W. Adorno: Ästhetische Theorie, hg. v. Gretel Adorno und Rolf Tiedemann, Frankfurt/M. 1973, S. 461.
[19] Ebd., S. 26.

NOTIZEN ÜBER EINIGE HUNDE-EPITAPHE DES GRAFEN HODITZ (1706–1778)

von Frieder Sondermann, Sendai

Abstract

Anhand von vier bislang ungedruckten Epitaphen soll zugleich auf den kunstbegabten Grafen Hoditz wie auch kurz auf dessen Standpunkt bezüglich der Unsterblichkeit von Hundeseelen eingegangen werden.

Four hitherto unpublished epitaphs lead to a portrayal of the artistically gifted Graf Hoditz, including a brief discussion of his views on the immortality of the souls of dogs.

1. Zum Leben und literarischen Werk von Graf Hoditz

Ruhm ist eine sehr vergängliche Ware. Wenn ein Mann, der vor 100 Jahren noch in der „Allgemeinen Deutschen Biographie"[1] bedacht wurde, in der „Neuen Deutschen Biographie" nicht mehr berücksichtigt wird, dann ist das nur ein weiterer Beleg für diesen Gemeinplatz. Um wenigstens eine kleine Ehrenrettung vorzunehmen, sollen hier ein paar Nachrichten zum Leben[2] und eine Kostprobe aus dem – das sei gleich vorneweg gesagt – wenig umfangreichen literarischen Werk eines sicher ungewöhnlichen ‚dilettantischen' Lebenskünstlers vermittelt werden.

---

[1] Vgl. Henriette von Meerheimb [= Margarethe Henriette Gräfin von Bünau]: Hoditz, in: Allgemeine Deutsche Biographie. Leipzig 1880, Bd. 12, S. 540–541; vgl. auch Constantin von Wurzbach: Hoditz, in: Biographisches Lexikon des Kaiserthums Oesterreich, Wien 1863, 9. Theil, S. 83–89.

[2] Die umfangreichsten dokumentierten Biographien stammen von Christian August Semler: Albert Joseph Graf von Hoditz, in: Der Biograph. Darstellungen merkwürdiger Personen der drey letzten Jahrhunderte, Halle 1804, III. [oder 4.] Bandes, 4. St., S. 367–423; W. Riehl: Graf Hoditz, in: Mittheilungen des Vereins für die Geschichte Potsdams, Potsdam 1869, S. 237–248; [Graf Leopold zur Lippe-Weißenfels ?]: Graf Hoditz, der sogenannte „Mährische Sonderling", und seine Beziehungen zu König Friedrich dem Großen, in: Berliner Revue. Social=politische Wochenschrift, 59. Bd., 1869, 4. Quartal, S. 356–360, 390–392 und 422–425 sowie 60. Bd., 1870, S. 29–31 und S. 50–56; Richard Trampler: Der Sonderling Graf Hoditz in Rosswald. Eine historische Skizze, in: Jahrbuch des Vereins der österreichisch=Schlesier in Wien 1877, S. 38–74; Dr. Paul Drechsler: Albert von Hoditz, der Wundergraf von Rosswald, Ein Lebensbild. Leobschütz, 1895. Vgl. auch die weiterführenden Verweise bei Werner Bein: „Der Mährische Epikuräer" Albert Joseph von Hoditz (1706–1778) als Mäzen der Schönen Künste, in: Festschrift Hubert Unverricht zum 65. Geburtstag, hg. v. Karlheinz Schlager, Tutzing 1992, S. 35–45.

1.1. Biographie

Albert (oder: Albrecht) Joseph Johann Nepomuk von Hoditz wurde am 16. Mai 1706 als siebtes von 10 Kindern des Grafen Karl Joseph von Hoditz (1673–1741) in dessen Schloß Roßwald geboren. Dies Schloß und das gleichnamige Dorf liegen heute in Nordmähren – also in Tschechien, gehören zum ehemaligen Sudetengebiet zwischen Mähren und Polen. Die Grenzlage hat auch das Leben des Grafen entscheidend geprägt, weil infolge des 1. Schlesischen Krieges das Lehen zwischen Preußen und Österreich geteilt und Hoditz zum Diener zweier Herren (Friedrich II. und Maria Theresia/Joseph II.) wurde. Die Konsequenz für ihn aus diesem schwierigen Loyalitätskonflikt: Er versuchte so weit wie eben möglich politisch neutral zu bleiben.

In seiner Jugend erhielt er die erste Ausbildung durch Hauslehrer, dann vor 1724 auf der Ritterakademie in Liegnitz. Infolge des Todes seiner Mutter (1725) war er mit deren Erbteil in der Lage, eine Kavaliersreise nach Südeuropa zu machen. 1733 ist er in Altdorf bei Nürnberg an der Universität immatrikuliert, aber wohl nicht, um sich zum Gelehrten auszubilden. Er dürfte das Leben in vollen Zügen genossen haben und sich nach einer sogenannten „guten Partie" umgeschaut haben. Die fand er auch in Person der um gut zwanzig Jahre älteren Markgrafenwitwe Sophie von Bayreuth (1684–1752). Sie war 50 Jahre alt und hatte eine 21jährige Tochter aus erster Ehe. Sophie kam aus protestantischem Hochadel, Albert war katholischer Landadeliger – es war also eine Mesalliance. Daher heirateten sie 1734 heimlich, bevor Sophies Konversion zum Katholizismus aktenkundig und die Einwilligung des jeweiligen Landesherrn eingeholt war. Was die beiden außer der Liebe verband, waren die hohen Schulden. Denn Sophie erhielt die ihr zustehende Apanage nur teilweise ausgezahlt. Von Erlangen zog das ungleiche Paar über Dresden nach Prag, dann wegen der Schulden nach Wien. Um 1736 wurde Albert am Hofe Kaiser Karls VI. zum Kämmerer ernannt und organisierte glänzende Hoffeste. Hoditz war 1742 der Gründer der Wiener Freimaurerloge „Zu den 3 Kanonen", die von Maria Theresia aber schnellstens verboten wurde – möglicherweise wegen der lockeren Sitten, die bei deren Zusammenkünften herrschten.

Nach dem Tod des Vaters wurde Albert 1741 Besitzer von Roßwald und begann sogleich seinem Hang zu theatralischen Inszenierungen zu frönen: vor allem bei Karnevalsfesten für die aristokratischen Nachbarn. Im Jahr 1752 starb Hoditz' Gattin 68jährig und er schrieb auf ihren Grabstein, daß er sich – aus Liebe zu ihr – nie wieder verheiraten wolle. Lassen wir dahingestellt, wie glücklich oder unglücklich diese Ehe wirklich gewesen ist. Die Biographien aus dem 19. Jahrhundert kommen da zu völlig gegensätzlichen Urteilen.[3] Sicher ist, daß Hoditz nicht wieder heiratete und daß der Ehe keine Kinder entstammen.

---

[3] Negativ beurteilt von Johann Christian Stramberg: Hoditz, in: Allgemeine Encyclopädie der Wissenschaften und Künste, hg. von Ersch/Gruber, Leipzig 1832, 2. Sektion, 9. Teil, S. 213; positiv hingegen bei Wurzbach [Anm. 1], S. 85.

In den Jahren nach 1752 scheint der Ausbau von Roßwald zur konkreten Utopie eines „Arkadien" eingesetzt zu haben. Von 1757 bis 1761 half der spätere Wiener Hofschauspieler Johann Heinrich Müller (1738–1815) beim Aufbau eines regelmäßigen Theaters im Schloß.[4] Als Lehnsherr der Grafschaft konnte Hoditz die Untertanen zu sogenannten Robot- oder Zwangsarbeiten heranziehen. Weil er kein Interesse an Ökonomie hatte, überließ er die Administration einem Verwalter gegen Zahlung einer Jahresrente und konzentrierte sich auf die Ausbildung seiner Bauern zu Künstlern aller Gattungen. Das war weniger philanthropisch als pragmatisch gedacht: Eine feste, stehende Truppe an professionellen Schauspielern und Artisten hätte er für seine hochfliegenden Projekte gar nicht finanzieren können.

1764, nach dem Ende des auch für Schlesien verheerenden Siebenjährigen Krieges, ging die Verschönerung von Schloß und Park weiter. Der Tod seines Bruders Isidor versetzte Albert in die Lage, mit dem geerbten Reichtum weitere Träume in die Tat umzusetzen. Nun wurde Roßwald in der Tat ein mit Luxus und kultureller Raffinesse ausgestatteter „Feensitz".

Der preußische König Friedrich II. (der Große) war 1758 auf den kunstliebenden Grafen Hoditz aufmerksam gemacht worden, denn er besuchte diesen inkognito (auf feindlichem Territorium während des Krieges!). In den folgenden Jahren entwickelte sich bei regelmäßigen Begegnungen eine erstaunliche Freundschaft zwischen den beiden. Hoditz verehrte den König mit geistreichen Gedichten und aufmerksamen Geschenken, ja sogar 1773 mit einem heute nicht mehr erhaltenen Denkmal.

Anfang September 1770 kam der Preußenkönig ganz offiziell mit seinem Hofstaat für 2 Tage nach Roßwald. Bei dieser Gelegenheit veranstaltete Hoditz ein Fest, das als Höhepunkt seiner immer schon abwechslungsreichen „Happenings" in die Geschichte eingehen sollte. Musik, Banquets, Theater, Feuerwerk – Auge, Gaumen und Ohr wurden in ständigem Sinnentaumel verwöhnt. Der Preis dafür: Hoditz war praktisch pleite, was der König auch wußte. Friedrich II. ließ daher diskret an seinen Gastgeber eine stattliche Geldsumme anweisen. Und er überreichte beim ersten Besuch des kränkelnden Grafen in Sanssouci 1771 ein selbstverfaßtes französisches Dankgedicht.[5] 1774 folgte eine weitere französische Epistel in Form eines Trostgedichtes.

---

[4] Vgl. die Autobiographie: J. H. F. Müllers Abschied von der k. k. Hof- und Nationalbühne, Wien 1802, S. 31–40. Von ihm stammt auch „Die Vereinigung des Trauer=Spiels / des Lust=Spiels / der Ton=Kunst / und des Tanzes. Wird zum Zeichen Einer allerunterthänigsten Dankbarkeit/ Auf der Hoch=Reichs=Gräflichen Hoditzischen Schau=Bühne In einem Vorspiele Vorgestellet werden". Troppau gedruckt, bey Johann Wentzl Schindler, Privil. Buchdr. 1760 [mit 6seitiger Widmung, 7seitiger Vorrede zu „Alzire" und 13 Seiten Vorspiel-Text].

[5] Vgl. dazu Frieder Sondermann: Hoditz' Harem, oder: Die Entführung Friedrichs II. in das Serail?, in: Mitteilungen der Arbeitsgruppe für die deutsche Literatur des 18. Jahrhunderts 5, 1995, S. 93–132.

Der fortdauernd ruinöse Lebensstil zwang Hoditz schließlich 1776 dazu, das bereits 2 Jahre vorher gemachte Angebot des Preußenkönigs anzunehmen und fast fluchtartig sein überschuldetes Lehen zu verlassen, um in Potsdam seinen Lebensabend in der Nähe des gleichfalls alternden und vereinsamten Königs zu verbringen. Es muß dem Grafen sehr schwer gefallen sein, sein Lebenswerk, das Traumschloß mit dem märchenhaften Park und den zum Schluß desertierenden Künstler-Untertanen aufzugeben. Aber er hatte keine Wahl mehr. In Potsdam blieben ihm dann noch exakt zwei Lebensjahre. Er lebte bescheiden, versehen mit dem Phantasietitel eines „Ober-Landes-Baumeisters von Schlesien" und einer kleinen Rente – in Begleitung des auf wenige Personen geschrumpften Personals: ein paar Musiker=Diener und die Reste seines berühmt-berüchtigten „Harems" von attraktiven schauspielernden Bauerntöchtern. Nach seinem Tod am 18. März 1778 wurde Hoditz' Leiche nach Roßwald überführt, wo man ihn in der schloßeigenen Hauskapelle neben seiner Gattin bestattete.[6]

Das Lehen kam durch den eigentlichen Lehensherrn, den Erzbischof von Olmütz, im Konkursverfahren (= Sequestration) unter den Hammer, so daß alles nicht niet- und nagelfeste Inventar verkauft wurde: die Bibliothek, die Weinsammlung, die Kunstschätze. Der im Unterhalt zu kostspielige Park mit seinem Sammelsurium an Monumenten, Wasserspielen, Kanälen und exotischen Pavillons wurde nach 1784 zerstört, so daß vom Lebenswerk des kunstliebenden Grafen schon um 1790 fast nichts mehr zu finden war – wie etliche kunstbeflissene Durchreisende erstaunt bemerkten.[7]

1.2. Hinweise auf sein literarisches Werk

Am ausführlichsten hat sich der Heimatforscher Edwart Richter mit Hoditz beschäftigt und nach über 20jährigen Studien 1890 ein umfangreiches handschriftliches Manuskript druckfertig erstellt. Es wurde aber nicht veröffentlicht und befindet sich heute in Landesarchiv von Opava (ehemals Troppau). Aus dem 12sei-

---

[6] Informationen über das Schloß und seine Geschichte finden sich bei Hans Heinz: Barockschlösser in Schlesien (Herzogtümer Troppau-Jägerndorf), in: Stifter-Jahrbuch 8, 1964, S. 53–86, hier: S. 76–79 und Tafel VIII. Vgl. auch die beiden Aufsätze von Friedrich Grieger: Die Oderreise des Grafen Hoditz im Jahre 1776 und Friedrich der Große. (Mit zwei unbekannten Briefen des Königs.), in: Schlesische Geschichtsblätter Mitteilungen des Vereins für Geschichte Schlesiens, Nr. 2, 1936, S. 33–40 und ders.: Friedrich der Große und sein Freund, der „schlesische Oberlandesbaudirektor" Graf Albert Josef von Hoditz, in: Zeitschrift des Vereins für Geschichte Schlesiens, 70. Bd., 1936, S. 304–319.
[7] Zu nennen wären Johann Gottlieb Schummel: Reise durch Schlesien im Julius und August 1791, Breslau 1792, S. 150–156 und [Christoph Seipp]: Reisen von Preßburg durch Mähren, beyde Schlesien und Ungarn nach Siebenbürgen und von da zurück nach Preßburg. In drey Abtheilungen, Frankfurt und Leipzig [Preßburg] 1793, S. 26 f.

tigen Kapitel 8 seien kurz die wichtigsten Informationen über „Hoditz als Schriftsteller" referiert[8]:

1. 120 Stück Poesien, Sonette, Lieder, Xenien, Stanzen, Übersetzungen;
2. der De Ville-Marsch, zum Andenken des Besuches dieses Generals in Roswald;
3. eine große Zahl gereimter Aufschriften im Schlosse und Parke sowie Spruchtafeln;
4. die Oper „Einquartierung der Panduren" [später verboten];
5. die Posse „Doktor und Apotheker";
6. die Posse „Der theure Ziegenbock";
7. die Oper „Die vergötterte Sophie" [Erstaufführung am 15. Mai 1748];
8. eine Ode an den König Friedrich II.;
9. „Gedanken über den Adel" [sein letztes Werk, ein Manuskript von 435 Seiten];
10. viele Briefe an König Friedrich II. [andere Briefe kamen durch den Sekretär Springer nach Leobschütz und verbrannten dort].

Hoditz' Autorschaft für die Possen darf angezweifelt werden. Die anderen Texte sind entweder nicht erhalten (so die Opern und sein letztes Werk) oder nur in Abschriften überliefert. Im Manuskript von Richter haben sich etliche der Gedichte erhalten. Hoditz selber hatte kein Interesse an der Publikation seiner literarischen Ergüsse (außer bei drei akademischen Jugendschriften aus den Jahren 1724 und 1726, die Richter aber nicht anführt). Daher sollen wenigstens einige der im Manuskript von Richter nicht enthaltenen Gedichte kurz vorgestellt werden, um das dichterische Talent des Grafen vor Augen zu führen.

2. Hunde-Epitaphe

2.1. Der Hund in der Literatur

Seit der Antike haben sich Dichter in vielerlei Weise mit Tieren literarisch auseinandergesetzt, sei es in Form von Fabeln, Märchen, Epigrammen, Erzählungen etc. Bis ins 18. Jahrhundert waren griechische und römische Texte normbestimmend

---

[8] Zemský archiv Opave (= ZAO) fond Pozůstalost Richter i. č. 6: Die Landschaft Hotzenplotz. Topographisch und historisch geschildert von Edwart Richter, Hotzenplotz 1890. Darin: 3. Band „Beschreibung und Geschichte der Landgemeinden und Orte in der Enklave Hotzenplotz". (Nr. 4: Folien 460–490, Teil Nr. 35 „Roßwald. Markt. Ortsgemeinde. Gut"), 6. Band: „Kurze Biographien einiger Schriftsteller u. Z. aus der Landschaft Hotzenplotz", darin: „Albert Graf von Hoditz. Eine biographische Skizze. Beitrag zur Sitten- und Culturgeschichte des 18. Jahrhunderts in der Landschaft Hotzenplotz". [Hs. fortlaufende Numerierung ab S. 244. Interne Numerierung beginnt wieder bei Seite 1]. Im folgenden zitiert als: ZAO Richter 6.

und dienten als Vorlagen.[9] Daher lassen sich auch für die beiden Hauptzwecke, bei denen Hunde (wie auch Vögel und andere Tiere) in der Poesie verwendet wurden, antike Vorlagen finden. Zum einen waren Tiere als Staffage für anakreontische Dichtungen wichtig, wobei sie meist der unsterblich Geliebten weich und anschmiegsam beigesellt werden. Zum anderen erlangten sie als geliebte, charakterstarke Wesen eine Eigenbedeutung und wurden beim Ableben betrauert – und bedichtet. Es ließen sich viele berühmte Beispiele anführen. Gaius Valerius Catull verfaßte eine oft imitierte Nänie „Lugete, o Veneres Cupidinesque" auf einen verstorbenen Spatzen und Marcus Valerius Martial eine Grabschrift auf die Hündin Lydia.

Die Tiernänie ist eine sicher ungewöhnliche literarische Gattung, doch braucht uns das Problem der Klassifizierung und Unterscheidung zwischen Epitaph, Epigramm und Nänie hier nicht weiter zu beschäftigen.

Das bislang umfangreichste wissenschaftliche Werk zur Hundeliteratur hat der Frankfurter Germanist Helmut Brackert 1989 unter dem Titel „Von Hunden und Menschen – Geschichte einer Lebensgemeinschaft" zusammen mit Cora van Kleffens veröffentlicht. Es ist der Versuch, das sich verändernde Verhalten des Menschen zum Hund im Spiegel der Kunst aufgrund zahlreicher Bild- und Textquellen zu interpretieren.

Hier soll nur die literarische Komponente im 18. Jahrhundert näher beleuchtet werden. So stellt etwa der Mops in der Epoche der neuzeitlichen Anakreontik bereits ein Thema für sich dar. Er wird neben anderen possierlichen Haustieren mit erotischen Vorstellungen verknüpft und entsprechend behandelt. Hinzuweisen ist dabei auf die Tatsache, daß diesem aus der Mode geratenen Tier dabei auch eine Bedeutung als Freimaurer-Chiffre zukommen konnte, da er seit dem ersten Verbot der Freimaurerei durch eine Papstbulle aus dem Jahr 1738 als Symbol für die persiflierenden süddeutschen „Mopsorden" diente.[10]

Um 1741 gab es in den „Belustigungen des Verstandes und des Witzes" kurz hintereinander mehrere Aufsätze über Hunde. Hierbei handelte es sich um folgende Texte:

---

[9] Zur Literatur über Hunde vgl. die Bibliographie bei Brackert/van Kleffens [vgl. Anm. 21] und im Artikel von Rudolf Schenda: Hund, in: Enzyklopädie des Märchens. Handwörterbuch zur historischen und vergleichenden Erzählforschung, hg. v. R. W. Brednich zusammen mit H. Bausinger u. a. Berlin-New York 1990, Bd. VI, Sp. 1331–1340. Nicht erhalten konnte ich den Artikel von Robert Baldwin: A Bibliography of Dogs in the Humanities, in: The Journal of the Delta Society, Bd. 2, Nr. 1, Winter 1985, S. 6–13.

[10] Diesen Hinweis fand ich bei Stefan Bursche: Meissen-Katalog, Berlin 1980. S. 301 mit Verweis auf einen mir nicht zugänglichen Aufsatz von Erich Köllmann in der Zeitschrift Keramos, 50/70, S. 71 ff. Einem Hinweis von Dr. Jürgen Dittmar vom Deutschen Volksliedarchiv in Freiburg verdanke ich die Nachricht über den ersten Beleg zum Lied des eierstehlenden Mopses, in: „Die deutschen Volkslieder mit ihren Singweisen", gesammelt und hg. von L. Enk und W. Irmer, H. 5, Berlin 1840, S. 18, Nr. 16 unter dem Titel „Wie ein Hund 'ne Bratwurst stahl etc."

– August 1741, S. 131–141 [satirische] „Trauerrede auf ein Schooshündchen".

– Hornung 1742, S. 160–170 „Memoires d'Amourette, oder Lobschrift auf Amouretten, ein Schooßhündchen". Unterzeichnet: Martin Scribler, der jüngere [keine Grabrede, sondern Lebenslauf eines lebenden Tieres]

– ebd., S. 190–192 „Der Hund, eine Fabel". Von Christian Fürchtegott Gellert [(1715–1769) in Reimen]

– Heumonat 1742, S. 67–70 „Lob= und Trauerode auf einen verstorbenen Mopshund". Unterz.: J. F. Zernitz [d. i. Christian Friedrich Zernitz (1717–1744)].

Natürlich gab es im 18. Jahrhundert etliche Gedichte, die speziell das Thema des verstorbenen Hundes behandeln. Soweit mir durch unsystematische Suche bekannt, handelt es sich dabei um folgende Titel[11]:

– anonym: „Grabschrift", in: „Neue Einfälle", Leipzig 1757, S. 64.

– anonym: „Auf den Tod der Donna, eines Schooßhundes" [unterz. Wp/], in: „Poetische Blumenlese auf das Jahr 1776 (= Göttinger Musenalmanach)", S. 117–119.

– anonym: „Grabschrift", in: „Magazin für Westphalen" 3, 1798, 1. Heft, S. 96.

– Traugott Benjamin Berger [1754–1810]: „Grablied auf meines Mädchens Schooßhündchen", in: „Liederchen und Gedichte", Leipzig 1777, S. 8 f.

– Johann Nikolas Götz [1721–1781]: „Grabschrift des Mimy, eines kleinen Windspiels", in: „Vermischte Gedichte", hg. von Karl Wilhelm Ramler. 1. Theil. Mannheim 1785, S. 60–62.

– ders.: „Auf den Thrax", in: ebd., I, S. 156 (Epigramme aus der Griechischen Anthologie des Planides.)

– ders.: „Grabschrift eines Schooshündchens", in: ebd., II, S. 58.

– Christian Leberecht Martini [1728–1801]: „Klagelied über den Tod meines Pierots", in: Olla Potrida 1778, 2. Band, S. 164–166.

– Klamer Eberhard Karl Schmidt [1746–1824]: „Auf den Tod meines Spitzes", in: „Vermischte Gedichte", Halberstadt und Lemgo 1772/74, Th.1 und 2; hier: I, Zwote Sammlung, S. 57–59.

– ders. „Amant" [unterzeichnet: Dt.], in: „Teutscher Merkur" 1777, 4. Viertelj. [= Okt.], S. 89–91.

Diese Liste kann sicher nicht Anspruch auf Vollständigkeit erheben, doch zeigt sie, daß verschiedene deutsche Dichter den Hund einer Totenklage würdigten –

---

[11] Die Hinweise bei Alfred Anger: Dichtung des Rokoko, Tübingen 1958, S. 149 f. beziehen sich meist nicht auf Hunde.

wenn auch mit sehr unterschiedlichem Talent und Zweck. Als Texte in literarischen Zeitschriften oder Gedichtsammlungen fanden sie ein aufnahmewilliges Lesepublikum. Etwas anders ist der Fall bei den Gedichten des Grafen Hoditz gelagert, da er diese nur für den Hausgebrauch anfertigte. So bekam sie auch nur die zumeist aristokratische Gruppe der Besucher von Roßwald zu Gesicht.

2.2. Die Hoditz'schen Epitaphe

2.2.1. Überlieferung der Hoditz'schen Epitaphe

In der Österreichischen Nationalbibliothek (ÖNB) in Wien gibt es in der Handschriftensammlung ein aus 32 beschriebenen Textseiten bestehendes Manuskript mit dem Titel „Fortsetzung der Albert Gräflich Hodizischen Poesien" (ÖNB Cod.Ser.n. 24. 176).[12] Es handelt sich hier um die mit gelegentlichen Korrekturen versehene Abschrift einer Sammlung von ganz unterschiedlichen Texten des Grafen. Sie lassen sich verschiedenen Epochen seines Schaffens zurechnen. Einige können schon 1752 anläßlich des Namenstages von Maria Theresia entstanden sein. Manche weisen als Singspiele ausdrücklich auf den Karneval 1762 hin. Andere müssen vor 1763, dem Todesjahr von Isabelle (der ersten Frau Josephs II.) verfaßt worden sein. Der Titel „Fortsetzung" läßt darauf schließen, daß es eine vorausgehende Sammlung von Gedichten gab. Im Aufsatz „Des Albert Grafen von Hoditz Gedichte über Maria Theresia" von Ludwig Igáli-Igálffy findet sich dazu wenig Erhellendes, obwohl er diese Handschrift aus Familienbesitz der österreichischen Nationalbibliothek vermacht hat.[13]

Es sei kurz darauf hingewiesen, daß Johann David Wolf (1726–1801) aus Breslau, der jahrelang persönlichen Kontakt mit Hoditz hatte, dessen Poesien sammelte und sie nach dessen Tod herausgeben wollte, was dann allerdings unterblieb[14]:

> ähnliche poetische Gedanken, welche ich aber, einer kleinen Sammlung der Poesien, von Sr. Excellenz, aufbehalten will [. . .] und wünschte zu denen ausgearbeiteten Lebensumständen, einen Verleger, die meistentheils aus seiner mündlichen Erzählung, zum Theil auch, aus seinem Briefwechsel mit mir, genommen worden sind [. . .].

Ein Hoditz-Gedicht der Wiener Manuskriptsammlung findet sich auch in dem Werk von Johann David Wolf – mit Abweichungen in Text und Orthographie.

---

12 Ich danke den Mitarbeitern der ÖNB für die Hilfe bei der Suche und Bereitstellung von Materialien.

13 Ludwig Igáli-Igálffy: Des Albert Grafen von Hoditz Gedichte über Maria Theresia, in: Jahresbericht der Theresianischen Akademie Wien 1979/80, Wien 1980, S. 84–89.

14 Ein Exemplar des 15seitigen Werkes von Johann David Wolf: Threnarium Roswaldense Oder Beschreibung des Thränenreviers zu Roswald in Mähren zum Ehrengedächtniß seines hohen Erfinders Sr. Excellenz des Herrn Grafen von Hoditz entworffen und deßen Verehrern und Freunden gewidmet von Johann David Wolf. Lig. Sil. Breßlau [1779], befindet sich in Breslau [UB Wroclaw: 326471], hier zitiert: S. 13.

Der Schriftsteller Karl Joseph Jurende (1780–1842) schreibt in einer Anmerkung zum deutschen Abdruck von Reisenotizen des Grafen Guibert über Hoditz, daß er „vor einigen Jahren mehrere sauber gedruckte Lieder und Gelegenheitsgedichte von Hoditz"[15] in Jägerndorf las. Doch es scheint auch andere handschriftliche Texte gegeben zu haben, etwa im Roßwälder Schloß „einen dickleibigen Band eines Manuscriptes. Bei näherer Untersuchung stellte es sich als die eigenhändigen Aufzeichnungen des unehelichen Sohnes des Grafen Albert Hoditz, eines F. Czapke, heraus. Es enthielt Einzelheiten aus dem bewegten Leben dieses interessanten Mannes".[16] Was damit geschah, wird nicht berichtet. Im Hoditz-Manuskript von Richter findet sich eine bibliographische Information, die auf eine Verwechslung bei der Zuschreibung schließen läßt.[17]

Für die im Folgenden zitierten Texte gibt es also nur die Quelle in der ÖNB. Auf den Seiten fol. 13r–14v findet sich eine Gruppe von 11 fortlaufend numerierten Hundetexten, die unter der Überschrift „Aufschriften – Auf das Hunde *Epitaphium.*" angeordnet sind. Für die Hunde-Gedichte ist kein bestimmter Entstehungstermin angegeben. In der Anordnung der Texte ist kein innerer Zusammenhang erkennbar, also keine Steigerung oder Bezugnahme aufeinander. Jedes Gedicht ist in sich abgeschlossen.

Zur Form läßt sich in aller Kürze folgendes bemerken: Die Texte Nr. 1, 2, 6, 7 sind in Alexandrinerversen gestaltet, die Texte Nr. 3–5 und 8–11 sind Knittelverse.

Die Epitaphe sollen möglichst genau, also in der Schreibung der Vorlage wiedergegeben werden. Allerdings gilt das, auch weil mir nur die schlecht lesbare Kopie einer Kopie vorlag, mit einigen Einschränkungen:

– Die Verdopplungstriche über dem m sind stillschweigend aufgelöst,

– das mit Umlaut versehene y ist ohne Umlaut wiedergegeben,

– die Groß- oder Kleinschreibung ist manchmal zweifelhaft (z. B. d, t und v),

– in der Kopie sind die Satzzeichen nicht gut erkennbar,

– vermuteten Lesarten folgt ein [?], Textänderungen stehen in eckigen Klammern,

– die Texte Nr. 4 und 5 sind in der Handschrift einzeilig notiert.

---

[15] Vgl. Karl Joseph Jurende: Graf Hoditz zu Roßwalde in Mähren, einer der merkwürdigsten Männer Deutschlands im vorigen Jahrhunderte, in: Patriotisches Tageblatt, Nro. 51 vom 14. Mai 1805, S. 203.

[16] Dies Zitat stammt aus dem Bericht von Richard Trampler [Anm. 2], S. 64.

[17] Richter [vgl. Anm. 8] zitiert aus einem 1824 verfaßten 12bändigen Manuskript mit dem Titel „Fulneker Chronik oder Quodlibet" von Johann Felix Jaschke, in dem auch „Nachrichten über den Herrn Grafen Albert von Hoditz" zusammengestellt wurden. Es findet sich heute im Landesarchiv Brno (= Brünn) in der Handschriftensammlung des Deutschen Geschichtsvereins unter der Signatur G13 unter Nr. 47. Kopien von den Hoditz betreffenden Passagen habe ich nicht erhalten können.

2.2.2. Textwiedergabe (1., 2., 4. und 5. Epitaph)

1.

Du warst beym Leben schon zu einer Wasser Quelle
Und durch der Kranckheit Gifft zu lauter Wust und Schlamm
Dein Körper glich zuletzt blos einer kleinen Welle
die in der schlaffen Hauth Von einen Hündchen schwamm.
Daß Schicksaal welches dich nun aus den Thierreich nimmt
Hat dich dadurch gantz klar zum Wasser Reich bestimmt.
So werde nun [?] ein Brunn, rinn' ewig und mit freuden
zum Labsal aller Welt durch kühle Thäler hin;
Die stoltze *Donau* soll dein Glück und Ruhm beneiden
Der Himmel mache dich zur Quellen Königin
Sey heilsam und Gesundt; Fisch=Schiff= und Perlen reich.
Es sey dein Ufer stets den schönsten Gärten gleich.
Fleuß über *Ambra*, Goldt und allerley Metallen
Gefall als Wasser so wie du als Hundt gefallen.

2.

So bist du auch dahin, du treues Würmchen du
Und must wie And're mehr Von der Verweßung zeigen.
Du gehst ich weis selbst nicht in was Vor eine Ruh
Nur weiß ich daß der Todt, sey Mir so wie dir eigen.
Ob etwann noch Von dir ein kleines Fünckchen glimmt
zu was der Schöpffer dich ins künfftige bestimmt
Ist Finsternis Vor uns; Wir selbst steh'n hir auf Schrauben,
der Witz reicht lang nicht zu ohn Hoffnung ohne glauben
denn die unsterblichkeit vom Menschlichen Geschlecht
ist blos ein gnaden Werck, und nimmermehr ein Recht.
Und solte Mann die Sach aus der Vernunfft entscheiden
so würd des Menschen Stoltz gewaltig drunter leiden
Drum sey was Gott befihlt; Ich geh da nicht hinein
Dein Grabstein soll Mir blos der Demuth Vorschrifft seyn.

4.

Blos das Raubthir der Vernunfft / rühmt sich eines zweyten Lebens
und der andern Thiere Zunfft / hofft laut ihm darauf Vergebens
Wohl so ist der Wurm Vernichtet / Aber du Vernünfftig Thier
bist von Gott noch nicht gerichtet / Prüfe dich und sage mir
Lasten Sklav wie stets mit dir? / möchte der Wurm bey deinem Wan-
                                                          deln
Nach den Todt wol mit dir handeln.

5.

Als du Wurm war'st liebt Ich dich / Nun Verehr ich dich als Quelle
Eine *Nymphe* zeiget sich / an des treuen Würmchens Stelle
du hast hir zu deiner Zeit / der Bestimmung nach gehandelt
Drum hat dich die Danckbarkeit / auf das Prächtigste verwandelt.
I[z]t ist dein Geschick weit fester / du bist *Hyppocrenens* Schwester
den[n] es trinckt gewes'nes Thier / unser *Phoebus* selbst aus dir.

3. Zum Thema der Verwandlung in den Epitaphen

Der Tod ist nach Auffassung vieler Religionen nur ein Einschnitt in der Existenz aller Lebewesen. Zwar setzt mit ihm der Prozeß der körperlichen Verwesung ein. Doch vielen Kulturen eignet der Glaube an eine immaterielle Seele, die nach dem Ableben aus dem Körper freigesetzt wird, so wie sie durch die Zeugung darin Wohnung genommen hatte. Diese Umwandlung läßt sich verschieden deuten und das literarische Spiel mit diesen Varianten scheint auch Hoditz in seinen Epitaphen bezweckt zu haben. Deshalb soll dieser Aspekt etwas genauer betrachtet werden.

3.1. Transsubstantiation (leiblich)

Die Transsubstantiation beim Abendmahl ist ein ganz wesentlicher Teil der christlichen Dogmatik: Brot und Wein werden zum Leib und Blut Christi. Hoditz als freigläubiger Katholik liebte sicher das Zeremoniell an den kultischen Handlungen. Der Gedanke der Verwandlung lag vom Abendmahl her also nahe, wenn Hoditz von der Veränderung körperlicher Substanzen spricht. Daß aus Wasser auch Wein werden konnte, wird hier nicht assoziiert. Man kann es als einen Dreischritt ansehen, so wie im Text Nr. 1 beschrieben. Das Tier wird zu Wasser, lebt darin fort. Der Mensch trinkt es dann, inkorporiert es, und wird wie durch eine Medizin erfrischt und seiner Leiden ledig.

Bei christlichen Beerdigungen heißt es formelhaft, daß Erde wieder zu Erde werde. Die habsburgischen Kaiser wurden ja nach ihrem Ableben einbalsamiert, also mumifiziert, um die Auferstehung des Fleisches vorzubereiten.[18] Das habsburgische Totenritual kannte Hoditz als ehemaliger Kammerherr natürlich gut. Er soll seine eigene Gattin gleichfalls einbalsamiert und in einem Glassarg bestattet haben.

---

[18] Zum Bestattungsritual vgl. Magdalena Hawlik-van de Water: Der schöne Tod – Zeremonialstrukturen des Wiener Hofes bei Tod und Begräbnis zwischen 1640 und 1740. Wien, Freiburg, Basel 1989; vgl. auch im „Teutschen Merkur" ein Gedicht über einen verstorbenen Star, wo der Vorschlag gemacht wird, dieses Tier zwecks Unzerstörbarkeit einzubalsamieren (WTM 1774, August, S. 135 f.).

Aus biographischen Nachrichten bei Richter ist bekannt, daß Hoditz auch ein begeisterter Alchemist war, der im Schloß ein chemisches Laboratorium besaß.[19] Diese Art der Verwandlung deutet natürlich auf den „Stein der Weisen" und die Suche nach einer Gold-Geld-Quelle. In der frühen Neuzeit versuchten sich zahlreiche Gelehrte und Glücksritter daran.

3.2. Transmutation oder Metamorphose in der Mythologie (geistig)

In dem Moment, wo Religion verweltlicht wird, setzt auch eine Umwertung des Todes ein. In der antiken Literatur kann dieser Prozeß in den literarisch bearbeiteten Mythen beobachtet werden, denen nicht mehr eine religiöse Wahrheit, sondern eine ästhetische Wahrscheinlichkeit zugrundeliegt.

Bei den Epitaphen ist der Hinweis auf Ovids „Metamorphosen" besonders wichtig, weil Hoditz dieses Werk sicher gut kannte und in seinen Kunstwerken darauf anspielte. Im Text Nr. 5 nennt Hoditz ausdrücklich den Brunnen Hippokrene, der beim Berg Helikon über dem Musental Kryopigadi lag und dem Hufschlag des Pegasus seine Entstehung verdankte. Daher wurde er als Quelle dichterischer Begeisterung gefeiert (Ovid, Metamorphosen, V, 256–268). Die Nymphen als Wassergeister sind in der antiken Literatur und Kunst häufig anzutreffen. Phoebus (= Apollon) dürfte wegen seiner Funktion als Führer der Musen und als Gott der Künste bei Hoditz hoch im Kurs gestanden haben.

Die Wassermetapher hat auch in tiefenpsychologischer Sicht große Bedeutung. Die extremen Pole Geburt und Tod werden gleichermaßen vom Wasser abgedeckt, das also Leben schenkt, in der Taufe als geistliche Wiedergeburt erneuert, und qua Charon, Styx etc. auch das Totenreich umfließt. Hoditz spielt jedoch nicht nur in den Gedichten mit dem Wasser. Sein ganzes Anwesen Roßwald quoll praktisch über von Wasserspielen: zwischen 4.000–6.000 Quellen und Brunnen soll es dort gegeben haben.[20] Den Experten sei die psychologische Auslegung seiner Fixierung auf dieses Element überlassen.

3.3. Transmigration und Metempsychose in der Religion und Philosophie (seelisch)

Seit Beginn der Neuzeit veränderte sich das Verhältnis des Menschen zu den Tieren, da diese nun nicht mehr unter rein religiösem Aspekt betrachtet wurden. Die entscheidend neue Fragestellung war: Haben Tiere eine Seele, und wenn ja, wie unterscheiden sie sich vom Menschen? Descartes hatte ihnen die Seele abgespro-

---

[19] Vgl. ZAO Richter 6 [Anm. 8], S. 92–96.
[20] Vgl. etwa den Artikel: Guiberts Noten auf einer Reise durch Deutschland im J. 1773, in: Minerva 1803, S. 411.

chen und sie zu vernunftlosen Maschinen degradiert. Leibniz hingegen gestand ihnen eine Seele zu und sah, wie später dann auch La Mettrie, nur graduelle Unterschiede zwischen Tier und dem vernunftbegabten Menschen.[21]

Während nach traditionellem christlichen Glauben nur dem Menschen das Paradies offensteht, bleiben die Tiere davon ausgeschlossen (Text Nr. 4). Hoditz bewegte sich mit seinen dichterischen Überlegungen also auf philosophisch und theologisch umkämpftem Gebiet.[22] Er argumentierte ausdrücklich nicht theologisch und ließ die Frage, ob sein Hund in den Himmel komme, bewußt offen. Im Epitaph Nr. 10 ist die Rede von den anderen (= eleusischen) Feldern, also dem antiken Paradies, in die der Hund eingeht. Für Hoditz handelt es sich bei dem Tierparadies um ein Wasserreich (Text Nr. 1).

Auf die Frage, von wem die Verwandlung durchgeführt wird, gibt der Text keine exakte Antwort. Die Ursache für den Tod, also die Frage der Erbsünde (auch bei Tieren?), wird ausgeklammert und nur Schicksal/Himmel (Nr. 1 = Nemesis oder Tyche?) sowie Gott als der Schöpfer (Nr. 2) oder der Richter (Nr. 4) floskelhaft erwähnt. Auf Christus geht Hoditz gar nicht ein. Die Verwendung christlicher Jenseitsvorstellungen (dabei ist in erster Linie an die Auferstehung des Fleisches nach dem Tod gedacht) wird von Hoditz in den Epitaphen in Frage gestellt. So spricht er einfach und unprätentiös in den Texten seine Unsicherheit hinsichtlich des christlichen Nachlebens aus, wenn er sagt, daß der Hund „ich weiß selbst nicht in was Vor eine Ruh" gehe (Nr. 2). An anderer Stelle heißt es, daß es von dort keine Wiederkehr gebe (Nr. 8).

Auch die im Ton subtil satirische Trauerrede eines ungenannten Autoren aus dem Jahr 1741 war am Ende auf das Problem des Nachlebens zu sprechen gekommen[23]:

> Also hoffe ich, daß der Athem // des seiner Gebieterinn und dem Reiche der Lebendigen entrissenen Petit von dem Schicksale wegen der beständigen Wechselneigung beyder Seelen werde unsterblich gemacht werden, damit er sich nach der Nachfahrt derselben, wie ihr im Leben, ihrem Schatten auf die Brust legen könne.

Anders sah es z. B. der jungverstorbene Dichter Zernitz in seiner Lob= und Trauerode, wo es in der letzten Strophe heißt[24]:

---

[21] Näheres dazu im 6. Kapitel bei Brackert/van Kleffens: Von Hunden und Menschen. Geschichte einer Lebensgemeinschaft, München 1989, S. 151–165. Diese Debatte war um 1760 sicher nicht abgeschlossen.

[22] In den Artikeln ‚Seelen=Wanderung' (Band 36, Sp. 1172–1176) und ‚Seelen der Thiere' (Band 43, Sp. 1347–1358) des „Grossen vollständigen Universal-Lexicons aller Wissenschaften und Künste" (hg. von Joh. Hnr. Zedler) wird die zeitgenössische Debatte über die (unsterbliche) Seele der Tiere wie auch die heidnischen Ideen über Seelenwanderung ausführlich dokumentiert.

[23] Vgl. Belustigungen des Verstandes und des Witzes, August 1741, S. 140 f.

[24] Vgl. Belustigungen des Verstandes und des Witzes, Heumonat 1742, S. 70.

> Wie wird's mit dir nach deinem Tode werden,
> Da dir die Zeit den edlen Körper raubt?
> Der Trost fällt hin: Du kämst zurück auf Erden;
> Da man nicht mehr der Seelenwandrung glaubt.
> Nichts stört den Gram, der mich bis itzt betäubet,
> Nichts wirkt mir Trost, da Mops, mein Hund erstarrt,
> Als daß sein Stoff untheilbar daurhaft bleibet,
> Und man mit ihm nicht seinen Ruhm verscharrt.

Das antike Konzept der Metamorphose geht zwangloser in die Hoditz'schen Epitaphe ein als die christlichen Vorstellungen von Tod und Auferstehung, auch wenn es nicht dem allgemein akzeptierten theologischen Gedankengut dieses Zeitalters entsprach.

4. Kultur- und Zivilisationskritik (das Tier als die natürlichere Kreatur)

Wie bei seinem Zeitgenossen Jean-Jacques Rousseau (1712–1778) kommt in Leben und Werk von Hoditz immer wieder Kritik am pervertierten Hofleben und das Lob der Rückkehr zum naturhaften Landleben vor. Darum hatte er sich von Wien nach Roßwald zurückgezogen. Die Texte sind in hohem Maße von einer Stimmung der „Mitkreatürlichkeit" gegenüber den Hunden geprägt. Ob der Graf seinen Mitmenschen und Untertanen auch soviel Sympathie entgegenbrachte? Die Hunde konnten sich nicht verstellen oder hinter floskelhaften Lügen ihr wahres Wesen verbergen. Standesunterschiede kennen sie beim Menschen nicht, behandeln daher jeden ohne Hintergedanken gleich. Das machte sie dem Grafen zu angenehmen Lebenspartnern.

Er legt in einem Epitaph dem Hund diesen Vorwurf der menschlichen Hoffart in den Mund (Nr. 6). Ungewöhnlich ist, daß nicht die Tiere vermenschlicht werden, sondern daß das Umgekehrte eintritt: Der Mensch wird auf seine tierischen Eigenschaften hin reduziert. Wenn im Text Nr. 4 von dem „Raubtier der Vernunft" und dem „vernünftigen Tier" die Rede ist, dann bezieht sich das als Kritik auf den Menschen. Man mag in solchen Formulierungen schon die Skepsis gegenüber der Aufklärung heraushören, ohne den Grafen gleich zum Anti-Aufklärer zu machen.

Ähnlich und doch ganz anders in der Intention sagte es die Trauerrede eines anonymen Verfassers von 1741[25]:

> Denn weil ich erkenne, daß es billig sey, diese Vollkommenheit für Thiere von unserer Gattung allein zu behalten; ich aber von einem Hunde rede: So habe ich nicht von einer völligen Gleichheit sagen, sondern ihm auch in diesem Stücke nur hundemäßig leben wollen.

---

[25] Vgl. Belustigungen des Verstandes und des Witzes, August 1741, S. 136. Zur gesellschaftlichen Bedeutung dieser Lyrik vgl. Wolfgang Proß: Lyrik in der ersten Hälfte des 18. Jahrhunderts, in: Hansers Sozialgeschichte der deutschen Literatur, München, Wien 1980, Bd 3,2, S. 564–568. Die Kontrastierung Hof-Arkadien = Mensch-Tier ist sicher zulässig.

Der moralisch-lehrhafte Ton vieler Gedichte von Hoditz entspricht ganz dem Geiste diese Epoche. Er schafft etwa für den in die Hunderolle schlüpfenden und sich selbst als Graf anredenden Dichter (Nr. 10) die nötige Distanz, um seine Trauerarbeit zu bewältigen. Durch die Appellation, indem der Graf oder der Hund als „ich" zum Betrachter = Leser spricht, wird wie schon bei antiken Epitaphen die Form der „prosopopeaia", also die Ansprache des Lesers durch den auf der Tafel erwähnten Verstorbenen, gewählt. Doch die Ironie in manchen Passagen hat nichts gemein mit der Satire anderer zeitgenössischer Gedichte (etwa von Martin Scribler), sondern dient eher dem Zweck der vorsichtigen Abschottung der überstarken Gefühle und der angenehmen Präsentation seiner Trauer gegenüber Dritten.

Die Motive der Vanitas und des „memento mori" sind fest im christlichen Barock verankert. Wie im vorausgegangenen 17. Jahrhundert wird auch noch bei Hoditz in teils sehr drastischer Form die Verwesung des Fleischlichen dargestellt, wenn er vom Gebein ohne Fleisch (Nr. 6) oder dem Gift der Krankheit: Wust und Schlamm (Nr. 1) schreibt. Die Lust am Leid und dessen Darstellung kannte Hoditz sicher schon aus Märtyrerabbildungen oder durch seinen Aufenthalt in Italien.[26] Andererseits kann man im zweiten Text auch schon etwas von der Absage des alternden Grafen an alles Weltliche und seine Hinwendung zum Religiösen erkennen.

5. Bewertung der Hoditz'schen Epitaphe im soziokulturellen Kontext

Es handelt sich bei den hier vorgestellten Gedichten des Grafen Hoditz um poetisch reizvolle, aber sicher nicht einmalige Werke. Sie haben Vorläufer und stehen somit in einer langen literarischen Tradition. Daß sie von einem Aristokraten verfaßt wurden, ist an sich auch noch nichts besonderes. Viele Adelige im 18. Jahrhundert haben das Dichten noch als ein Handwerk für Mus(s)estunden verstanden – man denke nur an Friedrich II. Die erotische Variante der anakreontischen Tierdichtung bleibt in Hoditz' Werk erstaunlicherweise ganz ausgespart.

Die Epitaphe sind als Gebrauchslyrik zu verstehen, sie dienen im Sinne der Affektenlehre einem festgelegten Zweck: zur Traurigkeit und moralischen Besinnung aufzurufen. Poetische Texte ganz unterschiedlicher Art hingen an hölzernen Tafeln überall im Park. Wolf beschreibt den Schloßtrakt neben der Kapelle in seinem Bericht so[27]:

> Noch weiter hin sind verschiedene Denkmähler, mit Carricaturen, von Schwänen, Canarienvögeln, Hündgen, und andern kleinen Thieren angebracht, die dem Herrn Grafen viel zu einem unschuldigen Vergnügen beigetragen haben.

---

[26] Die Krankheit des Hundes schildert auch der Dichter Zernitz in der vorletzten Strophe seiner Trauerode [Anm. 24], S. 70.

[27] Vgl. Wolf [Anm. 14], S. 14.

Edwart Richter vermutete das Thränenrevier weiter weg vom Schloß, direkt neben dem Mausoleum für die verstorbene Sophie. Auf zeitgenössischen Karten sind Sophienruh und Hoditzruh eingezeichnet. Möglicherweise hat Hoditz diese Denkmäler in einem so genannten „Thränenrevier" neu gruppiert und anläßlich eines Sommerfestes 1773 oder 1774 seinen Gästen vorgestellt. Denn Hoditz betrieb mit den Tieren einen fast genau so pompösen Totenkult wie mit seiner 1752 verstorbenen Frau, deren Mausoleum im Park von Roßwald Ort samstäglicher [oder jährlicher?] Opferfeste war. Gegen einen solchen Kult scheint sich die katholische Kirche als allzu heidnisches Unwesen vergebens verwahrt und dann als Eigentümerin seiner hochverschuldeten Ländereien späte Rache geübt zu haben: Sie ließ nach dem Tod von Hoditz alles abreißen, was nicht unmittelbar weiter nutzbar oder zu kostspielig in der Erhaltung war. Dieser Zerstörung dürften neben dem Harem auch die Hundeepitaphe zum Opfer gefallen sein.

Die Bezeichnung Epitaph spricht dafür, daß man die Gedichte zugleich als wirkliche Grabmonumente verstehen darf. Wilhelmine von Bayreuth, die Lieblingsschwester Friedrichs II., hat in ihrem Park Eremitage dem Hund Folichon († im Mai 1755) gleichfalls Grab und Denkmal setzen lassen. Mit Friedrich wechselte sie sogenannte „Hundebriefe", in denen sie als (männliche) Folichon und ihr Bruder als (weiblicher) Schoßhund auftraten.[28] Friedrichs II. Hundeliebe ging sogar so weit, daß er zwischen seinen Hunden (von der ungeliebten Ehefrau ist nicht die Rede) begraben werden wollte. Auch in dieser Liebhaberei traf sich sein Denken und Fühlen mit dem seines Freundes Hoditz.[29]

Hundeverehrung ist keine zeit- oder ortsgebundene Modeerscheinung. Wahrscheinlich lernt jeder Japaner in der Schule, daß der 5. Shogun Tokugawa Tsunayoshi (1646–1709) ein notorischer Hundefreund war und 1687 ein entsprechendes Tierschutz-Dekret herausgab. Der japanische Germanist Nakano Kôji hat seinem Schäferhund Harras eigenhändig ein Denkmal gesetzt, sowohl in Stein als auch auf dem Papier. Im Kunstmuseum der Präfektur Miyagi befindet sich eine Skulptur „Aqua Dog", die meines Erachtens genau das vor Augen führt, was Hoditz in seinen Texten auszudrücken versuchte. Sie ist die Kreation des Künstlers Tatsumi Yoshino und stammt aus dem Jahr 1992.

---

[28] Vgl. etwa Dr. Sylvia Habermann: Bayreuther Gartenkunst, Worms 1982, S. 136–138. Den Hinweis auf die Briefe verdanke ich Hrn. Norbert Hübsch vom „Historischen Verein für Oberfranken e. V." aus Bayreuth.
[29] Eine ähnliche aristokratische Hundeliebhaberei schilderte Cornelius Hermann Ayrenhoff (1733–1819) in seinem Lustspiel „Der Postzug oder die noblen Passionen" (1770), wo ein Baron für ungarische Windhunde und Pferde sogar seine Tochter einem vorher verworfenen Brautwerber überläßt. Hoditz empfahl eben dies Drama dem preußischen König, der es dann 1780 in seiner Streitschrift gegen die deutsche Literatur ebenso lobend erwähnte wie den Dichter Johann Nikolas Götz, der verschiedene Hundegedichte verfaßt hatte.

Und nun noch ein Sprung in die sogenannte virtuelle Realität. Seit 1994 gibt es im Internet eine Adresse für Nachrufe auf verstorbene Tiere – vor allem Hunde. Es heißt in der Erklärung[30]:

> All of us, at one time or another, have had a pet we loved and lost. This home page is dedicated to all those given a burial in the backyard or flushed down the toilet. If you wish to immortalize your beloved pet in the tombs of cyber-space for eternity, simply email your epitaph to pet@lavamind.com. The Virtual Pet Cemetery receives dozens of submissions every week. At first we accepted all submissions. However, there has been such a flood of epitaphs that we simply don't have the space and time ... We are doing our best to choose the epitaphs which appear as though the most effort and care was taken writing them.

Was hätte wohl Graf Hoditz zu einer solchen Trivialisierung der Literatur durch eine sentimentalisierende Massenkultur gesagt? Seinem Stil und Empfinden dürfte folgender Text von Siegfried von Vegesack (1888–1974) angemessener sein, da er sich im Gegensatz zu den (allzu)menschlichen Computer-Ergüssen meisterlich beschränkt[31]:

[Totenbrett]

Hier wo ich einst / gehütet meine Ziegen
Will ich vereint / mit meinen Hunden liegen.
Hier auf dem Pfahle saß / ich oft und gern.
O Wandrer schau dich um
Und lobe Gott den Herrn.

---

[30] Wie fixiert und zitiert man Internet-Daten?

[31] Aus: Franz Baumer: Siegfried von Vegesack. Heimat im Grenzenlosen. Eine Lebensbeschreibung, Heilbronn 1974, S. 10. Hier zitiert nach: Bayerische Bibliothek. Texte aus 12 Jahrhunderten, hg. von Hans Pörnbacher und Benno Hubensteiner, München 1981, Bd. 5: Die Literatur im 20. Jahrhundert. Ausgewählt und eingeleitet von Karl Pörnbacher, S. 1021.

ZWISCHEM WAHREM UND FALSCHEM ZAUBER:
MAGIE UND ILLUSIONISTIK
ALS METAPOETISCHE GLEICHNISSE
Eine Interpretation zu Schillers „Geisterseher"

von Monika Schmitz-Emans, Bochum

Abstract

Schillers Romanfragment „Der Geisterseher" ist im Horizont der von der Weltliteratur vielfach abgewandelten Analogisierung von poetischer „Kunst" und Zauberkunst interpretierbar. In der Geschichte des mysteriösen, „der Armenier" genannten Illusionisten, von dem nicht klar wird, ob er überhaupt entlarvt werden kann, spiegelt sich die Grundspannung zwischen Illudierung und Desillusionierung, welche es bedingt, daß „Aufklärung" zu einem Kunst-Stück höherer Ordnung werden kann.

Schiller's fragmentary novel *Der Geisterseher* can be interpreted on the level of the analogy between poetic art and the ‚art‘ of magic, which has frequently been adapted in world literature. The story of the mysterious illusionist called ‚the Armenian‘, of whom it is not clear whether he can possibly be exposed, reflects the basic tension between illusion and disillusionment which makes ‚enlightenment‘ into an artistic trick of a higher order.

Die Analogisierung des Dichters mit dem Magier, der auf der Grundlage eines esoterischen Wissens über Dinge und Wesenheiten gebietet, hat eine lange Tradition. Zentrale poetologische Reflexionen des Novalis sind vor diesem Hintergrund ebenso zu lesen wie etwa Jean Pauls Traktat „Über die natürliche Magie der Einbildungskraft".[1] Stefan Georges Formel: „Kein ding sei wo das wort gebricht"[2], erinnert ebenso an den Anspruch, auf magische Weise mittels poetischer Sprache Wirkliches zu schaffen, wie die Selbstinszenierung des Lautdichters Hugo Ball als wortzaubernder Schamane und „magischer Bischof" der Poesie.[3] Zumal in der Geschichte der Lyrik spielt das magische Modell eine konstitutive Rolle, die Idee eines von der konventionellen Sprache abweichenden poetischen Idioms und des in solchem Medium vollziehbaren Wortzaubers, der Evokation von Wirklichkeit mit sprachlichen Mitteln, einer durch die Poesie zu entdeckenden und zu beschwörenden inneren Natur der Wesenheiten selbst. Eichendorffs berühmte Verse über das „Lied", das in allen Dingen schlafe und das vom „Zau-

---

[1] Jean Paul: Werke, hg. v. Norbert Miller, München 1959 ff. Abt. I, Bd. 4, S. 195 ff.
[2] Stefan George: Das Wort, in: Gedichte, hg. v. Robert Boehringer, Stuttgart 1958, S. 67.
[3] Vgl. Hugo Ball: Die Flucht aus der Zeit, Luzern 1946, S. 99 f.

berwort" des Dichters geweckt werden könne[4], drücken die poetologische Utopie einer das Wesen der Dinge selbst zur Sprache bringenden, in magischer Weise an ihr Inneres rührenden dichterischen Rede auf beispielhafte und für viele Nachfolger wegweisende Art aus. Stéphane Mallarmé und Charles Baudelaire etwa können als weitere wichtige Zeugen für die Konzeption poetischer Magie gelten[5], und auch noch ein zeitgenössischer Lyriker wie Peter Rühmkorf betont die magisch-evokative Dimension des lyrischen Wortes.[6] Legendäre Magier-Gestalten wie Klingsor und Merlin, aber auch dämonisch-zaubermächtige Gestalten wie der ominöse Graue Mann in Chamissos „Peter Schlemihl" provozieren zur Frage nach ihrer Ähnlichkeit mit dem poetischen Zauberer. Als Zeugnisse literarischer Autoreflexion verstehbar sind beispielsweise die Zauberer-Geschichten Thomas Manns („Mario und der Zauberer"), Michail Bulgakows („Master i Margarita") und Dino Buzzatis („L'Illusionista"). Sprachmagische Vorstellungen bilden die zweifellos wichtigste, wenn auch nicht einzige Grundlage dafür, daß der Zauber der Magiers zum Gleichnis poetischer Kunst wird. Andere Analogiebeziehungen zwischen Poesie und Zauberkunst können sich über die Idee eines letztlich blasphemischen Tuns ergeben, dessen auch die poetische Arbeit gelegentlich verdächtigt werden mag, sowie über die Idee einer Beherrschung von Zeit und Raum, der Macht insbesondere, in die Ferne zu wirken. Zauber- und Dichtkunst sind Künste, welche auf dem Prinzip der Repräsentation beruhen; Zeichen werden zu Vehikeln der Erzeugung rätselhafter und manchmal dramatischer Effekte; über Stellvertreter wie Namen, Bilder oder Symbole erscheinen die Dinge selbst als handhabbar.

Der magischen Kunst eng verwandt ist die Kunst der Geisterbeschwörung, handle es sich nun um Naturgeister, Dämonen, übernatürliche Wesen welcher Provenienz auch immer – oder um die Geister verstorbener Menschen, welche aus dem Jenseits zurückgeholt werden. Auch hinsichtlich dieses im weiteren Sinne „magischen" Tuns ergeben sich Analogien zum Geschäft des Dichters, der ja auf seine Weise gleichfalls die Geister Abwesender beschwört, unsichtbare Wesen zur Manifestation bringt, verborgene Dimensionen der Wirklichkeit durch Kommunikation mit dem Unsichtbaren auslotet. Auch die Beschwörung von Geistern mag daher zum Gleichnis poetischer Praxis werden. Freilich: Wer glaubt schon noch an Geisterbeschwörer und Magier? Aus dem Blickwinkel eines modernen, wissenschaftsgläubigen und sich als aufgeklärt verstehenden Zeitalters scheint dergleichen ein heilloser Anachronismus zu sein, und wo das wundergläubige Publikum einst einen echten Zauberer sehen mochte, wird es heute einen – günstigen-

---

[4] Joseph von Eichendorff: Wünschelrute, in: Eichendorffs Werke in einem Band, hg. v. d. NfG/Weimar, Berlin, Weimar 1986, S. 120.
[5] Vgl. Hugo Friedrich: Die Struktur der modernen Lyrik, Reinbek, [6]1974, S. 49 ff. und S. 134 ff.
[6] Peter Rühmkorf: agar – agar – zaurzaurim. Zur Naturgeschichte des Reims und der menschlichen Anklangsnerven, Frankfurt/M. 1985.

falls geschickten – Artisten sehen, der die Gegenwart des Übernatürlichen nur vorspiegelt.

Den historischen Hintergrund, vor dem der Magier zum bloßen Taschenspieler wird, bildet die Epoche der Aufklärung; das Zeitalter der „Lumières" entkräftet, seinem eigenen Selbstverständnis nach, den Aberglauben und entzaubert die Magie; es bringt im Bewußtsein der Öffentlichkeit den Typus des kunstfertigen Illusionisten hervor, als dessen Nachfahre der heutige Varieté-Zauberer gelten kann.[7]

Im Vorstellungshorizont des Publikums stehen beide Typen kontrastierend nebeneinander: der (fiktive) echte Zauberer als Repräsentant utopischer Sehnsüchte nach esoterischem Wissen und übermenschlichen Kräften – und der (tatsächliche) falsche Zauberer als Virtuose der Täuschung. Als literarische Gestalten hingegen sind diese beiden nicht immer klar auseinanderzuhalten; viele Texte ziehen ihre Effekte aus der Ununterscheidbarkeit von echtem und falschem Zauber, dem Rätsel um die Präsenz oder die bloße Vorspiegelung des Übernatürlichen. (Wir haben es in solchen Fällen mit einem Spezialfall jener Ambivalenz zu tun, welche als konstitutiv für literarische Phantastik aufgefaßt worden ist.[8]) Spalanzani und Coppola in E. T. A. Hoffmanns „Sandmann" bilden ein Paar, das gemeinsam beide Varianten des „Zauberers" repräsentiert: den illudierenden Mechanikus wie den dämonischen Besitzer übernatürlicher Kräfte. Ihr gemeinsames Werk, die Puppe Olimpia, fällt entsprechend ambivalent aus: einerseits ein bloßer Trickautomat, andererseits ein Medium der Bezauberung.

Während die metapoetische Bedeutung von „echten" Magiergestalten in der Literatur auf der Hand liegt, bedarf die Bedeutung des „falschen Zauberers" der besonderen Betonung. Dabei haben gerade die falschen Zauberer seit ihrer Ausdifferenzierung gegenüber den „echten" das Interesse der Literaten auf sich gezogen – aus mehreren Gründen. Was an der Kunstfertigkeit des falschen Zauberers reizt, ist für den Aufklärer zunächst einmal die Möglichkeit, Rätselhaftem auf die Spur zu kommen, kunstvoll drapierte Geheimnisse aufzudecken. Der falsche Schein wäre aufzuheben, die Wahrheit soll ans Licht gebracht werden – mit den Mitteln einer Sprache, welche beschreibt und erläutert, wie es sich tatsächlich verhält. Für die mit literarischen Mitteln betriebene Entlarvung des vorgeblichen Magiers als eines Illusionisten und Aufschneiders, der vorgeblichen Magie als Trick-Artistik, seien hier nur zwei prominente Beispiele angeführt: Lichtenbergs Satire „An-

---

[7] Der Praxis der Geisterbeschwörung ergeht es etwas besser: Über deren Möglichkeit wurde auch und gerade im Zeitalter der Aufklärung noch ernsthaft diskutiert, und bis ins 20. Jahrhundert hinein hat der Spiritismus seine Adepten. Das spiritistische Medium mochte seinen Platz im Salon behaupten, wo der „Zauberer" in den Zirkus oder ins Varieté verbannt wurde.
[8] Vgl. Tzvetan Todorov: Einführung in die fantastische Literatur, München 1975.

schlag-Zeddel im Namen von Philadelphia" von 1777[9] und Edgar Allan Poes Essay über „Maelzel's Chess-Player" von 1836.[10]

Dem falschen Zauberkünstler ist nichts heilig, insbesondere nicht die Grenze zwischen Schein und Sein. Eben damit aber befindet er sich vielleicht in guter Gesellschaft: in der des Dichters, der ja sein Publikum gleichfalls mit Fiktionen versorgt, etwas als wirklich vorspiegelt und dabei alle Kunstfertigkeit daran wendet, über den fiktionalen Charakter seiner Erfindungen hinwegzutäuschen. Platon hat in der „Politeia" (600 e) die Vorbehalte gegenüber der Dichtkunst als einer Illudierungskunst, welche Fiktionen für Realitäten ausgebe, in grundsätzlicher und allgemeiner, für spätere Zeiten wegweisender Form zum Ausdruck gebracht. Plausibel klingt die These, seit Platon stehe die Geschichte der Poetik im Zeichen der Auseinandersetzung mit dem an die Dichtung adressierten Vorwurf der Lügenhaftigkeit.[11]

Der Vergleich des literarischen Geschäfts mit dem des Scharlatans, des Spezialisten für billige Tricks, des Jahrmarktsgauklers hat inzwischen seinen festen Platz in der Geschichte poetologischer Reflexion. Büchners Puppenspieler und Jahrmarktschreier Valerio (in „Leonce und Lena", III, 3) ist als kritisches Selbstporträt des Dichters zu interpretieren, und was über seine Kunst gesagt wird, gilt modifiziert auch für die „Maschinerien" des Poeten als eines falschen Zauberers: „Nichts als Kunst und Mechanismus, nichts als Pappendeckel und Uhrfedern!"[12] Paul Celan hat sich in der „Meridian"-Rede Büchners kritische Sicht auf die dichterische Kunstfertigkeit zu eigen gemacht.

Das Platonische Vorurteil gegenüber den poetischen Fiktionen mußte einer Epoche, welche wie das 18. Jahrhundert die Überwindung des falschen Scheins zum Programm erhob, gegenwärtiger sein denn je. Sowohl die Poetik der Aufklärung – die sich mit ihrer Konzeption der möglichen Welten in Aristotelischen und Leibnizianischen Spuren bewegte und um eine moralisch-didaktische Legitimation der Dichtung bemüht war – als auch die idealistische Ästhetik setzen sich

---

[9] Georg Christoph Lichtenberg: Schriften und Briefe, hg. v. Wolfgang Promies, Bd. II, München 1972, S. 253 ff.

[10] [E. A. Poe:] The Works of Edgar Allan Poe, hg. v. Edmund Clarence Stedman und George Edward Woodberry, Vol. IX, New York 1914, S. 173 ff. Vgl. Edgar Allan Poe: Das gesamte Werk, hg. v. Kuno Schumann und Hans Dieter Müller, Bd. IV, Olten 1966, S. 251 ff. (Es ist wohl kein Zufall, daß sich gerade Poe so intensiv mit der Aufdeckung jenes Trickkunststücks beschäftigt, daß sich in den Augen naiver Zeitgenossen noch als zauberhaft ausnahm: Poe, der Verfasser einer „Philosophy of Composition", welche das Gedicht selbst zu einem Erzeugnis deklarierte, dessen Herstellung sich begründen, schrittweise erläutern und rekonstruieren läßt.)

[11] Vgl. Hans Blumenberg: Wirklichkeitsbegriff und Möglichkeit des Romans, in: Nachahmung und Illusion, hg. v. Hans Robert Jauß, München, ²1969, S. 9, S. 10.

[12] Georg Büchner: Leonce und Lena, in: Werke und Briefe, hg. v. Fritz Bergemann, Frankfurt/M. ⁴1969, S. 108.

nachdrücklich mit dem Vorwurf der Lügenhaftigkeit in der Dichtung auseinander – und zwar, um ihn zu entkräften. So kommt es insbesondere zur Differenzierung zwischen falschem und aufrichtigem Schein, zwischen dem bloßen Betrug des Illusionisten und der poetisch-künstlerischen Illudierung, einer Differenzierung, welche sich beispielhaft in Schillers ästhetischen Schriften ausprägt. Schiller, der sich als Angehörigen eines aufgeklärten Zeitalters betrachtete, hat nicht nur für die Schaubühne, sondern die Dichtung insgesamt die Funktion und den Stellenwert einer „moralischen Anstalt" reklamiert. Er postuliert einen Beitrag der Kunst zur moralischen Verbesserung, zu theoretischer und praktischer „Kultur"[13], und betont die aufklärende, desillusionierende Funktion der Schaubühne in einer auf andere literarische Gattungen prinzipiell übertragbaren Weise.[14] Voraussetzung für die erwünschte Wirkung des poetisch-literarischen Mediums ist die Fähigkeit zur reflektorischen Distanz; Reflexion verhält sich komplementär zur Illusion. Auch Schiller selbst weiß zwar um jene begrifflich nicht explikable Dimension des poetischen Wortes, die bei ihm „der Dichtung heilige Magie" heißt[15], doch der ideale Rezipient bleibt nach seiner Auffassung nicht auf der Ebene schlichter Bestrickung und Verzauberung stehen. „Der große Haufe erleidet gleichsam blind die von dem Künstler auf das Herz beabsichtigte Wirkung, ohne die Magie zu durchblicken, vermittelst welcher die Kunst diese Macht über ihn ausübte."[16] Stattdessen gälte es, über die poetische „Magie" zu reflektieren (was sie nicht zwingend außer Kraft setzen müßte). Voraussetzung dafür wäre insbesondere, daß der mit literarisch-poetischen Mitteln erzeugte Schein als solcher verstanden und das Niveau naiver Illudierung überwunden würde. Der Dichter mag auf die „Magie" des Wortes setzen; mit dem illusionistischen Gaukler aber sollte er nichts gemein haben. Schiller differenziert daher ausdrücklich zwischen dem „ästhetischen Schein, [. . .] den man von der Wirklichkeit und Wahrheit unterscheidet", und dem „logischen, den man mit derselben verwechselt", und reserviert alle Legitimität für ersteren:

> Nur der erstere ist Spiel, da der letzte bloß Betrug ist. Den Schein der ersten Art für etwas gelten zu lassen, kann der Wahrheit niemals Eintrag tun, weil man nie Gefahr läuft, ihn derselben unterzuschieben [. . .].[17]

---

[13] Friedrich Schiller: Ueber die ästhetische Erziehung des Menschen in einer Reihe von Briefen. (Neunter Brief), in: Schillers Werke, Nationalausgabe, Bd. 20 (= Philosophische Schriften, Teil I, hg. v. Benno von Wiese), Weimar 1962, S. 332.

[14] Friedrich Schiller: Was kann eine gute stehende Schaubühne eigentlich wirken?, in: Nationalausgabe, Bd. 20 [Anm. 13], S. 95.

[15] Vgl. Friedrich Schiller: Die Künstler, in: Schillers Werke, Nationalausgabe, Bd. 2, Teil I, hg. v. Norbert Oellers, Weimar 1983, S. 395.

[16] Friedrich Schiller: Über den Grund des Vergnügens an tragischen Gegenständen, in: Nationalausgabe, Bd. 20 [Anm. 13], S. 147.

[17] Schiller: Ästhetische Erziehung [Anm. 13], S. 399 f.

> Nur soweit er aufrichtig ist (sich von allem Anspruch auf Realität ausdrücklich lossagt), und nur soweit er selbständig ist (allen Beistand der Realität entbehrt), ist der Schein ästhetisch. Sobald er falsch ist und Realität heuchelt und sobald er unrein und der Realität zu seiner Wirkung bedürftig ist, ist er nichts als ein niedriges Werkzeug zu materiellen Zwecken und kann nichts für die Freiheit des Geistes beweisen.[18]

Wer gelernt habe, den ästhetischen Schein reflexiv als solchen zu erfassen, werde, so Schillers hier einfließende optimistische Hoffnung, nebenher für die prinzipielle Differenz zwischen Sein und Schein sensibilisiert. Der Mensch, so heißt es, „könne den Schein nicht von der Wirklichkeit reinigen, ohne zugleich die Wirklichkeit von dem Schein frei zu machen."[19]

Es mußte nun sehr naheliegend erscheinen, jene Abgrenzung der Kunst und Literatur gegen jeglichen schlechten, weil trügerisch-illudierendem Zauber, das Ziel also, den falschen Schein zu durchdringen und reflektorisch außer Kraft zu setzen, durch die Darstellung eines Illusionisten zu veranschaulichen und zu bekräftigen, welcher als Produzent falschen Scheins entlarvt wird: Fände doch dann auf eine plakative Weise die Aufhebung des falschen Scheins im Medium der Literatur selbst statt. Mußte nicht eine Geschichte, welche von der Entzauberung eines falschen Magiers handelte, den geeigneten Stoff für eine Parabel über die Dichtung bieten, insofern diese auf Illudierung zugleich setzt und diese doch überwinden will? Wäre nicht eine Erzählung über dieses Thema ein Musterfall der Reflexion über den Schein in seiner schlechten – weil trügerischen – und seiner guten – weil selbstreflexiven Spielart?

In Schillers Fragment gebliebenem (und von ihm selbst auf betrübliche Weise unterschätztem) Roman „Der Geisterseher" bekommen es der Leser wie der Protagonist unter anderem mit einem sizilianischen Illusionisten zu tun, der schließlich als Trickbetrüger entlarvt wird und dessen Geschäft – er gibt vor, einen Geist aus dem Jenseits zu beschwören – sich als Handhabung einer zwar höchst subtilen, aber dabei doch durchaus natürlich erklärbaren Maschinerie erweist. Insofern ist es nicht abwegig, in diesem Romanfragment eine Parabel über die Kraft der Illudierung sowie über die aufklärerisch-didaktische Dimension von Literatur schlechthin zu sehen – von Dichtung, insofern diese Schein einerseits erzeugt, andererseits aber auch durch Reflexion überhöht. Die Geschichte um die Täuschung und Verstrickung des Prinzen in ein faszinierendes Lügengewebe ist lesbar als mahnende Parabel über den Zauber jeglicher Illudierung, als Versuch, jene irrlichternden Geister des Illusionären zu bannen, welche auch der literarische Erzähler oft und gern bemüht, ohne sich ihnen allerdings wie ein bloßer Zauberlehrling ausliefern zu dürfen.

---

[18] Ebd., S. 402.
[19] Ebd., S. 401.

Schiller hat sich bei der Schilderung der Einrichtungen, mit denen in der illusionistischen Séance die Präsenz eines Geistes vorgetäuscht werden sollte, viel Mühe gegeben; der Aufwand an Einfällen und technischen Tricks, den er seinem sizilianischen Pseudo-Magier zugesteht, wäre eines modernen Illusionisten durchaus würdig. Alles, was sich im Zusammenhang der vom Sizilianer inszenierten Geistererscheinung als mysteriös präsentiert hatte, was an „Übernatürlichem" zu geschehen schien, wird in seiner Bedingtheit transparent, wird penibel auf natürliche Ursachen zurückgeführt. Noch etwas anderes lernt der Prinz, die Hauptfigur des Romans, dabei (und der Leser mit ihm): Nicht nur, was einem Publikum vorgeführt wird, ist für die illudierende Wirkung entscheidend, sondern auch die Art der Vorführung selbst. Dazu gehört es etwa, den Zuschauer durch Hinlenkung seiner Aufmerksamkeit auf etwas nur scheinbar Wichtiges von anderem, von möglicherweise durchschaubaren Trick-Arrangements abzulenken oder ihn durch – an sich unnütze – Rahmenbedingungen und Vorbereitungen in eine Gemütsverfassung zu versetzen, die ihn für das vermeintlich Magische empfänglicher macht. Der Entlarvungs- und Erklärungskomplex um die pseudo-magische Inszenierung macht den „Geisterseher" vordergründig zum schönen Musterfall von „Aufklärung". Die natürliche Ordnung der Dinge erfährt zumindest zunächst eine Bekräftigung; das, was sie zu stören schien – der faule Zauber –, erweist sich als Betrugsmanöver.

Der Romantext selbst mit seinem Bericht über die Einrichtung des Saales, das Arrangement der Personen und merkwürdige Requisiten, insbesondere aber mit den vorangegangenen Episoden um die den Prinzen betreffenden Geheimnisse, ist ein komplizierter Mechanismus von analoger Art wie die Trickinszenierung des Sizilianers. Indem er dessen Mechanismen bloßstellt, demontiert er auch die eigenen illudierenden Effekte. Die Erzählung, welche selbst vordergründig und vorläufig auf die Täuschbarkeit des Publikums gesetzt und die Gegenwart übernatürlicher Wesen suggeriert hatte wie der Arrangeur der Séance, entlarvt schließlich jenes Übernatürliche, um das sie zu kreisen schien (und das sie durchaus geschickt in Szene zu setzen wußte) als Produkt von Tricks. Im Moment, da sich das spannungsvoll arrangierte Rätsel um den Sizilianer auflöst, erscheint sowohl auf der Ebene der Fiktion als auch auf der der Interaktion zwischen Erzähler und Lesern alles „aufklärbar", alles erklärlich. Aber verhält es sich wirklich so? Oder betrifft die Möglichkeit der Aufklärung nur einen Teil der Geschichte – die demontierbarer „Maschinen", in deren Funktionieren sich das Geschehen jedoch nicht erschöpfte? Arrangiert ihn sein Verfasser nur streckenweise als demontierbare Trickmaschine, um an anderen Stellen das Unerklärliche und Unbegründbare um so effektvoller zu seinem Recht kommen zu lassen?

Die illusionistische Séance hat ein Nachspiel, und der Leser mag, wie der Prinz selbst, ab jetzt mißtrauischer gegenüber „Maschinerien" aller Art sein. Ist er doch selbst zuvor auf diverse nun als trügerisch durchschaute Fährten gesetzt worden.

Ein den Leser nicht unberührt lassender Entlarvungsrausch hat den Prinzen gepackt, der den falschen Zauberer einem ausführlichen Verhör unterzieht. Was den Prinzen in seiner schönen und aufklärerischen Zuversicht bestärkt, er wisse zwischen Sein und Schein zu unterscheiden und Illusionen als solche zu entlarven, ist überraschenderweise neben den interessanten Enthüllungen und Geständnissen des Sizilianers die Tatsache, daß dieser – nach Meinung des Prinzen – gleichzeitig wieder zu mystifizieren beginnt, und zwar diesmal in seiner Eigenschaft als Erzähler. Der Sizilianer erzählt dem Prinzen nämlich eine Geschichte, die auf einen bestimmten Effekt beim Zuhörer abzuzielen scheint; der Prinz aber meint dem Erzähler auf die Schliche, hinter seine „Mechanik" gekommen zu sein, einen Fehler in der künstlichen Konstruktion der Erzählung entdeckt zu haben. Für ihn handelt sich bei dem, was der verhaftete und in die Enge getriebene Sizilianer als Lebensbeichte ausgibt, um ein neuerliches betrügerisches Arrangement, erdacht zu seiner (des Prinzen) Täuschung – und genau darum entschließt er sich, die durch die Erzählung vermittelte zentrale Botschaft nicht zu glauben. Und der Leser hat natürlich gute Gründe, sich selbst zu fragen, was er dem Sizilianer glauben solle. Soll er sich stattdessen lieber der Lesart des Prinzen anschließen, der die Geständnisse des Sizilianers für neuerliche Lügen hält? Aber wenn sich denn herausstellen sollte, daß Erzähler, indem sie scheinbare Lebensgeschichten vortragen, in betrügerischer Absicht lügen können – was bedeutet dies für unser Vertrauen in den Grafen O**, der uns als Lesern gerade etwas erzählt?

Der Prinz jedenfalls verläßt sich auf die Differenz zwischen Illusion und wahrheitsgemäßer Erkenntnis, wobei er letztere verankert sieht in einer uneingeschränkt gültigen Ordnung der Natur. Und er verläßt sich auf die Macht der Vernunft zur Unterscheidung von Wahrheit und Irrtum, auf deren Kompetenz zur Enthüllung dessen, was wirklich und eindeutig der Fall ist. Die Vernunft gebiete, so bemerkt er gegenüber Graf O**, dem nicht zu glauben, der „den Betrug zu seinem Handwerk" macht.[20] Nun ist doch gerade der Romanerzähler jemand, der – vordergründig – „den Betrug zu seinem Handwerk" macht. Können und müssen wir nicht die hier artikulierten Vorbehalte gegen eine der Fiktionalität verdächtigten Erzählung in der Erzählung auf die Erzählung vom „Geisterseher" selbst beziehen? Reinigt sich diese hier vielleicht von ihrer „Lügenhaftigkeit", indem sie diese eingesteht, strebt sie gerade hier nach Überwindung ihrer Falschheit durch Reflexion – als ein Musterbeispiel autoreflexiven Scheins? Oder verhält es sich umgekehrt so, daß die Entlarvung von Betrug und Täuschungen, statt eine dahinter verborgene Wahrheit sich offenbaren zu lassen, ganz wie im Fall des sizilianischen „Zaubers" nur zum Anlaß wird, ein neues Gespinst von Illusionen zu knüpfen? Macht sich vielleicht gerade der über die Fiktionalität von Geschichten

---

[20] Friedrich Schiller: Der Geisterseher, in: Schillers Werke, Nationalausgabe, Bd. 16, hg. v. Hans Heinrich Borcherdt, Weimar 1954, S. 91.

reflektierende Erzähler von Geschichten jenen Effekt zunutze, auf den der Sizilianer zu bauen scheint, den der Prinz aber durchschaut: daß das Bekenntnis, gelogen zu haben, den Sprecher oft (fälschlich) glaubwürdiger erscheinen läßt als zuvor? Wie steht es dann um den Anspruch, den Schein reflektorisch – um einer höheren Wahrheit willen – transzendieren zu können? Wird die Wahrheit als Gegeninstanz zur Lüge nur deshalb beschworen, um desto subtilere Illusionen zu erzeugen – ein Gebäude des Scheins, das sich durch Selbstbezichtigung unverdächtig zu machen sucht? Welches wäre dann die letzte und größte aller Illusionen? Etwa die von der Existenz einer erkennbaren Wahrheit selbst jenseits der Illusionen? Ist die Aufklärung als Destruktion des falschen Scheins selbst eine Illusion? Vielleicht sehen, lesen und erfahren wir ja immer nur Erfundenes. Jedenfalls tut der Verfasser des „Geistersehers" seinen Lesern nicht den Gefallen, des Prinzen scharfsinnige Deutung der vom Sizilianer erzählten (unstimmig klingenden) Geschichte zu bestätigen. Vielleicht führt der vermeintliche Scharfsinn den Helden (und den Leser, der ihm folgt,) in eine ganz neue Falle.

Gerade des Prinzen Überzeugung von der Existenz einer Ordnung der Dinge, sein Vertrauen in die Erkennbarkeit einer Wahrheit jenseits der Fiktionen nimmt sich eigentümlich naiv, wenn auch ehrenhaft aus. Eine besonders ironische Note bekommt der Roman vor allem dadurch, daß derjenige, der an die Macht der Aufklärung glaubt, im weiteren Verlauf der Ereignisse als Opfer seiner Beeinflußbarkeit bloßgestellt wird. Des Prinzen Glaube an die Macht eines Verstandes, der prinzipiell alles durchschauen könnte, steht irritierenderweise mit dem Aberglauben auf einer Stufe – er ist vielleicht nur eine andere Art von Aberglauben. Die Funktion der in die Romanhandlung integrierten Gespräche und Diskussionen über das Übernatürliche besteht erstens darin, die erkenntniskritische Thematik des Romans deutlicher herauszuarbeiten, den Modellcharakter der um den Prinzen zentrierten Rätsel deutlicher zu machen. Zweitens aber zeigt sich, daß auch Reflexion nicht aus dem Labyrinth der Rätsel hinausführt; sie vermag es allenfalls prägnanter als solches zu erfassen. In tragischen Fällen wie in dem des Prinzen führt sie jedoch sogar zu tieferen Verstrickungen.

Der Schein, so das Fazit, das zu ziehen dem Leser überlassen wird, ist nicht hintergehbar; falscher Zauber läßt sich nicht mehr vom echten unterscheiden, da es keinen verbindlichen Maßstab für Falschheit und Echtheit gibt, an dem gemessen die Inszenierungen der Betrüger als defizitär und lügenhaft entlarvt werden könnten. Dieser Befund spiegelt sich vor allem in der vieldeutigen Figur des sogenannten Armeniers. Der Prinz mutmaßt, ermutigt durch seine Entlarvung der Tricks des Sizilianers, auch der Armenier sei nur ein Betrüger, auch seine scheinbar übernatürlichen Fähigkeiten seien auf natürliche Weise erklärbar. Dies hätte sich vielleicht im folgenden noch weiter als plausibel·erwiesen – doch bleibt andererseits die zweite Geistererscheinung, welche bei der Séance als Konkurrenz zu des Sizilianers Vorspiegelung aufgetreten war, völlig unerklärt. Und gewinnt nicht

der Armenier zudem eine fatale Macht über den, der ihn zu durchschauen meinte? Im Zentrum aller Geheimnisse steht der Agent einer Kirche, die eine absolute
Glaubenswahrheit zu vertreten vorgibt und sich dabei trügerischer Machenschaften bedient. Allenthalben, auch auf der politischen Bühne, interferieren Schein-
und Spiegelwelten miteinander. Niemand ist in dieser Welt als Informant absolut
zuverlässig (auch beim besten Willen zur Wahrhaftigkeit nicht), niemand vertritt
mehr eine absolut überlegene Position. Aufklärung entzieht sich durch Radikalisierung ihres Ansatzes und Ausweitung ihrer Skepsis selbst den Boden, löst
Wirklichkeit auf in Sehweisen, in Facetten, in Kulissen.

Einmal desillusioniert, nimmt der Prinz ab jetzt nur noch Illusionen wahr, nur
noch Kulissen und Masken, hinter denen ihm keine Wahrheit greifbar wird. Als
Folge seiner Aufklärung über faulen Zauber schwankt er zwischen zwei jeweils
unseligen Extremen: zwischen einem radikalen Skeptizismus und der Neigung
zum Rückfall in vorkritische Leichtgläubigkeit, für die dann das vermeintlich ent-
zauberte Übernatürliche wiederum zum kostbaren Glaubensartikel wird. Das Erkennen verliert seinen Halt. Und schlimmer noch: dem Leser ergeht es nicht besser als dem Prinzen. Dies liegt nicht allein daran, daß der Roman Fragment ist und
eine ganze Reihe prinzipiell lösbarer Rätsel deswegen unenthüllt bleibt. Vielmehr
ist im „Geisterseher" jede Enthüllung, jeder aufklärende Schritt nur wieder das
Vorspiel zu einer neuen Mystifikation, so daß der Leser selbst das Vertrauen in die
Kraft der Entlarvung und die Endgültigkeit ihrer Ergebnisse verliert. Wie der
Prinz vieles, was ihm zugetragen oder enthüllt wird, von verdächtigen Informanten mitgeteilt bekommt, so hat auch der Leser an seinen Informanten keinen sicheren Anhaltspunkt. Die Erzählerfiguren repräsentieren keine Ebene oberhalb
der Täuschungen und Verstrickungen: Der Baron und der Graf mögen ehrenwert
sein – aber sie sind selbst in die Geschichte verwickelt, Illusionen ausgeliefert, von
Parteilichkeiten beeinflußt.

Ausgerechnet diese Geschichte einer Entlarvung falschen Zaubers nimmt also
eine Wendung gegen die Idee zu enthüllender verbindlicher Wahrheiten, gegen
die Hoffnung auf einen Orientierungsmaßstab für die Differenzierbarkeit zwischen Sein und Schein. Nirgends läßt sich „die" Wahrheit finden: Schein und Spiel
konstituieren alle Ebenen der Romanwirklichkeit – und dies ist das letzte, im
Grunde negative Resultat der poetischen Reflexion über den Schein. Das Pathos
der Wahrheit kehrt sich gegen sich selbst.[21] Der romantische Nihilismus wird in
der Geschichte des zwischen (Aber-)Glauben und Skepsis schwankenden Prinzen
ansatzweise vorweggenommen.

---

[21] Ein Jahrhundert später wird Nietzsche dieses Bewegung explizit nachzeichnen. Auch
Nietzsches Wurzeln liegen in der Aufklärung, einer Aufklärung, die sich selbst den Boden
entzieht, sobald sie ihr eigenes Fundament, nämlich die Existenz einer Differenz zwischen
Sein und Schein, in ihren allgemeinen Zweifel mit einbezieht.

Wie eine Fortsetzung des „Geistersehers" nimmt sich Hermann Burgers Erzählung „Diabelli" aus, in der ein alter Varieté-Zauberer den dialektischen Span-
nungsbezug zwischen Illudierung und Aufklärung aus der Perspektive des Fach-
mannes beleuchtet. Seine These: Gerade Illusionisten sind durch eine Neigung
zum Aufklären charakterisiert; Illusionismus und Aufklärung sind zwei Seiten
einer Medaille.[22] Diese Affinität zur Entlarvung falschen Zaubers richtet sich
zwar einerseits gegen die Kunst des Illusionisten selbst, doch umgekehrt wird dabei Aufklärung selbst zum Kunststück. Burgers Diabelli verdeutlicht, daß dort,
wo es keine verbindliche und feststehende Wirklichkeit mehr gibt, auch keine
Entlarvung mehr stattfinden kann. Jenseits des einen Tricks spielt sich der nächste
ab, und die Enthüllung von Tricks ist jeweils integriert in neue Spiele. Aufklärung
wird dabei in den Dienst des „Zaubers" genommen. Wie durch die Preisgabe einzelner Zaubertricks die Glaubwürdigkeit des Illusionisten insgesamt so gesteigert
werden kann, daß ihm das Publikum anschließend nur noch mehr vertraut, so
kann die Reflexion eines Erzählers über sein Erzählen als ein Blick hinter die Kulissen arrangiert sein, der letztlich nur die Bereitschaft des Lesers verstärkt, sich
auf den Text einzulassen, seinem „Zauber" zu erliegen.

Der „Geisterseher" mag ein vieldeutiger Text sein (und er ist Schiller gewiß noch
vieldeutiger geraten, als beabsichtigt, was die Liebe des Autors zu seinem literarischen Kind nicht vergrößert haben dürfte) – er läßt sich gleichwohl, oder vielleicht gerade darum als ein Text interpretieren, in dem sich die Dichtung selbst
zum Gegenstand literarischer Reflexion macht. Die theoretisch artikulierte Zuversicht, die Macht des Scheins durch Reflexion überwinden und außer Kraft setzen zu können, wird durch die Entwicklung der Geschichte allerdings unter-
höhlt, nicht bestätigt. Die Literatur thematisiert den Schein als Schein – ohne jedoch hinter ihn zurückzufinden. Anstelle einer reflexiven Enthüllung des Wahren
erfolgt die Entdeckung allgegenwärtigen Scheins, unhintergehbarer Perspektivik;
die Bühne des einen Scharlatans mag demontiert werden, aber man findet sich sofort auf einer anderen Bühne wieder.

Wo freilich das absolut Wahre zum Phantasma wird, erscheinen Phantasmen und
Illusionen als weniger defizitär, der Legitimation kaum mehr bedürftig: Dies ist
die positive Kehrseite der poetischen Desillusionierung, für die Schiller aber wenig Sympathie aufgebracht haben dürfte. Die Dynamik des Geisterseher-Themas
hat sich – und dies ist vielleicht der Grund für das Abbrechen des Fragments – offenbar verselbständigt, so wie die vom Zauberlehrling gerufenen Geister, die man
nicht einfach wieder los wird.

---

22 Hermann Burger: Diabelli, in: Diabelli. Erzählungen, Frankfurt/M. 1979, S. 73 f.

„ZWISCHEN SINNENGLÜCK UND SEELENFRIEDEN"
Friedrich Wilhelm Riemers Liebe zu Caroline von Humboldt. Aus seinen unveröffentlichten Tagebüchern von 1802 und 1803

von Georg Kurscheidt, Alverskirchen/Weimar

Abstract

Als Friedrich Wilhelm Riemer im November 1801 siebenundzwanzigjährig für knapp zwei Jahre Hauslehrer bei Wilhelm von Humboldt wurde, hatte er weder mit der Welt noch mit den Menschen Erfahrungen gemacht. Als Humboldts Hofmeister lernte er Italien und Rom kennen und – die Liebe. In Caroline von Humboldt begegnete er einer in rebus eroticis vielerfahrenen Frau, die ihm jedoch als Partnerin unerreichbar blieb. Riemers Tagebücher von 1802/03 schildern ausführlich Hoffnungen und Enttäuschungen dieser unerfüllten Liebe. Riemer kehrte resigniert und ohne Gewinn für seine „geistige u physische Organisation" nach Deutschland zurück, trat in Goethes Haus ein und begab sich fortan als dessen „stummes Werkzeug" vollends des Anspruchs auf die Entwicklung seiner Individualität.

When the twenty-seven year old Friedrich Wilhelm Riemer took up his two-year appointment as private tutor in the house of Wilhelm von Humboldt in November 1801, he had very little experience of the world or of people. In Humboldt's service he got to know Italy and Rome – and love. He made the acquaintance of Caroline von Humboldt, a woman very experienced in rebus eroticis, but who was out of his reach as a partner. Riemer's diary of 1802/03 describes in detail the hopes and disappointments of this unfulfilled love. Riemer returned to Germany, marked by resignation and with no profit for his „spiritual and physical organisation". He went into service in Goethe's house, where he worked as the great man's „dumb tool" and increasingly renounced any claim to the development of his own individuality.

I.

„Wir haben durch eine sonderbare und wirklich unglückliche Verbindung von Umständen den Hofmeister unsrer Kinder aus dem Hause verloren"[1], schrieb Wilhelm von Humboldt am 9. Juli 1803 aus Rom an Schiller und bat diesen, ihm bei der Suche nach einem neuen Lehrer behilflich zu sein. Humboldt, der preußische Gesandte im Vatikan, beläßt es bei dieser diplomatisch formulierten Andeutung über die Gründe, die seinen Hauslehrer, Friedrich Wilhelm Riemer, bewogen hatten, sich von ihm zu trennen. In den Nachrichten über Riemers Leben wird gelegentlich mitgeteilt, er sei nach Deutschland zurückgekehrt, „um die unterdessen stockende Arbeit am Wörterbuch" wieder aufzunehmen[2], womit Rie-

---

[1] Schillers Werke. Nationalausgabe, Bd. 1 ff., Weimar 1943 [künftig: NA], Bd. 40 I, S. 87.
[2] Julius Wahle: [Artikel] Riemer, in: Allgemeine Deutsche Biographie, Bd. 28, Leipzig 1889, S. 560.

mers „Kleines Griechisch-Deutsches Handwörterbuch" (2 Bde, Jena und Leipzig 1802–1804) gemeint ist. Thomas Mann läßt seinen Doktor Riemer in „Lotte in Weimar" über die Beendigung seiner Tätigkeit bei Humboldt lapidar berichten: „Dann kam eine weitere Empfehlung: die meines diplomatischen Brotherrn an seinen illustren Freund [Goethe] in Weimar."[3] Beide Erklärungen verschweigen die eigentlichen ‚Umstände' von Riemers Demission, die vielleicht ‚unglücklich', jedoch keineswegs ‚sonderbar' waren: Riemer hatte sich in die Dame des Hauses verliebt. „Seine Nerven versagten; er fühlte sich nicht mehr organisiert genug, um der Überfülle der Eindrücke standhalten zu können".[4] Daß von diesem „Roman" nur „wenig bekannt" sei, wie vermutet wurde[5], widerlegen nachdrücklich Riemers Tagebücher aus den Jahren 1802 und 1803; sie haben zwei zentrale Themen: die erotische Phantasiewelt ihres Verfassers im allgemeinen und dessen ebenso leidenschaftliche wie hoffnungslose Liebe zu Caroline von Humboldt im besonderen.

Darin mag ein Grund liegen, warum Riemers frühe, ‚vorgoethesche' Tagebücher bisher unveröffentlicht geblieben sind.[6] Arthur Pollmer, einer der Bearbeiter des Riemerschen Nachlasses, erwähnt sie unter der wenig aussagekräftigen Überschrift „Erste Versuche in Tegel und Rom".[7] Er bezeichnet sie als Zeugnisse der „neuen belebenden Einflüsse", die der Umgang mit Humboldt auf den Hauslehrer ausgeübt habe; als Beleg dafür zitiert er einige Bemerkungen Riemers über Literatur und Philosophie, Kunst und Natur, geht aber mit keinem Wort darauf ein, daß Riemers Aufzeichnungen in erster Linie die Dokumentation jener „gefährlichen inneren Krisis" und „krankhaften Überreizung" darstellen, in welche der „überalterte" Jüngling durch die Leidenschaft für seine Herrin geriet.

Der Hofmeister und ...

Riemer war zeitlebens abhängig von Mentoren; als Schüler in Breslau wurde er von Johann Kaspar Manso gefördert, als Student in Halle von Friedrich August Wolf; als er 1801 eine Tätigkeit als Privatdozent abbrach und im November Privatlehrer der Kinder Humboldts wurde, insbesondere der Söhne Wilhelm und Theodor, war Riemer bereits 27 Jahre alt. Die zurückliegenden fast acht Jahre hat-

---

[3] Thomas Mann: Gesammelte Werke in dreizehn Bänden, Bd. 2, Frankfurt/M. [2]1974, S. 420.

[4] Arthur Pollmer: Friedrich Wilhelm Riemer und seine „Mittheilungen über Goethe", Leipzig 1922, S. 8.

[5] Gunhild und Uwe Pörksen: Friedrich Wilhelm Riemer als Autor aphoristischer Notizen zur Sprache und als linguistischer Gesprächspartner Goethes. Mitteilungen aus seinem Nachlaß, in: Goethe Jahrbuch (Weimar) 102, 1985, S. 58.

[6] Zu den bisherigen Publikationen aus Riemers Nachlaß vgl. Anm. 35.

[7] Pollmer [Anm. 4], S. 6. Die folgenden Zitate ebd., S. 6–8.

te er ausschließlich mit dem Studium der antiken Sprache und Literatur zuge-
bracht und war darüber zum Typ des ‚weltfremden Gelehrten' geworden, dessen
„erschreckender Mangel an Weltklugheit und an praktischem Sinn"[8] ihn daran
hinderte, sein Leben in den Griff zu nehmen.

Humboldt hatte im August 1801 seinen vierjährigen Aufenthalt in Paris abgebro-
chen und war nach Berlin zurückgekehrt. Die Familie wohnte zunächst in ihrem
Berliner Stadthaus; im März 1802 zog sie nach Tegel in den Humboldtschen Fa-
miliensitz um. Am 18. Mai ging Caroline noch einmal zurück in die Stadt, um
dort ihre Entbindung abzuwarten; nach der Geburt der Tochter Gabriele am
28. Mai blieb sie noch bis zum 18. Juni in Berlin und kehrte dann nach Tegel
zurück.[9] Mitte Mai war Humboldt zum preußischen Residenten beim Heiligen
Stuhl in Rom ernannt worden. Am 8. September 1802[10] traten er und seine Familie in Begleitung des Hauslehrers Riemer die Reise nach Italien an. Als Riemer am
19. September – „d. Tag vor der Abreise nach Italien" – zwei Sentenzen aus „Wilhelm Meisters Lehrjahren" als Motti des vor ihm liegenden Lebens in sein Tagebuch schrieb, befand sich die Reisegesellschaft in Zeitz; von dort besuchte Humboldt Weimar und sah zum letzten Mal Schiller wieder. Nach einem vierzehntägi-
gen Zwischenaufenthalt in Mailand traf Humboldt am 25. November 1802 in
Rom ein. Riemer notierte in seinem Tagebuch die Stationen Parma, Perugia, Spoleto und Terni. Für die erste Zeit logierten Humboldts in der Villa di Malta auf
dem Monte Pincio, dem nördlichsten der Hügel Roms, in der Nähe der Porta
Pinciana; Anfang 1803 bezog die Familie die Amtswohnung von Humboldts Vorgänger Wilhelm Uhden, den Palazzo Tomati an der Via Gregoriana in der Nähe
der Spanischen Treppe.[11]

Während Humboldt sich ganz der Wirkung Roms hingab, die „tiefen Gefühle der
Seele zu wecken, und von allem übrigen abzuziehen"[12], fühlte sich sein Hauslehrer, obwohl er noch nichts von der Welt gesehen hatte, weniger beeindruckt. Jedenfalls fanden Italien und Rom einen verhältnismäßig geringen Niederschlag in
Riemers Tagebuch. Lediglich am 10. Dezember spricht er einmal „mit erhöhter

---

[8] Ebd., S. 5.
[9] Vgl. Humboldts Briefe an Schiller vom 11. und 18. Mai 1802 (NA 39 I, S. 255) sowie an
Christian Gottfried Körner vom 18. Juni 1802 (Wilhelm von Humboldts Briefe an Christian Gottfried Körner, hg. von Albert Leitzmann, Berlin 1940, S. 67).
[10] Vgl. Humboldts Briefe an Goethe vom 31. August 1802 (in: Goethes Briefwechsel mit
Wilhelm und Alexander v. Humboldt, hg. v. Ludwig Geiger, Berlin 1909, S. 145–146) und an
Brinkmann vom 3. September (in: Wilhelm von Humboldts Briefe an Karl Gustav von
Brinkmann, hg. und erläutert v. Albert Leitzmann, Leipzig 1939, S. 134).
[11] Vgl. die Schilderungen Caroline von Humboldts in ihrem Brief an Charlotte von Schiller vom 9. Dezember 1802 (in: Charlotte und ihre Freunde, [hg. v. Ludwig Urlichs,] Bd. 2,
Stuttgart 1862, S. 187–189) und Wilhelm von Humboldts im Brief an Schiller vom 10. Dezember 1802 (NA 39 I, 344–348).
[12] Ebd. (NA 39 I, 345).

Empfindung" von den Schönheiten der Stadt. Viel mehr beschäftigten ihn die
Schönheiten seiner Herrin. Obwohl es sich bei unserem Abdruck aus Riemers
Aufzeichnungen um Auszüge handelt, wird der Eindruck nicht grundsätzlich
verfälscht: Riemers Diarium ist im wesentlichen ein Tagebuch des inneren Erle-
bens, nicht der äußeren Ereignisse, und im Mittelpunkt der Introspektion steht
nicht das Erlebnis einer fremden Welt, sondern die Begegnung mit dem unbekannten Eros.

Offen und detailliert gibt sich Riemer Auskunft und Rechenschaft über den Zustand seiner Gefühle. Geist und Materie, Vernunft und Neigung, Sinnlichkeit
und Moral, Liebe und Leidenschaft, Lust und Entsagung lauten die Begriffe, deren Polarität immer wieder seinen Versuch veranlassen, sich durch Expektorati-
on und Reflexion seines Weges inmitten dieser Gegensätzlichkeiten zu vergewissern. Riemer durchlebt die Situation des Menschen, dem die „bange Wahl" auferlegt ist, „Zwischen Sinnenglück und Seelenfrieden" entscheiden zu müssen; so
heißt es in Schillers Gedicht „Das Reich der Schatten", aus dem Riemer (am 10.
Dezember 1802) einen Vers zitiert[13]; er gibt das Ziel seines Strebens an: die einander widerstreitenden Beweggründe menschlichen Handelns in einen ‚vermähl-
ten Strahl' zu vereinigen und die dualistische Spaltung des Menschen aufzuheben. Andere Themen wie Natur und Kunst, Wahrheit und Irrtum stehen im
Hintergrund; aber auch sie werden nie theoretisch behandelt, sondern als eine
persönlich empfundene Problematik und bezogen auf die aktuellen Lebensum-
stände erörtert.

Seine Sehnsucht nach dem Erlebnis der Liebe durchzieht als immer wiederkeh-
rendes Grundmotiv Riemers Niederschriften von Anfang 1802 bis zur Abreise
aus Rom im Juli 1803. Erotische Phantasien und Träume eines in Liebesdingen
unerfahrenen jungen Mannes, den die Philologie seine Jünglingsjahre gekostet
hatte, suchten nach einem Gegenstand und fanden ihn in der acht Jahre älteren
Frau seines Hausherrn. Wann dies geschah, ob schon im Sommer vor dem Auf-
bruch nach Italien, läßt sich anhand der überlieferten Aufzeichnungen nicht genau nachvollziehen. Riemer nennt Caroline nur ein einziges Mal beim Namen:
am 8. Dezember 1802. Wann auch immer sie begonnen hatte, Riemers Liebesge-
schichte fand ihren Höhepunkt im römischen Frühling des Jahres 1803. Am
17. April wirft er sich Caroline zu Füßen; aber sie erhört ihn nicht, sondern gibt
ihm den Rat einer reifen Frau, er möge sich sexuelle Erfahrungen erst einmal bei
anderen verschaffen: „Die erste will sie nicht seyn: die letzte", notiert sich Riemer
auf einem Tagebuchblatt ohne Tagesangabe von April 1803. Nach dieser Absage
ist der Zurückgewiesene bemüht, seine Gefühle zu ordnen; er nimmt sich vor, die
niedere Sinnlichkeit seiner Liebe auf das Niveau einer „Freundschaft der Seelen"
(Blatt ohne Tagesangabe von April 1803) zu heben; er will an der moralischen

---

[13] Vgl. S. 60 sowie Anm. 57.

Überwindung seiner Leidenschaft arbeiten. Dieser Prozeß verläuft nicht gerad-
linig, aber am Ende, als Rom schon zurückliegt, steht das nüchterne Resümee
einer gescheiterten Liebe; am 22. August gesteht sich Riemer das „unabweichliche
Bedürfniß zu lieben u geliebt zu werden" und das „Bedürfniß des Genusses"; zugleich aber bekennt er: „Ich vergriff mich in dem Gegenstande meiner Liebe".

So spannt sich die Geschichte dieser Beziehung in einem Bogen von den am
20. September 1802 vor der Abreise nach Italien niedergeschriebenen „Maximen"
aus dem „Wilhelm Meister", die von der Pflicht zur Selbstbegrenzung und zur
Selbstbildung handeln, bis zum entsagenden Rückblick elf Monate später auf der
Rückreise nach Deutschland. In der Resignation wird bereits Riemer als Schatten
Goethes sichtbar: „Es ist eine Eitelkeit des Geistes gern mehr seyn zu wollen, als
man seyn kann", steht auf einem undatierten Blatt vermutlich aus den letzten Monaten in Rom.

Die ihm abverlangte Verzichtleistung kostete den zurückgewiesenen Liebhaber
jedoch mehr, als sich dieser zunächst selbst zugeben mochte. Riemer war am
3. September 1803 in Begleitung Carl Ludwig Fernows in Weimar eingetroffen
und bald als Lehrer Augusts in Goethes Haus aufgenommen worden, da peinig-
ten ihn nach wie vor die Enttäuschung und das Gefühl, „des Lebens völlig ex-
pers" zu sein, wie er am 27. November 1803 an den Jenaer Buchhändler Friedrich
Frommann schrieb[14]; schuld daran sei die „Signora aus Rom"[15]: „D e r S a t a n
hat das wohl gewußt; aber hat sie nur etwas gethan, um meine Stimmung zu verbessern? Sie hat sich blos salviren wollen und mich mir und meinem Schicksal
überlassen."[16] In dieser nicht ohne Larmoyanz vorgetragenen Anklage kommt
das tiefe Gefühl, beleidigt worden zu sein, zum Ausdruck, das in den folgenden
Monaten alle früheren Empfindungen versiegen ließ. Nicht einmal mehr Sympathie war übrig, als Riemer und Caroline von Humboldt sich das erste Mal in Weimar wiedersahen. Sie befand sich auf dem Weg nach Erfurt und weiter nach Paris;
am 28. April 1804 stattete sie Goethe in dessen Haus einen Besuch ab. Riemer
schildert am 2. Mai in einem Brief an Frommann, wie kühl er ihr begegnet sei:
Man habe „wenige Worte nur mit einander gesprochen."[17] Und dann spricht er
das alles vernichtende Urteil über die einst Geliebte: „Ich fand sie sehr verändert,
sogar häßlich."[18] Frommann möge nach Weimar kommen: „Vielleicht können Sie
dann dieß Unheil sehen, wenn Ihnen etwas daran liegt." So beendete der verbit-
terte Hofmeister den vermutlich ersten ernsthaften ‚Roman' seines Lebens auf
wenig noble Weise.

---

[14] Aus dem Goethehause. Briefe Friedr. Wilh. Riemers an die Familie Frommann in Jena
(1803–1824), nach den Originalen hg. v. Ferdinand Heitmüller, Stuttgart 1892, S. 38.
[15] Brief an Frommann vom 22. Mai 1804 (ebd., S. 46).
[16] Brief an Frommann vom 27. November 1803 (ebd., S. 38).
[17] Brief an Frommann vom 2. Mai 1804 (ebd., S. 44).
[18] Dieses und das folgende Zitat ebd., S. 45.

. . . das Objekt seiner Begierde

Humboldts hatten keinerlei Ressentiment gegen den früheren römischen Hausgenossen. Caroline war „freundlich" beim Wiedersehen in Weimar und lud Riemer zu einem Besuch in Erfurt ein.[19] Wilhelm, der, wie über alle anderen Affären seiner Frau, auch über Riemer unterrichtet war, beantwortete am 25. Februar 1804 aus Rom einen offenbar zurückhaltend formulierten Brief Riemers aufs wärmste und bat diesen, ihm doch „nicht so cärimonieus, sondern freundschaftlich u. geradezu, wie ich es thue, zu schreiben."[20] Im übrigen hatte Humboldt in der ganzen Zeit zuvor nicht ein Wort über Riemer verloren. Unter dem weltmännisch weit gespannten Horizont, den Humboldts Blick umfaßte, mag der gedrückte Hauslehrer eine eher unbedeutende Erscheinung gewesen sein.

Einer der Bewerber für die vakante Erzieherstelle in Humboldts Haus nach Riemers Weggang war der vierundzwanzigjährige Philipp Joseph Rehfues in Rom, der spätere Kurator der Universität Bonn; dieser lernte die Humboldtsche Familie kennen und berichtete darüber am 12. Februar 1804 an einen Bekannten: „Humboldt lebt mit seiner Frau in einer Convenienzehe. Ihre Geldinteressen sind gemeinschaftlich, das Interesse ihres Herzens und ihrer Neigungen getrennt."[21] Auch wenn diese Beschreibung auf jede Differenzierung verzichtet, so trifft sie das Verhältnis der Eheleute Humboldt doch eher als dessen naiv-glorifizierende Stilisierung zu einem „Tugendbund".[22] Caroline hatte schon vor ihrer Heirat nie einen Zweifel daran gelassen, daß für sie Ehe und Familie nicht das Ende ihrer Freiheit bedeuteten. Es sei „nichts so heilig im Zusammenleben", schrieb sie ihrem Verlobten am 14. April 1790, „als die Individualitäten eines jeden Charakters. Sie in einem so engen Verhältnis wie die Ehe respektiert zu sehen, war das einzige, was ich bei dem Manne suchte, dem ich meine Hand geben wollte".[23] Nur unter der Bedingung, daß ihr Geist „in all der Freiheit, der er bedarf, um sich lebendig zu fühlen"[24], weiterleben könne, war sie bereit gewesen, die Verbindung mit Humboldt einzugehen. In Carolines Brust, so weiß einer ihrer Biographen, schlug „ein heißes Herz, unersättlich im Wünschen, unbändig im Begehren."[25] In dem ruhigen, gar spröden und introvertierten Humboldt, dessen ganzes Wesen nach Varnhagen von Enses Zeugnis „Kälte und Ruhe" ausstrahlte[26], mochte die-

---

[19] Ebd., S. 44 u. 45.
[20] Goethe-Jahrbuch, hg. v. Ludwig Geiger, Bd. 8, 1887, S. 82.
[21] Otto Baisch: Johann Christian Reinhart und seine Kreise. Ein Lebens- und Culturbild, Leipzig 1882, S. 169.
[22] Wilhelm und Caroline von Humboldt in ihren Briefen, hg. v. Anna von Sydow, 7 Bde, Berlin 1906–1916; hier: Bd. 1, S. 1.
[23] Ebd., S. 121.
[24] Ebd.
[25] Alfred Wien: Caroline von Humboldt, Bielefeld und Leipzig 1912, S. 12.
[26] Karl August Varnhagen von Ense in seiner Biographie Humboldts (in: Denkwürdigkeiten und vermische Schriften, Bd. 4, Mannheim 1838, S. 281).

ses Herz den geeigneten Partner gefunden zu haben glauben. Überzeugt, daß der bloße „E i n k l a n g unsrer Gefühle" in der Ehe zu „ermüdender Einförmigkeit" führe, vertrat Caroline den Anspruch auf „eine schöne Mannigfaltigkeit".[27] Humboldt akzeptierte diese Offenheit des Zusammenlebens – und vertrat sie auch für sich selbst, wie in seinem Verhältnis zu Johanna Motherby und Charlotte Diede. „Madame Humboldt ist eine Frau ganz eigener Art", fand der Hofmeister Rehfues. „Ob die Götter der Schönheit gleich nichts für sie gethan zu haben scheinen, so muß sie doch ihre geheimen Reize haben."[28] Daß diese nicht zuletzt in der Faszination bestanden, die von der Aura einer unkonventionellen erotischen Liberalität ausgegangen sein wird, darf vermutet werden. Caroline suchte und fand ‚Mannigfaltigkeit' in zum Teil langjährigen Beziehungen zu Freunden wie Wilhelm von Burgsdorff, Gustav von Schlabrendorff, Alexander von Rennenkampf und David Friedrich Koreff.

Es ist nicht anzunehmen, daß der souveräne Umgang mit der eigenen Freiheit ganz ohne Konflikte geblieben wäre. Als Caroline sich im Sommer 1795 in Berlin in den damals gerade zweiundzwanzigjährigen märkischen Junker Wilhelm von Burgsdorff verliebte, begann eine über drei Jahre andauernde leidenschaftliche Liebe, die offenbar auch an die Grenzen von Humboldts Toleranz stieß.[29] Im Bekanntenkreis wurde von Trennung gesprochen; Burgsdorffs Vetter Karl Finck von Finckenstein berichtete am 16. Dezember 1796: „Es geht [. . .] ein sonderbares Gerücht: Humbolt lässt sich, heisst es, von seiner Frau scheiden, und sie heurathet Burgsdorf."[30]

Caroline von Humboldt hat es der harmoniebedürftigen Nachwelt nicht leicht gemacht, das Ende ihrer Liebesgeschichten immer wieder als „Sieg des Entsagens" über das „nachtgebundene Dunkel urmenschlichen Fühlens" zu feiern[31] oder das „Liebesverlangen" der „universal angelegten Frau" in metaphysische Dimensionen zu erheben und durch die „Vorsehung eine Erfüllung" finden zu lassen[32], um ein populäres Bild von Ehe und Familienglück nicht zu trüben. Denn Carolines Beziehungen waren keine vom Schicksal auferlegten Prüfungen, sondern bewußt gesuchte Erfahrungen. Leichter tut sich ein Betrachter ihres Lebens,

---

[27] Brief an Humboldt vom 28. April 1790 (Sydow [Anm. 22], Bd. 1, S. 136).

[28] Baisch [Anm. 21], S. 170.

[29] Vgl. über Burgsdorff und Caroline von Humboldt Alfons Fedor Cohn: Wilhelm von Burgsdorff, in: Euphorion 14, 1907, S. 533–565, sowie Carolines Briefe an Rahel Levin in: Briefwechsel zwischen Karoline von Humboldt, Rahel und Varnhagen, hg. v. Albert Leitzmann, Weimar 1896.

[30] Wilhelm von Burgsdorff. Briefe an Brinkman, Henriette v. Finckenstein, Wilhelm v. Humboldt, Rahel, Friedrich Tieck, Ludwig Tieck und Wiesel, hg. v. Alfons Fedor Cohn, Berlin 1907, S. 201.

[31] Wien [Anm. 25], S. 41 u. 42.

[32] Karoline von Humboldt in ihren Briefen an Alexander von Rennenkampff [. . .] von Albrecht Stauffer, Berlin 1904, S. 8, 7 u. 11.

der Carolines Ehe als Gemeinschaft zweier ‚emanzipierter' Partner zu verstehen sucht, deren „innere und äußere Freiheit [. . .] jede konventionelle Vorstellung einer bürgerlichen Ehe sprengen", aber „zwangsläufig auch innere Spannungen und Zeiten wachsender Entfremdung hervorrufen" mußte[33], ohne daß die Partnerschaft daran zerbrochen wäre.

Der Hofmeister Riemer hatte nicht das Glück, zu denjenigen Männern zu gehören, von deren intimer Bekanntschaft Caroline sich eine Bereicherung ihrer Erfahrungen versprach. Sie wird milde gelächelt haben, als Humboldt ihr am 17. Juni 1812 auf Rom und das Jahr 1803 anspielend schrieb: „Bei Weimar fällt mir Riemer ein. Weißt Du, daß der auch bei Goethe nach neun Jahren seine alten Verrücktheiten bekommen und deshalb das Haus verlassen hat?"[34]

Überlieferung und Textanordnung

Ein großer Teil des Riemerschen Nachlasses wird im Goethe- und Schiller-Archiv Weimar aufbewahrt[35]: Massen von Zetteln und Heften mit Notizen, Exzerpten, Konzepten und Aufzeichnungen aus allen Bereichen, für die Riemer sich interessierte. Die als Archivalieneinheiten 78/1182,1–2 und 78/1183 registrierten Tagebücher der Jahre 1802 und 1803 bestehen aus einer Vielzahl überwiegend einzelner Blätter von unterschiedlichem Papier und Format (meist 11/12 × 17/19 cm). Innerhalb der einzelnen Komplexe besteht eine weitgehende chronologische Unordnung. Eine von unbekannter Hand vorgenommene Numerierung der Schriftstücke ist unvollständig, fehlerhaft und widersprüchlich.

Die folgenden Niederschriften werden nach Datum und Handschriftenbefund soweit wie möglich chronologisch abgedruckt. Undatierte Eintragungen werden nach inhaltlichen Kriterien oder – wenn andere Anhaltspunkte fehlen – in der

---

[33] Gustav Sichelschmidt: Caroline von Humboldt. Ein Frauenbild aus der Goethezeit, Düsseldorf 1989, S. 11–12.

[34] Sydow [Anm. 22], Bd. 4, S. 8. – Über Riemers „Verrücktheiten" vgl. Goethes Brief an ihn vom 19. Mai 1812 (Goethes Werke [Weimarer Ausgabe], IV. Abt., Bd. 20, Weimar 1896, S. 333–334).

[35] Zur Geschichte des Nachlasses vgl. Wolfgang Herwig: Unveröffentlichtes aus dem Riemer-Nachlaß, in: Goethe. Neue Folge des Jahrbuchs der Goethe-Gesellschaft 31, 1969, S. 261–268, sowie Pörksen [Anm. 5], S. 50–53. – Die bisherigen Veröffentlichungen aus Riemers Nachlaß beziehen sich allesamt auf die Zeit mit und nach Goethe: – Robert Keil: Aus den Tagebüchern Riemers, in: Deutsche Revue [I] 11, 1886, Bd. 1 (Januar), S. 59–67; [II] 11, 1886, Bd. 2 (Mai), S. 162–172; [III] 11, 1886, Bd. 4 (Oktober), S. 20–38; [IV] 12, 1887, Bd. 1 (Januar), S. 11–20; [V] 12, 1887, Bd. 1 (Februar), S. 173–181; [VI] 12, 1887, Bd. 1 (März), S. 278–288; [VII] 12, 1887, Bd. 3 (Juli), S. 55–64; [VIII] 12, 1887, Bd. 4 (Oktober), S. 39–47; – Arthur Pollmer: Aus Friedrich Wilhelm Riemers Tagebüchern, in: Jahrbuch der Sammlung Kippenberg [I] 1, 1921, S. 123–131; [II] 3, 1923, S. 24–79; [III] 4, 1924, S. 20–71; [IV] 5, 1925, S. 22–72; – Herwig [s. o.], S. 261–291; – Pörksen [Anm. 5], S. 34–67.

Reihenfolge der archivalischen Blattzählung eingeordnet. Letzteres gilt insbesondere für die Texte, die möglicherweise Fragmente jener fiktiven Briefe sind, die Riemer am 17. Mai 1803 ankündigte. Sie finden sich zu einer Gruppe vereinigt zwischen den Tagebuchaufzeichnungen vom 31. Mai und 22. August 1803. Aus diesem Zeitraum gibt es keine datierten Eintragungen, bis auf ein Blatt vom 7. Juli (das hier nicht abgedruckt wird).

Textgestaltung

Geradschrift zeigt Riemers Handschrift an; kursiver Text stammt vom Bearbeiter. Orthographie und Interpunktion werden unverändert wiedergegeben. Eindeutige Schreibversehen (wie fehlende Abführungszeichen, öffnende oder schließende Klammern) sind ohne Nachweis korrigiert, einige Ergänzungen des Bearbeiters durch eckige Klammern und Kursivschrift kenntlich gemacht. Auf Beschreibung der Handschriften und Angabe von Varianten wurde verzichtet, ebenso auf die typographische Wiedergabe lateinischer Schrift. Einfache Unterstreichung in der Handschrift wird durch Sperrdruck hervorgehoben, doppelte Unterstreichung durch Sperrung und halbfette Schrift. Das Zeichen [. . .] markiert Auslassungen nur im fortlaufenden Text; Auslassungen zwischen den durch eine Leerzeile getrennten Textsegmenten werden nicht angezeigt. Punkte im Text ohne Klammern und in unterschiedlicher Anzahl stammen von Riemer. Die Datumszeilen werden nicht nach dem Original, sondern in einheitlicher Form vom Bearbeiter angegeben; Riemer benutzt zur Angabe der Wochentage die in zeitgenössischen Kalendarien üblichen Planetenzeichen; der Einfachheit halber werden diese nicht abgedruckt, sondern es wird im Einzelfall der Name des Wochentags recte in gerade eckige Klammern gesetzt: [Montag]. Verschleifungen, insbesondere am Ende von Wörtern, werden der Lesbarkeit wegen stillschweigend aufgelöst, ebenso Kürzel für Präpositionen wie ‚auf‘, ‚aus‘, ‚mit‘, ‚von‘ sowie für den unbestimmten Artikel ‚ein‘ und dessen Flexionsformen. Mit einem Punkt abgekürzte Wörter werden dagegen nicht ausgeschrieben, auch wenn das Wortende eine Verschleifung aufweist. Die Konjunktion ‚und‘, für die Riemer verschiedene Kürzel verwendet, erscheint stets als ‚u‘.

II.

Berlin

Mittwoch, 20. Januar 1802

Wie unsre Männer, so sind auch unsre Weiber. Kein frisches u gesundes Holz; ein stockicht wurmstichig Gestripp. Die gesunde kernhafte Sinnlichkeit der Vorwelt, wie schlecht würde sie sich speisen an den platten Busen unsrer Weiber an der wespenartigen Gestalt, die viel verspricht nur nichts hält. Und eins würde sie ganz vermissen: die schöne Scham im Kampf mit heimlicher Lüsternheit: der höchste

Reiz u einzige Vorzug des Lebendigen vor der todten Statue; u eigentlich das wahre Gewürz in diesem ganzen Genusse.

Denn in der That, es ist der Kampf des Moralischen mit dem Sinnlichen, der diesem Genuß allen Reiz giebt. Der bloße Sinnenkitzel reizt auch den ärgsten Wollüstling nicht: er muß ihn erst durch Frevel piquant machen, u so predigt auch nur der Lasterhafte am stärksten die Tugend.

Samstag, 30. Januar 1802

Es giebt Frauen deren Geist so stark ist sich zu der Höhe der männlichen Gesichtspuncte zu erheben; u deren Körper jedem unterliegt, wovon sie angenehme Eindrücke erwarten. Sie denken wie Männer, u empfinden wie Weiber.

Tegel

Sonntag, 7. März 1802

Heute ist es dem Tage nach ein Jahr, daß ich einen Schritt that, dessen Folgen ich jetzt noch spüre, u gewiß mein ganzes Leben hindurch spüren werde. Ohne ihn, wäre ich jetzt noch in Halle, od. doch in andern Verhältnissen. Ich hätte mir Ruhe und Heiterkeit der Seele erhalten, u dadurch meine Thätigkeit, die mich sicher gefördert hätte. Doch was sage ich – das Unglück u die Noth hat mich erst thätig gemacht: ohne dieß würde ich meinen gewöhnl. Treint[36] *[sic]* fortgegangen seyn u gewiß eben so wenig fertig seyn, als jetzt, aber lange nicht mit dem Vortheil für mich selbst gearbeitet haben.

Ich begreife sehr leicht, daß alles nicht anders kommen konnte; u daß das Schiksal, wenn es mir keine FrühlingsLiebe, keine morgendlich beleuchtete, geben wollte u konnte (denn wahrlich dazu war der Zeitpunct verfehlt, u meine ganze Lage nicht eingerichtet) sie *[sic]* sie nur abendlich coloriren konnte. Ich sehe keine Trauerbirken, u Thränenweiden u Urnen u andre Monumente eines kleinlichen, faden Schmerzes; es ist der Ausdruck eines verhaltenen Schmerzes, der sich in ein Lächeln ergießen will, wie ein Abendroth, das Regenwolken bescheint, u die vorher finstre Gegend noch einmal in einer blendenden Beleuchtung zeigt – den meine Liebe annehmen muß. Ich fühle mich stark, nicht entnervt, u ich glaube – wenn ich mir nicht zuviel zutraue, u das Glück mir nur einen Freund bescheert – ich werde resigniren können.

Mittwoch, 10. März 1802

So wahr ist's der Mensch ist nicht sein eigen Werk. Es sind die Umstände, mit seinen inwohnenden Kräften, die zusammen ein chemisches Præparat aus ihm machen.

---

[36] Franz. train, auch: trein (de vie): Lebensweise. Bei „Treint" ist im Falle des auslautenden ‚t' an Analogie (zu Formen wie ‚Teint') zu denken. (Nach freundlicher Auskunft von Prof. Dr. Willi Hirdt, Bonn.)

Mittwoch, 17. März, und Sonntag, 21. März 1802

Ich wundre mich immer, so oft ich schöne Frauen erblicke, wie sie ihr Leben aus den nächtlichen Zweykämpfen, der Begierde mit dem Reiz, nur haben davon tragen mögen; wie es geschehn, daß sie nicht zermalmt od. aufgezehrt worden; oder wie sie, nicht von einem Mann umarmt, sondern von keinem Quell überströmmt worden, in den ein mitleidiger Gott, die lechzende Begier auftauen u zerschmelzen ließ, um ganz in den Reiz zu versiegen so mit allen Sinnen u Kräften, glaubt' ich müsse man streben die Schönheit in sich zu saugen, oder gleich einem Strom im unendlichen Meere, sich in ihr zu verlieren u unterzugehen.

Ich habe als Knabe die Metamorphose der Nymphe Salmakis[37] mit einer wunderbaren noch unverstandenen Wollust gelesen, u finde sie jetzt als das, was meine Wünsche ausspricht.

Wie aus meiner Seele genommen ist die schöne Stelle in Novalis Roman[38], wo einer im Traume badet, u die Wellen ihm vorkommen, wie warme Mädchenbusen u das ganze als eine Auflösung der reizenden Mädchenglieder

Aber aus allen Tiefen leuchten die Lüste u Begierden in Flammen auf, wenn es blutroth schwillt. Offenbart vor meinen Augen regen sich Geheimnisse, die immer das Tageslicht flohn. Es wirkt wie Blut u Wunden – –

Schwarz! o schwarz! unaussprechlich. In diesen Tiefen lauscht u lockt das heimliche lüsterne Dunkel der Nacht. Ich möchte in sie versinken. Und wenn es milchweiß aus dieser Rabennacht quillt u schwellt u sich bläht u wölbt – welch eine Idee! – die Wollust mit dem Tode zu paaren!!

ohne Datum; Mai 1802[?]

O du frischer knospender mit sammtenem Schmelz überdufteter Blüthenleib des Mädchens, daß Du in mich hinabtauchtest, wie in einen Quell, o daß auch nur dein schöner Wiederschein wie ein blühendes Abendroth mich küßte u in mir sich spiegelte!

Wie der zarte Leib einer Blume, der allein der seeligen Liebe u Wollust genießt, sich aus dem Lustbette der seidenen Blätter erhebt, so blühte ihr thauiger duftiger Leib aus dem Sammt, der wie ein Moos, wie ein zarter Flaum um ihre Hüften keimte, u die Blicke sanft u schmeichelnd bettete. Ich hätte sie einathmen mögen das himmlische Weib.

Wenn Sie nur eine Ahndung hätten von dieser wollüstigen Qual, womit sie mich peinlich entzücken, die Weiber die in Sammt sich hüllen – ach nicht hüllen; nur ihre eigenste Natur voll Milde u Wollust, wähnst Du, dringe, quelle, dufte aus

---

[37] Nach Ovids „Metamorphosen" (IV 288–388) verschmolz die Nymphe Salmakis im Wasser der von ihr bewohnten Quelle mit dem Sohn des Hermes und der Aphrodite zu einem zwitterhaften Wesen, das den Namen Hermaphroditos erhielt.

[38] Vgl. das erste Kapitel des „Heinrich von Ofterdingen".

ihren Gliedern hervor. Das Auge fühlt sich nicht satt: ein ewiger Durst quält die Hand ihn einzufangen den unendlichen Reiz der alles in mir aufregt.

Montag, 10. Mai 1802

Man findet in der Menschheit noch einmahl die ganze Thierheit wieder [. . .]. Man findet in einzelnen Menschen die Gelüste der Sau, des Hundes, des Affen; jeder der in seinen Busen greift, wird etwas davon wahrnehmen [. . .].

Dienstag, 1. Juni 1802

Ich weiß sehr wohl noch, daß ich als Knabe u Jüngling das Wort Brüste nie lesen u aussprechen mochte u auch nicht gern aussprechen hörte; sogar mit Busen ging es mir so, ob ich dieß Wort gleich schöner fand.

Donnerstag, 12. August 1802

In den ersten Tagen*) Ihrer Anwesenheit, ein wunderschönes Abendgewölk, von allen Farben, zerrissen durch den Himmel flatternd, mit Regenschauern, u ich noch ohne alle Ahndung was mir der letzte Tag bringen würde.

    *) ich glaube ein Freytag, also d. 7. August 1802.[39]

Freitag, 13. August 1802

Ein einziger Augenblick wo das goldne ewig sehnlich gewünschte Glück mir im Fluge zulächelte. O daß ich die Freude bey den goldnen Schwingen haschen u sie auf immer in diese Brust versenken könnte. Es war der poetischste Moment meines Lebens.

Samstag, 14. August 1802

Zweifel. wenn ich mich irrte? Unmöglich. Der Beweis liegt im facto, alle Sinnen sind Zeugen. Immerwährend heftet mir das Schicksal antreibende Stachel in die Seele. Schon wieder eine Sehnsucht, die kein Italien selbst auslöschen kann!

Sonntag, 15. August 1802

A b e n d s. Gespräch über . . . Aufklärung zu suchen. Vermehrter Zweifel durch entschiedene Apathie, u doch um so interessantre Wahrscheinlichkeit, ja Gewißheit!

Sonntag, 22. August 1802

Es ist der Augen höchste Wollust ein schönes Weib ihre Reize enthüllen zu sehn [. . .]. Wie es lechzt die warmen Gliederwellen brünstig zu umfangen!

---

[39] Der 7. August 1802 war ein Samstag.

Wenn ich doch den Eindruck, den die R.[40] zum ersten mahl auf mich machte, in aller der süßen, wollüstigen Bangigkeit erhalten u immer wieder empfinden könnte! Wie viel andre Stimmungen habe ich dazwischen gehabt!

Freitag, 27. August 1802

Gespräch mit H. über d. Eindruk göthischer u tiekischer Poesie. Hardenbergs Offterdingen. Schiller. Seine Jungfrau. [. . .] Ihre Handlungsweise lasse sich psycholog. erklären u stimme mit dem Gange des Schiksals. Dieses Problem habe der Dichter glüklich gelöst. Beyspiele am Oedipus.

Ich gestehe daß ich von alle dem nichts verstehe. Mir schillert das ganze Stük, das heißt: es schwankt zwischen psycholog. Erklärung u dem Wunderbaren.

Dienstag, 31. August 1802

Die Lippen.

bey od. nach Betrachtung eines Miniaturgemähldes von . . . . woran dieser Theil bewundernswürdig schön u idealisirte Wirklichkeit ist,

„Du Rosenlager auf dem die Seelen sich vermählen"

Idee zu einem Gedicht: der Kuß gefaßt.

Sonntag, 19. September 1802

„Der Mensch ist nicht glücklich, als bis sein unbedingtes Streben sich selbst seine Begränzung bestimmt"

„Lasset uns immer recht deutlich sehen u festhalten, was an **uns** ist, u was wir an **uns** ausbilden können; lasset uns gegen die andern gerecht seyn; denn wir sind nur insofern zu achten, als wir zu schätzen wissen."

Wilhelm Meisters Lehrj.[41]

Mit diesen beyden Maximen kann man hier
auf der Erde glücklich werden, das fühl ich.
d. Tag vor der Abreise nach Italien.
d. 19. Septembr 1802.

---

[40] Um wen es sich handelte, konnte nicht ermittelt werden.
[41] Beide Zitate finden sich im 5. Kapitel des 8. Buchs (Goethes Werke [Weimarer Ausgabe], I. Abt., Bd. 23, Weimar 1901, S. 218).

Auf der Reise nach Rom

ohne Datum; zwischen dem 4. und 14. November 1802

Auf dem Wege nach Parma

Die nördliche Natur ist ernstheiter, sentimental, männlich schön.

Die südliche reizend, lachend, romatisch, weiblich schön. D. h. im Ganzen: denn es finden sich Mischungen im einzelnen auf beyden Seiten.

Die Existenz im freyen macht e i n m a h l, daß die Südländer mehr auf die Gegenwart sich beschränken auch schon in ihren Mienen liegt das. Das Sehnsüchtige ist nur den Nordländern vorzügl. den Deutschen eigen u dieses Zurückfliehn der Blicke in sich ein deutscher Characterzug.

Montag, 15. November 1802
Nachts von 2–4 Uhr.

froheres Gefühl des Lebens u Lust daran.

Ueber das Wohlgefallen an der Natur u dem menschl. Körper. Beydes begründet sich eins durch das andre

Die Natur, d. h. ihre schönen Glieder, die Berge u Thäler, sammt ihrer Bekleidung, die oft reizend mit den Gliedern in eins schmilzt, u den geistigen Himmel kann des Menschen Sehnsucht nicht umarmen, darum giebt sie all ihr schönes u holdes in den sprechenden Glieder des schönen Menschenbaus wieder, giebt es zum küssen u zum umarmen. Das sanfte Abfallen der Hügel du findest es schöner u dich ansprechender wieder in den Reizen des Weibes u der Jugend.

Samstag bis Sonntag, 20.–22. November 1802

In Perugia d. 20 u 21 November. [. . .]

abgereist gegen 12 Uhr.

Auf dem Wege nach Spoleto[42] links Assisi was sich schön ausnimmt [. . .]

[Montag] um ½ 9 Uhr in Spoleto angekommen. [. . .]

nach 5 Uhr in Terni[43] angekommen

[Dienstag] um 9 nach dem Wasserfall gefahren [. . .].

Rom

ohne Datum

Werd ich ewig diesen Stachel fühlen
Der mein Inneres zerfleischt,
Wird nie die Begierde sich verkühlen,
Die nur Frevel von mir heischt!

---

[42] Stadt in der (heutigen) Provinz Perugia, etwa 125 km nordöstlich von Rom.
[43] Stadt in Umbrien, etwa 90 km nordöstlich von Rom.

Umgehetzt von wüthendem Verlangen
Lechzend wie gejagtes Wild,
Renn ich unter wollüstigen Bangen
Ach nach einem Schattenbild.

Nicht nach Vollgenuß der Lust u Liebe,
Nicht was Mann wie Weib entzückt
Dürsten meine wildentbrannten Triebe
Nur *[bricht ab]*

Sonntag, 5. Dezember 1802

Der Unterschied beyder Geschlechter zeigt sich auch in ihrer Geistesorganisation in ihrem ganzen innern Wesen. Des Mannes höchste Wonne ist Erkennen, das Eindringen in alle Dinge, daß er sie aufgelöst unter sich sieht, des Weibes Wonne Empfangen, in sich aufnehmen umschließen, ich möchte sagen umbrüten. Wer nur beyde Seeligkeiten vereinigen könnte! u doch giebts einen Moment im Leben, wo beyde Seeligkeiten in einanderfließen, der Moment wo das große Wunder das alltägl. allstündl. vor sich geht, von dem ich nur eine Ahndung, keine Empfindung habe, u ohne Liebe niemahls haben kann.

Dienstag, 7. Dezember 1802

Nichts giebt dem Menschen ein solches Gefühl des Ewigen des Unendlichen, als seine Neigungen u Leidenschaften. Es ist etwas Göttliches eine Leidenschaft in ενεργεια,[44] etwas heiliges furchtbares. Es ist ein Abyssus[45] in dem Kräfte auf u absteigen. In keinem Moment fühlt man sich so als im Toben der Leidenschaft.

Mittwoch, 8. Dezember 1802

Erwacht vor Tagesanbruch: Die gewohnte Reihe von sich aufhebenden Empfindungen durchlaufen. Hoffnung geschöpft, mit Plänen eingewiegt, zur Gluth erhitzt. In den Horen gelesen, aus Schillers Abhandlung von den nothwendigen Grenzen des Schönen[46] u den zufälligen Ergießungen eines einsamen Denkers[47] Trost geschöpft, aber durch sein Schwarzburg[48] wieder in Wehmuth zurückgestimmt. Durch Wilhelms[49] Unarten zur Ungebühr enragirt[50], Lebensüberdruß, Rückfall in Argwohn.

---

[44] Griech.: Wirksamkeit, Tätigkeit.
[45] Griech.-lat.: bodenlose Tiefe, Abgrund; Unterwelt.
[46] Schillers Abhandlung „Von den nothwendigen Grenzen des Schönen besonders im Vortrag philosophischer Wahrheiten", erschienen im 9. Stück der „Horen" 1795 (S. 99–125).
[47] „Zufällige Ergießungen eines einsamen Denkers in Briefen an vertraute Freunde von Friedrich Heinrich Jacobi", erschienen im 8. Stück von Schillers „Horen" 1795 (S. 1–34).
[48] Gedicht von Sophie Mereau im 9. Stück der „Horen" 1795 (S. 39–44).
[49] Humboldts neunjähriger Sohn Carl W i l h e l m (gest. am 15. August 1803).
[50] Franz. enrager: in Rage gebracht werden.

Nach den Bädern des Diocletian[51] gegangen. Unterwegs eine schöne Frau gesehn.

Besuch bei ihr nach der Rükkehr. Blumen von Salomon[52], „feurige Kohlen auf ihr Haupt"[53] Sie lasse sich gern Gerechtigkeit widerfahren. Sie war nicht so wie ich wünschte. Ich sagte es ihr. Nach Tische im Garten mit ihr. Etwas besser. Mit Carolinen unter den Corso[54] bis an die Porta del populo. Viel für meine Wünsche. Schöne Gesichter! Eines, um das ich einen Piaster gegeben es auf d Stelle noch einmahl zu sehen. Schöne große vollkommene, reiche Gestalt. So, ja so, laß ich mir die Bedingung gefallen. Um 6 Uhr hinauf. [...] Salomons Brief zu lesen gegeben. Bekannter. Mit oder ohne Absicht, Gott weiß! gereizt durch eine schnelle u vorübergehende Entblößung.

Donnerstag, 9. Dezember 1802

Wiederkehrende Liebe: Ich könnte ein Künstler werden um ihr Bild, das sich mir enfoncirt[55], zu bossiren[56] u mich daran zu weiden, es zu genießen. Die Nase von vorn ist unbeschreiblich schön.

Freitag, 10. Dezember 1802

Fast im Traume, dann wachend mich mit der Hoffnung des heutigen Tages genährt u mit ihr in Gedanken conversirt. Es ist nun einmahl mein innres geistiges Leben, u ich fürchte allemahl für dieß, wenn ich jene Gedanken aufgeben soll. Hinausgegangen in den Garten um die Sonne aufgehen zu sehen. Sie war schon über d. Apennin hinauf, u beleuchtete die Erhabenheiten *[?]* der Stadt. S. Peter blühte im Sonnenglanze, die Kuppeln erhoben sich in die erhellten Lüfte u das Schlagen der Gloken schwebte wie ein ernster Gesang über d. Stadt hin; es erwachte bald hier, bald da ein stärkrer Laut, u die Gloke von St. Peter sprach ernste Worte hindurch. Eine Schaar Vögel erhob sich u flog im Sonnenglanz dahin. Wie saugt doch alles alles aus diesem Auge Licht, Lust u Leben! Ich übersah Rom zum erstenmahle mit erhöhter Empfindung. Die Fernen, die Pinien u ein altes sehr hohes Haus, das in die frühren Vorstellungen aus meiner Kindheit paßte u sie schön ausfüllte, gaben dem Anblick etwas romantisches, ohne d. nördliche wehmüthige Sehnsucht. Es ist eine schöne befriedigte u beruhigte Sinnlichkeit,

---

51 Gaius Aurelius Valerius Diocletianus (um 245–316 n. Chr.), römischer Kaiser von 284 bis 305 n. Chr.; die Diokletians-Thermen sind eine in Resten erhaltene kaiserzeitliche Bäderanlage auf dem Viminal nordöstlich des Forum Romanum.
52 Jakob Levi Salomon Bartholdi (1779–1825), preußischer Diplomat, 1815 preußischer Generalkonsul in Rom.
53 Der in der Bibel erwähnte Ritus (vgl. Sprüche 25, 22; Römerbrief 12, 20) brachte Buße, Reue oder Beschämung zum Ausdruck.
54 Via del Corso; sie führt von der Piazza Venezia im Zentrum Roms in nördliche Richtung bis zur Piazza del Popolo und Porta del Popolo.
55 Franz. enfoncer: (tief) einschlagen, einrammen.
56 Nach franz. bosseler (Reliefarbeit machen): meißeln, modellieren, formen.

die wie aus den Werken der Alten eben so aus der Natur Italiens spricht, aus der Luft, aus dem Grün, überall **leuchtet ihr vermählter Strahl**.[57]

Tausendfältig wechselnd ist des Mannes Sinn. Ich hatte einen Augenblick, wo ich es schön fand, daß sie mir das Glück in einer andern bereiten will, gleichsam, als verdiente ich wohl ein frisches Glück. Aber, wenn ich an [?] das Wort an das Lächeln zurückdenke, ist mirs wieder anders.

So wie die Lust u die Hoffnung zum Leben steigt, u schöne Aussichten sich öffnen: so nimmt die Begierde zu ihr ab, aber ihr **Sinn** ist gleich der heitren Luft dem Sonnenschein, in dem ich das gehoffte Glück genießen muß, wenn ich seiner ganz froh werden soll, dieser muß mir immer bleiben.

Ich finde Uebereinstimmung so sehr, daß ich oft mein Geheimstes verrathen könnte; ich finde Verschiedenheiten, die mich anziehn, mir eine peinliche Lust bereiten, ich ahnde deren noch mehr, da es ihrer geben muß, ich möchte in ihr innerstes Wesen eindringen u es durchschauen: Ich möchte, daß es vor mir läge, wie ein Gefild. Ich wünschte mich selbst so zu überschauen. Wir alle sind was wir sind.

Eine Frau kann immer nach ihren Neigungen leben: denn sie versteht es, sie unter einander in Harmonie zu bringen, u über eine kleine Debauche[58] in einer oder der andern macht sie sich kein solches Gewissen. Ein gewisses Maaß, welches ich den Geschmack nennen möchte, den Frauen immer haben u mehr als die besten Männer, das sie beobachten u worin ihre ganze Tugend besteht, die keinen Imperativ braucht, macht es möglich, daß sie alles thun können, weil sie es mit Geschmack thun. Ihre Tugend ist: graziöse Tugend, ist Grazie.

um $^1/_2$ 12. bey ihr. unheimlich. Sehr hart, Abends um 5. Entscheidung für immer, so wohl dem sense, als mode[59] nach. Merkwürdig bleibt mir also der 10 März[60] u der 10 December! u eine Lehre für mein ganzes Leben. Nun ist es aber auch höchste Zeit klug zu seyn. Mehr als zweymahl irrt kein Kluger.

Sonntag, 12. Dezember 1802
um 9.

Eine unaufhaltsame Eile beflügelt alles, was dem Blicke als Rundung erscheint. Ein Theil reicht gleichsam dem andern die Hand u in dieser Verkettung stürzt

---

[57] In Schillers Gedicht „Das Reich der Schatten" (1795) heißt es: „Zwischen Sinnenglück und Seelenfrieden / Bleibt dem Menschen nur die bange Wahl. / Auf der Stirn des hohen Uraniden / Leuchtet ihr vermählter Strahl." (NA 1, 247.) Das Gedicht erschien zuerst im 9. Stück der „Horen" 1795 (S. 1–10), das Riemer schon einmal zitierte (vgl. Anm. 46 u. 48).

[58] Franz.: Ausschweifung.

[59] Engl.: sense: Sinn, Gefühl, Ansicht; Bewußtsein; engl. mode: Art und Weise, Erscheinungsform, Sitte.

[60] Die unter diesem Datum überlieferten Aufzeichnungen Riemers geben keinen Aufschluß darüber, was hier gemeint sein könnte.

alles hinab, man weiß nicht wohin. Siehe den Busen, siehe den Schooß des Weibes. Mit welcher Inbrunst reißt sich alles in ein heimliches hinab. In dem Wassersturz bey Terni[61] sah ich das eine, das ewige, die Liebe selbst. Mit welcher heiligen Inbrunst, mit welcher Demuth u Andacht, in welcher Begeisterung alles hinabstürzte in den Abyssus, um von neuem in ewigen Kreislauf sich wiedergebären u vernichten zu lassen. Ach u wie einige Wellen zurückbebten u wieder zurückflohen in den berstenden Wasserschooß, wie ein Kind, daß sich in den Mutterschooß flüchtet. Und das immer u immer, in jedem Moment, so lange die Erde steht u stehn wird! Gott! was bist du Mensch mit deiner ewig wechselnden Sehnsucht. – Die Gottheit liegt aufgethan in jedem Punct in jeder Linie, u doch von so wenigen empfunden. –

Um 12 Uhr mit den Kindern nach der Villa Borghese.[62] Die oft gesehene Amazone zu Pferde.[63] Der kleinere Eindruck wurde verlöscht durch einen ganz neuen. Eine Dame, weder schön, noch häßlich, mehr hübsch, zeigte sich im Sonnenschein, unter den grünen Bäumen in einer Robe von schwarzem S . . . . t. Die alten Wünsche erwachten. Es war der Anfang zur Verstimmung. Mittags mit ihr u den Kindern allein gegessen. Nicht sehr gesprächig. Nach Tisch ging ich voll Unruhe bald im Garten bald im Zimmer. Ich wäre gern zu ihr gegangen u traute nicht. Ich versuchte es, aber sie wollte eben sich entkleiden. Ich ging auf die Terrasse. Die Sonne, die sich hinter Abendwolken verbergen wollte, zog einen rosenfarbnen Flor über d. Apenninen. Die tiefen erschienen blau, die höhern, Rosenfarb. Die Pinien vorher ganz schwarz. Das Gebürge von Tivoli[64] ganz dunkelblau u bestimmt. Der Anblick war einzig. Ich ging auf mein Zimmer, der Schmerz war bey mir. Ich ermannte mich, u ging zur Zerstreuung hinauf. Die Kinder waren bey ihr: ich konnte kein Gespräch anknüpfen, doch las ich eine Stelle aus Zerbino[65], daß Liebe nicht vom Herzen läßt, ihr vor. Sie fand sie schön. Es ließ sich Besuch melden. Zuerst Hætsch[66] dann Rehberg[67], dann Hagemann[68], dann Fernow[69] u

---

[61] Riemer hatte den Wasserfall am 23. November auf der Hinreise besucht.

[62] Östlich der Porta del Popolo gelegene Besitzung der fürstlichen Familie Borghese mit ausgedehnten Parkanlagen und einer Sammlung antiker Kunstschätze und berühmter Gemälde, erbaut von 1613 bis 1616 unter Kardinal Scipione Caffarelli Borghese.

[63] Gruppe von einer reitenden Amazone und zwei gefallenen Kriegern im Casino Borghese.

[64] Etwa 35 km östlich von Rom gelegene Stadt.

[65] Tiecks Lustspiel „Prinz Zerbino oder die Reise nach dem guten Geschmack, gewissermaßen eine Fortsetzung des gestiefelten Katers" (Leipzig und Jena 1799).

[66] Philipp Friedrich (von) Hetsch (1758–1838), ehemaliger Mitschüler Schillers auf der Stuttgarter Carlsschule, herzoglich württembergischer Hofmaler und Direktor der Kunstgalerie in Stuttgart; er hielt sich von Sommer 1802 bis Mai 1803 zum drittenmal in Rom auf.

[67] Friedrich Rehberg (1758–1835), Historienmaler, Lithograph und Kunstschriftsteller; lebte mit Unterbrechungen von 1787 bis 1812 in Rom.

[68] C. Friedrich Hagemann (1773–1806), Bildhauer, Schüler Johann Gottfried Schadows in Berlin; er war von 1802 bis März 1803 in Rom.

[69] Carl Ludwig Fernow (1763–1808), Kunsttheoretiker; er lebte seit 1794 in Rom; nach der Rückkehr aus Rom war er 1803/04 Professor für Philosophie in Jena.

Schick.[70] Ich sprach mit Fernow über den Alarcos[71], w i e g e w ö h n l i c h , über Kunstbücher u Kupferstiche der röm. Werke. Ohne ihn eigentl. zu lieben, fand ich mit Bewundrung, daß er sehr b e s t i m m t u g e w i ß s e h r s e l b s t ä n d i g zu seyn scheint. Ich möchte wohl auch so seyn! Humbold kam wieder. Das Gespräch mit Fernow fiel auf Alarcos, unsre neure Poesie, nahmentl. Tiek Schlegel u Novalis. die neure Philosophie u ihre Tendenzen. Es kamen wahre u feine Bemerkungen von Humbold vor. Ich fühlte mich innerlich krank, ohne doch die andren um ihre Gesundheit zu beneiden u sie zu wünschen. Ich mußte ihm meist recht geben, u bewunderte nur, daß er, so wie ich vom Gesunden u Kranken eine Vorstellung habe, er keine von einem kranken Zustande habe. Das Kreuz ist ihnen allen verhaßt, auch den Künstlern, die da waren. Ich konnte vor Schmerz nicht einschlafen. †††. In der Nacht erwacht ich wieder u nahm mir vor ihr wenigstens meine Noth zu klagen; denn ich wollte schier verzweifeln. Das Licht des Tages betäubte mich wieder u ich kam wieder in die hoffende Indolenz, mit der ich mich von einem Tage zum andern fortschleppe, u in der allein ich dieß niederschreiben konnte.

Gegen 10 Uhr ließ sie mich hinaufrufen. Sie war allein u bat mich Hagemann d. Kupferstiche zuzustellen. Sie war freundlich, aber ich konnte kein Herz fassen aus Furcht wieder zu verderben was kaum gut geworden war. Ich drükte einen Kuß auf ihre Hand und empfahl mich, wie wenn ich nicht länger bleiben dürfte.

[Nach der Rückkehr von einem Spaziergang am selben Tag:] Sie wollte mich ins Gespräch ziehn, ich stattete einen bloßen Bericht ab, u ließ dann nur einzelne Worte von mir hören. Nach Tische trug ich d. Adelheid[72] hinauf. Sie lud mich hineinzukommen. Ich bat allein zu seyn, blieb es aber nicht, durch Hagemann. Er ging indeß früher hinauf. Ich folgte nach einiger Zeit, er brachte die Albrecht Dürer[73] mit. Schick u Keller[74] waren da. Ich spielte mit Adele. Sie sah mich oft an, als wenn sie mich fragen oder auch Zutrauen einflößen wollte. Ich durfte ihr den Spenser[75] helfen ausziehn, wozu sie mich auffoderte. Sie reichte mir einigemahl etwas auf ihre gewohnte Art, das machte mich innerlich vergnügt. Ich verlohr mich oft in Träume, wähnte mich in ihrem Arm. O es wäre doch möglich, was ich wünsche! Wir trennten uns, u ich ging bald darauf zu Bett. Ziemlich gut geschlafen.

---

[70] Christian Gottlieb Schick (1776–1812), ehemaliger Carlsschüler, Maler, Schüler Hetschs; er lebte von 1802 bis 1811 in Rom.
[71] Trauerspiel von Friedrich Schlegel (Berlin 1802).
[72] Humboldts zweieinhalbjährige Tochter (gest. 1856).
[73] Es handelte sich um Kupferstiche, die Riemer Hagemann am selben Tag gebracht hatte.
[74] Heinrich Keller (1771–1832), schweizerischer Bildhauer, Dichter und Schriftsteller; lebte seit 1794 in Rom.
[75] Auch ‚Spenzer‘: kurze, enganliegende Jacke.

Dienstag, 14. Dezember 1802

Gleich nach dem Erwachen, den Sonnenaufgang gesehn. Ich fühlte alle heitre Morgen, die ich genossen wieder mit. Indem ich mich an sie erinnerte fühlte ich einen Trieb etwas zu thun, u ahndete künftige Morgen von gleicher Thätigkeits-lust, wo endlich das gewünschte Glück um mich wäre.

Ich muß Nervenkrank seyn, denn es ist unglaublich wie leicht ich verstimmt wer-de. Kälte u Hunger hatten mich unzufrieden mit mir u der Welt gemacht. Mit der ersten warmen Tasse Kaffee kehrte ein gewisses Wohlbefinden zurück.

ohne Datum; zwischen 14. und 17. Dezember 1802 [?]

Ich werde mich noch oft in Gedanken über das große Wort[76] verlieren, es noch oft so u so deuten, wie es meiner Begierde oder meinem Edleren convenirt. Aber warum darf denn nicht Liebe u Begierde beyeinander seyn, warum darf wer das eine stillt, nicht auch das andre stillen? Ich müßte um 10 Jahr älter u alles das, was sie will, geschehn seyn, wenn ich um ein Haar anders empfinden sollte. Wie kann die Ruhe eintreten, ehe es noch ausgetobt hat! Und habe ich darum abstenirt[77], um zuletzt noch den Preis zu verlieren. Und doch hat sie den wahren Fleck ge-troffen. Das ist es, u nichts anders, was mir fehlt. Darin geb ich Ihr recht, nur nicht in den modes.[78] Sie ist ein Arzt, aber kein Apotheker. Daß Sie nicht beydes seyn kann, ist das was mich ewig stacheln wird. O daß ich in Deutschland wäre, so fände sich vielleicht Rath; aber hier? ich vergehe vorher, ehe die Hülfe kommt. Ich schäme mich in der That ihr vor die Augen zu kommen, wenn es geschehn wäre. Sie würde es mir abmerken, u das kann ich nicht leiden. In dem W a r u m liegt auch am Ende nur eine Eitelkeit. Schon die Vermuthung kränkt mich, ich möchte sie immer vom Gegentheil überzeugen. Mir schwebten ihre Reize lebhaft vor, (das Wort Reize mag Sie wohl leiden) o G o t t , e s i s t d a s m ö g l i c h e , w a s d o c h u n m ö g l i c h i s t ! Wäre Sie mir immer in der Entfernung geblieben wie in T.[79] so hätte ich noch Aussichten vor mir, so hätte ich es Sie merken lassen kön-nen, u nicht selbst alles verrathen. – Nur einmahl – u ich wäre wohl auf Lebens-lang gesund. Und wer weiß? Es ist leichter ganz entbehren, als nach dem Genuß. O wenn es möglich wäre durch einen Kuß sich auszuschütten, ohne die Liebe zu verlieren oder zu vermindern. Diese edlere Liebe ist doch immer eine mindre, als die Leidenschaft, u ich soll die Leidenschaft aufgeben, die eben in der Blüthe steht; aber dann giebt es auch keine Frucht. Der Wein, der dich laben soll, muß erst als Most gegoren haben. Das will sie. Es ist so gut, als wenn man mir sagte: wenn du ausgetobt hast, komm wieder, dann wollen wir sehen. Aber meine Lage,

---

[76] Vgl. die Eintragung vom 10. Dezember 1802 (2. Absatz).
[77] franz. abstenir: sich enthalten.
[78] Vgl. Anm. 59.
[79] Gemeint ist Tegel.

mein Verhältniß? Gott u doch auch keine Kraft dem allem zu entsagen, oder lieber nützlich u brauchbar, als glücklich zu seyn! Die Arbeit ist nur ein palliativmittel[80] u ich bin vor Rückfällen nicht sicher. Flucht! aber wohin? u es ist nicht viel gewonnen. Die Erinnerung peinigt, u ehe die Gewohnheit u Zeit mich heilen kann, findet sie mich nicht mehr.

Ueber Tisch mit Humbold über das Gefallen an Rom gesprochen, u die zweckmäßigsten Beschäftigungen in dieser Lage. Er will mir dazu förderlich seyn. Ganz gut, zum Seegeln gehört aber Wind; wäre sie der glückliche οὖρος.[81]

Abends oben. [. . .] warum diese kleine Neckerey in der Verhüllung. Gewiß absichtslos, aber niemahls ohne Wirkung. Ich strekte einen Finger nach ihrer Hand aus, Sie drükte ihn. Ich bath um eine Freude für den folgenden Morgen, u schlief mit schönen Hoffnungen u getröstet ein.

Samstag, 18. Dezember 1802

Fernow u Keller aßen bey uns. H. sprach beym Thee mit Fernow über d. Wesen der Kunst, u ihre Verschiedenheiten, nach seinen über Herrm. u Dorothea niedergelegten Ideen[82]; unter andrem vom Ideal, das zugleich individuell seyn müsse, u daß in jedem Individuum ein Ideal liege, es komme nur auf die Phantasie des Beschauers an. Fernow entrirte[83] gar nicht darauf, sondern hatte immer das Ideal der Alten (Götter) im Sinn. Daher hielt er Rafael u Angelo nicht für d. großen Meister, besonders der letzte der eine bloß originelle Manier habe. H. bemerkte sehr richtig, Angelo sey in der Kunst ungefähr was Schäkspear in der neuren Dichtkunst sey, ferner daß es jetzt darum keine großen Bildhauer gebe, weil ein großer Bildhauer zugleich ein großer Mensch seyn müsse

Dienstag, 11. Januar 1803

Nach einer höchst verdrüßlichen Stimmung durch Hunger u Empfindlichkeit.

Vielleicht lösch ich noch als Westwind meine Gluth im Schooß der Blumen, indem ich mich an ihre zarten Glieder schmiege; oder reiße mit eben der Wuth mit der ich oft einen — spalten möchte, Bäume u Felsenstücke ab, spalte die Wellen. Warum bin ich so versessen auf die Befriedigung eines Wunsches? So oder so unter verschiedener Gestalt immer dasselbe.

---

[80] Beruhigungsmittel, das nur die Symptome, nicht die Ursachen einer Krankheit behebt.
[81] Griech. (meist poetisch gebraucht): günstiger Fahrwind.
[82] Humboldts Abhandlung „Ueber Göthe's Herrmann und Dorothea", erschienen als erster Teil von Humboldts „Ästhetischen Versuchen" (Braunschweig 1799).
[83] Nach franz. entrer hier: eingehen auf.

Eine Pagnotte[84] u ein Glas Wein hatte meinen Nerven einen neuen tonus[85] u mir wieder höhre Stimmung gegeben . Ich trinke den Gott in mich, ich trinke u esse Gedanken, Lust u Liebe in mich.

ohne Datum; Januar/Februar 1803 [?][86]

O du kalter gefühlloser Mensch, der du mich richtest, könntest du nur einen Augenblick meine Empfindungen mit meinem Platze einnehmen. Ein Meer von Reiz u Schönheit wogt und fluthet um dich. Frauen, – bey dem süßen Klange schon regt sich das Herz – reich und üppiggekleidete Frauen – was sag ich? lebendige Blumen gleiten an deinen Blicken vorüber. Mit den Augen möchtest du sie küssen u festhalten. Das Glück sammelt einen Kranz von diesen Blumen um dich; mit dem reizendsten u schönsten der Natur mit Blüthe u Frucht siehst du dich umwoben überduftet. Hier sind Augen, wie ein klarer Quell, in denen der Himmel sich schöner spiegelt. Deine ganze Seele möchte in Sie hinabtauchen u darinn versiegen. Lippen, eingeathmet möchtest du seyn von diesen aufgebrochnen Rosenknospen, denen Duft u Gesang entschwebt. Hier wogt ein Busen; mit einem Kusse möchtest du ihn einschlürfen, oder in ihn untertauchen u sterben. Fesseln, elastisch u sammetweich, aus denen du nie entschlüpfen magst, nur immer fester umschlungen seyn willst, sind diese atlassenen milchweißen Arme. Und, eine Spanne von dir, das göttliche Gefäß, das allen Nectar der Erde in sich hegt, dieser himmlische Schooß aus dem alles Leben entspringt, in den alles Leben zurück sich sehnt. Und diese Blumenleiber in ein Blüthengewand gekleidet, aus dem sie wie eine Blume aus der andern zu sproßen scheinen. Auf ihrem Haupte schwillt u bläht sich das üppige Gewebe, in dem alle Wollust des Weibes, wie in einer Blume blühet, dieser Sammet, den die Natur ihren schönsten Blumen giebt, um alle Blicke in sie zu entbrünsten. In diesem Meer von Reiz u Wollust stehe du wie ein anderer Tantalus. Wird nie deine Lippe schmachten nie deine Hand sich sehnen? Heuchler, deine Lippe wird verstohlen athmen u küssen; deine Hand wird verstohlen sich beglücken an dem Reiz, der über das Weib ausgegossen ist, u sollte es der Saum ihres Gewandes seyn, sie wird ihn berühren müssen. Und dein Herz wird sich durch die Berührung mehr noch entzünden. Wünsche des Unmöglichen werden sich in ihm erheben, mit Gelüsten, die kein Nahme ausspricht. Wollüstige Pein wirst du fühlen, und eine Sehnsucht entweder durch den Tod, oder durch den rohesten Genuß von ihr befreyt zu seyn. Denn der arme Sterbliche, es kann ihm nicht genügen im Schauen zu genießen, wie Götter; u der Genuß des Thieres ist *[es]* dem er zu entfliehn sucht, u jeweiter er schon zu seyn glaubt, desto schneller u plötzlicher kehrt er *[zurück.]*

---

84 Ital. pagnotta: rundes Brot.
85 Griech. τόνος: Spannkraft, Spannung.
86 Die Seiten des Einzelblattes (Signatur 78/1182,2 [16]) sind (von Riemer?) mit den Seitenzahlen 17 und 18 paginiert; in welchen Textzusammenzusammenhang das Blatt gehörte, ist nicht zu ermitteln.

Montag, 21. März, oder Dienstag, 22. März 1803

Die Alten sind abstracter in der Kunst als in der Philosophie, umgekehrt die neuern (H gelegentlich von Berninis[87] Pluto's Raub der Proserpina der zu natürlich, d. h. zu sehr das Concrete u dieß noch dazu übertrieben ist.)

Dienstag, 22. März [?] 1803

Die Neigungen sind dem Menschen mitgegeben, diese bestimmen ihn zu s. Handlungen u die Vernunft thut nichts, als Gründe aufzusuchen die diese Neigungen begründen u rechtfertigen.

Freitag, 25. März 1803

Liebe u Haß sind die Organe mit denen der Geist des Menschen d. Objecte auffaßt u zu s. Erkenntniß bringt, ohne daß eins von beyden in Thätigkeit ist, kann auch keine Erkenntniß wurzeln.

Dienstag, 5. April 1803

Nicht einen Augenblick stehn bleibt dieses Gedankenspiel: mit jedem Moment ändert sich die Aussicht. Ich wollte eben meine gestern Abends gefaßte noch heute ruminirte[88] Idee über das Leben in Rücksicht auf mich festhalten, als ich in Sinnen u Denken an Sie wieder auf die Sentimentalität gerathe, die ganz herrlich ist, aber nicht mehr Wahrheit u Leben hat, als ein Gedicht, das niemahls das Factum selbst, die Gesinnung selbst ist. Ich hatte in diesen Augenblicken eine so herzinnigliche Zuneigung, als wäre sie mir von Ewigkeit her bekannt u würde es in alle Ewigkeit seyn. Solche Momente sind d. gefährlichsten: Sie täuschen einen um das Leben, das schon zu kurz ist, und durch solche Gedanken noch kürzer wird, indem man d. Zeit wo man genießen sollte, versäumt

Durch Hagemanns Erfahrung u Practik u eine Aeußerung über Fernows frühres Leben in Rom war eine andre Ansicht erwacht, Muth, Hoffnung u Ausdauer bis zum Zweck. Wenn ich fröhlich bin, sehe ich daß es besser geht, als bey dieser Traurigkeit. Das Leben brennt einem auf d. Nägel. Gott es ist höchste Zeit den kurzen Rest sich nicht zu verkümmern, durch allerley sentimentale Grillen, die im Widerspruch mit dem Genuß stehn, den jedes Wesen sucht. Also Heiterkeit, Muth u Dreistigkeit, dabey Klugheit für den wahren Zeitpunct das führt zum Zweck. Der Zweck ist doch die Hauptsache, nicht die Mittel, u eher kann man doch nicht sagen, daß man den Zweck nicht erreicht, bevor man nicht alles anwendet ihn zu erreichen. Und hinterher wollen wir sehn ob die Sachen nicht besser stehn u eine lebendige wahre Ansicht der Welt aus Erfahrung nicht besser u das Herz füllender ist, als alles philosophiren aus Sentimentaler Unnatur.

---

[87] Gian Lorenzo Bernini (1598–1680), italienischer Baumeister, Bildhauer und Maler; die genannte Statue befindet sich in der Galleria Borghese.
[88] Franz. ruminer: wiederkäuen; überlegen, überdenken.

Nach Tische sehr glückl. durch eine Aeußerung. „Man verspricht auch vieles Stillschweigend".

Mittwoch, 6. April 1803

Der Begriff ist etwas kaltes, leeres er kann nie verstanden werden, ohne daß er zugleich mit dem mannigfaltigen der Anschauung ausgefüllt wird.

Sonntag, 10. April 1803

Dein Fehler ist, daß du eine Empfindung, ein Gefühl (das vom Dichter aufgefaßt u dargestellt recht schön, herzerhebend u s. w. ist.) festhalten u in eine beständige Gesinnung verwandeln willst, was noch keinem Mensch gelungen ist, weil es das innre Wesen zerstört u im Widerspruch mit dem Leben steht, von dem du doch nicht scheiden willst.

Es ist ein unvernünftiger Götzendienst, wenn man einem Menschen, sey er auch wer er sey, seine geistige u physische Existenz aufopfert.

Es giebt eine Einseitigkeit der Empfindung u des Gefühls, wie es eine Einseitigkeit des Verstandes giebt. Die erste ist fast noch schlimmer, wenigstens fürs Leben gefährdender.

Bey alle dem melodirt ganz leise die Phantasie u Sinnlichkeit ihr Liedchen von s c h ö n e r Hoffnung; während der Verstand u die Vernunft sich abarbeiten mit Gründen die dein Ich oder was weiß ichs bekämpfen sollen. Menschen Herz was bist du für ein Ding. Der Trieb ist doch stärker als alle Vernunft, so wie er sicher ist. Er geht immer auf Befriedigung u nur darin wohnt Ruhe.

Darum mache zuerst dein Herz rein. suche dann eine neue Liebe, u eine Liebe die befriedigt wird, dann ist Ruhe da.

Mit mächtigem Arm faßt einen das Schicksal u führt einen durch alle die Schulen hindurch. In jeder kostet es Kampf, man muß aufgeben; nichts ist beständig, auch das schönste nicht.

Abends um 11 Uhr.

Alle Menschen sind in gewisser Rücksicht Kinder. Man muß sie gewähren lassen. Stört man sie durch Dreinreden, zumahl Polterhaftes, oder durch Spott u dergl: so erregt man nur den Geist des Widerspruchs in ihnen u macht Uebel ärger. Nichts beweist des Menschen Freyheit, Bestimmbarkeit durch sich selbst, unabhängig von fremder Gewalt, so sehr als eben solche Fälle, wo der Widerspruch erwacht. Man bestimmt sich selbst der Vernunft entgegen, sobald sie einem aufgedrungen wird, sich selbst überlassen, folgt man weit eher der eigenen Herrschaft der eigenen Vernunft. Man ist der Herr u Diener in einer Person.

Nach: Gespräch mit Fernow.

Montag, 11. April 1803

Der Mensch ist schon ganz da, wie die Blume in der Knospe: nur muß er sich entwikeln u auswachsen u des Lebens Sonne muß ihm Licht u Farbe geben. Was der Mensch ist, mag er nicht eher wissen, als bis er die Höhe s. Wachsthums u s. Ausbildung erreicht hat, u allmählich wieder den Rückweg nimmt.

Mittwoch, 13. April 1803

Es ist dieselbe Eitelkeit des Geistes, einen Mann, der am Ende aller s. Erfahrungen mich liebt, nur wieder lieben zu können; wie es eine Eitelkeit ist, eine Frau die schon viel gelebt u geliebt, zu lieben u grade von ihr geliebt seyn zu wollen. Wir sind beyde in gleicher Verdammniß. Lob ihrer körperl. u geistigen Schönheit u ihre erkannte Individualität verschaffte mir ihre Zuneigung: meine ganze Liebe gewann sie hauptsächlich durch ein Wort das sie über mich an einen dritten schrieb, u durch ein Betragen, das noch etwas mehr als Mitleid, wenigstens das schönste, süßeste war, (wenn es nicht Liebe seyn konnte), was eine Frau geben kann.

Sonntag, 17. April 1803

Sie äußerst reizend.

Nach dem Thee war ich einige Augenblicke mit ihr allein, „[. . .] daß Sie mir nur desto lieber würde, je mehr ich Frauen andrer Art sähe." – Bald darauf wurde ich dreister: ich bath um den rückständigen Kuß, konnte ihn aber nicht erhalten, weil eben jemand kam, u sie sich mit bedeutendem Kopfschütteln weigerte. Hernach übereilte mich die Empfindung: ich stürzte auf die Kniee u drückte Ihre Schenkel an meine Brust. „Sie könne mich nicht so auf den Knieen vor sich sehen." Ich möchte sie anbethen; Sie sah mich bedeutend an. Ich mußte ein andres Gespräch anknüpfen, Humboldt kam dazu. Ich erblickte vorher noch ihre vollendeten Br. durch den gespaltenen Schleyer. Ihre Schenkel schwellt die üppigste Fülle. – Ich entfernte mich bald. Auf meiner Stube hatte ich folgende Gedanken:

Diese leidenschaftl. Liebe, wo Geist u Sinne lieben, wie regst du des Menschen ganzes Wesen auf. Er fühlt sich ewig, fühlt sich eine Kraft der Natur, wie alle andern Elemente. Er ist wie ein Gewitter, das sich am Ende in einen erquickl. LandRegen, in milde Thränen auflöst. Ihr Wüstlinge von einem Schooß zum andren flatternd ihr kennt dieses geistige, innre Leben, diese Angst u diese Lust, u diese Thränen, diese Wuth ihr kennt sie nicht. –

Ich fühlte zugleich, wohin mich diese Heftigkeit führen müsse, u welcher Sinn in ihren Worten: sie könne mich so nicht sehen, u in vielen andren, worin sie mir verwehrte mich ihr so zu nahen, liege, u daß ein Weib keusch sey:

Diese Leidenschaftlichkeit ist nur schön für den der sie fühlt, sie hebt ihn über alles irrdische. Aber schön ist die stille Liebe, die ihren Gegenstand wie eine laue Luft umfängt, wie der helle See in dem der klare Himmel sich spiegelt. Ich fürchte diese Leidenschaftlichkeit verdirbt mir die schöne Empfindung. O hätte ich erst d. Leidenschaft befriedigt, längst befriedigt, u es sproßte ein stillliebender Sinn in mir! In den Armen einer andern stille ich zwar meine Gluth, aber vergeht mir auch nicht die Liebe für die andre? Stille ich sie in ihren Armen, kommt aus dem Genuß die Frucht einer beständigen schönen Gesinnung? –

Ich habe manchmahl Furcht ob es auch herzliche innige Liebe sey u nicht etwa blos Sinnlichkeit. Ich fürchte daß ich für jene noch nicht reif sey, ehe nicht diese ausgetobt. Ich habe noch zu wenig gelebt zu wenig erfahren. Sie hat recht. Sie versteht mich besser. Es ist [sic] wohl Sinnlichkeit u Phantasieen, die mich an sie ketten: nicht Harmonie der Herzen. Ich werde sie nicht lieben können, weil ich sie nicht verstehe. Ich verstehe auch nicht was Liebe ist, ich habe sie nie erfahren. Und doch möchte ich sie innig u ruhig schön lieben können. Sie liebt mich mehr, weil sie mich reiner liebt, nur so weit als sie mich versteht. Sie meint es herzlich gut mit mir. Göttl. Weib! das ist alles was sie mir giebt u geben kann, mehr als vorübergehender Genuß. Wohl ich will andre Frauen suchen. Ich will lieben u genießen; u so lange ich lebe wird mir ihre[89] herzl. Zuneigung nicht entstehen. Ich werde durch die Liebe zu ihr glüklich seyn auch ohne Genuß, der aus Eitelkeit u Sinnlichkeit quillt. Wenn einer sie recht liebt, so siehst du den nicht bey ihr. Es würde sich durch Erfahrung (gestillte Sinnlichkeit bey andern) ausweisen ob du sie innig liebst oder nicht.

Donnerstag, 21. April 1803

„Sind sie denn so böse auf Rehberg? hat er Ihnen etwas gethan." war der Text zu einer Disput. über ihn, bey der ich innerlich warm wurde, u weiter ging, als meine Erfahrungen an ihm selbst reichten. Ich focht es durch, oder vielmehr ich behauptete s. Niedrigkeit [?] u Schlechtheit, ohne sie zu belegen. Es wurde erinnert, daß Fernow auch gegen ihn sey. Das lenkte das Gespräch auf Fernow ab, daß er keinen Widerspruch vertrage. „Den könne wohl keiner" erwidert' ich. Das brachte mehreres zur Aeußerung von meiner Seite. Humboldt hatte wohl recht, ich konnte ihm aber nicht recht geben, u ließ noch verstohlen fallen, daß es einem so gehe, dem Gegner, sobald man etwas gegen ihn habe, nicht ins Gesicht Recht zu lassen. „Das sey schlimm u verrathe kein Interesse für die Sache, sobald man s. Leidenschaften nicht darüber vergesse." Alles wahr nur ich kann mir nicht helfen, u ich will sehen, wer es in meinen Jahren kann, wer es kann, weil Eitelkeit ein Characterzug ist, über den man niemahls ganz Herr werden kann.

Fragment zu einem künftigen Gespräch.

Das ist Ihre, u das ist meine Meynung. Mit einer fremden Meynung weiß man niemahls etwas anzufangen, wozu nützt es also sie zu wissen. Ich werde sie frey aus

---

[89] Gemeint sind die ‚andren Frauen'.

mir selbst erzeugen, wenn ich dafür reif bin; ich werde sie sogar angebothen nehmen können, wenn ich in sie hineinwachse. Sie muß mir aber nicht aufgepreßt u
aufgedrungen werden. So hilft sie mir nichts sie erbittert mich nur. Nicht ganz
wahr: Denn die fremde auch unverstandene Meynung giebt mir einen Stoß zum
weitren Nachdenken.

Ihr Urtheil *[über Rehberg]* ist auch nicht ohne Interesse. Denn er schmeichelt ihr:
u jeder Mensch wird durch Lob für den gewonnen, wenigstens für den Augenblick, dem er sonst nicht sehr gewogen ist. Dagegen ist kein Mensch stark genug.
Ich kenne ihre Schwäche: aber ich liebe sie darum doch. Das ist eben die Liebe,
daß man die Schwäche wohl kennt, aber sie gern übersieht: denn fehlerlose Menschen giebt es nicht. Wollte man die nur lieben, so hörte alle Liebe auf.

Samstag, 23. April 1803

Kein Vergnügen über das Reisen. Wenn man so sieht, wie der Mensch sich auf
einen kleinen schmalen Raum beschränkt u sichs da recht u bequem macht u
sich wohl seyn läßt, während die Welt so groß u weit ist; so kommt mir der Rei-
sende wie ein Sehnsüchtiger vor, der es überall schön, aber nirgends zum bleiben findet. Sehnsucht u Reisen einerley. Ist doch unser ganzes Leben ein Reisen.
Kein Stillstand, immer weiter, immer fort durch alle Zonen u Zeiten Wie glücklich der Mensch, der aus dem unendlichen Raum von Erde sich ein kleines
Fleckchen zum Leben ausliest u das mit s. Thätigkeit ausfüllt, gegen die Sehnsucht, die alles umfassen, an allen Orten zugleich seyn, alles in sich aufnehmen
möchte. Es ist ein wahrer Heißhunger des Geistes. Alles Glück nur in der Beschränkung. Gern wollt’ ich mich beschränken auf Euch, ein Weib sodann suchen u glücklich seyn, wenn ich nur einmahl dich, dich blühenden Leib umarmt
hätte.

Man braucht sie die nüchterne Vernunft zum Leben: aber in ihr sitzt nicht der Genuß nicht das Gefühl des Ewigen u Unvergänglichen
      Was nicht so ist, wie sie, das nennen sie krank, verstimmt. Natur du bist so
reich so unendlich mannigfaltig. Was nur ist, das ist natürlich; auch die Unnatur
ist natürlich. Diese Wollust der Thränen empfinden sie nicht. Sie kennen sie nicht
diese Sehnsucht zu dir, hinab in dich, das ewige Meer des Lebens, du aller Wesen
Schooß und Brunnquell.

Die Vernünftigsten Menschen sind eben die allerbeschränktesten, weil sie die de-
terminirtesten sind, alles unbestimmte muß ihnen ein Greuel seyn.

Man würde wie ein Tollhäusler schreiben, wollte man aussprechen, was das Herz
empfindet.

Donnerstag, [28.?] April [Tagesangabe fehlt]

Bald schweb’ ich über den Wolken, bald kriech’ ich unten am Staube. Die schöne
Mitte glaub’ ich, hat nur ein Weib gefunden.

Denke nur, daß du das göttlichste nicht gemein genießen kannst. Freylich würde gar kein Wunsch darnach sich regen, zeigte es sich in s. geistigen Schönheit ohne körperl. Hülle; aber der Geist offenbart sich nur durch den Leib, u du willst den Geist tödten, um *[an]* einer Hülle deine Lust zu stillen. Ist der Klang, der Ton herausgewichen aus s. Körper, so ist an dem nichts was er vor einem andren voraushätte: dann ist alles gleich. –

Ich bin sehr heiter. Es liegt ein großes Feld vor mir zu Versuchen. Ohne eine große Erfahrung darf ich nicht eher wiederzurückkehren, u dazu ist noch lange hin. Ein Ziel habe ich nicht vor mir, aber ich habe es eigentl. in mir. Es ist die reine Erfahrung selbst. Denn was meines Geistes That war, das ist u bleibt mir immer. Ich brauche vielleicht nicht einmahl zurückzukehren: denn was ich suchte ist auf immer weggeworfen, die Liebe allein bleibt.

Freitag, [29.?] April 1803 [Tagesangabe fehlt]

Nach einem qualvollen Vorabend u Morgen, u einer sehr heftigen Discussion das Versprechen gethan unter Aufstellung eines Preises eine Zeitlang wie andre junge Leute zu leben. Ich soll erst mehrere . . . . und dann zurükkommen. Die erste will sie nicht seyn: die letzte. Wiewohl ich nie das Wort höre, was ich hören möchte. Ein andrer ist's nur nicht der suspecte. Ist es S.[90] immerhin. Dem gönn' ichs.

Ich habe jetzt eine Ahndung, einen Ton empfinde ich von dem was hohe Liebe ist, die schönste Freundschaft der Seelen, wenn die Sinne nicht mehr Ansprüche machen, wenn es wie ausgeglommen daliegt u nur die geistige Schönheit das ganze innre Wesen des andren erkannt wird.

Sie liebt **i h n** – kann **i h n** nur lieben; ich kann nur von fern stehn, mich an ihrem Bund erfreuen, u still wünschen, wäre e r nicht, ich wäre der *[bricht ab]*

Freitag, 6. Mai 1803

Ueber Tisch die Rede von Paris.[91] „Daß es ihr doch über Rom seyn müsse" – darauf ich weiß nicht wie, in angenehmer Erinnerung lächelnd sagte sie: „Wie man so ein ganzes Menschenleben befangen seyn kann, bis einem so auf einmahl eine einzige Gestalt das Leben aufschließt."

O wenn auch mir so eine Gestalt erschiene die mich so aufschlösse, die mich verstände u zu meiner Geburth ans Licht verhülfe, die alles d a s überwunden hat, u d a s erreicht, wo nach sie strebte, u mir exemplum u finis[92] wäre. Die Hoffnung nach einer solchen erhält mich noch im geistigen Leben u tröstet mich über meine mislungenen Versuche.

---

[90] Es lassen sich keine plausiblen Spekulationen darüber anstellen, wer hier gemeint sein könnte.
[91] In Paris hatten Humboldts von November 1797 bis Sommer 1801 gelebt.
[92] Lat.: Beispiel und Ziel.

Ich würde nicht so schwankend, nicht so irre an ihr u mir gewesen seyn, hätte sie so auf mein ganzes Wesen gewirkt, wie sie sollte um es in Thätigkeit oder in innre Harmonie zu setzen. Daher der peinliche, hin u her gezerrte convulse[93] Zustand zwischen streitenden Gefühlen; konnte sie doch kaum die Eitelkeit im Zaum halten. War doch Eitelkeit u Sinnlichkeit der Ursprung aller dieser Leidenschaften, zu denen sich dann u wann ein Zug von Gutherzigkeit u schöner Liebe gesellte, nicht die wie ein Blitzschlag wirkende, gefühlte Harmonie der Seelen.

Sonntag, 8. Mai 1803

Das verächtlichste ist ein e i t l e r M a n n, ein Mann, der um Weibergunst buhlt. nicht der die Weiber liebt u genießt wie Cæsar veni, vidi, vici sagen kann; sondern der um ihre Gunst buhlt u schmachtet. Ehrgeiz ist des Mannes Leidenschaft, die Eitelkeit von Männern geliebt u geachtet zu seyn, nicht von Weibern, die ihre Gunst der Schönheit oder e i t l e n Empfindungen schenken. Alle großen Männer der Vor und Mitwelt hatten diese Leidenschaft u ihre Liebe zu den Weibern war einem Siege gleich. Sie mußten überwinden, oder sie zogen sich zurück.

Ich bin nicht aufrichtig gegen sie: wollte ich mich in meiner Gestalt zeigen, u von phantastischen Vorstellungen lassen, so glaube ich nicht mehr zu gefallen, u gefallen möchte ich gern. Diese Eitelkeit bringt mich um allen Genuß, u giebt mir nicht einmahl die Ueberzeugung daß ich ihr gefalle: denn das worauf sich ihr Gefallen gründen könnte, ist nicht sicher.

ohne Datum

Das Leben in Italien kommt mir vor als ein Uebergang in eine andre Welt, wenigstens kann es zur Vorbereitung dazu dienen, man stirbt nach u nach dem Leben ab, u lebt nur in den Anschauungen der Natur u Kunst. Von Deutschland schallen nur einzelne Töne herüber, selbst die Briefe der Freunde sind nichts als verhallende Töne, sie selbst werden mit der Zeit nichts als Erinnerungen, wie aus der Kindheit seyn.

Dienstag, 17. Mai 1803

Heute faßte ich die Idee zu einer Art von Briefen an ein Geschöpf der Einbildung, oder auch an sich selbst, über Italien u die Empfindungen die es in mir erweckt. Ich werde Tag für Tag, wie es eben kommt daran arbeiten: u das gemeinsame der Vorstellungen über einen Gegenstand künftig einmahl zusammenstellen

Freitag, 20. Mai 1803

Ein e d l e r Mensch ist im moralischen, was das G e n i e unter den künstlerischen Menschen ist. Das Genie wagt etwas, u rechtfertigt s. Wagniß durchs gelingen.

---

[93] Lat. convulsus: zerrissen. – In der Handschrift heißt es irrtümlich consulve statt ‚convulse‘. (Für diesen freundlichen Hinweis danke ich Herrn Prof. Heinz G. Ingenkamp, Bonn.)

Nachmachen kann man es ihm nicht, wenn man nicht gleiche Kraft in sich spürt; oder es wird Karrikatur. Edelmuth nachahmen, heißt sich zu einer Höhe hinaufschrauben, zu der uns die Kräfte mangeln. Man ist edelmüthig weil es unsrer Natur widerspricht anders zu seyn. Die Handlungen des Edelmuths geschehn eben so ohne Ueberlegung, als die Effecte des Genies, beyde gleichen Blitzkräften, die sich augenblicklich äußern.

Dienstag, 24. Mai 1803

Nach einem verdrüßl. Mittag.
Wie hat mich die Leidenschaft um allen Verstand u alle Vernunft gebracht. [. . .] ich muß den sinnl. Reiz überwinden u Befriedigung der Sinnlichkeit da suchen, wo ich sie unbeschadet der Vernunft u andrer Verhältnisse genießen kann, u alle E i t e l k e i t aufgeben, gerade von d e r geliebt zu seyn. Ich brauche deswegen nicht in das andre Extrem des Hasses zu fallen.

Donnerstag, 26. Mai, oder Freitag, 27. Mai 1803

Der Hang zum Lachen u das Lächerliche bald zu entdecken ist fast immer mit natürl. kräftiger Sinnlichkeit gepaart; Ernst hingegen u Sentimentalität mit Wehmuth u innrer geistiger Wollust.

Dienstag, 31. Mai 1803

Was für ein zartes Ding ist die Liebe, die wahre, die schöne Liebe! die vom Thau der Hofnung lebt, von schönen innern Anschauungen sich nährt u stärkt, die Vergangenheit u Zukunft in eins schmelzt, u so ein Ewiges fühlt u genießt, weit über allen Sinnengenuß erhaben, ohne Genuß der Sinne, u doch auf Sinnlichkeit beruhend, nicht erträumt, sondern alles wahre, wirkliche festhaltend nur nicht mit den Sinnen, mit dem Geist u es in sein Wesen verwebend. Alles was s i e denkt u fühlt ich halte es fest, in Maße, ohne das Detail davon zu kennen, ich weiß nur von ihrer schönen Natur, u schließe aus dem bekannten auf das unbekannte, ich weiß im Eigentl. Sinne mehr als ich weiß, d. h. ich ahnde. Es findet sich kein Nahme dafür. Die Sinne weise ich a n d e r s w o h i n, mit gewisser Hofnung u behalte den Geist und die Phantasie für sie, die einzige.

ohne Datum[94]

Alle Liebe lös't sich endlich in Kunstliebe auf. In der Kunst hat man das ästhetische in der Liebe, das Wohlgefallen an der Schönheit allein, abgesondert von dem physiognomischen u moralischen Interesse, das uns bey dem wirklichen Menschen ergreift, u die sinnliche Lust, die materielle ist vollends getrennt.
Darum ist aber auch alle concrete Liebe ein so lebendiges, herzrührendes Wesen. Du liebst die schöne Form des Weibes nicht so wie du die reine Form in

---

[94] Zu den folgenden undatierten Aufzeichnungen vgl. die Hinweise zu „Überlieferung und Textanordnung".

der Kunst liebst, sie ist dir, in ihrem kleinsten Theile, physiognomischer Ausdruck eines moralischen Wesens, das mit dir verwandt ist.

ohne Datum

Das verderblichste Laster ist die Sentimentalität. Sie macht daß man hungrig aus der Welt geht, statt daß man gesättigt sie verlassen sollte. Ihr hängen die Trauben stets zu hoch, u statt wie der Fuchs sie vorbeyzulassen, oder sie quovis modo[95] herabzuhohlen, liegt sie seufzend dafür u wartet, daß sie herabkommen.

ohne Datum

Es ist gewiß, daß eine Ahndung schon, man gefalle dem mit dem man umgeht, uns an ihn zieht, u ihm unsre Zuneigung erwirbt, u die Vermuthung des Gegentheils erkältet. So gewiß ist es, daß Liebe Gegenliebe erwirbt. Die Liebe ist aber fast schöner, als die Gegenliebe: denn sie ist freyer u uneigennütziger. Jene hat immer ein Recht zur Widerliebe, wenn sie es auch um uneigennützig zu seyn nicht geltend machen kann: diese ist gleichsam eine nothwendige Folge der ersteren, obgleich selbst die Liebe auf einer Ahndung von wenigstens möglicher Gegenliebe sich gründen mag. – So ist es mir mit ihr, so mit F – w gegangen.

Ich will sie nicht hindern u Ihnen auf keine Weise lästig werden. Wenn sie glauben einen andern zu finden, mit dem sie angenehmer leben mögen – gern mache ich ihm Platz. Seyn Sie indeß versichert, daß wenn sie sich herab lassen, eine gewisse Schonung u Billigkeit gegen einen Menschen zu beobachten: dessen Character sich noch nicht gesetzt hat, der also noch der Bildung u Reinigung fähig ist, zu der ihn ein liebevolles Betragen reifen kann: so werden Sie in der Folge noch besser mit mir auskommen. Ich habe kein Recht ihre Liebe zu fodern: geben Sie sie mir indeß von freyen Stücken (der Vortheil ist immer auf der Seite des der zuvorkommt) so kann ich doch wenigstens nicht so undankbar seyn, sie zu verkennen, u zu erwiedern wie ich mag und kann. Fühle ich doch schon jetzt nicht nur einzelne Augenblicke, sondern ganze Stunden u Tage, wo ich ohne alle Rücksichten aus bloßer Liebe zur Sache handle, sie können solchen Momenten Dauer geben.

Es ist aber einmahl ein gestörtes Verhältniß. Ich kann die Ursachen überwinden, aber den Einfluß ihrer bisherigen Wirkungen auf die Zukunft kann ich nicht mit einmahl aufheben. Er muß versiegen, u so die Wunde zunarben.

ohne Datum

Wenn ich auch den ästhetischen Mantel umhänge der Teufelsfuß, oder der Faunsschwanz, oder die Satyrsohren, oder der Priap[96] kukt doch drunter vor, oder gebehrdet sich verrätherisch dahinter. Es ist das Gefühl der Blöße der Scham, der

---

[95] Lat.: auf welche Weise auch immer.
[96] Priapos: kleinasiatischer Fruchtbarkeitsgott.

Ursach die man hat sich zu schämen, warum man seine Nacktheit, in specie[97] diese Nacktheit verdeckt. Eine schöne Natur kann sich ganz nackt sehen lassen, sie hat keine Ahndung von dem was die Leute Keuschheit nennen, sie ist keusch, ohne es zu wissen; aber wir, die wir von Keuschheit sprechen wir wissens nicht. Und dieß auf unsern Fall im Petto[98] angewandt, ich fühle das, ich will nicht sagen blos unmoralische, ich will lieber sagen das Unschöne, was in meinem ganzen Verhältniß liegt; ich würde es früher empfunden haben, hätte ich früher gewußt, was Liebe ist u was sie nicht ist, u wäre ich auch über die Geschlechtslust nicht so im Dunkeln gewesen. Ich mußte einhalten, wie ich sah, daß es am Gegenwillen gebreche, u ohne den nichts ist, wenn die Liebe nicht blind wäre, wenn sie nicht einem Ziele zutaumelte das ganz ein andres ist, als sie meynt.

Ich sehe es ein, wie den Tag: ich darf nur ein Freundschaftliches Wohlwollen, oder auch freundschaftl. Liebe u Vertrauen zu ihr hegen: kann ich es nicht dahin bringen, nun so muß ich ganz davon lassen. Aber mit Liebe nachdem ich nun einmahl weiß was sie ist u nicht ist kann u darf ich mich ihr nicht nähern, sobald sie es nicht auch will: (es ist etwas sehr unmoralisches Jemand auch tacite[99] mit diesem Ansinnen, der Geschlechtslust zu beschleichen u gleichsam hinter s. Rücken Satyrgesichter zu schneiden oder zu gelüsten; denn bey kleineren Gunstbezeugungen bleibt es nicht stehen: Man läßt sich den kleinen Finger geben u nimmt die ganze Hand hernach) u wollen wird sie das nicht: denn sie hat vom Baum der Erkenntniß genossen: Sie ist kein Mädchen, das die Liebe nicht kennt; wir müßten uns in Liebe begegnen u was daraus entstände unbewußt darauf ankommen lassen; oder man müßte die Sache als einen förml. Handel abmachen: der thut das, ich thue dagegen das, wie es etwa in den meisten Ehen der Fall ist. Die wahren Ehen stiftet der Himmel das Glück, nicht des Menschen Klugheit u Geschick – der gerade so zwey sich finden läßt, wo Liebe, Genuß u Freundschaft sich empfangen u auseinander erzeugen. Der Genuß ist der Mittelzustand, durch den man hindurch muß, – den Anfang kann man noch eher haben, als das Ende; aber das Ende hat man am schönsten u gewissesten doch durch Anfang u Mitte.

Um in den Text zu kommen – ich müßte mir alle Sinne zukleistern, wenn ich nicht von ihren Reizen ergriffen würde: die sinnlichen helfen den geistigen, die geistigen den sinnlichen aus u combiniren ihre Wirkung: darum ist auch die Wirkung gemischt: Verehrung, Hochachtung u sinnliche Lust: aber oft überwiegt das eine das andre jenachdem sie sich zeigt, oder ich gestimmt bin, u doch darf für die Fortdauer nur eine u zwar die Hochachtung die vorlaute bleiben. Zu ihr können es mehr die Jahre, als mein Wille bringen. Denn so lange ich Sinne habe, u Phantasie, so wird immer ein schwanken seyn u die Hochachtung setzt mir d. Disharmonie u Unschönheit meiner Neigungen unüberwindliche Schwierigkeiten entgegen.

---

[97] Lat.: insbesondere.
[98] Ital. in petto: in der Brust, im Sinn.
[99] Franz.: stillschweigend.

ohne Datum

So ist die Vernunft auch nur so ein Kreuz an den *[sic]* man jeden Charackter nagelt.

Der Charakter ist oft nur ein solcher geistiger Gefühlsgang, dem man der Bequemlichkeit, Sicherheit u Schnelligkeit der Expedition wegen folgt u sich an die Einreden der Moral oder des moralischen Schönheitsgefühls nicht kehrt, wenn man sie je noch vernimmt.

Ein Mensch der aber gefehlt hat, hat ein sensibleres moral. Gefühl, es ist nur weit heikler geworden: es ist nicht immer stark genug ihn zurückzuhalten; aber es ist reizbarer, feiner als in s. Integrität. (Sollten mir darum etwa die Weiber lieber seyn, als die Mädchen! Die Erkenntniß des guten u bösen ist offenbar was den Menschen zum Menschen macht; sonst ist er Engel oder Vieh u es ist gut daß Eva gesündigt: wir gingen sonst alle in die Irre.)

ohne Datum

Mein ganzes Wesen, meine geistige u physische Organisation ist ein gestörtes Ding, das ist mir klar: die Natur hilft immer noch, flickt aus, wo u wie sie kann: so wird aus der gleich im Aufschießen verbogenen Sprosse, statt eines schlanken Stammes mit stattlicher Krone, ein krüppliges, knotiges Kleinholz [. . .].

ohne Datum

Ich kann mein geistiges u physisches Auge für ihre moral. und sinnl. Schönheit nicht verschließen; aber ich muß beständig die Vernunft wachen lassen, daß das sinnliche Wohlgefallen nicht die Oberhand über d. geistige gewinne, u es gar in s. Interesse ziehe. Für ein rein geistiges Interesse, welches hohe Achtung zur Folge hätte bin ich in der That nicht reif.

ohne Datum

Es ist eine Eitelkeit des Geistes gern mehr seyn zu wollen, als man seyn kann. Was man nicht lieben kann, nun das liebt man nicht, u damit gut, ohne sich in seinem Wesen dadurch stören zu lassen.

ohne Datum

Mit Leiden
Und Freuden
Gleich lieblich zu spielen
Und Schmerzen
Im Scherzen
So leise zu fühlen,
Ist wen'gen beschieden.
Sie wählen zum Frieden
Das eine von beyden,
Sind nicht zu beneiden,

Ach gar zu bescheiden
Sind doch ihre Freuden
Und kaum von Leiden
Zu unterscheiden. –

ohne Datum

Ich habe manchmahl solche entsetzliche Gedanken, daß, wenn ich einige Menschen finden könnte, welche sie gleichfalls haben, ich darüber zum Teufel fahren
möchte, wenns so seyn müßte: Gedanken so göttlich oder so teuflisch, wie man
will, die aus einem Abyssus kommen, den ich nicht kenne u zu ergründen vermag.
Ich erschrecke oft vor der Freyheit meiner Gedanken. Es ist was herrliches, daß
Gedanken zollfrey sind.

Auf dem Rückweg nach Deutschland

Montag, 22. August 1803

Nach Wielands Menander & Glycerion.[100]

Ich fühlte das unabweichliche Bedürfniß zu lieben u geliebt zu werden, u das Bedürfniß des Genusses. Ich vergriff mich in dem Gegenstande meiner Liebe; ich
wollte mich mittheilen u fühlte doch daß hier auf keine Uebereinstimmung zu
rechnen war, ich hoffte sie, u verzweifelte wiederum daran, ich wollte nicht
zurücktreten, (wo hätte ich in R. eine ähnliche Seele zu finden gehofft) u so kam
es denn am Ende dahin, wo es jetzt steht. Mit der Erfahrung von 40 Jahren hätte
ich in dieser Lage ausharren mögen, bey der Hoffnung noch Liebe zu finden u
glücklich zu seyn, nicht. H. tragen nicht mehr Schuld, als daß sie mich nicht verstanden haben, ich keine andre als, daß ich mich nicht entschließen konnte, allen
Wünsche[n] nach Liebe zu entsagen Das kann man wohl verlangen, wenn man die
Erfahrung bereits an sich gemacht hat.

---

[100] Wielands im „Vorbericht" als Sittengemälde bezeichnete Erzählung in Briefform war
soeben bei Cotta in Tübingen erschienen. Die junge Glycerion kommt nach Athen und
durchlebt in ihrer Beziehung zu Menander „die Täuschungen der Liebe"; am Ende resümiert sie ihre Erfahrungen – mutatis mutandis – ähnlich wie Riemer die seinigen: „Was mich
betrog, war nicht mein Herz; [. . .] sondern die übereilte Wahl des Gegenstandes, die eine
Folge meiner Unerfahrenheit und Dumpfheit war, und mich meine schönsten und zartesten
Empfindungen an einen Mann heften ließ, der sie weder zu schätzen noch zu erwiedern
wußte." (C. M. Wielands sämmtliche Werke, Bd. 39, Leipzig 1811, S. 122 und 134.)

INTRIGANTEN, GIFTMISCHER UND MEUCHELMÖRDER
Die Handlanger des Bösen im Trauerspiel des frühen 19. Jahrhunderts

von Ulrike Brandt-Schwarze, Bonn

Abstract

Anhand von weniger bekannten Beispielen aus der Fürstlichen Bibliothek Corvey werden die dunklen Figuren und ihre niederträchtigen Motive im Trauerspiel der ersten Jahrzehnte des 19. Jahrhunderts untersucht. Einen Schwerpunkt bildet dabei die Darstellung von Grausamkeit und Gewalt. Neben rein literarischen Aspekten kommen u. a. auch sozialgeschichtliche und psychologische Aspekte zur Sprache.

Some lesser known examples from the Princely library of Corvey are used to study the dark figures and their nefarious motives in the tragedy of the first decade of the 19th century. Particular attention is paid to the description of cruelty and violence. In addition to literary aspects, there is a discussion of aspects of social history and psychology.

Wohl nirgends in der Literatur treiben die Schurken derart ausgiebig ihr Unwesen wie in zahllosen Trauerspielen zu Beginn des 19. Jahrhunderts[1] – außer im zeitgleichen Roman: Da wird verraten und intrigiert, erschlagen, erstochen, erdolcht, vergiftet und was es sonst noch an Möglichkeiten gibt, verhaßte Mitmenschen aus dem Weg zu räumen. „Der grausame Reiz und die grobe Rührung"[2], die von solchen Szenen ausging, gab Autoren, Theaterleitern und Schauspielern reichlich Gelegenheit zu publikumswirksamen Effekten. Man fragt sich, warum eine Dichtung mit solchen Inhalten gerade zu dieser Zeit derart explodierte. Die Gründe dafür sind vielschichtig und können in diesem Rahmen sicher nicht ausreichend erläutert werden. Doch der Versuch, sich dem Problem zu nähern, sei erlaubt.

Dabei gehe ich von der Erwartung aus, daß die sozial- und kulturgeschichtlichen Entwicklungen der Zeit zwischen 1800 und 1830 als allgemeiner Erklärungshintergrund für literarisch-rezeptionsgeschichtliche Fragen wie die genannte betrachtet werden können. Unter historischen Aspekten stellen die ersten Jahrzehnte des 19. Jahrhunderts bekanntermaßen eine Übergangsphase in einem gewaltigen Transformationsprozeß dar, in dem sich die beharrenden und die vorwärtsstrebenden gesellschaftlichen Kräfte markanter voneinander abhoben als ge-

---

[1] Der vorliegende Beitrag entstand in Zusammenhang mit dem Projekt „Vorarbeiten zu einer Dramengeschichte zwischen 1805 und 1832 im Rahmen der Erschließung der Fürstlichen Bibliothek Corvey" unter Leitung von Norbert Oellers. – Eine ausführliche Bibliographie mit Kurzbeschreibungen der zum größten Teil auch als Microfiche vorliegenden Dramen wird im nächsten Jahr erscheinen.
[2] Johan Huizinga: Herbst des Mittelalters, hg. von Kurt Köster, Stuttgart 1969, S. 4.

wöhnlich. Der Wandel machte sich von der ‚hohen' Politik bis hinein in die kleinste Stube bemerkbar. Das Ende des Heiligen Römischen Reiches Deutscher Nation 1806 mit der Abdankung Kaiser Franz II., die Neuordnung Europas 1814/15 auf dem Wiener Kongreß nach dem Ende des napoleonischen Zeitalters, die nationalstaatlichen Bestrebungen in ganz Europa, in Deutschland verknüpft mit dem Wartburgfest der Burschenschaften im Jahr 1817, die erstickende Zensur der Ära Metternich, die Pariser Julirevolution von 1830 – dies sind einige Stichwörter, die den historischen Hintergrund der Zeit kennzeichnen.

Das Kultur- und Geistesleben der ersten Jahrzehnte des 19. Jahrhunderts präsentiert sich als ein Netz dicht verwobener Verbindungen und Bezüge. Die Universitäten waren Zentren der disziplinübergreifenden Auseinandersetzung mit den Fragen der Zeit. Professoren wie die Philosophen Fichte und Hegel in Berlin beeinflußten mit ihren Lehren über die Studentenschaft hinaus die Gesellschaft und mischten sich aktiv in die politische Diskussion ein. Nicht selten setzten sie dabei ihre Existenz aufs Spiel: Der auf Rügen geborene Schriftsteller und Publizist Ernst Moritz Arndt zum Beispiel wurde u. a. wegen seines leidenschaftlichen Einsatzes für die nationale Sache 1820 als Bonner Universitätslehrer im Zuge der Demagogenverfolgung suspendiert und erst zwanzig Jahre später rehabilitiert. In den seit Anfang des Jahrhunderts immer zahlreicher werdenden literarischen Gesellschaften und kulturellen Vereinen trafen sich Literaten, Musiker, bildende Künstler, Philosophen oder Theologen mit Juristen oder Kaufleuten. Neben der Geselligkeit, weiterbildenden Vorträgen und – gegebenenfalls – eigenen literarischen Produkten nahm die Politik in diesen Zirkeln oft einen breiten Raum ein.[3] Auch in der Musik – es war die Zeit Beethovens, Schuberts und des jungen Mendelssohn-Bartholdy – gibt es politische Reflexe. Von der Unzahl der nationalen Lieder und der Gassenhauer, in denen sich der Haß auf Napoleon Luft machte, einmal abgesehen, wurde zum Beispiel Carl Maria von Webers 1821 in Berlin uraufgeführte Oper „Der Freischütz" zu einem der Sinnbilder einer neuen – bürgerlichen – Epoche.

Was die Prozesse sozialen Wandels im engeren Sinne angeht, so spielt vor allem der seit dem 18. Jahrhundert zu verzeichnende starke Bevölkerungsanstieg eine Rolle. Durch die Fortschritte in der Medizin starben weniger Menschen vorzeitig; die sozialen Aufstiegsmöglichkeiten – vor allem durch den Schwund ständischer Ordnungsprinzipien und die Einführung der Gewerbefreiheit – schafften bessere Voraussetzungen für die Existenz- und damit für die Familiengründung. Im Zuge der Frühindustrialisierung setzte schließlich langsam der Prozeß der Verstädterung ein.

Gleichzeitig begann sich – mit großen regionalen Unterschieden – langsam die allgemeine Volksbildung programmatisch von der Gesetzgebung her auszubrei-

---

[3] Vgl. hierzu das Handbuch kultureller Vereine, Gruppen und Bünde, hg. von Wülf Wülfing, Karin Bruns und Rolf Parr. [Im Druck.]

ten. In Preußen reformierte Wilhelm von Humboldt als Direktor für Kultus und Unterricht das Bildungswesen. Die faktische Umsetzung dieser Programme und Modelle erfolgte allerdings keineswegs in einem stetigen Fortschreiten. Knapp hundert Jahre nach der Einführung der allgemeinen Schulpflicht in Preußen „müssen spätestens die ersten umfassenden statistischen Bestandsaufnahmen der Jahre 1814 bis 1816 zu der schockähnlichen Einsicht geführt haben, daß ein erheblicher Teil der Bevölkerung noch immer ‚unterrichtslos‘ geblieben"[4] war. Trotz allem: Die Zahl derer, die – zumindest notdürftig – schreiben und vor allem lesen konnten, wuchs beständig.

Es entstand ein erhöhter Bedarf an einer Literatur, die nicht nur die oben angesprochene politische und kulturell-geisteswissenschaftliche Ebene abdeckte, sondern auch die Nachfrage nach kurzweiligem, weniger anspruchsvollem Lesestoff für die breiten Bevölkerungsschichten. Eine Vielzahl technologischer Neuerungen kam diesem Bedarf entgegen, zum Beispiel die Entwicklung der Schnellpresse und die Erfindung der Papiermaschine für Endlospapier (Patent 1799), die allerdings erst Jahrzehnte später in Zusammenhang mit der Dampfkraft größere Verbreitung fand. Um das Jahr 1800 produzierten die deutschen Drucker rund drei- bis viertausend neue und neuaufgelegte Bücher.[5] Die soziale Lage der Setzer und Drucker war schlecht – wie auch in anderen rasch wachsenden Industriezweigen dieser Zeit. Viele Arbeiter besaßen noch keine ausreichende Schulbildung. Mit Druckfehlern, falschen Bindungen usw. ergoß sich die erste Welle industriell hergestellter Literatur-Massenware auf den Markt. Buchhandlungen und Leihbüchereien schossen wie Pilze aus dem Boden, um diese Flut von Druckwerken in sich aufzunehmen und das Publikum zu bedienen. Die Leihbücherei von Heyse in Bremen zum Beispiel beherbergte 1824 etwa 20 000 Bände.[6] Auch die Zeitungsverlage hatten Hochkonjunktur: Zwischen 1823 und 1833 stieg die Zahl der Zeitungstitel von 474 auf 1159.[7]

In dem hier skizzierten Kontext also stellt sich die Frage nach der zeitgenössischen Dramenproduktion und -rezeption etwa in der Zeit zwischen Schillers und Goethes Tod, wobei im folgenden das Schwergewicht der Darstellung auf dem Trauerspiel liegt. Schenkt man den zeitgenössischen Rezensenten Glauben, die das allenthalben von der Kritik erhobene Klagelied über die Entwicklung der deutschen Literatur anstimmten, wurden entschieden zu viele Tragödien verfaßt und veröffentlicht:

---

[4] Gerhardt Petrat: Schulunterricht. Seine Sozialgeschichte in Deutschland 1750–1850, München 1979, S. 287.
[5] Rudolf Schenda: Volk ohne Buch. Studien zur Sozialgeschichte der populären Lesestoffe 1770–1910, München 1977, S. 174, Anm. 187.
[6] Ebd., S. 204.
[7] Hans-Friedrich Meyer: Zeitungspreise in Deutschland im 19. Jahrhundert und ihre gesellschaftliche Bedeutung, (Diss.) Münster 1969, S. 202.

Die Unzahl von Trauerspielen, welche in den letzt verflossenen Jahren unsre Theater und unsre Buchläden überschwemmt haben, um von jenen schnell wieder abzutreten und in diesen liegen zu bleiben, gibt einen traurigen Beleg für den toleranten Leichtsinn unserer poetischen Literatur, die sich alles gefallen läßt, was gefällt, und sich, wie ein Modenmodell, in jedes Kleidchen einschmiegt, was ihr auferlegt wird.[8]

Wer aber waren die Verfasser dieser Flut von Trauerspielen, die zwischen 1805 und 1832 dem geneigten Publikum zur Kenntnis gebracht wurde? Und wie stehen sie in Beziehung zu den Autoren des klassischen Literaturkanons, die gleichzeitig ihre Meisterwerke schufen? Goethes „Faust I" erschien 1808, Kleists Dramen und Erzählungen entstanden in dieser Zeit. Auch Zacharias Werner, Grabbe, Grillparzer oder Immermann, um nur einige bekannte Namen zu nennen, schrieben in dieser Zeit Theatergeschichte. Daneben existierte ein Heer von wenig bis gänzlich unbekannten Dramendichtern, für deren Prosa oder Verse bisweilen der Satz zutrifft: „Das Wort erhält die Gefühlsstütze des Adjektivs oder Attributs."[9] Als Beispiel sei hier ein Ausschnitt aus dem Monolog einer jungen Frau über ihren Geliebten wiedergegeben (aus Eduard Arnds Tragödie „Die Geschwister von Rimini"[10]):

> In seiner Locken düstern Tannenzweigen
> Vernahm ich meines Leids geheimen Reigen,
> Geführt von wilden, ahnungsvollen Eulen,
> Die auf dem Kirchhof seiner Seele weilen.
> Auf seiner Stirn lag meiner Liebe Sturm,
> In ihrer Falt' lag meiner Sünde Wurm.

Junge Männer wie Karl Friedrich Eichhorn (1802–1836), der im Alter von 21 Jahren das Trauerspiel „Chriemhildens Rache"[11] verfaßte und der später Privatdozent für Mathematik war, ergriffen die Möglichkeit, „mit einem Sprößling ihrer Muse" ans Licht der Öffentlichkeit zu treten. Einige waren dabei erfolgreich, andere Stücke blieben Eintagsfliegen. Männer in Amt und Würden betätigten sich als Feierabenddichter und verfaßten oft regional gefärbte Heimatstücke. Finanziell abgesicherte Edelleute widmeten ihre Zeit umfangreichen dramatischen Ergüssen. Neben solchen, die sich – zu Recht oder zu Unrecht – als Dramatiker berufen fühlten, gab es jene Theaterdichter, die schlicht die Zeichen der Zeit erkannt hatten und die ihr Talent dazu einsetzten, einen aus erfolgreichen Versatzstücken zusammengesetzten Kassenschlager nach dem anderen zu produzieren.

---

[8] Literarisches Conversations-Blatt Nr. 103, 3. Mai 1823.
[9] Walther Killy: Deutscher Kitsch. Ein Versuch mit Beispielen, Göttingen 1966, S. 14.
[10] Eduard Arnd: Die Geschwister von Rimini. Eine Tragödie, Breslau (Max) 1829, S. 73. – Unikat Corvey. (Bei Werken, die in Corvey in einer späteren Ausgabe vorliegen, ist das Datum der Erstausgabe angegeben.)
[11] Karl Friedrich Eichhorn: Chriemhildens Rache. Ein Trauerspiel nach dem Nibelungenliede bearbeitet, Göttingen (Rosenbusch) 1824.

Die im folgenden als Beispiele angeführten Dramen stammen aus dem Bestand der Fürstlichen Bibliothek Corvey[12], die in Schloß Corvey bei Höxter an der Weser aufbewahrt wird. Rund 67 000 Bände umfaßt diese Privatbibliothek, die in erster Linie durch Victor Amadeus (1779–1834), Landgraf von Hessen-Rotenburg, zusammengetragen wurde. Neben deutschen gibt es englische, französische, italienische und spanische Werke aus den verschiedensten Sachgebieten. Dank dem Büchernarren Victor Amadeus sind die ersten Jahrzehnte des 19. Jahrhunderts außergewöhnlich gut repräsentiert. Die über 470 Theaterstücke von 103 Autorinnen und Autoren[13] aus der Zeit zwischen 1805 und 1832 – unter ihnen einige Unikate –, die sich in Corvey befinden, bieten sowohl im Hinblick auf Autoren als auch auf Gattungen ein breit gefächertes Spektrum: Neben heute unbekannten Theaterschriftstellern wie Joseph von Massaloup oder Eugenius Lang, die selbst der „Goedeke" nicht verzeichnet, finden sich zeitgenössische Erfolgsautoren und Vielschreiber wie August Wilhelm Iffland, Julius von Voß oder Johanna Franul von Weissenthurn neben unbestrittenen Meistern wie Kleist oder Grabbe.

Die Wirkungsgeschichte der Dramen ist in diesem Zusammenhang von besonderem Interesse. Eine ausgezeichnete Quelle hierfür ist die umfangreiche Sammlung Oscar Fambach am Germanistischen Seminar der Universität Bonn, in der rund zwei Drittel der Corveyer Dramen erfaßt sind. Neben ausführlichen Materialien zum Weimarer Hoftheater unter der Direktion Goethes und zu den unter Goethe aufgeführten Stücken bietet die Sammlung Fambach detaillierte Informationen über das Theaterwesen in der Zeit zwischen 1800 und 1832: über einzelne Bühnen, Schauspieler, Spielpläne, Stücke, Aufführungen, Rezensionen usw.

Das Studium der Vorworte liefert weitere Hinweise für die Rezeptionsgeschichte der Dramen. Zum Beispiel wird oft auf stattgefundene oder geplante Aufführungen verwiesen, oder es wird deutlich, daß es sich um ein ausschließlich für die Lektüre verfaßtes, ein reines Lesedrama also, handelt, dessen Autor sich über die Kriterien der Aufführbarkeit bewußt hinwegsetzte. So stellt etwa Joseph Freiherr von Auffenberg (1798–1857) sein über zweitausend Seiten umfassendes Mammutwerk „Alhambra" der „Lesewelt"[14] vor. Interessant ist auch die „Beilage" zu

---

12 Zur Geschichte und zur Bedeutung der Bibliothek Corvey vgl. Rainer Schöwerling: Die Wiederentdeckung der Fürstlichen Bibliothek Corvey, Stuttgart und Zürich 1987.

13 550 deutschsprachige Literatinnen nennt Carl Wilhelm Otto August von Schindel in seinem biographischen Lexikon: Die deutschen Schriftstellerinnen des neunzehnten Jahrhunderts. Davon tauchen leider nur vier Autorinnen in Corvey auf: die wohl in Berlin lebende Johanna von Bültzingslöwen (um 1786–nach 1820) und Isidor (d. i. Frau von Mauritius; Lebensdaten unbekannt) mit je einem Stück, die Österreicherin Caroline Pichler (1769–1843) mit acht Werken, meist patriotischen Feierspielen, und die erfolgreiche Lustspieldichterin Johanna Franul von Weissenthurn (1772–1845), auch sie aus Österreich, mit 36 Stücken.

14 Joseph Freiherr von Auffenberg: Alhambra. Dramatisches Gedicht in drei Theilen, Karlsruhe (Groos) 1829–1830, S. XXVI.

Adolph Müllners (1774–1829) Trauerspiel „König Yngurd"[15] über die Spielbarkeit des Stücks, das er selbst gern als reines Lesedrama rezipiert gesehen hätte (dennoch verzeichnet die Sammlung Oscar Fambach bis 1832 rund 55 Aufführungen).

Ebenso aufschlußreich sind oft die Vorworte zu Umarbeitungen von Dramen. So erklärt Franz von Holbein (1779–1855), der Kleists „Familie Schroffenstein" unter dem Titel „Die Waffenbrüder"[16] neu für die Bühne bearbeitet hat, im Vorwort, ihm sei es in erster Linie auf den „Effekt [. . .] für das Ganze", den „Eindruck auf das große Publikum", die „Rücksicht auf – die Theaterkasse" gegangen (S. 5).

Darüber hinaus gewährt der Corveyer Dramenbestand Einsicht in die Gattungsvielfalt der Bühnenliteratur während der ersten dreißig Jahre des 19. Jahrhunderts: Es gibt Lustspiele und Possen, Singspiele, Melodramen und Opernlibretti, historische Trauerspiele, romantische Ritter- oder Mythendramen, bürgerliche Familienschauspiele, Schicksalstragödien u. v. m. Die rund 470 Dramen aus der Zeit zwischen 1805 und 1830 in Corvey gliedern sich – nach Ausweis des jeweiligen Titels – in 160 Lustspiele, 145 Trauerspiele, 140 Schauspiele sowie in etwa 25 Dramen mit Musik (Singspiele, Opernlibretti u. ä.).

Letztere werden auch berücksichtigt, weil die Trennung von Musiktheater und Sprechbühne in dieser Zeit erst langsam ihren Anfang nahm. Ein weiterer Grund ist die enge Verwandtschaft zwischen Oper und Theater, die sich u. a. an dem häufigen Zusammenwirken von Dramatikern und Komponisten zeigt. Hier nur einige Beispiele aus dem Corveyer Corpus: Beethoven komponierte eine „Coriolan"-Ouvertüre zu Heinrich von Collins gleichnamigem Drama. Collin wiederum sollte Beethoven auch ein Textbuch für eine „Macbeth"-Oper liefern, was leider nicht geschehen ist. Oder Carl Maria von Weber: Er schrieb die Musik zu dem Schauspiel „Preciosa" von Pius Alexander Wolff. Das Libretto zu Webers Meisterwerk „Der Freischütz" stammt von Friedrich Kind.

Bei der hohen Anzahl der Komödien schlagen die „Vielschreiber" Julius von Voß (75 Stücke) und Johanna Franul von Weissenthurn (36 Stücke) stark zu Buche. Die Tragödien – in den Untertiteln u. a. spezifiziert als romantisches Trauerspiel, dramatisches Nachtgemälde, Schauder-Gemälde [!], historisches oder Volks-Trauerspiel – nehmen also einen beachtlichen Platz ein.

Historische Trauer- und Schauspiele sind in Corvey in großer Zahl vorhanden. Angesichts der hohen Popularität geschichtlicher Themen sowohl bei den Theaterdichtern als auch beim Publikum in den ersten Jahrzehnten des 19. Jahrhunderts stellt Friedrich Sengle fest, daß „historisch und dramatisch [. . .] in der tri-

---

[15] Adolph Müllner: König Yngurd. Trauerspiel in fünf Akten, Leipzig (Göschen) 1817.
[16] Franz von Holbein: Die Waffenbrüder. Gemälde der Vorzeit in fünf Abteilungen, Wien (Wallishauser) 1824.

vialen Dramaturgie dieser Zeit geradezu gleichgesetzt" wurden.[17] Die Verfasser der Geschichtsdramen sahen sich als Erben Shakespeares und vor allem Schillers. In kaum einer Vorrede fehlt der Hinweis auf diese großen Vorbilder und „Vorgänger". Beispiele für Schiller-Nacheiferer finden sich auch im Corveyer Corpus reichlich: Einen Versuch der Dramatisierung der Ballade „Hero und Leander" unternahm Aloys Joseph Büssel (1798–1842) mit seinem Trauerspiel „Hero und Leandros".[18] Anklänge an den „Wallenstein" finden sich in Joseph von Massaloups (Lebensdaten unbekannt) lokalpatriotischem Trauerspiel „Magdeburg's Fall"[19] von 1831. In Friedrich Försters (1791–1868) historischem Drama „Gustav Adolph"[20] taucht gar am Ende die Marketenderin Gustel aus Schillers dramatischem Gedicht „Wallensteins Lager" auf. Das 1819 in Hamburg uraufgeführte Trauerspiel „Tancred und Clorinde"[21] des Barons Karl von Nordeck (1793–1853) ist ein Plagiat Schillerscher Sprache, Charaktere und Motive.

Innerhalb der Dramenliteratur der ersten Jahrzehnte des 19. Jahrhunderts gibt es – über Vorbilder und Nachahmer, (nicht zu vergessen die Parodien[22]), hinaus – zahlreiche weitere Traditionslinien, zum Beispiel in bezug auf die Wahl von Stoffen (in Corvey gibt es Dramen über Ahasverus, Columbus, Faust, Napoleon, über die Nibelungen oder die Hohenstaufen, über antike oder mythische Heldengestalten, deutsche Kaiser und Könige, usw.) und vor allem auch von Motiven.

Die anspruchsvolleren Literaturkritiker stießen sich nicht nur an der sintflutartigen Ausbreitung der dramatischen Literatur, sondern besonders auch an deren Eintönigkeit und Stereotypie der Motive. In einer zeitgenössischen Rezension zu Karl Buchners (1800–1872) Trauerspiel „Heinrich der Sechste, deutscher Kaiser"[23] heißt es:

---

[17] Friedrich Sengle: Biedermeierzeit. Deutsche Literatur im Spannungsfeld zwischen Restauration und Revolution 1815–1848. Bd. II, Stuttgart 1972, S. 365.

[18] Aloys Joseph Büssel: Hero und Leandros. Ein Trauerspiel in fünf Acten, Bamberg und Würzburg (Goebhardt) 1822.

[19] Joseph von Massaloup: Magdeburg's Fall. Ein historisch-romantisches Trauerspiel in sechs Aufzügen, Berlin (Fincke) 1831.

[20] Friedrich Förster: Gustav Adolph. Ein historisches Drama in fünf Aufzügen, Berlin (Schlesinger) 1833.

[21] Karl Baron von Nordeck: Tancred und Clorinde. Trauerspiel in fünf Aufzügen, Hamm (Schultz und Wundermann) 1821.

[22] Zum Beispiel die wohl bekannteste Parodie auf das Schicksalsdrama Müllnerscher Art, „Der Schicksalsstrumpf. Tragödie in zwei Akten", Leipzig (Brockhaus) 1818. Verfasser waren die Brüder Fatalis (d. s. Ignaz Castelli, 1780–1862 und Alois Jeittels, 1794–1858). Ein weiteres Beispiel ist das Drama „Eumenides Düster. Trauerspiel nach Adolph Müllner's Weise", von Ludwig Stahlpanzer (d. i. Ludwig Richter), Leipzig 1819. Zu Müllners Ärger nahm der Verleger Vieweg diese Parodie 1828 in dessen gesammelte Werke auf.

[23] Karl Buchner: Heinrich der Sechste, deutscher Kaiser. Trauerspiel in fünf Aufzügen, Stuttgart (Metzler) 1825. – Unikat Corvey.

Es scheint, Hrn. Buchners gute Absicht war, der Asthenie des Zeitgeschmacks mit den Ingredienzen eines Ritterromans aus der Sturm- und Drangperiode zu Hülfe zu kommen: darum sind die ungeschlachten Zechbrüder, die gleisnerischen Pfaffen und der ganze Apparat von Lanzensplittern, Gift und Dolch nicht vergessen worden.[24]

Neben den hier erwähnten Quellen, den Ritterromanen und -dramen eines Christian Heinrich Spieß oder Friedrich Gustav Hagemann aus dem Ende 18. Jahrhunderts, schöpften die Autoren ihr Material insbesondere auch aus den Schauerspektakeln und Moritaten des Bänkelsangs mit ihrer grausigen Anschaulichkeit.

Einige der stereotypen „Ingredienzen" dieser oft kaum variierten Versatzstücke sollen im folgenden zu Sprache kommen, und zwar die Motive und Methoden der finsteren Figuren, die innerhalb der oft konstatierten Schwarzweißmalerei in der Trivialliteratur den Gegenpart zum untadelig und unbeirrbar guten Helden spielen, der im Konflikt zwischen Moral und Laster stets den Sieg davonträgt. Die verschiedenen Spielarten der niederen Beweggründe lassen sich an der in stetig steigender Anzahl produzierten und – sei es im Theater, sei es als Buch – konsumierten dramatischen Literatur[25] besonders deutlich zeigen, weil hier die Motive, die sich einmal als bühnenwirksam erwiesen haben, immer weiter vergröbert und ins Extreme gesteigert werden. Das gilt selbstverständlich für die unterschiedlichsten Arten von Motiven und ließe sich am Lustspiel ebenso aufzeigen, wie es hier – dem Thema entsprechend – anhand der Tragödie skizziert wird.

Sieht man von den jahrhundertealten, gesellschaftlich bisweilen geduldeten oder gar sanktionierten Mordmotiven einmal ab, der Blutrache etwa oder der ‚Pflicht' des Vaters, die entehrte Tochter zu töten, bleibt eine Fülle vielfältiger und weniger edler Beweggründe übrig, die oft nicht klar voneinander abzugrenzen sind: die Eifersucht auf einen Nebenbuhler, Neid, Geltungssucht und gekränkte Eitelkeit, der Haß auf einen politischen Rivalen, Geldgier und persönliches Machtstreben, um nur einige zu nennen. Daneben gibt es notorisches Intrigantentum und die prinzipielle Misanthropie, der jedes Glück Anderer ein Dorn im Auge ist.

An dieser Stelle sei ein Mosaikstein herausgegriffen und näher beleuchtet: die sinistren Figuren im Trauerspiel. Die weitaus größte Gruppe unter ihnen bilden die Verräter und Intriganten. Aus Ehrgeiz, Machtgier oder zum Beispiel wegen einer nicht verwundenen Kränkung treiben diese janusköpfigen Gestalten ihr böses Spiel: Sie erschleichen sich das Vertrauen ihrer ahnungslosen Opfer und äußern ihre wahren Absichten nur unter Mitverschwörern. Meist aber lassen sie die tugendhafte Maske der Ehrlichkeit, Treue und anderer guter Eigenschaften nur fallen, wenn sie allein sind. In haßerfüllten Monologen offenbaren sie dann ihr wahres Gesicht, wie etwa Perseus, der Stiefsohn Philipps V. in dem Trauerspiel „Die

---

[24] Literarisches Conversations-Blatt Nr. 204, 5. September 1825.
[25] Allein im Jahr 1818 erschienen fast 200 deutschsprachige Dramen (davon sind rund zehn Prozent in Corvey vorhanden).

Demetrier"[26] des Österreichers Ludwig Halirsch (1802–1832) von 1824. Perseus hegt einen glühenden Haß gegen seinen Stiefbruder Demetrios, den er am Ende des Stücks ermordet:

> Ha, wie es glüht, wie's flammt und kocht da drinnen,
> Als wälze des Ixions Rad sich um,
> Der seine Qualen nur mit Blut kann lindern! [...]
> Schon wetzen die Minuten scharfe Dolche, –
> Sie sollen alle seinen Busen – alle treffen! –
> Herauf, ihr Furien, herauf!
> Ein Fest bereit ich Euch – ein blutig Fest [...]!

Eine von Verrätern und Intriganten häufig praktizierte Methode zur Vernichtung der verhaßten Person ist die Beschuldigung des Hochverrats – den sie oft selbst begangen haben. Voller geheuchelter Teilnahme – und heimlichem Triumph – sind die Verleumder dann Zeugen, wie Unschuldige zum Tode verurteilt oder verbannt werden. In Heinrich Joseph von Collins (1771–1811) Trauerspiel „Balboa" (1806)[27] schafft sich Pedrarias, ein spanischer Statthalter, durch die falsche Anklage des Hochverrats seinen ungeliebten zukünftigen Schwiegersohn Balboa vom Hals. Der junge Adelige wird zum Tode verurteilt und hingerichtet. – Ein geborener Intrigant ist auch der Graf Vilarna in Gotthilf August von Maltitz' (1794–1837) Trauerspiel „Schwur und Rache"[28], das 1815 am Nationaltheater in Berlin uraufgeführt wurde. Die Liste von Vilarnas Schandtaten ist lang: Vor Jahren hatte er einen Marquese fälschlicherweise des Hochverrats bezichtigt und so dessen Verbannung bewirkt. Nun verrät er – in fürstlichen Diensten stehend – laufend die Pläne seines Herrn, worauf dieser eine Schlacht nach der anderen verliert. Am Ende ereilt den Schurken aber doch das rächende Schicksal.

Unter den vielfältigen Motiven der Mörder taucht eines besonders häufig auf: die Eifersucht, die oft eine unheilvolle Verbindung mit den persönlichen Machtinteressen eingeht. Neben solch hehren Beweggründen wie der Einforderung des verweigerten Erbes oder auch der Wiederherstellung der beschmutzten Ehre ist die Eifersucht auf einen Nebenbuhler oder eine Nebenbuhlerin eines der fruchtbarsten Motive in der Literatur überhaupt. Manchmal wird zugunsten des geliebten Menschen auf edle Weise verzichtet. Im Lustspiel dient das Motiv der – unbegründeten – Eifersucht als Auslöser eines breiten Spektrums erheiternder Komplikationen wie Verwechslungen oder Verkleidungen sowie als Anlaß für rührende Vergebungsszenen. Nicht immer also ist die Eifersucht eine Quelle solch nie-

---

[26] Ludwig Halirsch: Die Demetrier. Trauerspiel in fünf Aufzügen, Leipzig (Ludwig Wienbrack) 1824. Die zitierten Verse finden sich auf S. 37.

[27] Heinrich Joseph von Collin: Balboa. Ein Trauerspiel in fünf Aufzügen, Berlin (J. F. Unger) 1806.

[28] Gotthilf A. von Maltitz: Schwur und Rache. Trauerspiel in vier Akten, Berlin (Christiani) 1826.

derträchtiger Verhaltensweisen und verhängnisvoller Ereignisse wie in den folgenden Beispielen: In den untersuchten Bühnenstücken werden die Konkurrenten reihenweise verleumdet, entehrt und schließlich – zum Beispiel durch Verbannung – aus der Umgebung des geliebten Menschen entfernt. Die im Drama am häufigsten praktizierte, weil sicherste Methode, sich eines Nebenbuhlers zu entledigen, ist aber der Mord – wenn er auch selten zum erhofften Ziel führt.

Eine besonders blutrünstige Variante des Mords aus Eifersucht gestaltet Heinrich Heine in seiner 1888 am Stadttheater Frankfurt uraufgeführten Tragödie „William Ratcliff"[29], die im nebelverhangenen Schottland spielt: Ratcliff liebt die junge Adelige Maria, wird aber von ihr abgewiesen. Er schwört, jeden, der sie heiraten will, zu töten. Nach zwei Morden – nach denen er jeweils nachts in Marias Schlafzimmer erscheint und ihr mit blutiger Hand die Ringe der toten Verehrer reicht –, macht er sich, inzwischen dem Wahnsinn verfallen, die Geliebte zu eigen, indem er sie tötet. Anschließend setzt er seinem Leben ein Ende.

Mittelalterliches Kolorit vor dem Hintergrund des 2. Kreuzzuges schmückt das Opernlibretto „Mathilde"[30] von Caroline Pichler (1769–1843), uraufgeführt 1818 am Hoftheater Kassel. Auf der Grundlage der edlen, aber hoffnungslosen Liebe zwischen dem heidnischen Sarazenenprinzen Malekadhel und der Christin Mathilde (sie ist die Schwester des englischen Königs Richard Löwenherz) entfaltet sich ein Drama um Liebe, Eifersucht und Macht: Guido von Lusignan, der von Saladin vertriebene Ex-König von Jerusalem, haßt den Sarazenen sowohl als Rivalen um Mathildes Herz als auch um den Thron von Jerusalem und ermordet ihn heimtückisch.

Oft sind es auch die Liebenden selbst, die einander aus Eifersucht nach dem Leben trachten, sei es der gehörnte Ehemann oder die betrogene Gattin. Die Untreue des anderen, die oft von – wiederum eifersüchtigen oder neidischen – Intriganten zur Sprache gebracht wird, kann auf Verleumdung beruhen oder auch wahr sein – für die Gefühle des tatsächlich oder vermeintlich Hintergangenen spielt das zunächst keine Rolle. Schier blind vertraut er oder sie den Einflüsterungen der angeblichen Freunde, die ihrerseits die verhängnisvollen Entwicklungen durch ‚versehentlich' vertauschte Briefe, Indiskretionen und andere schurkische Winkelzüge vorantreiben. Dabei erreichen sie aber zuweilen das Gegenteil von dem, was sie sich wünschen, wie zum Beispiel in dem 1826 erschienenen Schicksalsdrama „Leonora"[31] von Isidor (d. i. Frau von Mauritius; Lebensdaten un-

---

[29] Heinrich Heine: William Ratcliff. Tragödie in einem Akte, in: Tragödien. Nebst einem lyrischen Intermezzo, Berlin (Dümmler) 1823, S. 1–66.
[30] Caroline Pichler: Mathilde. Eine tragische Oper in drey Aufzügen, in: Sämmtliche Werke. Bd. XX (= Dramatische Dichtungen. Bd. II,2), Wien (Pichler) 1822, S. 155–221.
[31] Isidor (d. i. Frau von Mauritius): Leonora. Trauerspiel in zwei Aufzügen, Zerbst (Kummer) 1826. – Unikat Corvey.

bekannt): Ein rachedurstiger, abgewiesener Verehrer weckt in Leonora – unbe-
rechtigte – Zweifel an der Treue ihres Mannes und übergibt ihr Gift, um diesen zu
töten. Leonora aber nimmt das Gift selbst und wird sterbend über ihren Irrtum
aufgeklärt. – Zu spät erfährt auch Herzog Ludwig von Baiern die Wahrheit über
seine tugendhafte Frau „Maria von Brabant".[32] In dem 1824 erschienenen Trauerspiel des Oberzollbeamten Friedrich Wilhelm Bruckbräu (1792–1874) läßt der
Regent seine Frau auf den Verdacht des Ehebruchs hin enthaupten – und all ihre
Hofdamen vom Turm stürzen. Ludwigs jähzornige Eifersucht war durch die Intrigen eines machtgierigen Kanzlers geweckt und geschürt worden.

Der leidenschaftliche Haß, mit dem ein Liebender den Konkurrenten verfolgt,
macht bisweilen auch vor Geschwistermord nicht halt, wie z. B. in Michael Beers
(1800–1833) im Jahre 1823 veröffentlichtem Trauerspiel „Die Bräute von Arragonien"[33]: Die Töchter des Königs von Arragonien, Constantia und Hippolyta, lieben beide den Prinzen Alfons von Sizilien. Alfons entscheidet sich für Constantia. Daraufhin läßt Hippolyta die Schwester durch einen eigenen ehemaligen
Liebhaber umbringen. Doch dies führt nicht zur ersehnten Vereinigung mit dem
Geliebten, sondern zur Katastrophe: Alfons ersticht sich, Hippolyta nimmt Gift.

Eine Sonderstellung nehmen die abgrundtief teuflischen Bösewichter ein, die aus
reiner Lust morden, schänden und zerstören. Ihr wohlverdienter Tod am Ende
des Stücks wird häufig von Glockengeläut oder dem Gesang eines frommen Cho-
res akkompagniert.

Ein solcher Bösewicht ist der Raubritter Wulf von Kynau in dem Trauerspiel
„Das graue Kreuz im Teufelsthale"[34] des Breslauer Schauspielers Karl Fischer
(1780–1836), das 1825 in Breslau uraufgeführt wurde: Ohne jeglichen Anlaß,
allein seines schändlichen Charakters wegen, hat Kynau das Glück derer von Fal-
kenberg zerstört. Albert hat er meuchlings ermordet, seine Frau verschleppt, seine Tochter in den See geworfen und seine Burg geschleift. Er stirbt schließlich
verdientermaßen bei der Ausübung seines räuberischen Handwerks. – Ein wirkli-
cher Unhold ist auch Robert der Teufel in Karl Eduard von Holteis (1798–1880)
gleichnamiger dramatischer Legende[35], die 1831 am Königstädter Theater in Berlin uraufgeführt wurde: Trotz seiner ritterlichen Erziehung ist Robert, Sohn des
Herzogs der Normandie, böse und gewalttätig. Vom Vater verflucht und verbannt, zieht er mit einer Schar von Räubern raubend, mordend und schändend

---

[32] Friedrich Wilhelm Bruckbräu: Maria von Brabant. Ein historisch-romantisches Trauerspiel in fünf Aufzügen, Dresden (Arnold) 1824.
[33] Michael Beer: Die Bräute von Arragonien. Trauerspiel in fünf Aufzügen, Leipzig
(Brockhaus) 1823.
[34] Karl Fischer: Das graue Kreuz im Teufelsthale. Romantisches Gemälde der Vorzeit in
vier Akten, in: Dramatische Versuche (2), Liegnitz (Kuhlmey) 1829.
[35] Eduard von Holtei: Robert der Teufel. Dramatische Legende in fünf Akten, in: Beiträge
für das Königstädter Theater. Zwei Bde, Wiesbaden (Haßloch) 1832. Bd. II (2), S. 175–328.

durchs Land, bevor er durch eine wunderbare Erscheinung zum reuigen Sünder wird. Ein weiterer durch und durch verdorbener Charakter, dessen Bösartigkeit allerdings familiäre Ursachen hat, ist der Findling[36] Franz in dem 1827 erschienenen moritatenhaftem Schicksals-"Schauder-Gemählde" „Der Schreckenstag, oder Die einsame Försterwohnung"[37] von J. C. (auch L. G.) Franz Freisleben (1781–1835), der als Uhrmacher und Souffleur erst mit einer Schauspielergesellschaft herumreiste und dann bei einem Liebhabertheater tätig war: In Abwesenheit des Familienoberhaupts ermordet Franz dessen beide älteste Kinder, weil die Oberförsterin ihm nicht den Schlüssel zum Tresor geben kann. Als überraschend ein Fremder mit seinem Diener auftaucht, erschießt Franz den letzteren. Plötzlich kehrt der Oberförster heim, und Franz macht ihm weis, der Fremde habe die beiden Kinder getötet. Daraufhin streckt der entsetzte Vater den Unbekannten mit dem Gewehr nieder. Dieser aber ist Franzens vermißter Vater, der am Schluß, bevor er stirbt, noch seinen mißratenen Sohn erschießt.

Gegenüber den Mordwerkzeugen, bei denen man konkret Hand anlegen muß, wie Speeren, Dolchen, Schwertern, Gewehren usw., hat das Gift den nicht zu leugnenden Vorteil, daß der Urheber nur schwer oder gar nicht zu ermitteln ist. Aus diesem Grund gehört Gift zu den bevorzugten Waffen aus dem Arsenal der feigen Mörder.

Ein besonders perfider Giftmischer ist Arco, der spanische Vizekönig von Neapel in dem Trauerspiel „Thomas Aniello"[38] des westfälischen Freiherrn Wilhelm von Blomberg (1786–1846) aus dem Jahre 1819: Der einfache Fischer Aniello stellt sich an die Spitze eines Volksaufstandes gegen die hohen Zölle, unter denen besonders die arme Bevölkerung der Stadt leidet. Aniello erreicht sein Ziel, die Zölle werden aufgehoben. Der ehemalige Fischer wird zum unumstrittenen Anführer

---

[36] Die meisten Findelkinder im Trivialdrama sind allerdings rechtschaffener und braver Natur. Oft gelingt es ihnen durch eine glückliche Fügung des Schicksals, ihre Eltern wiederzufinden. Oder es erweist sich anhand eines besonderen Requisits – eines Briefes aus der Ferne, eines Muttermals oder eines Amuletts –, daß sie wider Erwartungen von vornehmer Geburt sind, worauf ihrem Glück nichts mehr im Wege steht. Eines der zahlreichen Beispiele dafür ist die Waise Preciosa im gleichnamigen Schauspiel [in: Dramatische Spiele. Bd. I (2), Berlin (Duncker und Humblot) 1823] des Schauspielers Pius Alexander Wolff (1782–1828), der in Weimar unter Goethe und später an der Hofbühne in Berlin engagiert war. Das Stück wurde 1821 am Nationaltheater Berlin uraufgeführt und erfreute sich bis zum Ende des 19. Jahrhunderts einiger Beliebtheit auf deutschen Bühnen. Preciosa ist die totgeglaubte Tochter eines spanischen Don, die als Kleinkind von Zigeunern entführt worden war.

[37] J. C. Franz Freisleben: Der Schreckenstag, oder Die einsame Försterwohnung. Schauder-Gemählde aus der wirklichen Welt, in Einem Aufzuge, in: Schauder-Gemählde aus der wirklichen Welt (1), Leer (Vogler) 1827. – Unikat Corvey.

[38] Wilhelm von Blomberg: Thomas Aniello. Trauerspiel in fünf Aufzügen, Hamm (Schultz u. Wundermann) 1819.

des neapolitanischen Volkes. Der Vizekönig, der um seine Macht bangt, mischt heimlich Gift in den „Versöhnungsbecher": Aniello wird wahnsinnig und tötet seine Frau. Am Schluß stirbt er durch eine Kugel seiner Feinde. – Exzellent aufs Giftmischen versteht sich auch der unheimliche Meister Wolfsheimer in Karl Fischers romantischem Ritterschauspiel „Jakob Thau, der Sänger vom Riesengebirge"[39], das 1822 in Breslau uraufgeführt wurde: Wolfsheimer soll auf geheimen herzoglichen Befehl ein junges Mädchen vergiften. Zwar gelingt der Anschlag nicht, aber der Mordplan wird zum Angelpunkt und Auslöser der weiteren tragischen Ereignisse. – Mit einem dreifachen Tod durch Vergiftung endet das 1823 erschienene Trauerspiel „Rosimund"[40] des Jenaer Professors Ferdinand Wachter (*1794), der 1861 in Weimar ermordet wurde. Das Stück spielt zur Zeit der Langobarden in Italien: Helmichi, der Waffenträger des Langobardenkönigs, liebt die schöne Rosimund, die auch von Longin, dem römischen Statthalter von Ravenna, begehrt wird. Longin kredenzt Helmichi einen Becher mit vergiftetem Wein. Als der Langobarde merkt, was geschehen ist, zwingt er den Römer, auch aus dem tödlichen Becher zu trinken. Rosimund tut freiwillig das gleiche, und alle drei sterben eines qualvollen Todes.

Die Figur der Giftmischerin hat eine lange literarische Tradition. Seit dem 1803 erschienenen Roman „Bekenntnisse einer Giftmischerin"[41] von Paul Ferdinand Friedrich Buchholtz avancierte sie zu einer der beliebtesten Personen in der epischen und dramatischen Trivialliteratur des 19. Jahrhunderts. Gefördert wurde diese Entwicklung durch reale Vorbilder wie Marie Laffarge oder Helene Jegado; die Prozesse gegen diese Gift-Massenmörderinnen waren Tagesgespräch.[42]

Beispiel für eine Giftmischerin aus dem Corveyer Corpus ist Sarracina, die Mutter des Prinzen Boabdil in Auffenbergs Mammut-Trilogie „Alhambra".[43] – In dem Trauerspiel „Die beiden Bräute"[44] des sächsischen Pfarrers Julius Körner (1793–1873) vergiftet die schöne Römerin Adelma aus Eifersucht ihre Rivalin Emma, eine Florentiner Bürgerstochter bei einer Einladung zum Tee. – In dem Ritterschauspiel „Die Spinnerin am Kreuz" (1822)[45] von Friedrich August Kanne (1778–1833) wirkt eine giftmischende Köhlersfrau mit.

---

[39] Karl Fischer: Jakob Thau, der Sänger vom Riesengebirge. Trauerspiel in fünf Acten nach einer Erzählung des Freiherrn von Houwald, in: Dramatische Versuche (1), Liegnitz (Kuhlmey) 1829.

[40] Ferdinand Wachter: Rosimund. Ein Trauerspiel in fünf Aufzügen, Jena (Cröcker) 1823. – Unikat Corvey.

[41] Es handelt sich um den Roman „Ursinus, Geheimräthin, geb. von Weiss, in Berlin, Giftmischerin. – Bekenntnisse einer Giftmischerin, von ihr selbst erzählt", [Berlin (Johann Friedrich Unger) 1803] von Paul Ferdinand Friedrich Buchholtz (1768–1843).

[42] Schenda [Anm. 5], S. 407 f.

[43] Auffenberg [Anm. 14].

[44] Julius Körner: Die beiden Bräute. Trauerspiel in fünf Akten, Leipzig (Hartmann) 1823.

[45] Friedrich A. Kanne: Die Spinnerin am Kreuz. Romantisches Schauspiel in vier Aufzügen. Nebst einem Vorspiel: Das Lösegeld, Brünn (Traßler) 1822.

Eine tragende Rolle im Handlungsgefüge der Trauerspiele nehmen ferner die gedungenen Mörder ein. Die im Drama dieser Zeit immer noch weitgehend hohen Herrschaften bedienen sich bei ihren dunklen Machenschaften meist irgendwelcher skrupelloser, aber treuer Untergebener, die manchmal auch eigene Rechnungen mit ihrem Opfer zu begleichen haben. Ein Beispiel dafür ist der intrigante Höfling Sanvitali in dem Drama „Monaldeschi" (1821)[46] des Prager Buchhändlers und Journalisten August Wenzel Griesel (1783–1825), das in einer Bearbeitung unter dem Titel „Carlo und Valerie, oder: Der Liebe und des Hasses Wirken" 1824 in Graz aufgeführt wurde: Auf Befehl der Königin Christine von Schweden wird der Marquis Monaldeschi, während er die Beichte ablegt, von Sanvitali hinterrücks erstochen.

Bei den Vollstreckern handelt es sich oft um brutale, gewissenlose Gestalten, die ihren blutigen Auftrag unbarmherzig erfüllen, doch finden sich hie und da auch weichere Gemüter. So wird manchmal ein Kind, das auf höchsten Wunsch getötet werden soll, weil es irgendwelchen Machtinteressen im Wege steht, – wie im Märchen – ,nur' im Wald ausgesetzt. Von einfachen Leuten aufgezogen, tauchen diese Kinder dann oft Jahre später als Racheengel wieder auf und fordern ihre Rechte ein, wie zum Beispiel der angelsächsische Prinz Edwin in Karl Immermanns (1796–1840) gleichnamigem Trauerspiel[47], erschienen 1822: Der Onkel und Vormund des jungen Edwin, Adalfried von Northumberland und Deiri, hat heimlich befohlen, den Knaben umzubringen. Doch der mit dem Mord beauftragte Offa schont dessen Leben und zieht ihn in einer abgelegenen Waldhütte auf. Zum Manne gereift, tötet Edwin von Adalfried den niederträchtigen Verwandten im Zweikampf und tritt sein Erbe an.

Die Reihe der Beispiele zum Thema Mord und Totschlag in den Corveyer Dramen ließe sich noch lange fortsetzen. Auch gibt es weitere Motive, die in diesen Zusammenhang gehören, auf die hier aber nicht näher eingegangen werden kann: Geister und Gespenster zum Beispiel sind in den ersten Jahrzehnten des 19. Jahrhunderts geradezu ein Muß bei den Requisiten der breiteren Dramenproduktion; kaum ein Stück kommt ohne übernatürliche Erscheinungen aus. Bemerkenswert ist auch die Vorliebe für unheimliche Schauplätze wie einsame Försterhäuser, abgelegene Mühlen, Turmverließe oder vom bleichen Mond beschienene Waldlichtungen u. v. m.[48]

Das für die Zeit repräsentative Corveyer Dramencorpus (allein das Alt-Wiener Volkstheater und die romantischen Märchen- und Mythendramen sind nicht ver-

---

[46] August Wenzel Griesel: Monaldeschi. Historisches Trauerspiel in fünf Aufzügen, Prag (Tempsky) 1821.
[47] Karl Immermann: Edwin, in: Trauerspiele (2), Hamm (Schultz u. Wundermann) 1822.
[48] Als bekannte Beispiele, die sich auch in Corvey finden, seien hier das Försterhaus in Adolph Müllners Erfolgsstück „Der neunundzwanzigste Februar" (Leipzig 1812) und das einsame Alpenwirtshaus in Zacharias Werners Schicksalsdrama „Der vierundzwanzigste Februar" (Leipzig und Altenburg 1815) genannt.

treten) bietet wegen der Vielzahl der unbekannten Autoren und Stücke besonders der literarischen Forschung einen reichen Fundus für detailliertere Untersuchungen zu verschiedenen Themenkomplexen. Neben den angesprochenen stoff- und motivgeschichtlichen Bezügen wären auch die Versuche der Psychologisierung der Personen[49] oder die vereinzelten sozialkritischen Ansätze[50] in den Dramen einer näheren Betrachtung wert. Angesichts des Topos, daß die ersten Jahrzehnte des 19. Jahrhunderts – von Ausnahmen natürlich abgesehen – nicht gerade als Blütezeit des deutschen Dramas gelten, taucht die Frage auf, ob sich nicht in dieser Zeit unter der zensurbedingt weitgehend glatten Oberfläche – subtil an wenig innovativen Theaterleitern und am Geschmack des breiten Publikums vorbeiformuliert – auch eine Art Grundwelle des Experimentierens mit Themen und Ausdrucksmitteln ausbildete, in deren Sog sich die nachfolgende Dramenliteratur erst entfalten konnte.

Über genuin literarische Aspekte hinaus könnten solche Studien aber auch zur weiteren Klärung des unterschwelligen Lebensgefühls der Menschen – inklusive der Theaterdichter – zwischen der Ära Napoleons und der Pariser Julirevolution beitragen. Im Hinblick auf die Metternichsche Zensur ist zum Beispiel zu fragen, ob sich in dem ein oder anderen Drama nicht – in verschlüsselter Form – weitaus mehr politischer und sozialkritischer Zündstoff verbirgt, als heute auf Anhieb zu vermuten ist.[51]

Erstaunlich ist und bleibt schließlich die üppige Produktion gewalttätiger und grausamer Szenen und Figuren und auch die große Nachfrage des damaligen Pu-

---

[49] Oskar Ludwig Bernhard Wolffs Drama „Johann Friedrich der Sechste, Herzog von Sachsen-Weimar. Historische Novelle in dramatischer Form", Leipzig (Hartmann) 1831, ist über weite Strecken eine eindringliche Darstellung der Depression des Herzogs und seiner Suche nach Halt und Wahrheit.

[50] Etwa in Julius von Voß gar nicht heiterem Stück „Die Bettelherberge. Lustspiel nach dem Spanischen", [in: Neue Dramatische Schwänke (3), Berlin (Schüppel) 1817, S. 155–178], oder in seiner Tragikomödie „Die Liebe im Zuchthause", [in: Lustspiele. Bd. I (4), Berlin (Schmidt) 1807, S. 1–60], die er in der Vorrede „eine sittenforschende Phantasie" nennt (S. VI).

[51] Horst Denkler: Restauration und Revolution. Politische Tendenzen im deutschen Drama zwischen Wiener Kongress und Märzrevolution, München 1973, führt einige der in diesem Beitrag genannten Autoren auf (Restaurationsdramatiker wie Auffenberg, Holtei oder Caroline Pichler, fortschrittlichere Geister wie Maltitz oder Immermann usw.). Auch hier könnte das Corveyer Corpus bisher nicht Bekanntes oder Beachtetes zu Tage fördern: Zu denken wäre etwa an Theodor von Haupts Melodram „Ali-Pacha", [in: Schauspiele. Zwei Bde., Mainz (Kupferberg) 1825], das den griechischen Freiheitskampf thematisiert. Oder Heines „William Ratcliff", das „in der neuesten Zeit, im nördlichen Schottland" (unter der Personenliste) spielt und explizit sozialkritische Züge trägt. Ein weiteres Beispiel ist Karl Immermanns Trilogie „Alexis", die 1832 bei Schaub in Düsseldorf erschien, nachdem sie aus politischen Gründen von Campe und Cotta abgelehnt worden war. Ebenso gab es Schwierigkeiten bei der Aufführung: Die Bühnen in Berlin, Dresden, Frankfurt und Hamburg wollten die Stücke nicht geben. So inszenierte Immermann 1835 die Dramentrilogie selbst auf der von ihm geleiteten Düsseldorfer ‚Musterbühne'.

blikums nach solcherlei Unterhaltung. Man muß sich all diese durchbohrten, erschlagenen oder vergifteten, röchelnden, sich windenden und sich sterbend in ihrem Blut noch einmal aufrichtenden oder gleich entseelt zu Boden sinkenden Gestalten einmal bildlich vorstellen! Das Trauerspiel „König Albrecht der Erste"[52] des Schweizer Lehrers Karl Kopp (1793–1866) ist vermutlich nicht aufgeführt worden. Ob der Grund dafür allerdings nur in der folgenden Szene zu suchen ist, ist angesichts der vielen vergleichbaren Geschehnisse in anderen Dramen zu bezweifeln: Albrecht wird am Ende des Stücks von drei Meuchelmördern regelrecht dahingemetzelt. Zuerst Johann: „Er rennt den gesenkten Speer dem König in die Gurgel." Albrecht ist bereits tödlich verwundet. Dann Balm: „Er durchsticht den König." Eschenbach schließlich „spaltet dem König das Haupt", worauf Albrecht „ohnmächtig in sein Blut herabsinkt" und kurz darauf stirbt.

Im Hinblick auf die eingangs gestellte Frage nach den Gründen für die bisweilen ausufernde Grausamkeit in den Trauerspielen dieser Zeit bleibt festzuhalten: Die genannten Motive sind so alt wie die Menschheit. Daß sie nun so häufig auf der Bühne oder im Druck erscheinen, hat wohl wenig mit einer Verrohung der Menschen in den ersten Jahrzehnten des 19. Jahrhunderts zu tun. Unter rezeptionsgeschichtlichen und unter psychologischen Gesichtspunkten könnte man dennoch nach dem Nutzen der Gewaltdarstellung für das zeitgenössische Publikum fragen. Die kathartische Wirkung grausamer Szenen ist seit der Antike bekannt, und so erfüllen wohl auch die entsprechenden Dramen in dieser Zeit ihre Aufgabe, die Kompensations- und Identifikationsbedürfnisse der im Antagonismus zwischen Lichtgestalt und Dämon treibenden Menschen zu befriedigen. Im Laufe der fast zweihundert vergangenen Jahre hat sich am Interesse des breiteren Publikums für Gewalt und Grausamkeit kaum etwas geändert. Die Medien haben sich zwar gewandelt, aber man muß nicht das Extrembeispiel der Horrorfilme oder -videospiele heranziehen – ein Blick auf die Massenmedien, die uns tagtäglich „den ganz normalen Wahnsinn" vor Augen führen, zeigt: Der Reiz, der vom Phänomen der Gewalt in all ihren Formen ausgeht, ist ebenso groß wie damals. Man geht zwar nicht mehr zu Hinrichtungen, dem häufigen „Jahrmarktsvergnügen"[53] des Volkes bis in die frühe Neuzeit (noch 1837 wohnten 30 000 Zuschauer der Enthauptung der Giftmischerin Gesche Gottfried in Bremen bei), doch das mag wohl eher daran liegen, daß es bei uns keine mehr gibt.

---

[52] Karl Kopp: König Albrecht der Erste. Trauerspiel in fünf Aufzügen, Bern (Jenni) 1824. – Die zitierte Szene findet sich auf S. 152–154.
[53] Huizinga [Anm. 2], S. 25.

DIE LONDONER SCHILLERFEIER 1859

von Hermann Rösch, Bonn

Abstract

Mit den Feiern zu Schillers 100. Geburtstag erreicht dessen Popularität 1859 einen Höhepunkt. Im Ausland nutzen die politischen Emigranten die Schillerfeiern, um für nationale Einheit und Republik, die Ideale der Revolution zu werben. In London, der Zufluchtsstätte prominenter Flüchtlinge wie Karl Marx, Ferdinand Freiligrath und Gottfried Kinkel, kommt es zu einer beeindruckenden Veranstaltung mit mehr als 20.000 Besuchern. Die politischen Bezüge stehen dabei gegenüber den literarischen deutlich im Vordergrund.

Schiller's popularity reached a high point with the celebrations of his 100th birthday in 1859. Abroad, political emigrés used the Schiller celebrations to seek support for national unity and a republic, the ideals of the Revolution. In London, where many prominent refugees like Karl Marx, Ferdinand Freiligrath and Gottfried Kinkel found refuge, an imposing event took place, attended by more than 20,000 people. At this, the political references clearly took precedence over the literary ones.

Verehrung und Bewunderung Friedrich Schillers erreichten im Gedenkjahr 1859 einen kaum zu überbietenden Höhepunkt. Die Feiern zum 100. Geburtstag des Dichters bezeugen dessen beinahe grenzenlose Popularität; doch gründete dieser Ruhm wesentlich auf einem Zerrbild, dem meist in falschem Pathos und unverhohlener Trivialität gehuldigt wurde.[1]

Schon im Vormärz hatte sich im aufstrebenden Bürgertum ein Schillerbild verfestigt, dessen Konturen weit mehr den politischen Idealen des Bürgertums geschuldet waren denn dem Leben und Schaffen des Klassikers. Schillerfeste und Schillervereine – so vor allem in Stuttgart, Leipzig und Breslau – hoben besonders Schillers Kampf für Wahrheit, Recht und Freiheit hervor. Robert Blum, in den vierziger Jahren Mentor des Leipziger Schillervereines, feierte den Dichter gar als Lehrer und Propheten künftiger Geschlechter.[2] Heroisierung und Mythisierung erfolgten nach bewährtem Muster in kollektiver Projektion. An die Stelle differenzierter und vielschichtiger Betrachtung, die auch Widersprüche, Fehler und Kritik zuläßt, trat ein stilisiertes Konstrukt, das aller mißliebigen und störenden Anteile entledigt worden war. Im deutschen Bürgertum entstand derart ein politisches und weitgehend unliterarisches Schillerbild, das einer Projektion der eige-

---

[1] Vgl. dazu: Schiller – Zeitgenosse aller Epochen. Dokumente zur Wirkungsgeschichte Schillers in Deutschland. Teil 1, hg., eingeleitet und kommentiert von Norbert Oellers, Frankfurt/M. 1970, S. 52.
[2] Vgl. ebd., S. 43.

nen politischen Ziele und Hoffnungen ausreichend Raum bot. Der Forderung nach nationaler Einheit und bürgerlicher Freiheit erwuchs durch die Berufung auf Schiller zusätzliche Autorität und Legitimität. Die den Dichtern und insbesondere Schiller zugesprochenen prophetischen Gaben hoben die Hoffnungen und Sehnsüchte zudem in den Rang von Gewißheiten. Schiller wurde damit zum Kronzeugen in der eschatologischen und deterministischen Ideologie des demokratischen Bürgertums.

Nach dem Scheitern der Revolution 1848/49 waren die oppositionellen Kräfte unter dem Druck der wiedererstarkten feudalen Restauration zum Schweigen verurteilt. Schon 1855 mehrten sich die Berichte der Polizeispitzel über wachsende Unruhe und Umtriebe im Volk.[3] Bei den Feiern zu Schillers 50. Todestag im Mai 1855 lebte auch der seit der Revolution unterbrochene Schillerkultus des liberalen Bürgertums wieder auf, allzu deutliche politische Akzentuierungen mußten jedoch unterbleiben.[4] Weitere vier Jahre verstrichen, ehe die auf die mißlungene Revolution folgende Phase „finsterer, grollender, fast hoffnungsloser Stille"[5] tatsächlich beendet war und die Opposition auch in der Öffentlichkeit den Ruf nach nationaler Einheit und demokratischer Erneuerung zu erheben wagte. Ein erstes Signal ging im Oktober 1858 von der Ablösung des nervenkranken preußischen Königs Friedrich Wilhelm IV. aus. Mit der Einsetzung seines Bruders Wilhelm als Prinzregenten, der das konservative Ministerium Manteuffel durch ein etwas liberaleres Kabinett ersetzte, verband sich die Hoffnung auf den Beginn einer „Neuen Ära". Der oberitalienische Krieg 1859, in dem sich hauptsächlich französische und österreichische Truppen gegenüberstanden, schuf die Voraussetzungen für die Einheit Italiens und führte zu einer spürbaren Belebung der deutschen Einheitsbewegung. Im September 1859 konnten Liberale und Demokraten den „Deutschen Nationalverein" gründen und sich damit erstmals seit 1849 wieder legal organisieren. Kurz darauf entlud sich die aufgestaute Frustration der bislang gedemütigten bürgerlichen Opposition in einer beispiellosen Demonstration. Die Schiller-Zentenarfeiern am und um den 10. November 1859 gerieten zum nationalen Spektakel: Schiller, zur Galionsfigur der Einheitsbewegung erhoben, bot Anlaß und Vorwand, den Ruf nach nationaler Einheit nunmehr vieltausendstimmig in der Öffentlichkeit erklingen zu lassen.[6] In über 500 Orten (darunter 450 deutschen und über 60 ausländischen Städten) wurden zu Schillers 100. Geburtstag Festvorträge, Konzerte, Rezitationen, Aufführungen, Denkmalsenthül-

---

3 Vgl. Karl Obermann: Die deutsche Einheitsbewegung und die Schillerfeiern 1859, in: Zeitschrift für Geschichtswissenschaft 3, 1955, 3, S. 705 f.

4 Vgl. Rainer Noltenius: Dichterfeiern in Deutschland. Rezeptionsgeschichte als Sozialgeschichte am Beispiel der Schiller- und Freiligrathfeiern, München 1984, S. 75 f.

5 Julian Schmidt: Friedrich von Schiller, in: Illustrirte Zeitung, Leipzig, Nr. 854, 12. November 1859, S. 323.

6 Vgl. Schiller – Zeitgenosse [Anm. 1], S. 51.

lungen, Umzüge, Illuminationen und Festessen veranstaltet.[7] Bei den Schillerfeiern des Jahres 1859 handelt es sich damit um „das größte Fest, das in Deutschland jemals zu Ehren eines Dichters gefeiert wurde"[8], und gleichzeitig um die gewaltigste politische Demonstration im Deutschland des 19. Jahrhunderts.[9]

Die wahre Funktion der Schillerfeiern wurde von den Zeitgenossen offen ausgesprochen; daß Schiller zum Mythos geworden war, in dem das Volk sein eigenes „Leiden und Trachten" besang, wurde von Julian Schmidt nicht bestritten; er bekräftigte im Gegenteil die Berechtigung, „gerade Schiller zum Träger [der] nationalen Begeisterung zu machen" und wertete die Schillerfeiern als Beleg dafür, „daß diese Einheit kein bloßer Traum ist".[10] Die Agentenberichte der preußischen Polizei vermeldeten aufgeregt, die republikanische Partei habe es bei dieser Veranstaltung allein auf „Haranguirung der Massen" abgesehen, aus allen Winkeln würden die schwarz-rot-goldenen Farben hervorgesucht.[11] In der Kreuzzeitung gar, dem regierungsnahen Organ der orthodoxen Konservativen, wurden die Schillerfeiern „als eine Parthei-Demonstration des Liberalismus"[12] gebrandmarkt. Die Obrigkeit sah sich schließlich genötigt, alle öffentlichen Umzüge zu Ehren Schillers in Berlin zu verbieten.

Tatsächlich fanden sich unter den Initiatoren und Mitwirkenden der Schillerfeiern zahlreiche Protagonisten der 48er Revolution wie Johann Jacoby (Königsberg), Gustav Pfizer (Stuttgart) oder Jacob Grimm (Berlin). Viele der „rothen Republikaner", die sich der Haft nur durch Emigration hatten entziehen können und noch immer steckbrieflich gesucht wurden, beteiligten sich im Exil an Schillerfeiern; zu nennen sind stellvertretend Georg Herwegh (Zürich), Alfred Meißner (Manchester) und Ludwig Pfau (Paris).[13] Gerade den größeren deutschen Kolo-

---

[7] Vgl. Gerhard Schmid: Die Gedenkjahre 1859 und 1905 als Brennpunkte bürgerlicher Schiller-Verehrung in Deutschland, in: Impulse 9, 1986, S. 91 f.; Schillerfeier 1859. Verzeichniß der zum hundertjährigen Geburtstage Schillers seiner Tochter eingesandten Festgaben, Stuttgart 1863; Wilhelm Raabe: Der Dräumling. Mit Dokumenten zum Schillerfest 1859, hg. von Anneliese Klingenberg, Berlin, Weimar 1984, S. 276. Die Zahlen sind vermutlich weit höher anzusetzen. So berichtet der Herausgeber der zweibändigen Anthologie „Schiller-Denkmal", nach seiner öffentlich vorgetragenen Bitte um Zusendung aller literarischen Festgaben zur Schiller-Säkularfeier, seien ihm 1643 verschiedene Beiträge zugegangen, von denen nur 350 Aufnahme finden konnten. Vgl. Schiller-Denkmal. 2. Bd., Berlin 1860, S. 785 f.

[8] Rainer Noltenius: Schiller als Führer und Heiland, in: Öffentliche Festkultur. Politische Feste in Deutschland von der Aufklärung bis zum Ersten Weltkrieg, hg. von Dieter Düding u. a., Reinbek 1988, S. 239.

[9] Vgl. Schiller – Zeitgenosse [Anm. 1], S. 51.

[10] Schmidt [Anm. 5], S. 323 und 324.

[11] Vgl. Obermann [Anm. 3], S. 716.

[12] Zur Schillerfeier, in: Neue Preußische Zeitung, Nr. 263, 10. November 1859.

[13] Vgl. Schiller-Denkmal. 2 Bde, Berlin 1860.

nien im Ausland bot die Schillerfeier willkommene Gelegenheit, sowohl die Verbundenheit mit der Heimat als auch mit der liberalen Opposition durch Beteiligung an dem „nationalen Einheitsfest" zu bekräftigen.[14] So war z. B. Ferdinand Freiligrath von der deutschen Gemeinde in Philadelphia gebeten worden, eine Kantate für die Schillerfeiern der Deutschen in Amerika zu verfassen. Das Lied wurde schließlich an sämtliche deutschen Gesangvereine in den USA verschickt und zur selben Stunde von jedem dieser Vereine in Nordamerika gesungen.[15]

Eine der größten Schillerfeiern im Ausland fand in London statt. Dies mag wenig überraschen, da London neben Paris zu den Orten gehörte, an denen sich im 19. Jahrhundert wohl die meisten deutschen Auswanderer und politischen Emigranten niedergelassen hatten.[16] Um so verwunderlicher ist jedoch, daß die Londoner Schillerfeier in Arbeiten zur Schillerrezeption und zu den Schillerfeiern unberücksichtigt blieb oder allenfalls am Rande erwähnt wurde.[17]

Mehr Aufmerksamkeit wurde ihr im Rahmen der Marxforschung gewidmet. Marx, der seit 1849 in London lebte und dem Schiller ohnehin wenig galt, lehnte die Schillerfeier strikt ab und verfolgte die organisatorischen Vorbereitungen mit Argwohn. In seiner Korrespondenz ist er mehrfach ausführlich darauf eingegangen. Der Marxforschung ist zu verdanken, daß diese und weitere Quellen zum Kontext mit Erläuterungen versehen vorliegen.[18] Die dazu gehörenden Einführungen und darauf fußenden Abhandlungen vermögen wissenschaftlichen Ansprüchen allerdings nur begrenzt gerecht zu werden. In der Regel werden Marxsche Bewertungen der zeitgenössischen Vorgänge lediglich kolportiert und nicht im mindesten kritisch überprüft. Dieses bloß exegetische Verfahren läßt sich bis in die jüngere Vergangenheit feststellen, und zwar selbst bei Bear-

---

[14] Dafür fand die „Gartenlaube" lobende Worte: „Durch sie [die Flüchtlinge im Ausland, d. V.] und die Würde ihrer Feier, durch die Wahrheit ihrer Begeisterung und die Herzinnigkeit ihrer Vaterlandsliebe hat Deutschland in wenigen Tagen und ohne Schwertstreich Eroberungen gemacht, die segenbringender für das Ansehen der Nation wirken werden, als alle bluttriefenden der Vorzeit." Zur Schillerfeier, in: Die Gartenlaube, Nr. 49, 1859, S. 724.

[15] Vgl. Ferdinand Freiligrath an Theodor Eichmann. London, 21. September 1859, in: Wilhelm Buchner: Ferdinand Freiligrath. Ein Dichterleben in Briefen. 2. Bd., Lahr 1882, S. 324 und vgl. Ferdinand Freiligrath: Zur Schillerfeier. 2. Festlied der Deutschen in Amerika, in: ders.: Sämtliche Werke, hg. von Rudolf von Gottschall. 1. Bd., Hamburg 1910, S. 304–306.

[16] Die Zahl der Deutschen in London wird in der zeitgenössischen Presse auf bis zu 150.000 geschätzt, realistischer dürfte jedoch für die 50er Jahre des 19. Jahrhunderts von 30–40.000 auszugehen sein. Vgl. dazu Christine Lattek: German Socialism in British Exile 1840–1859. Diss. Cambridge 1990, S. XVI f.

[17] Am ausführlichsten in der Dissertation von Rainer Noltenius [Anm. 4] mit immerhin zwei Fußnoten auf S. 177 und 179.

[18] Vgl. Karl Marx und Friedrich Engels: Werke. Bd. 29, Berlin 1973. Der diesen Zeitraum umfassende Band der anspruchsvolleren Marx-Engels-Gesamtausgabe (MEGA) liegt noch nicht vor.

beitern, die als Politiker oder Wissenschaftler auch heute noch über hohes Renommee verfügen.[19]

Zwar waren die Schillerfeiern in Deutschland nicht von einer zentralen Stelle aus geplant und organisiert worden, sondern lokalen Initiativen zu verdanken, doch spielte die Deutsche Schillerstiftung die Rolle des Katalysators. 16 Zweigstiftungen vereinigten sich am 10. Oktober 1859 in Dresden zur „Deutschen Schillerstiftung" mit dem Ziel, bedürftige Schriftsteller materiell zu unterstützten. Vom selben Tag datiert der Aufruf „Zu Schiller's Jubelfeier", in dem die Deutschen des In- und Auslandes aufgefordert wurden, des Dichters 100. Geburtstag gebührend zu feiern und die Erlöse der Veranstaltungen der Schillerstiftung zu spenden.[20]

In London waren erste Vorbereitungen für eine Schillerfeier bereits im August 1859 getroffen worden. Initiator war der umtriebige Journalist Heinrich Beta, d. i. Bettziech. Beta (1813–1876) hatte schon in jungen Jahren in Arnold Ruges und Theodor Echtermeyers „Halleschen Jahrbüchern für Kunst und Wissenschaft" publizieren können. In Berlin arbeitete er ab 1838 als Redakteur und Literaturkritiker für den „Gesellschafter" und die „Stafette". Während der Revolution gab er den „Krakehler" heraus und floh 1850 nach der Veröffentlichung einer Broschüre mit dem Titel „Die rothe Fahne wird über ganz Europa wehen!" nach London. Von dort lieferte er regelmäßig Beiträge für die „Gartenlaube", die Leipziger „Illustrirte Zeitung" und das „Magazin für die Literatur des Auslandes".[21] Edgar Bauer, der im Solde des dänischen Geheimdienstes stand, wußte seinen Hintermännern zu berichten, daß Beta in den Jahren 1857–1858 „während des hiesigen Aufenthaltes des Preußischen Agenten Fontane [. . .] dessen literarischer Handlanger [war]".[22] Theodor Fontane hatte Beta in Kontakt mit der konservativen Berliner „Zeit" gebracht, wo dessen Artikel jedoch als „wenig brauchbares demokratisches Gewäsch" abgetan wurden.[23] Bis zur Revolution hatte sich der Junghe-

---

[19] Vgl. Franz Mehring: Freiligrath und Marx in ihrem Briefwechsel, in: Neue Zeit. Ergänzungsheft Nr. 12, 12. April 1912; Der Briefwechsel zwischen Friedrich Engels und Karl Marx, hg. von August Bebel und Eduard Bernstein. 4 Bde, Stuttgart 1913; Freiligraths Briefwechsel mit Marx und Engels. Bearbeitet von Manfred Häckel. 2 Bde., Berlin 1968.

[20] Vgl. dazu Susanne Schwalbach-Albrecht: Zur Gründung der Deutschen Schillerstiftung, in: Börsenblatt für den Deutschen Buchhandel, Nr. 100, 15. Dezember 1995, S. B129–B143 (Beilage Buchhandelsgeschichte 1995, 4).

[21] Vgl. Ludwig Fränkel: Heinrich Beta, in: Allgemeine Deutsche Biographie. 46. Bd., Leipzig 1902, S. 486–493; und Ernst Keil: Heinrich Beta, in: Die Gartenlaube, Nr. 17, 1876, S. 294.

[22] Edgar Bauer an Cosmus Bræstrup. London, 20. Oktober 1859, in: Edgar Bauer: Konfidentenberichte über die europäische Emigration in London, hg. von Erik Gamby, Trier 1989, S. 529.

[23] Vgl. Theodor Fontane: Tagebücher 1852, 1855–1858, hg. von Charlotte Jolles unter Mitarbeit von Rudolf Muhs, Berlin 1994, S. 518. Fontane charakterisiert Beta in den Erinnerungen „Von Zwanzig bis Dreissig", in: Theodor Fontane: Sämtliche Werke. Aufsätze, Kritiken, Erinnerungen, hg. von Walter Keitel. 4. Bd., Darmstadt 1973, S. 212–214.

gelianer Beta zum linksradikalen Demokraten entwickelt und war im Laufe der fünfziger Jahre wieder zu moderateren bürgerlich-republikanischen Auffassungen zurückgekehrt. Marx und dem kleinen Kreis seiner Anhänger war er von Beginn an mit schroffer Ablehnung gegenübergetreten. Beta ließ keine Gelegenheit aus, den „Chef der Schwefelbande" wegen seiner Rigidität und seines zweifelhaften Charakters in der Presse zu schelten.[24]

1859 verfügte Beta bis auf die eine Ausnahme über glänzende Verbindungen zu den verschiedenen politischen Zirkeln und kulturellen Organisationen der Deutschen in London. Sein Bestreben war es, die vielfach untereinander zerstrittenen Vereinigungen, deren Spektrum vom „Bund Deutscher Männer" über den „Gesangverein Harmonie" bis zu dem mit Marx allerdings ebenfalls meist verfeindeten „Communistischen Arbeiterbildungsverein" reichte, zusammenzuführen. Als Integrations- und Leitfigur hatte er in Gottfried Kinkel die Person gewonnen, die in allen Schichten höchstes Ansehen genoß. Der vormalige Bonner Professor für Kunstgeschichte und Verfasser von Gedichten und Erzählungen minderer Qualität verdankte seine Popularität dem romanhaften Schicksal, das ihn während der Revolution ereilte. Der glühende Demokrat und Sozialist, der 1849 als Freischärler auf seiten der revolutionären Truppen in Baden gekämpft hatte, war in preußische Gefangenschaft geraten und zu lebenslänglicher Haft verurteilt worden. Carl Schurz gelang es schließlich, seinen Lehrer und politischen Mentor in einer aufsehenerregenden Aktion aus dem Spandauer Zuchthaus zu befreien und in das Londoner Exil zu geleiten. Kinkel hatte sich mit Marx überworfen, nachdem dieser ihm blinden Aktionismus und Renegatentum vorgeworfen hatte. Nach einigen Jahren politischer Abstinenz war Kinkel Anfang 1859 auf die politische Bühne zurückgekehrt und hatte in London ein deutsches Wochenblatt namens „Hermann" gegründet.

Heinrich Beta hatte erstmals im Juli 1859 für eine Schillerfeier der Londoner Deutschen geworben und nach einigen vorbereitenden Treffen ein provisorisches „Fest-Comité" ins Leben gerufen, dem außer ihm selbst der Verleger Nikolaus Trübner, der Journalist Ernst Juch, der Kaufmann David Born[25], der Industrielle und Bankier Isidor Gerstenberg[26], der Druckereibesitzer Rudolph Hirschfeld, der Verleger Albert Petsch, der Publizist Edgar Bauer und Gottfried Kinkel angehörten. Ferdinand Freiligrath, der zu dieser Zeit seinen Lebensunterhalt als Angestellter der Banque Générale de Suisse in London verdiente, hatte ebenfalls mit-

---

[24] Vgl. Heinrich Beta: Ferdinand Freiligrath, in: Die Gartenlaube, Nr. 43, 1859, S. 620: „Seitdem ihn Karl Marx angehaucht, sang Freiligrath nicht oft mehr."

[25] Dabei handelt es sich um den Bruder von Stephan Born, der 1848 die „Arbeiterverbrüderung" gegründet hatte.

[26] Gerstenberg, der es durch geschickte Geschäfte zu dem unvorstellbaren Vermögen von 1 Million £ gebracht hatte, stammte aus Breslau und war enger Jugendfreund Ferdinand Lassalles. Vgl. Ferdinand Lassalle: Tagebuch, hg. von Paul Lindau, Breslau 1891, S. 33–37.

wirken wollen, jedoch aus beruflichen Gründen absagen müssen.[27] Um insbesondere Kinkel für seine Pläne zu gewinnen, inszenierte Beta eigens ein kleines „Kinkelfest". Während der Beratungen des Schillerkomitees am 8. August wurde dem überraschten Kinkel von mehreren hundert Sängern aus vier deutschen Vereinen ein Geburtstagskonzert dargebracht. In lancierten Presseberichten wertete Beta dieses Ereignis als ersten Schritt zur Verbrüderung der Londoner Deutschen „nach langer Isolirtheit, oft bitterem Hader", dem als Anlaß zum Schulterschluß die Schillerfeier folgen werde.[28] Besonders stolz war Beta auf die Beteiligung des Communistischen Arbeiterbildungsvereines, den er damit dem Marxschen Einfluß endgültig entzogen glaubte.

In den folgenden Wochen schlug die Stimmung jedoch um, die geplante Schillerfeier drohte zu scheitern. Insbesondere Kinkel und Freiligrath befürchteten nunmehr, daß die „zersplitterten oder englisirten Deutschen in London" einer solchen Veranstaltung zu geringes Interesse entgegenbrächten und bezweifelten die Erfolgsaussichten des gesamten Projektes.[29]

Obwohl zwischenzeitlich ganz auf sich allein gestellt, ließ sich Beta nicht entmutigen und wandte sich an David Ogilvy, den Direktor des Kristallpalastes.[30] Er konnte dabei alte Kontakte wiederbeleben, denn 1851 hatte er die Ausstellungszeitung herausgegeben und 1856 den Band „Der Krystallpalast von Sydenham" publiziert. Nachdem er Ogilvy die Mindestabnahme von 5000 Eintrittskarten auf eigenes Risiko garantiert hatte, erhielt er den Zuschlag für diesen Veranstaltungsort und lud in einem nur von ihm selbst unterzeichneten Aufruf zur erneuten Bildung eines Schillerkomitees ein. Von „200 deutschen Ehrenmännern aller Stände", an die der Aufruf ergangen war, fanden sich 56 zur konstituierenden Sitzung am 11. Oktober, also nurmehr einen Monat vor der zu planenden Feier in Seyd's Hotel am Finsbury Square ein. Die Versammlung wählte ein „Executiv-Committee", das personell fast identisch war mit dem bereits im Sommer gebildeten Festkomitee. Auch Freiligrath und Kinkel waren erschienen, hatten sich jedoch nicht in das Komitee wählen lassen. Wenigstens bei Letzterem hatte es einer nach-

---

[27] Vgl. Chronik unseres Schillerfestes, in: Hermann, Nr. 46, 19. November 1859, S. 362.

[28] Vgl. [Heinrich Beta:] Das deutsche Einheitsfest in London, in: Die Gartenlaube, Nr. 35, 1859, S. 503–504 und vgl. „Vermischte Nachrichten" und „Eingesandt", in: Hermann, No. 32, 13. August 1859, S. 254–255.

[29] Vgl. Heinrich Beta: Erinnerungen an Freiligrath in London, in: Die Gartenlaube, Nr. 15, 1976, S. 251 und Ottomar Beta: Vor fünfzig Jahren, in: Tägliche Rundschau, Berlin, Nr. 187, 1912, S. 746–747.

[30] Der Kristallpalast, eines der ersten Gebäude in reiner Eisen- und Glasarchitektur und seiner Größe wegen als architektonisches Wunder bestaunt, war 1851 anläßlich der Weltausstellung im Hyde Park errichtet worden und 1854 nach Sydenham im Londoner Süden versetzt worden. Vgl. dazu auch Marion Wagner: Vom Ewigen zum Flüchtigen. Die erste Londoner Weltaustellung als Wahrnehmungsproblem, in: Nachmärz, Opladen 1996, S. 209–229.

drücklichen Aufforderung Betas bedurft, der Versammlung beizuwohnen.[31] Kinkel hatte zwar schon zuvor zugesagt, die Festrede halten zu wollen, doch an seiner Skepsis keinen Zweifel gelassen, wie sich aus Betas Brief vom 10. 10. und dem vorherigen artigen Dankesschreiben vom 6. 10. 1859 schließen läßt:

> Freudigen Dank für Ihre Bereitwilligkeit, sich dem Schillerfeste nicht entziehen zu wollen, auch wenn es nicht übermäßig imposant ausfallen sollte. Aber ohne Ihnen etwas Angenehmes sagen zu wollen, scheint es mir in der Natur der Sache zu liegen, daß eine Rede von Ihnen allein Bürgschaft genug für eine würdige und wirksame Feierlichkeit bietet, wenn auch Alles andere durchfallen sollte.[32]

Der 11. Oktober bildete den Auftakt für die in den nächsten vier Wochen folgenden mehr als 20 Komitee- und Exekutivkomiteesitzungen, die nicht selten einen stürmischen Verlauf nahmen. Anlaß für heftige Kontroversen boten nicht nur die konkrete Planung des Programmablaufs, sondern auch Fragen, an denen sich erwies, wie schwierig es war, einen gemeinsamen Nenner für konstitutionelle, republikanische und sozialistische Komiteemitglieder zu finden. So empörte sich z. B. Karl Blind[33], der badische Revolutionär und Vertraute Ferdinand Freiligraths, in einem Brief an Kinkel über das schließlich abgewehrte Ansinnen einiger Komiteemitglieder, dem Prinzgemahl Albert das Patronat der Schillerfeier anzutragen.[34] Erregte Debatten entzündeten sich an der Verpflichtung des polnischen Geigers Henryk Wieniawski, der erklärt hatte, er sei bereit, sich für 25 Guineas engagieren zu lassen, das Schillerfest sei ihm ansonsten aber gleichgültig.[35] Nationalistische Heißsporne knüpften daran die Forderung, ausschließlich deutsche Künstler auftreten zu lassen, doch blieben auch sie in der Minderheit. Freiligrath wiederum befürchtete, durch den Übereifer des Komitees könne die Feier der Lächerlichkeit preisgegeben werden. Er mokierte sich darüber, „daß die Büste

---

[31] „Wenn Sie es irgend möglich machen können, entziehen Sie sich morgen [. . .] der eingeladenen Versammlung zur Bildung eines Schiller-Comitees nicht. Mit Ihnen allein gelingt das Fest. [. . .] Betrachten Sie Ihre Anwesenheit als eine heilige Ehrenpflicht. Es ist eine. Lassen Sie uns nicht im Stiche. Ich habe mich bisher bemüht mit Zeit, Arbeit, Geld und Plackereien immer in Zuversicht auf edele Männer, unter denen tatsächlich die erste sind, mögen Sie es abläugnen oder nicht." Heinrich Beta an Gottfried Kinkel. London, 10. 10. 1859. Unpubliziert, ULB Bonn S 2660.

[32] Heinrich Beta an Gottfried Kinkel. London, 6. 10. 1859. Unpubliziert, ULB Bonn S 2660.

[33] Blind (1826–1907) hatte 1848 am Freischarenzug Friedrich Heckers und wenig später an der Erhebung Gustav Struves in Baden teilgenommen. Im Londoner Exil betätigte er sich als Schriftsteller und Journalist. Vgl. Friedrich Althaus: Beiträge zur Geschichte der deutschen Colonie in England, in: Unsere Zeit 9, 1873, 2, S. 241 f.

[34] Vgl. Karl Blind an Gottfried Kinkel. London, [21.] 10. 1859. Unpubliziert, ULB Bonn S 2660.

[35] Vgl. Chronik unseres Schillerfestes [Anm. 27], S. 362 f. Vgl. Boris Schwarz: Henryk Wieniawski, in: Die Musik in Geschichte und Gegenwart. Bd. 14, Kassel u. a. 1968, S. 627–631.

Schillers von den beim Feste anwesenden ‚geistig hochstehenden Männern‘ (Deutschen u. Engländern) bekränzt werden soll[e]" und schalt dieses Vorhaben „aristokratisch" und „komödiantisch".[36] Besonders der Einwand, ohne eine Leiter werde man kaum an die Spitze der Kolossalbüste heranreichen, bewirkte, daß der Plan geändert wurde. Weitere Vorschläge, die geeignet waren, Freiligraths Befürchtungen zu nähren, wurden ebenfalls abgelehnt. Ein Berichterstatter des Hermann, der offenbar zur unterlegenen Minorität gehörte, konnte nicht umhin, seiner Enttäuschung Ausdruck zu verleihen:

> Das Fest hätte viel prachtvoller, reicher an Symbolik und schau[r]iger Kunst werden können, wenn der costümirte Festzug [...], die zum Theil künstlerisch-schönen Pläne [...], die symbolische Bekränzung der enthüllten Büste etc. zur Ausführung gekommen, die heroischen Bemühungen Bruno Schurig's für Verherrlichung des Festes besser benutzt worden wären.[37]

Von einer Ausnahme abgesehen waren dies die wesentlichen Konflikte, die das Schillerkomitee beschäftigt hatten.[38] Freiligrath hatte die Komiteesitzungen nur sporadisch besucht und sich zumeist von Karl Blind vertreten lassen.[39] Auch Kinkel hatte das Komitee nur selten besucht, dabei allerdings auf Bitten des gewählten Präsidenten Isidor Gerstenberg zweimal die Versammlungsleitung übernommen.[40] In den bereits erwähnten Auseinandersetzungen des Schillerkomitees hatten Freiligrath und Kinkel zumeist zur siegreichen Mehrheit gehört. Die Arbeits-

---

[36] Vgl. Ferdinand Freiligrath an Gottfried Kinkel. London, 18. 10. 1859. Unpubliziert, SLB Dortmund S 8112.

[37] Das Schillerfest in London, in: Hermann, Nr. 45, 12. November 1859, S. 354. Betas Sohn Ottomar gab später folgende Darstellung der Vorgänge: „Zuerst stürmische Verhandlungen. Aber alle auf das eine Ziel los: Wir wollen was zustande bringen, und müßten wir uns gegenseitig alle Haare ausraufen. Der König der Blechbanden und Pusteriche, [...] Moritz Nabich trat sofort hervor mit dem Plane, ein Posaunenquartett auf Schiller zu arrangieren. [...] Die Trompeten von Jericho sollten erklingen. Andere wollten ihre Töchter den Chopinschen Trauermarsch (statt des noch nicht gekannten Beethovenschen) auf dem Klavier vortragen lassen. [...] Aber über all diesen trivialen Wust hinaus wuchs nun die Schiller-Idee mit der Sehnsucht nach dem freien und geeinten Vaterland." Ottomar Beta [Anm. 29], S. 746.

[38] Selbst bei der letzten Sitzung vor der Feier war es zu heftigen Auseinandersetzungen gekommen wie aus Kinkels Tagebuchnotiz vom 8. 11. 1859 hervorgeht: „Stürmische Sitzung des Schiller Comités". Gottfried Kinkel: Diarien. Unpubliziert, ULB Bonn S 2680 b.

[39] Schon die erste Sitzung am 11. Oktober hatte ihm mißfallen wie er Marx mitteilte: „Die erste vorberathende Versammlung [...] war [...] ledern u. langweilig genug. Ich habe mich schweigend dabei verhalten, obgleich sich gegen mancherlei Unsinn mit Fug hätte opponiren lassen." Ferdinand Freiligrath an Karl Marx. London, 14. Oktober 1859, in: Häckel [Anm. 19], Bd. 1, S. 118 f.

[40] Vgl. Isidor Gerstenberg an Gottfried Kinkel. London, 17. Oktober 1859. Unpubliziert, ULB Bonn S 2661: „Du leistest schon genug durch die Festrede, durch welche Du die Feier verherrlichen wirst, allein Dein Rath u. Deine Mitwirkung im Comité, wenn auch nur einmal pro Woche, wäre außerordentlich nützlich u. ermuthigend."

teilung zwischen beiden, die Freiligrath mit der Lieferung eines Festgedichts und Kinkel mit dem Festvortrag betraute, hatte Beta schon vor der ersten Sitzung des Komitees geklärt.[41] Nachdem er Kinkel am 6. 10. für die Bereitschaft gedankt hatte, die Festrede zu halten, teilte er ihm vier Tage später mit, Freiligrath werde ein Schillergedicht liefern, das Ernst Pauer vertone.[42]

Eine ernsthafte Kontroverse entbrannte um die Frage, zu welchem Zeitpunkt die Büste Schillers enthüllt werden sollte. Freiligrath, dessen Gedicht bereits am 16. 10. entstanden war, hatte dies so angelegt, daß die Enthüllung an einer bestimmten Stelle vorgenommen werden mußte.[43] Kinkel hingegen wollte diesen feierlichen Vorgang während seiner Festrede vollzogen wissen. Er unterlag jedoch bei der entscheidenden Abstimmung in der Sitzung vom 1. 11. und lehnte dann den Kompromißvorschlag ab, die Reihenfolge von Rede und Gedichtvortrag zu tauschen, damit die Rede nicht bei verhüllter Büste gehalten werden müsse.[44] Freiligrath hatte sich damit in allen Punkten durchgesetzt. Darüber kam es zu einer Verstimmung zwischen den Kontrahenten, die jedoch bald ausgeräumt werden konnte.[45]

Völlig anders schildert und bewertet Karl Marx die Ereignisse in seiner Korrespondenz mit Friedrich Engels. Marx hielt die Schillerehrung grundsätzlich für unnötig und betrachtete die Londoner Schillerfeier als Machenschaft „der lumpenproletarischen Halunkenbande, die sich um Gottfried Kinkel gruppiert hat"[46] und gegen ihn und seine Freunde verschworen haben sollte. Freiligrath, der 1849 zu den Mitarbeitern der „Neuen Rheinischen Zeitung" gehört hatte und in den ersten Jahren des Londoner Exils eng mit Marx und Engels im „Bund der Kommunisten" kooperiert hatte, pflegte zwar weiterhin persönlichen Umgang mit der

---

[41] Marx hingegen glaubte, Kinkel habe nicht verwinden können, daß Freiligrath ihm als Dichter vorgezogen worden sei und daher mit allerlei Intrigen im Komitee versucht, nachträglich zu seinem Recht zu kommen. Vgl. Marx' Briefe an Engels vom 3. und 19. November 1859, in: Karl Marx, Friedrich Engels: Werke. Bd. 29, Berlin 1973, S. 499–501 und 510–514.

[42] Vgl. Heinrich Beta an Gottfried Kinkel. London, 10. 10. 1859 [Anm. 31]. Der österreichische Pianist und Komponist Ernst Pauer (1826–1905), ein Nachfahre von Schillers Jugendfreund Johann Andreas Streicher, lehrte seit 1859 als Professor für Klavier an der Royal Academy of Music. Vgl. Ernst Pauer, in: Riemann Musik Lexikon. Personenteil L–Z, Mainz 1961, S. 376–377.

[43] Vgl. Karl Marx an Friedrich Engels. London, 3. November 1859 [Anm. 41], S. 500.

[44] Ebd., S. 500 f.

[45] Vgl. Ferdinand Freiligrath an Gottfried Kinkel. London, 20. Januar 1860. Unpubliziert, ULB Bonn S 2675 (Abschrift): „Ein gewisses ablehnendes Verhalten gegen mich, das dann später in dem monatelangen, stillschweigenden Hinausschieben Deines schon vor dem 10. Nov. fest verabredeten Besuches eine Bestätigung zu finden schien, ist nicht nur mir, sondern auch Freunden an Dir aufgefallen. Übrigens will ich mich darin eben so gerne geirrt haben [. . .]."

[46] Karl Marx an Friedrich Engels. London, 10. Dezember 1859 [Anm. 41], S. 500.

Familie Marx, hatte die politische Zusammenarbeit jedoch stillschweigend eingestellt. Marx betrachtete Freiligrath noch immer als Verbündeten und hoffte, diesen
durch eine frühzeitige Warnung von der Teilnahme an der Schillerfeier abhalten zu
können.[47] Dem in der Öffentlichkeit weitgehend isolierten Marx galt das Schillerfest einzig dem Zweck, die Popularität des „Pfaffen Kinkel" zu mehren. Freiligrath
teilte Marx' Bedenken nicht und antwortete, er könne sich der Feier „qua deutscher Poet" nicht entziehen; außerdem gehe es um mehr als die „Nebenzwecke jener Fraktion, wenn sie überhaupt welche hat".[48] Marx ließ sich jedoch nicht beru-
higen, sondern schäumte vor Wut, der er in seinem Brief vom 3. November 1859
an Engels Ausdruck verlieh.[49] Da ist die Rede von „Gottfrieds Faktotum, dem
elenden Beta", Karl Blind wird als „Scheißkerl" tituliert, und Freiligraths Schiller-
kantate erhält die Prädikate „Pomp und Schall" sowie schlicht „Scheiße"; das
Schillerkomitee alias „Kinkelbande" oder „Kinkelclique" plant in Wahrheit unter
dem Vorwand der Schillerfeier eine „Kinkeldemonstration". Unmittelbar nach der
Schillerfeier erhielt Marx Unterstützung für seine Version ausgerechnet von Freiligrath selbst. Dieser stand dabei unter dem Eindruck eines von Karl Blind verfaßten
Artikels im „Morning Advertiser", in dem Kinkels Rede besonders gelobt, sein
Gedicht aber mit der lapidaren Bewertung „above mediocrity" versehen wurde.[50]
Marx hatte Freiligrath diesen Artikel noch am Tag des Erscheinens zukommen lassen und war anderntags zu Freiligrath geeilt, um dessen Reaktion zu erfahren. Jetzt
hielt sich Freiligrath tatsächlich für das Opfer einer Intrige, vor der ihn Marx von
Beginn an gewarnt hatte. Seine Verärgerung wuchs um so mehr, als just zu diesem
Zeitpunkt der Artikel von Heinrich Beta in der Gartenlaube erschien, den Freiligrath als „geschmacklos" bezeichnete, weil darin behauptet wurde, seine Schaffenskraft habe durch den engen Kontakt zu Marx Schaden gelitten.[51] Marx konnte
jedenfalls am 14. 11. triumphierend an Lassalle berichten:

> Das Schillerfest hier war ein Kinkelfest. Freiligrath selbst, der trotz meiner Warnung
> sich daran beteiligte, sieht jetzt ein, daß Gottfried ihn rein als Instrument gebraucht.
> [. . .] Du würdest viel lachen, wenn ich Dir erzählte, was hinter den Kulissen zwischen
> Kinkel und Freiligrath vorging, eh es zur öffentlichen Aufführung kam.[52]

Freiligraths Wiederannäherung an Marx war nur von kurzer Dauer. Zum einen
versicherte Blind, jenes boshafte „above mediocrity" stamme nicht von ihm; sein
Artikel sei vielmehr von einer Person aus dem Umkreis von Marx gefälscht wor-

---

47 Karl Marx an Friedrich Engels. London, 3. November 1859 [Anm. 41], S. 499.
48 Ferdinand Freiligrath an Karl Marx. London, 14. Oktober 1859 [Anm. 19], S. 118.
49 Karl Marx an Friedrich Engels. London, 3. November 1859 [Anm. 41], S. 499–501.
50 Vgl. Karl Marx an Friedrich Engels. London, 19. November 1859 [Anm. 41], S. 511. Der
Artikel, der im Morning Advertiser am 11. 11. 1859 erschien, konnte nicht eingesehen werden.
51 Vgl. Anm. 24.
52 Karl Marx an Ferdinand Lassalle. London, 14. November 1859 [Anm. 41], S. 624.

den. Zum anderen steckte Marx in einer Auseinandersetzung mit Carl Vogt, den er bezichtigt hatte, als bezahlter Agent Napoleons im italienischen Krieg Propaganda zugunsten Frankreichs gemacht zu haben. Marx' Kronzeuge war eben jener Karl Blind und in zweiter Linie auch Freiligrath. Beide wiesen jede Verwicklung in die Affäre von sich, obwohl Marx in aller Schärfe ihre Unterstützung einforderte.[53] Das Verhältnis zwischen Freiligrath und Marx, den einstigen Kampfgenossen aus dem Bund der Kommunisten, hatte im November 1859 nach der Schillerfeier und der Vogt-Affäre einen endgültigen Bruch erlitten.

Für Marx blieb die Londoner Schillerfeier eine Veranstaltung der „Fraktion Kinkel", obwohl doch Freiligrath dem Geschehen seinen Stempel hatte aufdrücken können und Kinkel von Beta und Gerstenberg zu größerem Engagement erst gedrängt werden mußte. Das Komitee hatte folgenden Programmverlauf beschlossen: Eröffnet wurde die Schillerfeier am frühen Nachmittag durch einen von Carl Wilhelm Groos komponierten Schillermarsch. Daran schlossen sich Kinkels Festrede und Schillers Lied von der Glocke an, das in einer Vertonung von Andreas Romberg von mehr als 1000 Sängern dargeboten wurde. Hierauf folgten das Violinsolo Henryk Wieniawskis, die Rezitation des Schillerschen „Traum und Gesang" und das von fünf deutschen Chören gesungene Festgedicht Freiligraths in der Vertonung von Ernst Pauer. Die Enthüllung der von Andreas Grass geschaffenen „Colossal Bust of Schiller" erfolgte während des Vortrags der Festkantate. Den Abschluß bildete am Abend ein „German Fackelzug" der deutschen Handwerker- und Arbeitervereine Londons durch den Park des Kristallpalastes, „während dessen die Wasser springen, die Bildsäule Schiller's illuminirt und der Park mit bengalischem Feuer erleuchtet wird".[54]

Interessanterweise wurde durch die graphische Gestaltung der Anzeigen und Programmzettel besonders mit dem Vortrag des Liedes von der Glocke, der Schillerbüste und dem Fackelzug geworben, Kinkels und Freiligraths Beteiligung dagegen nur beiläufig erwähnt.[55] In der Berichterstattung standen hingegen Festrede, Kantate und Büste im Vordergrund.[56] Der mit Freiligrath schon seit der Revolutionszeit befreundete Düsseldorfer Bildhauer Andreas Grass war 1850 aus Düsseldorf ausgewiesen worden, weil er dort ein Gipsmedaillon Freiligraths geschaffen und vertrieben hatte.[57]

---

53 Vgl. dazu Marx' und Freiligraths Briefwechsel zwischen dem 23. November 1859 und dem 29. Februar 1860 [Anm. 19], S. 121–140. Siehe auch Karl Marx: Herr Vogt, in: Karl Marx, Friedrich Engels: Werke, Bd. 14, Berlin 1979, S. 381–686.

54 Das Festprogramm, in: Hermann, Nr. 44, 5. November 1859, S. 350.

55 Programmzettel haben sich u. a. im Deutschen Literaturarchiv/Schiller-Nationalmuseum in Marbach und in der Universitäts- und Landesbibliothek Bonn, Nachlaß Kinkel, S 2707 erhalten.

56 Das Schillerfest in London [Anm. 37], S. 353–354.

57 Dieses Medaillon diente später als Vorbild für die Erzbüste auf Freiligraths Grab in Stuttgart-Bad Cannstadt. Vgl. Buchner [Anm. 15], S. 220.

Er begab sich über Lüttich nach London und gewann dort dank Freiligraths Protektion Anschluß an die politische Emigration.[58] Grass hatte den Parthenonfries des Kristallpalastes reproduziert und ergänzt, Reliefs der Komponisten Beethoven, Mozart, Händel, Haydn und Bach geschaffen und war in der Londoner Emigrantenszene bekannt als Künstler der Büsten und Medaillons herausragender Demokraten und Revolutionäre wie Alexander Herzen, György Klapka, Ernst Pauer sowie Gottfried und Johanna Kinkel.[59] Grass, selbst Mitglied des Komitees, hatte den Auftrag erhalten, für den 10. November 1859 eine Schillerbüste herzustellen, von der nicht mehr überliefert ist, als daß zu ihrer Verhüllung 100 Ellen schwarz-rot-goldenen Tuches benötigt wurden.[60]

So sehr sich das Publikum von Grass' Werk beeindruckt zeigte, in den zeitgenössischen Berichten und späteren Erinnerungen werden Kinkels Rede und Freiligraths Gedicht zu gleichen Teilen als Glanzpunkte der Schillerfeier gewürdigt. Freiligrath wies in seinem dithyrambischen „Festlied der Deutschen in London"[61] darauf hin, daß Schillers Geburtsjahr gleichzeitig Sterbejahr von Georg Friedrich Händel und Geburtsjahr des schottischen Lyrikers Robert Burns war. Die entsprechenden Säkularfeiern hatten ebenfalls im Kristallpalast stattgefunden. Darauf beziehen sich die Verse

> Und zu den Zwei'n heut bringen wir den Dritten! –
> Steht auf, er naht, er neigt sich unsern Bitten!,

mit denen das Zeichen zur Enthüllung der Büste gegeben wurde. In den folgenden Strophen verschwimmt die Grenze zwischen Abbild und realer Gestalt Schillers zunehmend („Sehet, das ist er!"). Freiligrath beschreibt in suggestiven Bildern die gottähnliche Schöpfungskraft der versammelten Menschen, denen es gelingt, den toten Schiller zum Leben zu erwecken:

> Da, seht ihr die Schläfe,
> Die hohen [!] nicht pochen – ?
> [...]
> Aber jetzt lebt er!
> Nicht hält den Hundert-
> Jähr'gen der Tod!

Nachdem der Menge derart vorgeführt wird, daß Einigkeit gar die Kraft zur Revitalisierung verleiht, kann der Wiedererweckte direkt angeredet werden:

---

[58] Bei Marx wurde er mit den Worten eingeführt: „Er ist mit allen unsern Leuten – Becker, Daniels p. p. – gut bekannt (war indeß nie Mitglied), und wünscht sehr, Dich kennen zu lernen." Ferdinand Freiligrath an Karl Marx. London, 10. Oktober 1852, in: Häckel [Anm. 19], S. 61.

[59] Vgl. Algernon Graves: The Royal Academy of Art. A complete dictionary of contributors and their works from 1769 to 1904. Vol. 2, London 1970, S. 300 (Reprint). In der deutschen Kunstgeschichtsschreibung ist Grass unbekannt, so daß sein weiteres Schaffen und Schicksal im Dunkel liegt.

[60] Vgl. Ottomar Beta [Anm. 29], S. 746.

[61] Ferdinand Freiligrath; Zur Schillerfeier. 1. Festlied der Deutschen in London, in: ders.: Sämtliche Werke [Anm. 15], S. 302–304.

Sei mit der Menschheit, Schillers Genius,
Daß ewig nicht ins Träumereich auf Erden
Die Freiheit sich, das Schöne flüchten muß! –

Holprige Verse („Laß achtzehnhundertfünfzigneun dich segnen,/Jahr siebzehnhundertfünfzigneun!") und klischeehafte Bilder („Ihm flechten wir die vollste Schläfenzier") machen Marx' abfälliges Urteil über das Gedicht verständlich.[62] Es verdient aus heutiger Sicht keineswegs mehr Aufmerksamkeit als die aus gleichem Anlaß entstandenen Schiller-Reimereien, deren Zahl in die Hunderte geht. Die Idee, Schiller in Gedichtform zum Künder und Garanten von Einheit und abstrakter Freiheit zu ernennen, war alles andere als originell.[63] Die meisten Zeitgenossen allerdings lobten das Gedicht über die Maßen. Ferdinand Lassalle nahm die Kantate gegenüber Marx in Schutz: „Sie war von allem, was zu dieser Gelegenheit erschien, bei weitem das Schönste und hat hier seinen Namen wieder aufgefrischt."[64] Bei der Londoner Schillerfeier war Freiligraths Gedicht auch deshalb ins Zentrum gerückt, weil es von 800 Sängern vorgetragen wurde, die aus fünf deutschen Gesangvereinen unterschiedlichster politischer Ausrichtung stammten. Dies waren der Islington Gesangverein, die Harmonie, der Bund deutscher Männer, die Concordia und der Communistische Arbeiterbildungsverein. Damit war es diesem Vortrag vorbehalten, die neue Eintracht und Einigkeit der Londoner Deutschen zu versinnbildlichen.

Der enge Bezug, der im Gedicht zur Schiller-Büste hergestellt wird, verdeutlicht, weshalb Freiligrath unter keinen Umständen darauf verzichten konnte und wollte, die Enthüllung während des Gedichtvortrages vornehmen zu lassen. Das Komitee hatte das endgültige Programm in seiner Sitzung vom 1. November festgelegt[65] und die Entscheidung zugunsten Freiligraths getroffen. Kinkel hatte sich daraufhin erst das Gedicht erbeten, das Freiligrath schon am 16. 10. vollendet hatte.[66] Zu diesem Zeitpunkt brachte er mehrere Tage im Reading Room des Briti-

---

[62] Vgl. Karl Marx an Friedrich Engels. London, 3. November 1859 [Anm. 41], S. 500.

[63] Auch in seinem Gedicht zur Schillerfeier der Deutschen in Amerika bleibt Freiligrath reichlich abstrakt: Schiller wird hier zum Priester der Freiheit und Menschlichkeit erklärt oder nimmt gar die Stellung des Messias ein („ . . . der Tote, der nicht stirbt!"). Allerdings wird auch ein direkter Bezug zwischen seinen Idealen, den Befreiungskriegen und der Revolution 1848/49 hergestellt. Vgl. Ferdinand Freiligrath: Zur Schillerfeier [Anm. 15], S. 304–306.

[64] Ferdinand Lassalle an Karl Marx. [Berlin, Mitte November 1859], in: ders.: Nachgelassene Briefe und Schriften, hg. von Gustav Mayer. 3. Bd., Stuttgart, Berlin 1922, S. 237.

[65] Vgl. Das Festprogramm [Anm. 54].

[66] Vgl. Gottfried Kinkel an Ferdinand Freiligrath. London, 3. November 1859. Unpubliziert, ULB Bonn S 2676: „Ich danke für die Cantate und die rasche Uebersendung. [. . .] Die Cantate habe ich mit Freuden gelesen. Ich bekenne sie ist mir im Anfange nicht populär genug und an den weiblichen Versschlüssen in der dithyrambischen Mitte wird ein Theil von kraftvollen Musikeffekten verloren gehen. Aber Schwung und Feuer hat sie und als selbständiges Gedicht rangiert sie hoch." Auszugsweise ist dieser Brief abgedruckt bei Martin Bollert: Ferdinand Freiligrath und Gottfried Kinkel, Bromberg 1916, S. 34 f.

schen Museums zu und vertiefte sich in die dort vorhandene Literatur über Schiller. Der Erfolg seiner Bemühungen schien ihm durchaus fraglich, wie er Freiligrath gestand:

> Meine Aufgabe geht langsam, die Auswal des Stoffes ist das schlimmste, da man doch höchstens 3/4 Stunden sprechen darf und in großem Raum nicht schnell sprechen kann. [. . .] Mir ist schwul dabei; eine Prunkrede im Kristallpalast überschreitet so durchaus alle mechanischen Bedingungen, unter denen jemals Reden gehalten worden sind, das man sich immer an der Grenze des Lächerlichen fühlt. Soviel ich weiß hat auch dort noch nie jemand geredet.[67]

Wenige Tage darauf hatte er seinen Vortrag fertiggestellt[68], in dem er ein biographisches Schillerporträt entwarf.

Auch Kinkel präsentiert ein einseitiges und gezielt stilisiertes Schillerbild[69]; Leben und Wirken des Dichters werden darin auf das Politische reduziert. Mehrfach wird darauf hingewiesen, daß dieses „Kind des Volkes", dessen „Wiege in der Hütte stand und dessen Sarg rastet unter den Großen der Erde", beispielhaft die sozialen Aufstiegsmöglichkeiten der bürgerlichen Gesellschaft vorgeführt hat. Harte Arbeit, Mannesmut und glühende Freiheitsliebe gaben Schiller demzufolge die Kraft, den Kampf gegen die „sittenlose Macht der Höfe" und die „Zerstörung des Bürgerglücks, des Wohlanstandes, der Volksehre durch Adelswillkühr" aufzunehmen. Besonders hervorgehoben werden Fiesco, in dem der Dichter vom „kleinen Stübchen in Oggersheim [. . .] das rettende Losungswort Republik" in die gährende Zeit schleuderte, und Don Carlos mit der auch in späteren Zeiten immer wieder zitierten Forderung des Marquis de Posa: „Geben Sie Gedankenfreiheit."

Für Kinkel beruht Schillers Bedeutung vorwiegend auf dem dramatischen Werk, die Lyrik wird eher beiläufig erwähnt. Diese Wertschätzung geht auf Kinkels realistische Wirkungsästhetik zurück, derzufolge historisches Drama und Historienmalerei die bedeutendsten Kunstgattungen sind. Für ihn hat Schiller in seinen historischen Tragödien geradezu idealtypisch vor Augen geführt, daß Geschichte nicht das Werk „einzelner, thatkräftiger Menschen" ist, sondern „dem Walten der Idee, der Strömung allgemeiner Überzeugungen" folgt. So genügt es denn, diese Idee zu erkennen, um prophetische Qualitäten zu gewinnen. Tatsächlich wertet Kinkel die Leipziger Völkerschlacht als Beweis für Schillers prophetische Kraft, die sich gänzlich erfüllt haben wird, wenn die eine, noch ausstehende Schlacht nationale Einheit und Republik in Deutschland herbeigeführt haben wird. Kinkel

---

[67] Ebd.

[68] Vgl. Kinkel [Anm. 38]. Am 6. November 1859 findet sich der Eintrag: „Rede zum Schillerfest von Morgens 9 bis Nachts 12 in Einem Zuge geschrieben."

[69] Vgl. Gottfried Kinkel: Festrede bei der Schillerfeier im Krystallpalast, 10. November 1859, London 1859.

beschreibt Schiller durchgängig und unwandelbar von den Räubern bis zu Deme-
trius als Dichter der Freiheit und des Kampfes gegen Unterdrückung. Diese ein-
seitige politische Instrumentalisierung wird gegen Ende der Rede verstärkt durch
den Bezug, den Kinkel zwischen Luther, Schiller und Robert Blum herstellt, die
allesamt am 10. November geboren worden waren und nun zu „Vorkämpfern der
Lichts" verklärt werden. Dazu mochte er von Freiligrath angeregt worden sein,
der ja mit Händel, Burns und Schiller ebenfalls die magische Dreizahl beschworen
hatte; vielleicht hatte er sich auch eines Berichtes erinnert, in dem die Feier des
Demokratischen Vereins in Bremen aus dem Jahr 1850 zu Ehren Luthers, Schillers und Blums geschildert wird.[70] Für die Schillerfeiern des Jahres 1859 ist diese
Kombination ungewöhnlich; Luther wird in den meisten Festreden nicht erwähnt, um konfessionelle Differenzen nicht zu tangieren, Blum hingegen wird
auf solchen Feiern gewürdigt, deren Veranstalter über die nationale Einheit hinaus auch für Republik und soziale Gerechtigkeit eintreten. Dies geschah insbesondere dort, wo Arbeitervereine beteiligt waren.[71] Durch den Verweis auf Blum
rief Kinkel tatsächlich den Unmut der deutschen Besitzbürger in London hervor,
die von Revolution nichts hören wollten. Selbstbewußt beantwortete er den Vorwurf der Linkslastigkeit in dem Gedicht „An meine reichen Landsleute in London" mit den Schlußzeilen:

> Vom Vaterland darf keiner sprechen,
> Der schweigen will von Robert Blum.[72]

In Publikationen der jüngeren Vergangenheit wird seine Rede meist umgekehrt
als Beleg angesehen für die Verengung der politischen Ziele der Bourgeoisie auf
die nationale Einheit.[73]

So wenig diese Vorwürfe gerechtfertigt sind, so sehr muß doch auch Kinkels Rede
jenen Beiträgen zugerechnet werden, die ein einseitiges und ideologisch verform-
tes Schillerbild entwarfen, um damit ein wirksames Instrument für die politische
Auseinandersetzung zu gewinnen. Selbst unter den übrigen Reden zur Schillerfeier 1859, die alle vom zeittypischen Pathos und Überschwang geprägt waren,
nimmt Kinkels Beitrag eine Sonderstellung ein. Als Pfarrerssohn, der ursprünglich selbst die Theologenlaufbahn eingeschlagen hatte, verstand sich Kinkel be-

---

[70] Vgl. Johann Rösing: Versammelte Freunde, Bürger und Bürgerinnen!, in: Courir an der
Weser, 17. November 1850. Der Artikel ist auch als Zeitungsausschnitt in Kinkels Nachlaß
überliefert (ULB Bonn S 2707).
[71] Vgl. Noltenius [Anm. 4], S. 179.
[72] Vgl. Gottfried Kinkel: An meine reichen Landsleute in London, in: Hermann, Nr. 47,
26. November 1859, S. 372.
[73] Vgl. etwa Günter Adler: „Denn er ist unser!" Jubiläen und Feiern um einen Großen der
deutschen Kulturgeschichte, in: Der Deutschunterricht 37, 1984, 10, S. 474; Rosemary
Ashton: Little Germany. Exile and Asylum in Victorian England, Oxford 1986, S. 171;
Christine Lattek: Ferdinand Freiligrath in London, in: Grabbe-Jahrbuch 8, 1989, S. 118.

stens auf die für diesen Beruf notwendigen rhetorischen Techniken. Den Erfolg seines politischen Wirkens verdankte er nicht zuletzt seiner rhetorischen Gewandtheit, deren wirkungsvollstes Stilmittel pastorales Pathos war. Davon zeugt auch die Schillerrede („. . . im Namen aller Herzen, die für die Freiheit glühen, grüße ich heute in Ehrfurcht Dich . . .“). Rhetorische Effekte sind Kinkel an einigen Stellen offensichtlich wichtiger gewesen als Inhalte. So wundert es nicht, daß er ausgerechnet auf die Scharlatanerien eines Christian Wilhelm Oemler hereinfiel und zum krönenden Abschluß seiner Rede die von Oemler frei erfundenen letzten Worte des sterbenden Schiller („Wer löste die Kanonen? . . .“) vortrug.[74] Freiligrath, der an der Rede wenig Gefallen gefunden hatte[75], ließ es sich nicht nehmen, Kinkel auf die Unzuverlässigkeit seiner Quelle aufmerksam zu machen.[76]

Wie Freiligraths Gedicht zeichnet sich auch Kinkels Rede unter den Beiträgen der Schillerehrung des Jahres 1859 weder durch Originalität noch Unvoreingenommenheit aus. Sie muß jedoch als eines der wenigen Dokumente in diesem Zusammenhang betrachtet werden, das den politischen Ambitionen des demokratischen und republikanischen Bürgertums offen und unzensiert Ausdruck verleiht.

Trotz vereinzelter Kritik wurde die Londoner Schillerfeier von nahezu allen Beteiligten als großer Erfolg gewertet:

> Dieses Schillerfest war doch wirklich einmal etwas, was Einem das Herz hob und rascher schlagen machte! Die 20.000 Menschen hier im Krystallpalast, versammelt zu Ehren des Einen, großen, guten Mannes, waren auch eine glänzende Kundgebung.[77]

Der Erlös der Veranstaltung ging an die Schillerstiftung. Mit Heinrich Beta und Ferdinand Freiligrath kamen wenige Jahre später zwei der maßgeblich Beteiligten aufgrund einer persönlichen Notlage in den Genuß einer materiellen Unterstützung durch die Schillerstiftung.[78]

Das Schillerkomitee hatte großen Wert darauf gelegt, auch Engländer zur Teilnahme an der Schillerfeier zu motivieren und dafür in den englischen Tageszeitungen

---

[74] Vgl. Christian Wilhelm Oemler: Schiller oder Scenen und Charakterzüge aus seinem spätern Leben, nebst Bruchstücken einer künftigen Biographie desselben, Leipzig 1805. Vgl. dazu auch Norbert Oellers: Schiller. Geschichte seiner Wirkung bis zu Goethe Tod 1805–1832, Bonn 1967, S. 83–102.

[75] Karl Marx an Ferdinand Lassalle. London, 14. November 1859 [Anm. 52], S. 624: „Er [d. i. Freiligrath, d. V.] erzählte mir, daß Kinkels melodramatischer Vortrag eine wahre Affenkomödie war, unglaublich für den, der sie nicht angesehn.“

[76] Ferdinand Freiligrath an Gottfried Kinkel. London, 30. Januar 1860. Unpubliziert, ULB Bonn S 2675: „Deine Quelle für Schiller's letzte Worte scheint doch nicht stichhaltig zu sein.“ Vgl. auch ders. an Kinkel. London, 11. März 1860: „Pour revenir a nos moutons, lieber Kinkel, Deinen Oemler retten weder Götter noch Menschen.“ (ULB Bonn S 2675).

[77] Ferdinand Freiligrath an Karl Buchner. London, 30. November 1859, in: Buchner [Anm. 15], S. 325.

[78] Vgl. dazu Fränkel [Anm. 21], S. 490 und Noltenius [Anm. 4], S. 50.

geworben. Von Karl Blind war zu diesem Zweck eigens eine knappe Schillerbiographie in englischer Sprache verfaßt und publiziert worden.[79] Diese Maßnahmen blieben nicht ohne Wirkung. Immerhin bestand das Publikum am 10. November zu einem Drittel aus Engländern.[80] Mit der explizit gewünschten Beteiligung aus dem Gastgeberland unterstrichen die deutschen Emigranten, daß ihre Bestrebungen über die Herstellung der nationalen Einheit hinausgingen. Die Veranstaltung sollte darüber hinaus um internationale Unterstützung für die republikanische Bewegung in Deutschland werben. Die Londoner Schillerfeier hob sich aber auch in anderer Hinsicht von den meisten Schillerfeiern in Deutschland ab; sie zählte mit 20.000 Besuchern nicht nur zu den größten Veranstaltungen dieser Art, sondern vereinigte alle politischen Richtungen der Opposition vom Communistischen Arbeiterbildungsverein bis zu den arrivierten Besitzbürgern der deutschen Kolonie in Camberwell. Die auf Marx zurückgehende und von Manfred Haeckel wiederholte Kritik, die Veranstalter hätten „von vornherein die proletarische Emigration von den Vorbereitungen ausgeschlossen"[81], ist nachweislich falsch. Mit den beiden unbeugsamen Republikanern Kinkel und Blind, die es später vorzogen, im Exil zu bleiben, anstatt in ein Deutsches Kaiserreich zurückzukehren, und Freiligrath, dem früheren Kommunisten, konnten sich Arbeiter und linke Republikaner bei der Schillerfeier ausreichend repräsentiert fühlen.[82] Während die Feiern in Deutschland beinahe ausschließlich die Forderung nach nationaler Einheit unterstrichen, ging es in London auch um Republik und soziale Gerechtigkeit. Im Grad der Vereinnahmung und politischen Instrumentalisierung Schillers allerdings stand die Londoner Veranstaltung den übrigen nicht nach. Auch die Londoner Säkularfeier zeugt davon, wie wenig der Sinn für den Eigenwert von Literatur und Kunst im politischen Reizklima des Nachmärz entfaltet war. Bürger und Arbeiter, Demokraten und Sozialisten maßen der Literatur einzig eine politische Funktion bei und ordneten sie ihren politischen Zielsetzungen vollkommen unter.

---

[79] Karl Blind: Schiller. A Sketch of his career and works, London 1859.
[80] Vgl. Gottfried Kinkel: Was soll eine deutsche Zeitung in London? In: Hermann. Nr. 47, 26. November 1859. Ottomar Beta beziffert die Zahl der Briten auf 17.000. Vermutlich beruht diese Angabe jedoch auf einem Übermittlungsfehler, so daß statt 17.000 richtig 7.000 zu lesen ist. Vgl. Ottomar Beta [Anm. 29], S. 746.
[81] Vgl. Haeckel [Anm. 19], S. LXXXIII.
[82] Kinkel bedankte sich ausdrücklich bei „unsern Brüdern vom Arbeiterstande, herzlich für ihren warmen durch allerlei kleine Störungen und Aergernisse doch nie zu erkälteten Antheil". Kinkel [Anm. 80].

„ÄSTHETISCHE ERZIEHUNG DES MENSCHENGESCHLECHTS"
– Lessing und Schiller bei Nietzsche –

von Axel Gellhaus, Bonn

Abstract

Es wird der Versuch unternommen, den Stellenwert der Lessing- und Schiller-Lektüre für Nietzsches philosophische Anfänge zu umreißen. Es bietet sich an, gerade an dieser Stelle jenen entscheidenden Schritt vom Klassizismus – nicht zur „Moderne", sondern zu einer Anti-Moderne vollzogen zu sehen: einen Schritt, der sich selbst inszeniert als Sprung hinaus aus dem idealistischen Dualismus in eine Radikalisierung und Universalisierung der Ästhetik. Der alte Dualismus von Wesen und Erscheinung soll dabei seine metaphysische Wucht verlieren und bleibt nur noch als Spur beschreibbar: als Differenz im Spiel-Raum des künstlerischen Textes.

This article attempts to sketch the importance of reading of Lessing and Schiller for Nietzsche's early philosophy. It seems obvious to see the decisive step from classicism not to a modern, but rather to an anti-modern position as taking place here, a step which is staged as a leap out of an idealistic dualism into a radicalisation and universalisation of aesthetics. The old dualism of form and matter her loses its metaphysical force and remains observable only as a trace: as the difference in the latitude of artistic texts.

Eine intensive Auseinandersetzung mit Lessing und Schiller läßt sich in den Schriften des jungen Nietzsche belegen anhand der wiederholten ausdrücklichen Erwähnungen in Exzerpten und Fragmenten. Er apostrophiert Lessing in einer Notiz aus dem Winter 1869/70 mit dem Ehrentitel: „der ideale Gelehrte" (KS 7, 49) und in der Tragödienschrift, die sich explizit auch mit Schillers Vorrede zur „Braut von Messina" auseinandersetzt, als „der ehrlichste theoretische Mensch" (KS 1, 99).[1] Diese Affinität Nietzsches mag sich zu seiner Idiosynkrasie gegenüber frühromantischen Denkern, deren indirekter oder planvoll verschwiegener Einfluß gleichwohl nachweisbar bleibt, komplementär verhalten.

Seine im programmatischen Teil der Tragödienschrift auf der neuen Ästhetik basierende kulturrevolutionäre Intention hat Nietzsche in den Aufzeichnungen vom Winter 1870/71 bis Herbst 1872 einmal auf den Lessing und Schiller zugleich

---

[1] Zitiert wird nach: Kritische Ausgabe sämtlicher Werke und unveröffentlichter Texte Friedrich Nietzsches nach den Originaldrucken und Originalmanuskripten auf der Grundlage der Kritischen Gesamtausgabe, hg. von Giorgio Colli und Mazzino Montinari, Berlin/New York 1967 ff., München, Berlin, New York 1980 (= Kritische Studienausgabe in 15 Bänden; Sigle: KS mit Band- und Seitenzahl).

zitierenden Nenner „Ästhetische Erziehung des Menschengeschlechts" gebracht:
eine doch wohl bewußte Synthese aus Lessings „Die Erziehung des Menschengeschlechts" und Schillers „Ueber die Ästhetische Erziehung des Menschen in einer
Reihe von Briefen".

In der folgenden kurzen Skizze[2] wird der Versuch unternommen, den Stellenwert
der Lessing- und Schiller-Lektüre für Nietzsches philosophische Anfänge zu umreißen. Es bietet sich an, gerade an dieser Stelle jenen entscheidenden Schritt vom
Klassizismus – nicht zur „Moderne", sondern zu einer Anti-Moderne vollzogen
zu sehen: einen Schritt, der sich selbst inszeniert als Sprung hinaus aus dem idealistischen Dualismus in eine Radikalisierung und Universalisierung der Ästhetik.
Der alte Dualismus von Wesen und Erscheinung soll dabei seine metaphysische
Wucht verlieren und bleibt nur noch als Spur beschreibbar: als Differenz im Spiel-
Raum des künstlerischen Textes.

Am 7. Oktober 1869 schrieb Friedrich Nietzsche an Erwin Rohde:

> Ich benütze die Gelegenheit öffentlicher Reden, um kleine Theile des Systems auszu-
> arbeiten, wie ich es z. B. schon mit meiner Antrittsrede gethan habe. Natürlich ist mir
> Wagner im höchsten Sinne förderlich, vornehmlich als Exemplar, das aus der bisheri-
> gen Aesthetik unfaßbar ist. Es gilt vor allem kräftig über den Lessingschen Laokoon
> hinauszuschreiten: was man kaum aussprechen darf, ohne innere Beängstigung und
> Scham. [KSB 3, 63]

Nietzsche beschäftigte sich, wie aus den Notizen im Nachlaß zu ersehen, seit
Herbst 1869 mit der griechischen Tragödie und arbeitete an zwei Vorträgen, „Das
griechische Musikdrama" (18. 1. 1870) und „Socrates und die Tragoedie" (1. 2.
1870), die als die frühesten ausgearbeiteten Studien zu dem Themenkreis der Anfang 1872 erschienenen Schrift „Die Geburt der Tragödie aus dem Geiste der Musik" gelten. Bemerkenswert ist, daß Nietzsche, unmittelbar nach seiner Berufung
als Altphilologe, als Horizont seiner Arbeit eine systematische Revision der
Ästhetik ins Auge faßt, deren bisherige Unzulänglichkeit am Beispiel Richard
Wagners zu erweisen sei; bemerkenswert ist ferner, daß die Richtung, die Nietzsche unter dieser Prämisse einzuschlagen beabsichtigt, durch ein Werk markiert
wird, über welches es zwar „kräftig hinauszuschreiten" gelte, das aber offensichtlich als Maßstab so hoch einzuschätzen ist, daß angesichts dieses Meilensteins das

---

2 Dieser Versuch ist ein Ableger und Seitenstück meiner Arbeit: Enthusiasmos und Kalkül.
Reflexionen über den Ursprung der Dichtung, München 1995, namentlich des Kapitels
über Friedrich Nietzsche: „Die Metapher(n) des Dionysischen" (S. 123–155), dem es viele
Formulierungen entnimmt. Im Vergleich mit diesem Buch ist hier jedoch die Perspektive
verschoben, um der thematischen Vorgabe des Bandes, also der Frage nach dem Verhältnis
von Klassizität und Modernität, nicht bloß zu entsprechen, sondern um dem altgedienten
Schema eine vielleicht unerwartete Wendung zu geben, indem sich der Klassiker gegen den
Antimodernisten als der eigentlich Moderne erweist. Was dabei letztlich herauskommt, ist
die Unbrauchbarkeit der Grundbegriffe – und das haben wir natürlich gewußt.

eigene Vorhaben als vermessen erscheinen muß: Lessings „Laokoon: oder über die Grenzen der Malerei und Poesie" (1766). Die für Nietzsche maßgebende Richtung, in die Lessings fragmentarische Arbeit weist, ist indes vielleicht eher dem Plan der Fortsetzung zu entnehmen als dem ausgeführten ersten Teil der Schrift. Das 27. Stück der im Nachlaß erhaltenen Fortsetzung belegt, daß Lessing eine Ausweitung des Themas in Richtung auf Musik, Tanz und Pantomime beabsichtigt hatte. Und die erste vollständige Wiedergabe der Schriften aus dem Nachlaß zum Laokoon, von dem bis dahin nur eine kleine Auswahl zugänglich war, erfolgte eben im Jahr 1869 im VI. Teil der Hempelschen Ausgabe. In jenem 27. Stück des „Laokoon"-Nachlasses führt Lessing aus:

> Die Vereinigung willkürlicher, aufeinander folgender hörbarer Zeichen, mit natürlichen, aufeinanderfolgenden hörbaren Zeichen ist unter allen möglichen die vollkommenste, besonders wenn noch dieses hinzukömmt, daß beiderlei Zeichen nicht allein für einerlei Sinn sind, sondern auch von eben demselben Organo zu gleicher Zeit gefaßt und hervorgebracht werden können.
>
> Von dieser Art ist die Verbindung der Poesie und Musik, so daß die Natur selbst sie nicht sowohl zur Verbindung, als vielmehr zu einer und eben derselben Kunst bestimmt zu haben scheinet.
>
> Es hat auch wirklich eine Zeit gegeben, wo sie beide zusammen nur eine Kunst ausmachten. Ich will indes nicht leugnen, daß die Trennung nicht natürlich erfolgt sei, noch weniger will ich die Ausübung der einen ohne die andere tadeln, aber ich darf doch betauern, daß durch diese Trennung man an die Verbindung fast gar nicht mehr denkt, oder wenn man ja noch daran denkt, man die eine Kunst nur zu einer Hilfskunst der andern macht, und von einer gemeinschaftlichen Wirkung, welche beide zu gleichen Teilen hervorbringen, gar nichts mehr weiß.[3]

Lessing geht im Anschluß an die zitierte Passage ausführlicher auf die Oper als die einzige noch existierende Verbindung von Musik und Poesie ein und reflektiert die Wirkung, die durch die Dominanz der einen oder der anderen Kunst erzeugt werde. Die „wollüstigere" Form sei – so Lessing – zweifellos die, „wo die Poesie der Musik subservieret" (S. 653). Und Nietzsche notiert – unmittelbar vor der namentlichen Erwähnung Lessings –: „Wort und Musik in der Oper. Die Worte sollen uns die Musik deuten, die Musik aber spricht die Seele der Handlung aus. Worte sind ja die mangelhaftesten Zeichen." (7,48) Hier und an nicht wenigen weiteren Stellen in den nachgelassenen Fragmenten wird bis in den Sprachgebrauch hinein, etwa die Verwendung des „Zeichen"-Begriffs, Nietzsches Lessing-Lektüre sichtbar.

Die theoretische Unterscheidung der Poesie von der bildenden Kunst, die Lessing im „Laokoon" vorgenommen hatte, beruhte im wesentlichen auf der Betonung

---

[3] Gotthold Ephraim Lessing: Werke, hg. von Herbert G. Göpfert, München 1974, 6. Bd., S. 651 f.

des „Transitorischen" im Wesen der Dichtung. Ihre im Vergleich zur räumlichen Fixiertheit der bildenden Kunst zeitlich-konsekutive Erscheinungsweise ließ die „natürliche" Verwandtschaft der Dichtung zur Musik stärker hervortreten, als es die vom dargestellten Gegenstand her, also thematisch argumentierende klassizistische Auffassung eines Caylus gestattet hatte.

In der strukturellen Unterscheidung der Dichtung von der bildenden Kunst war nunmehr die Möglichkeit gegeben, die Vorstellung von der Dichtung als einer allegorischen Kunst, die Abbilder des Ideellen ihrer Gegenstände produziere, zu korrigieren und damit die poetische Produktion aus ihrer Abhängigkeit vom Wissen des Ideals zu entbinden. Auf die mit dieser Operation sich einstellende Notwendigkeit, das Wesen der Dichtung neu zu begründen, hatte die systematische Ästhetik bis dahin kaum hinreichend reagiert, wenn man bedenkt, daß die frühromantischen Ansätze einschließlich desjenigen Schellings etwa für die Ästhetik Hegels so gut wie folgenlos geblieben waren. Noch Schopenhauer hatte im dritten Buch von „Die Welt als Wille und Vorstellung" die Platonische Idee als das Objekt der Kunst bezeichnet und allein der Musik eine Sonderstellung eingeräumt. Allerdings bedurfte es offenbar eines Rucks in der Entwicklung der Kunst selbst, das Begründungsvakuum spürbar zu machen. Das Phänomen der Wagnerschen Oper war es, welches dem jungen Nietzsche die persönliche Erfahrung vom Defizit der etablierten Ästhetik vermittelte.

Die philosophisch-spekulative Revision des Kunstverständnisses verbindet sich beim jungen Nietzsche mit dem Versuch, die rationalistische Perspektive der geltenden Ästhetik historisch und anthropologisch zu unterlaufen. Die Beschäftigungen mit der antiken Tragödie dienen von Beginn an dazu, die Basis für eine neue Auffassung von der Kunst, nicht nur für deren Theorie, sondern auch für deren künftige Entwicklung, zu gewinnen. In dieser Hinsicht lesen sich Nietzsches frühe Schriften wie ein letztes Kapitel in der „Querelle des Anciens et des Modernes", allerdings mit der Einschränkung, daß hier erstmals der eigene kulturelle Horizont als Schranke für das Verständnis einer anderen Kultur respektiert wird. In dem am 18. Januar 1870 gehaltenen Vortrag „Das griechische Musikdrama" betont Nietzsche die Unfähigkeit, „das Urtheil des attischen Publikums über ein Dichterwerk zu controliren":

> Wir sind einer griechischen Tragödie gegenüber incompetent, weil ihre Hauptwirkung zu einem guten Theil auf einem Element beruhte, das uns verlorengegangen ist, auf der Musik. Für die Stellung der Musik zum alten Drama gilt vollkommen, was Gluck in der berühmten Vorrede zu seiner Alceste als Forderung ausspricht. Die Musik sollte die Dichtung unterstützen, den Ausdruck der Gefühle und das Interesse der Situationen verstärken, ohne die Handlung zu unterbrechen oder durch unnütze Verzierungen zu stören. Sie sollte für die Poesie das sein, was die Lebhaftigkeit der Farben und eine glückliche Mischung von Schatten und Licht für eine fehlerfrei und wohlgeordnete Zeichnung sind, welche nur dazu dienen, die Figuren zu beleben, ohne die Umrisse zu zerstören. Die Musik ist also durchaus nur als Mittel zum Zweck verwendet worden:

ihre Aufgabe war es, das Erleiden des Gottes und des Helden in stärkstes Mitleiden bei den Zuhörern umzusetzen. Nun hat ja auch das Wort dieselbe Aufgabe, aber es wird ihm viel schwerer und nur auf Umwegen möglich, dieselbe zu lösen. Das Wort wirkt zunächst auf die Begriffswelt und von da aus erst auf die Empfindung, ja häufig genug erreicht es, bei der Länge des Wegs, sein Ziel gar nicht. Die Musik dagegen trifft das Herz unmittelbar, als die wahre allgemeine Sprache, die man überall versteht. [KS 1, 528 f.]

Nietzsches traditionelle Auffassung von der Sprache als einem abstrakten Zeichensystem, das zu seiner poetischen Wirkung im wörtlichsten Sinne der musikalischen Untermalung bedarf, wird bald von der Einsicht einer apollinisch-dionysischen „Doppelheit im Wesen der Sprache" überholt. Für die Beziehung zwischen Poesie und Musik findet Nietzsche nämlich in der Sprache selbst ein als strukturelles Modell geeignetes ‚Urphänomen'. In den Kontext seiner musiktheoretischen Reflexionen aus dem Zeitraum Winter 1870/71 bis Herbst 1872 gehört ein Fragment, das die Sprache als „natürlichste und abgeschwächteste Vereinigung von Musik und Bild" bezeichnet, in der der Ton und der Rhythmus der Tonfolge die Basis des Verstehensvorganges bilden: „[. . .] das Bild wird erst begriffen, nachdem durch den Ton bereits Einverständniß erzeugt ist. Das Bild ist auch hier nur Gleichniß der dionysischen Natur des Tons." (KS 7, 232)[4] Diese Perspektive hat naturgemäß Auswirkungen auf die dichtungstheoretischen Reflexionen Nietzsches.

Die Auffassung der Musik als einer „allgemeinen Sprache" war Nietzsche bekanntlich vor allem durch seine Wagner- und Schopenhauer-Lektüre gegenwärtig. Allerdings wandelt sich Nietzsches Verständnis vom Verhältnis: Poesie-Musik analog zu demjenigen Richard Wagners. Während die oben zitierte Passage zwar einerseits der Musik zugesteht, unmittelbarer zu wirken, andererseits aber an ihrer gegenüber der Poesie und der dramatischen Handlung dienenden Funktion festhält, haben sich bei der endgültigen Formulierung der Tragödienschrift die Gewichtungen eindeutig zugunsten der Musik verschoben: „Die Melodie" – heißt es dort (KS 1, 48 f.) – „gebiert die Dichtung aus sich und zwar immer wieder von Neuem".

Aber bedeutet dies, daß die Dichtung als reflektierende Kunst eine gebrochene Gestalt eines dionysisch-musikalischen Grundes ist, oder muß – analog der Einsicht vom polaren Charakter der Sprache – die Differenz des Apollinischen und Dionysischen als Metapher eines Zwiespalts angesehen werden, der zum Wesen

---

[4] Vgl. dazu auch das ausführlichere Fragment vom Frühjahr 1871 (KS 7, 359–369; hier S. 360): „Verstehen wir diese Urlyrik eines Volkes, wie wir es ja müssen, als eine Nachahmung der künstlerisch vorbildenden Natur, so muß uns als ursprüngliches Vorbild jener Vereinigung von Musik und Lyrik die von der Natur vorgebildete Doppelheit im Wesen der Sprache gelten."

des Poetischen selbst gehört? Die Tragödienschrift, deren erste Fassung sich schon in der Überschrift zum musikalischen Ursprung der Tragödie bekennt, bleibt gegenüber diesem Problem indifferent, ja seine Unlösbarkeit scheint eine der produktiven Grundspannungen der gesamten Abhandlung zu sein.

Während Nietzsche im Lessingschen „Laokoon" die Richtung vorgegeben fand, in welche sich die Ästhetik einer postmetaphysischen Moderne fortentwickeln müsse, um schließlich als Teildisziplin obsolet zu werden, scheint sich für ihn die Schillersche Ästhetik wie keine andere als theoretische Grundlage angeboten zu haben, zeugen doch zumindest drei der zentralen Philosopheme der Tragödienschrift von einer gewissen Vertrautheit mit der Theorie des später abgekanzelten „Moraltrompeters von Säckingen": der für Nietzsches Frühschrift nicht unwichtige Begriff der Naivität, der sich von Schillers Opposition: naiv/sentimentalisch abgrenzt, die anti-schlegelsche Auffassung vom antiken Chor, die Nietzsche aus der Vorrede zur „Braut von Messina" übernimmt und die keine geringere Fragestellung einleitet als die nach dem Verhältnis von Kunst und Wirklichkeit, und schließlich der für Nietzsches Philosophie entscheidende Spiel-Begriff.

Nietzsche greift zwar ausdrücklich auf Schillers Definition des „Naiven" zurück, aber die von ihm eingeführten Oppositionen: dionysisch/appollinisch und tragisch/sokratisch lassen sich zu Schillers Polarisierung: naiv/sentimentalisch nicht symmetrisch darstellen. Das hat seinen Grund einfach darin, daß Nietzsche den Schillerschen Befund des reflektierenden modernen Künstlers nicht übernehmen kann.

Für Nietzsche sind das Apollinische und das Dionysische zwei – aufeinander bezogene – „Kunsttriebe", zwei verschiedene Weisen künstlerischer Ekstasis. Eine etwa dazu etwa in Spannung stehende bewußte künstlerische Intention oder Reflexion wird nicht thematisiert. Die zweite Opposition der Frühschrift: tragisch/sokratisch bezeichnet wiederum nur die Grunddifferenz zwischen künstlerischer und wissenschaftlicher Perspektive. Beide Kunsttriebe sind für Nietzsche „naiv". In der Tragödienschrift bezeichnet Nietzsche sogar das „Naive" in der Kunst ausdrücklich als „höchste Wirkung der appollinischen Cultur", „welche immer erst ein Titanenreich zu stürzen und Ungethüme zu tödten hat und durch kräftige Wahnvorspiegelungen und lustvolle Illusionen über eine schreckliche Tiefe der Weltbetrachtung und reizbarste Leidensfähigkeit Sieger geworden sein muss." (KS 1, 37) Anders als Schiller versteht Nietzsche unter „Naivität" also nicht mehr das Einssein mit der Natur, in dessen Illusion die apollinische Kultur sich spiegelt, sondern das Einssein mit der Illusion, das „völlige Verschlungensein in der Schönheit des Scheines" (ebd.). „Naivität" ist somit für Nietzsche die Wirkung einer Kunst, die die Erfahrung des Chaos mit einem Anschein von Ordnung und Harmonie verhüllt, während in den Dionysien ein „sentimentalischer Zug der Natur" vernehmbar werde, der sich im Urschrei des Leidens an der Individuation äußert. „Naiv" können beide „Kunsttriebe" insofern genannt werden, als sie – dem Schillerschen Konzept gemäß – nicht erst aus einem Bewußtsein des Verlusts hervorgehen, diesen Verlust der Einheit sentimentalisch reflektierend. Vielmehr versteht Nietzsche die Kunst in dieser Phase als unbewußten und lebensnotwendigen Reflex. Die Seite des bewußt kalkulierenden Autors vertritt demgegenüber „das Leben", dessen unbewußt agierendes Organ der Künstler ist.

Den Reflexcharakter auch der neuzeitlichen Kunstproduktion verdeutlicht Nietzsche überdies gegen die Schillersche Kennzeichnung des modernen als des „sentimentalischen" Künstlers – mit einem Schiller-Zitat. Dies geschieht an der Stelle der Tragödienschrift, die der Frage gewidmet ist, wie der Lyriker als Künstler möglich ist: „er, der, nach der Erfahrung aller Zeiten, immer ‚ich' sagt und die ganze chromatische Tonleiter seiner Leidenschaften und Begehrungen vor uns absingt." (KS 1, 43) Nietzsche führt aus:

> Ueber den Prozess seines Dichtens hat uns Schiller durch eine ihm selbst unerklärliche, doch nicht bedenklich scheinende psychologische Beobachtung Licht gebracht; er gesteht nämlich als den vorbereitenden Zustand vor dem Actus des Dichtens nicht etwa eine Reihe von Bildern, mit geordneter Causalität der Gedanken, vor sich und in sich gehabt zu haben, sondern vielmehr eine musikalische Stimmung („Die Empfindung ist bei mir anfangs ohne bestimmten und klaren Gegenstand; dieser bildet sich erst später. Eine gewisse musikalische Gemüthsstimmung geht vorher, und auf diese folgt bei mir erst die poetische Idee"). [KS 1, 43][5]

Wenn Nietzsche in der Tragödienschrift glaubt, gleichsam mit dem Dichter Schiller gegen den Theoretiker Schiller den Begriff der Kunst von jedem Bewußtsein und jeder Reflexion freihalten zu können, so führt ihn gerade dies in eine unlösbare freilich bestechend formulierte Aporie:

> Dies ist das Phänomen des Lyrikers: als Genius interpretiert er die Musik durch das Bild des Willens, während er selbst, völlig losgelöst von der Gier des Willens, reines ungetrübtes Sonnenauge ist. [KS 1, 51]

Die apollinische Betrachtung muß als schlechthin konstitutives Moment eines künstlerischen Übersetzungsvorgangs aus der unmittelbaren Sprache (Ur-Sprache, Musik) in die Sprache der Worte verstanden werden. Würde dieser Vorgang nicht doch treffend mit dem Begriff der Reflexion bezeichnet werden können, wenngleich dieser Begriff von der philosophischen Reflexion in Begriffen unterschieden werden müßte?

Der poetische Transformationsvorgang ist so fundamental, daß zu fragen ist, wie der „dionysische Künstler", von dem im 2. Kapitel der Tragödienschrift die Rede ist, als Künstler überhaupt möglich ist. Die Frage, die Nietzsche in ihrer ganzen Tragweite unbeantwortet lassen muß, liegt gewissermaßen vor derjenigen nach der Relation von apollinischem und dionysischem Künstlertum: Es ist die Frage

---

[5] Nietzsche zitiert aus Schillers Brief an Goethe vom 18. März 1796 (vgl.: Schillers Werke. Nationalausgabe [= NA]. Bd. 28, hg. von Norbert Oellers, Weimar 1969, S. 201 f.).

nach dem Verhältnis vom dionysischen Menschen zum dionysischen Künstler
oder danach, ob der Begriff eines „dionysischen Künstlers" nicht schon in sich
alle Gegensätze und Widersprüche in nuce enthält, die sich später, d. h. sowohl historisch als auch in der Systematik Nietzsches, in Gestalt der Gegensätze apolli-
nisch/dionysisch oder sokratisch/tragisch darstellen.

Die abendländische Entwicklung der Kunst ist nicht denkbar ohne jene individuelle
Distanz, deren Negation der Zustand des Dionysischen vollzieht. Kürzer gesagt, ist
der abendländische Künstler nicht anders denn als Individuum, die Kunst nicht
anders denn als „reflexiv" vorstellbar, wie heftig auch immer ihr Thema der Reflexi-
onsstruktur zu widersprechen scheint. Die Frage, wie der dionysische Künstler
überhaupt möglich ist, ist nur positiv beantwortbar, wenn man den Terminus des
dionysischen Künstlers auf den archaischen Musiker beschränkt, sofern dieser absolut unbewußt produziert. Für die Entwicklung der abendländischen Musikgeschich-
te – auch und besonders in Nietzsches Augen – kann dies nicht mehr angenommen
werden. Vielmehr hat die Musik seit ihrem gemeinsamen Untergang mit der Tragödie eine eigene Formensprache und Rhetorik entwickelt. Die Rekonstruktion einer
rein dionysischen Musik fungiert im Hinblick auf die moderne Kunst als Metapher
einer Idealsprache, in der das Sprechen des Menschen über sein Dasein mit diesem
selbst identisch ist, da er als ganze Gestalt das „natürliche Zeichen" dieser Sprache
ist. Da die Sprache der Musik, insofern sie eine Kunst und insofern sie eine Sprache
ist, notwendig als apollinisch-maßvolle und begrenzte erscheinen muß, kann der ar-
chaische Sprachzustand nur als Metapher, das Dionysische selbst nur als das immer
Abwesende und Nicht-Artikulierbare verstanden werden.

Nietzsche lehnt die Schillersche Konzeption der Moderne, sofern die theoretische
Reflektiertheit der Kunst ein Indiz ihrer Modernität ist, später (in einem Fragment aus dem Jahre 1888) noch einmal deutlich als Dekadenz-Erscheinung ab:

> Dies unterscheidet den Künstler vom Laien (dem künstlerisch-Empfänglichen): letzterer
> hat im Aufnehmen seinen Höhepunkt von Reizbarkeit; ersterer im Geben – dergestalt, daß
> ein Antagonismus dieser beiden Begabungen nicht nur natürlich, sondern wünschens-
> wert ist. Jeder dieser Zustände hat eine umgekehrte Optik, – vom Künstler verlangen, daß
> er die Optik des Zuhörers (Kritikers, –) einübe, heißt verlangen, daß er sich und seine spe-
> zifische Kraft verarme … Es ist hier wie bei der Differenz der Geschlechter: man soll vom
> Künstler, der giebt, nicht verlangen, daß er Weib wird – daß er „empfängt"…

> Unsere Aesthetik war insofern bisher eine Weibs-Aesthetik, als nur die Empfänglichen
> für Kunst ihre Erfahrungen „was ist schön?" formuliert haben. In der ganzen Philoso-
> phie bis heute fehlt der Künstler … Das ist, wie das Vorhergehende andeutete, ein
> nothwendiger Fehler; denn der Künstler, der anfangen würde sich zu begreifen, würde
> sich damit vergreifen – er hat nicht zurück zu sehen, er hat überhaupt nicht zu sehen,
> er hat zu geben – Es ehrt einen Künstler, der Kritik unfähig zu sein … andernfalls ist
> er halb und halb, ist er „modern" … [KS 13, 357]

Was Nietzsche in seiner Kunstphilosophie praktiziert, entspricht aus Schillers
Perspektive genau der Analyse des sentimentalischen Bewußtseins, das sich sein

Paradies entwirft, um in dem Stadium, da er der „gefährlichen Führung seiner Vernunft überliefert worden ist, [. . .] die Gesetzgebung der Natur in einem reinen Exemplar wieder anzuschauen, und sich von den Verderbnissen der Kunst in diesem treuen Spiegel wieder reinigen zu können."[6]

Wie systematisch Nietzsche den Reflexions-Begriff aus seinen Überlegungen über die Dichtung ausgrenzt, wird wieder deutlich, wenn man sein Verständnis der Vorrede zur „Braut von Messina" überprüft. Gegen die geläufig gewordene, von Nietzsche im 7. Kapitel der Tragödienschrift Schlegel zugeschriebenen Auffassung, der antike Chor sei gleichsam ein „Chor idealischer Zuschauer" (KS 1, 54) gewesen, führt Nietzsche Schillers Vorrede ins Feld, in der er „den Chor als eine lebendige Mauer betrachtete, die die Tragödie um sich herum zieht, um sich von der wirklichen Welt rein abzuschliessen und sich ihren idealen Boden und ihre poetische Freiheit zu bewahren." (Ebd.) Während jedoch Schiller mit dieser Äußerung[7] lediglich die Wiedereinführung des Chors auf der modernen Bühne zu legitimieren suchte und gegen den zeitgenössischen „Begriff des Natürlichen"[8] in einem später von Brecht zum Prinzip erhobenen Konzept ein antiillusionistisches, seinen Kunstcharakter mit-inszenierendes Theater forderte, bezieht Nietzsche diese Theorie auf den antiken Chor selbst und entzieht damit seinem Schiller-Zitat die Grundlage. Denn dort, wo Schiller sich auf den antiken Chor bezieht, spricht auch er von der Funktion des Zeugen und Zuschauers, die neben anderen Aufgaben der antike Chor erfülle. Eines der wichtigsten Momente in Schillers Argumentation ist jedoch jene dramaturgische Funktion des Chors, die Handlung von der Reflexion zu trennen, wodurch die Reflexion selbst wiederum poetische Kraft erhalte. Nietzsche kann aber weder die Rolle des Chors als Reflexion der Handlung begreifen, noch die Trennung selbst von Handlung und Reflexion als dramaturgisches Kalkül verstehen, da seine Konstruktion ihm dies nicht zu gestatten scheint. Er muß zwar zugestehen, daß der antike Chor „fingierte Naturwesen" (KS 1, 55) auf ein Kunstgerüst stellt, schreibt diesem aber wiederum eine solche Wirkung zu, daß die Illusion letztlich siegt. Der Chor ist dann doch ein „Chor von Naturwesen, die gleichsam hinter aller Civilisation unvertilgbar leben und trotz allem Wechsel der Generationen und der Völkergeschichte ewig dieselben bleiben." (KS 1, 56)

Für Nietzsche ist die Vorstellung bewußten künstlerischen Produzierens in den Dimensionen der Individualität, deren Gefährdung und Angst durch die Thematisierung von Schicksalsfällen gebannt und versöhnt werden könne, die Naivität des Klassizismus. Die apollinische Erzeugung von Illusionen ist keine Reflexion, sondern Reflex. Die Stelle des angeblichen Autors ist eine Leerstelle, Autor ist allenfalls „das Leben". Das sich selbst als reflektierende Instanz inszenierende „Bewußtsein" gilt es zu demaskieren, zu destruieren.

---

[6] Vgl. Friedrich Schiller: Ueber naive und sentimentalische Dichtung, NA 20, S. 468 f.
[7] Vgl. Friedrich Schiller: Ueber den Gebrauch des Chors in der Tragödie, NA 10, S. 11.
[8] Vgl. ebd., S. 10.

Dies und die Universalisierung des Kunst- und des Spiel-Begriffs, charakterisiert die Philosophie Nietzsches als anti-modernen Entwurf, der sich für die Selbstbestimmung der Post-Moderne als Denkmodell anbot.

Das Problem bei Nietzsches Modell – und nicht nur dort – ist jedoch schon von früh an die Legitimation des eigenen Erkennens und Sprechens. Von welcher Position aus und mit welcher Geltung spricht der, der alles demaskiert? Dieses Problem ist mit dem Kunstgriff, der Einführung der das Apollinische mit dem Sokratischen verbindenden Ironie natürlich nicht aus der Welt zu schaffen. Erstarrt nicht auch die höhere Form der Ironie alsbald zur Maske?

Das Problem führt beinahe zwangsläufig zur Annahme eines „höheren Bewußtseins", das in der Gestalt des Dionysos als der Gott verehrt wird, der aus der Zerrissenheit zur neuen Gestalt zusammengesetzt wird, eine Gestalt, die aus den zur Gemeinschaft erlösten Individuen selbst besteht. Dies ist das Konzept des „Kommenden Gottes", das Nietzsche in der frühen Phase mit Hölderlin verbindet. In der Vision des „höheren Bewußtseins" wird das Individuum – und darin muß der heutige Rezipient das politisch Bedenkliche, ja Gefährliche bei Nietzsche sehen – zur Materie. Dieses „höhere Bewußtsein", das auf der Stufe der Tragödienschrift noch als metaphysische Perspektive erscheint, wird sich im Werk Nietzsches von der transzendenten zur transzendentalen, die Möglichkeitsbedingung des eigenen Sprechens ironisch reflektierenden Instanz wandeln, die sich bald als „zynische" Philosophie aus der Perspektive eines gefühllosen „Dämons", bald in der Maske des „Übermenschen" artikuliert. Der Punkt des Übergangs kann dort ausgemacht werden, wo Nietzsche den Ort des absoluten (metaphysischen) Autors und Zuschauers im künstlerischen Zeugungsakt mit dem dichterischen zusammenfallen läßt. So schließlich kann sich Zarathustra als Dichter zugleich und Religionsstifter begreifen, der mit den Göttern spielt.

Es ist, als ob Schillers ästhetischer Staat, den er in „Ueber die ästhetische Erziehung des Menschen in einer Reihe von Briefen" entwirft, mit einem Schlag hätte zu existieren begonnen, denn wir sind mit Nietzsche am Ende der geschichtlich, in Entwicklungen denkenden Welt angekommen. Im Gegensatz zu Schillers Utopie stehen aber die Fundamente dieser Welt in einem dantesken Inferno.

Die „ästhetische Erziehung des Menschengeschlechts" im Sinne Nietzsches war als Programm zur Abschaffung der Moderne erfolgreich. Sie begann mit der frühromantischen Reaktion auf den Klassizismus als progressive Universalisierung der Poesie (der Kunst überhaupt) und endete mit der Selbststilisierung als Postmoderne. Es gilt nun wohl, zur Bescheidenheit eines „Moraltrompeters von Säckingen" zurückzufinden, dem es nicht in erster Linie um das Menschengeschlecht, sondern um den Menschen ging.

„SCHILLER GANZ ANDERS"

Gerhart Hauptmanns Spiel mit der Weimarer Klassik in der Tragikomödie „Die Ratten"

von Friedhelm M a r x , Wuppertal

Abstract

Während Gerhart Hauptmanns dramatisches Frühwerk die Spuren klassischer Vorbilder radikal verleugnet, bietet die Tragikomödie „Die Ratten" von 1911 eine pointierte Auseinandersetzung mit der Tradition. Hauptmann stellt die Geschichte der Frau John in den Kontext klassischer Muster, ohne sich dabei den Vertretern der zeitgenössischen „Neuklassik" anzunähern. Die kritische Bezugnahme auf Schillers „Braut von Messina", Shakespeares „Hamlet" und andere Vorbilder verleiht der Tragikomödie ihr spezifisch modernes Profil.

In contrast to earlier dramatic works by Gerhart Hauptmann, the tragicomedy „Die Ratten" develops an explicit intertextual dialogue with the classical tradition. Without following the anti-modern neoclassical programme, the drama, written in 1911, contains analogies between the story of Frau John and classical forerunners. Critical references to Schiller's „Die Braut von Messina" and Shakespeare's „Hamlet" shape the modern profile of Hauptmann's drama.

I. Pappenheimer auf dem Dachboden

Mit Schillers „Wilhelm Tell" gab Gerhart Hauptmann im Jahr 1913 sein Regie-Debüt am Deutschen Künstlertheater Berlin. Die Aufführung war umstritten, blieb aber offenbar nicht ohne Erfolg. Im „Berliner Tagesblatt" stand zu lesen, daß das Premierenpublikum den anwesenden Regisseur feierte, der seinerseits den Dank gestisch an Schiller weitergab.[1] Allerdings war Hauptmanns Verhältnis zum Klassiker Friedrich Schiller zu diesem Zeitpunkt bereits „literarisch" vorbelastet. In der Öffentlichkeit galt der prominenteste Dramatiker des Naturalismus auch noch im Jahr 1913 als „Schiller-Stürzer".[2] Zwei Jahre vor der „Tell"-Inszenierung

---

[1] Das Publikum wandte sich beim Rütlischwur „in einmütiger Dankeskundgebung an die Loge [. . .], in der Gerhart Hauptmann stand. Er kam aus dem Hintergrunde hervor und wies auf die Bühne, das heißt auf das Werk Schillers", schrieb Paul Schlenther im „Berliner Tagesblatt", Nr. 472 vom 17. 9. 1913, Morgen-Ausgabe, zitiert nach: Gerhart Hauptmann: Tagebücher 1906 bis 1913. Mit dem Reisetagebuch Griechenland–Türkei 1907, nach Vorarbeiten von Martin Machatzke hg. von Peter Sprengel, Berlin 1994, S. 662.

[2] „Immerhin ist es ein ganz niedlicher Treppenwitz der Literatur- und Theatergeschichte, daß der Dramatiker, der vor zwanzig Jahren von der literarischen Jugend gegen Schiller ausgespielt wurde, und der die ihm von Freunden zugewiesene Pose des Schiller-Stürzers ein kleines Weilchen sich gern gefallen ließ, jetzt ein vollwertiges Schillerwerk als Regisseur und Diener des Dichters inszenieren wird", kommentiert die „B.Z. am Mittag" (17. 6. 1913) unter dem Titel: „Regisseur Dr. Gerhart Hauptmann. Vom Schiller-Stürzer zum Schiller-Regisseur".

hatte Hauptmann sein prekäres Verhältnis zu Schiller sogar eigens auf die Bühne gebracht: In den „Ratten", der Berliner Tragikomödie von 1911, ist Schiller in mehrfacher Hinsicht präsent. Zunächst ist die Bühnenhandlung der „Ratten" augenfällig von Schillerschen Theaterrequisiten umstellt. Das erste Bühnenbild der Tragikomödie zeigt einen Theaterfundus, der übergangsweise im Dachgeschoß einer Kaserne untergebracht ist. Der Einrichtung läßt sich entnehmen, daß in den Glanzzeiten des Ensembles ausgiebig Schiller gespielt wurde: Neben einigen Photographien, die Harro Hassenreuter, den vormaligen Theaterdirektor, als Karl Moor zeigen, beherrschen Requisiten einer „Wallenstein"-Inszenierung den Bühnenraum:

> Zu beiden Seiten des Ganges sind auf Ständern Helme und Brustharnische Pappenheimscher Kürassiere aufgestellt, ebenso in je einer Reihe an der rechten und linken Wand des vorderen Raums. [. . .] Einer der Pappenheimschen Kürassiere trägt einen ungeheuren Lorbeerkranz um den Nacken gehängt, mit einer Schleife, deren Enden in goldenen Lettern die Worte tragen: »Unserem genialen Direktor Hassenreuter! Die dankbaren Mitglieder.« (CA II, 735)[3],

schreibt die Regieanweisung vor. Der Zustand des Fundus läßt keinen Zweifel daran, daß die Schiller-Erfolge des Theaterdirektors der Vergangenheit angehören. Von Hassenreuters Straßburger Intendanz sind offenbar nur Kostüme übriggeblieben. Mittlerweile ist der vormalige Theaterdirektor gezwungen, seinen Kostümbestand für alle möglichen Gelegenheiten auszuleihen: ein buchstäblicher Ausverkauf des klassischen Repertoires.

Innerhalb dieser verblichenen Theaterpracht stehen nicht zufällig Schillers Pappenheimer im Vordergrund. Gerhart Hauptmann greift auf Rüstungsbestände der klassischen Dramatik zurück, die außerhalb ihres ursprünglichen Kontextes mittlerweile eine sprichwörtliche Existenz führen. Wallensteins anerkennende Bemerkung über die Pappenheimer Kürassiere „Daran erkenn' ich meine Pappenheimer" (Wallensteins Tod, III, 15, V. 1871) wird schon im Laufe des 19. Jahrhunderts zum geflügelten Wort.[4] Die redensartlich entstellte Variante „Ich kenne meine Pappenheimer" kehrt die ursprünglich affirmative Bedeutung allerdings um: Wer seine Pappenheimer kennt, durchschaut deren dunkle Absichten. In diesem

---

[3] Soweit nicht anders vermerkt, zitiere ich Hauptmanns Werke nach der Centenarausgabe (CA): Sämtliche Werke, hg. v. Hans-Egon Hass, fortgeführt v. Martin Machatzke u. Wolfgang Bungies, Frankfurt/M., Berlin, Wien 1962–74. Römische Ziffern geben die Bandnummer, arabische Ziffern die Seitenzahl an.
[4] Bereits das von Karl Friedrich Wilhelm Wander herausgegebene „Deutsche Sprichwörter-Lexikon" von 1867–80 verzeichnet die entstellte Variante „Ich kenne meine Pappenheimer" – ohne jeden Hinweis auf Schiller. Vgl. Deutsches Sprichwörter-Lexikon. Ein Hausschatz für das deutsche Volk, hg. von Karl Friedrich Wilhelm Wander, Leipzig 1873, Bd. 3, Sp. 1176. Vgl. auch Lutz Röhrich: Das große Lexikon der sprichwörtlichen Redensarten, Freiburg 1992, Bd. 2, S. 1140.

sprichwörtlichen Sinn tauchen die Pappenheimer auch in den „Ratten" auf. Die Schauspielerin Alice Rütterbusch zitiert Schiller redensartlich, als sie sich im ersten Akt zu einem Rendezvous mit Hassenreuter auf dem Dachboden einfindet. „I kenn' doch meine Pappenheimer" (CA II, 747), sagt sie, als Hassenreuter auf die Rüstungen zu sprechen kommt. Die Kostüme sind ihr von der Straßburger Theaterzeit her bekannt, – zugleich durchschaut sie die amourösen Absichten ihres alten (und zukünftigen) Theaterdirektors: In der Berliner Tragikomödie erscheint Schiller in der Schrumpfform geflügelter Worte. Beiläufig stellt Hauptmann die banalisierte Klassikerrezeption des frühen 20. Jahrhunderts bloß. Schiller sei bis zur Geschmacklosigkeit popularisiert worden, bemerkt er gut 30 Jahre später.[5] In der „Tell"-Inszenierung von 1913 mutet Hauptmann dem Publikum nicht zufällig Streichungen zu, die gerade die mittlerweile geflügelten Worte des Klassikers betreffen.[6]

Während die Schauspielerin Wallensteins Pappenheimer zumindest noch sprichwörtlich wiedererkennt, sind sie einem späteren Besucher des Dachbodens vollends unkenntlich. Im dritten Akt der „Ratten" berührt Landpastor Spitta mit seinem Stock eine der Rüstungen und fragt beiläufig, um was es sich handelt. Daß es Pappenheimsche Kürassiere sein sollen, überrascht ihn offensichtlich: „Ah, ah, ich stellte mir Schiller ganz anders vor!" (CA II, 783), kommentiert er Hassenreuters Auskunft. Hauptmann läßt sich die komische Pointe nicht entgehen, daß die Figuren, deren sprichwörtliches Merkmal darin besteht erkannt zu werden, als Pappenheimer erst vorgestellt werden müssen.

Allerdings legt Gerhart Hauptmann Wert darauf, daß das Publikum die Orientierungslosigkeit des Landpastors teilt. Laut Regieanweisung ist für den Zuschauer eingangs unklar, „ob man sich in der Rüstkammer eines alten Schlosses, in einem Antiquitätenmagazin oder bei einem Maskenverleiher befindet" (CA II, 735). Die Pappenheimschen Kürassiere lassen „bei dem ungewissen Licht" (ebd.) des Dachbodens weder vollkommene Illusion noch Desillusion zu. Ob die Brustharnische als Bestandteile einer Rüstkammer noch in Funktion oder zu Antiquitäten degradiert oder von vornherein nur Masken sind, klärt sich erst im Verlauf des ersten Aktes. Die Mehrdeutigkeit der Kulisse hängt mit den unterschiedlichen Funktionen des Dachbodens zusammen, der als Lagerraum, Bürokontor und Probebühne dienen muß – im Verlauf des Stücks kommt eine weitere, verhängnisvolle Funktion hinzu. Kein anderes Drama Gerhart Hauptmanns setzt in einer derart

---

[5] Vgl. C. F. W. Behl: Zwiesprache mit Gerhart Hauptmann. Tagebuchblätter, München 1949, S. 128.

[6] Vgl. Hans-Adolf Schultze: Der Schauspieler Rudolf Rittner (1869–1943). Ein Wegbereiter Gerhart Hauptmanns auf dem Theater, Phil. Diss. Berlin 1961, S. 84 f. „Grundsätzlich gestrichen sind alle Verse, die im Laufe der Zeit in den Zitatenwortschatz der Alltagssprache übergegangen sind", resümiert Joachim Weno: Der Theaterstil des Naturalismus, Phil. Diss. Berlin 1951, S. 240.

vieldeutigen Umgebung ein.[7] Die Dramatiker des Naturalismus schreiben dem sozialen Milieu prägende Kraft zu – und schreiben es dementsprechend für die Bühnenrealisierung ihrer Stücke präzise vor. Dem ersten Akt der „Ratten" dagegen ist eine Regieanweisung vorangestellt, die ihren ganzen Detailreichtum darauf verwendet, die Kulisse mehrdeutig und „ungewiß" erscheinen zu lassen. Diese Vieldeutigkeit gehört zum Profil der Berliner Tragikomödie und markiert zugleich einen neuen Akzent im Werk Gerhart Hauptmanns. Die irritierende Plazierung der „klassischen" Rüstungen trägt dazu bei, daß die Dramenhandlung doppelbödig wird. Hassenreuters Dachboden ist sowohl Abbild einer bedrückenden sozialen Wirklichkeit als auch Bühne auf der Bühne: Spiegelbild der Wirklichkeit und Spiegelbild der Theaterillusion.

II. Theaterproben

Ihr modernes Profil erhält die Berliner Tragikomödie nicht durch das auf der Bühne ausgestellte soziale Milieu. Im Jahr 1911 ist das Berliner Publikum mit den Provokationen der naturalistischen Dramatik schon hinreichend vertraut. Demgegenüber markiert die Überblendung des naturalistischen Sujets mit klassischen Requisiten, wie sie sich im ersten Bühnenbild der „Ratten" andeutet, einen neuen Akzent. Im dritten Akt der Tragikomödie setzt sich die literarische Auseinandersetzung mit dem (angestaubten) Erbe klassischer Dramatik fort. Während sich ein Stockwerk tiefer die Tragödie der Frau John abzuzeichnen beginnt, gibt Hassenreuter „dramatischen Unterricht". Dr. Kegel und Käferstein, zwei Schauspielschüler Hassenreuters, rezitieren Chorlieder aus der „Braut von Messina". Ein weiteres Mal erscheint Schiller entstellt. Hassenreuter unterrichtet seine Schüler nach Goethes „Regeln für Schauspieler" – mit dem Resultat, daß die „gewaltige[] Pathetik" (CA II, 774) der Deklamation von einem Leierkasten nicht zu unterscheiden ist. Die erste Theaterprobe auf dem Dachboden ist nicht dazu angetan, Schillers „Braut von Messina" neue Bühnenperspektiven zu eröffnen. Im Unterschied zu dieser offensichtlichen Verhunzung erprobt Spitta junior, der abtrünnige Sohn des Landpastors und Hassenreuters jüngster Schüler, einen anderen, sichtlich eindrucksvolleren Deklamationsstil. Ohne „statuarische Haltung" (CA II, 775) und absichtsvoll „ohne Pathos" (CA II, 777) erzielt Spittas Vortrag eine Wirkung, der sich selbst Hassenreuter für „einige Sekunden" nicht entziehen kann. Natürlich kommt es zum Streit zwischen Lehrer und Schüler. Indem Hauptmann auf der Bühne über Für und Wider der Goetheschen „Regeln für Schauspieler" streiten läßt, wird das mit autobiographischen Elementen unterleg-

---

[7] Einzig der Schauplatz des dritten Akts von „Und Pippa tanzt!", das Gebirgshaus des „mythischen" Wann, ist auf ähnliche Weise „ungewöhnlich" eingerichtet (CA II, 292). Cramptons Atelier hingegen entspricht in seiner „malerischen Unordnung" zu sehr der Lebensform eines Künstlers, um ungewöhnlich oder irritierend zu wirken (CA I, 263 f.).

te Berlin der 1880er Jahre, in dem das Stück angesiedelt ist[8], für die Gegenwart durchsichtig. Mit den „Ratten" bezieht Hauptmann Stellung in einer zeitgenössischen Regie-Debatte. Auf der einen Seite steht der Leiter des Hamburger Theaters, Alfred von Berger, der Goethes Schauspielregeln für die Inszenierungspraxis der Gegenwart retten will – und Gerhart Hauptmann persönlich bekannt ist.[9] Auf der anderen Seite steht Richard Meyer, der im Goethe-Jahrbuch des Jahres 1910 eine kritische Antwort auf das Plädoyer des Hamburger Theaterleiters gibt: Meyer zieht die Tauglichkeit der „Regeln für Schauspieler" als „Theaterkatechismus" grundsätzlich in Zweifel.[10] Goethes Regeln seien historisch bedingt und dementsprechend den Dramaturgen und Schauspielern der Gegenwart nicht zu empfehlen. Zugleich warnt Meyer vor dem radikal-naturalistischen Deklamationsstil, wie ihn Otto Brahm erstmals 1894 an Schillers „Kabale und Liebe" erproben ließ. Insbesondere Schillers „Braut von Messina", der Goethe ja ausnahmslos seine Sprechbeispiele entnommen habe, eigne sich nicht, um in Gestalt „lebendigster Naturwahrheit" auf der Bühne gegeben zu werden.[11] Daß Hauptmann den Aufsatz von Meyer für seine „Ratten" benutzt hat, ist seit längerem bekannt. Womöglich bestärkte ihn Max Reinhardts Inszenierung der „Braut von Messina", die erstmals am 12. April 1910 in Berlin zu sehen war, in dem Vorhaben, Schillers Drama kontrastiv, das heißt in herkömmlicher und in naturalistischer Deklamation, auf der Bühne vorzuführen.[12] Jedenfalls lag Hauptmann dar-

---

[8] Hauptmann hat selbst mehrfach darauf hingewiesen, daß er in den „Ratten" Erinnerungen an seinen Schauspielunterricht bei Alexander Heßler in den Jahren 1884–85 verarbeitet hat. Heßlers Fundus war in einer Berliner Kaserne untergebracht und stammte von glücklicheren Straßburger Theaterzeiten. Vgl. CA VII, 1046.

[9] Freiherr Alfred von Berger: Über Goethes Verhältniss zur Schauspielkunst, in: Goethe-Jahrbuch XXV, 1904, S. 1*–15*. Im Jahr 1908 bringt Berger sowohl „Kaiser Karls Geisel" als auch „Und Pippa tanzt!" mit großem Erfolg auf die Hamburger Bühne. Hauptmann ist „höchst dankbar". Vgl. Tagebücher 1906 bis 1913 [Anm. 1], S. 201 u. 563 f.

[10] Vgl. Richard M. Meyer: Goethes „Regeln für Schauspieler", in: Goethe-Jahrbuch XXXI, 1910, S. 117–135, hier S. 135. Hassenreuter erklärt den „Goethesche[n] Schauspielerkatechismus zum A und O" seiner künstlerischen Überzeugung; vgl. CA II, 779.

[11] „Kann in der Vorführung der Isabella, der feindlichen Brüder wirklich »lebendigste Naturwahrheit« gegeben werden? Niemand würde sich mehr als der ausgezeichnete Leiter des Hamburger Theaters [Alfred Berger] [. . .] entsetzen, wenn etwa Kainz den Manuel so in den Ton des modernen Naturalismus transponieren würde, wie Rittner den Ferdinand Walter – auch dies schon unerträglich genug – dahin übersetzt hat." Meyer [Anm. 10], S. 123. Rudolf Rittners naturalistische Deklamation sorgte in der „Kabale und Liebe"-Inszenierung von Otto Brahm am 1. September 1894 für Aufsehen.

[12] Vgl. hierzu Karin Dieckmann: Die Braut von Messina auf der Bühne im Wandel der Zeit, Helsingfors 1935, S. 148–160. Ob Hauptmann eine der zehn Vorstellungen der Reinhardt-Inszenierung besucht hat oder nur aus der Tagespresse von ihr erfuhr, ist dem Tagebuch nicht zu entnehmen. Zum Zeitpunkt der Aufführungen war der dritte Akt der „Ratten" nahezu fertiggestellt. Zur Datierung der Textentstehung vgl. Rudolf Ziesche: Mutter John und ihre Kinder. Zur Vor- und Textgeschichte der „Ratten", in: Hauptmann-Forschung. Neue Beiträge, hg. v. Peter Sprengel u. Philip Mellen, Frankfurt/M. 1986, S. 225–248.

an, Meyers Kritik des Goetheschen Theaterkatechismus spielerisch zu überbieten. Der Theaterprobe im dritten Akt der „Ratten" ist zu entnehmen, daß nicht einmal Schillers „Braut von Messina" mit Hilfe der „klassischen" „Regeln für Schauspieler" auf die Bühne zu bringen ist. Im Gegenteil: Nur Spittas dezidiert naturalistische Deklamation vermag die Eindringlichkeit des Chorlieds hervorzuheben.

Goethes klassische Inszenierungspraxis wird in den „Ratten" nicht nur gesprächsweise kritisiert. Was Spitta (fälschlicherweise) aus Goethes Regeln zitiert, greift Hauptmann in pointierter Abwandlung auf:

> SPITTA. Und was soll man sagen, wenn er [Goethe] dekretiert: jede spielende Person, gleichviel welchen Charakter sie darstellen soll – wörtlich! –, müsse etwas Menschenfresserartiges in Physiognomie zeigen – wörtlich! –, wodurch man sogleich an ein hohes Trauerspiel erinnert werde.
>
> *Käferstein und Kegel versuchen Menschenfresserphysiognomien.* (CA II, 779)

Während Käferstein und Kegel durch ‚künstliche' Entstellung die Fallhöhe der Tragödie zu erreichen versuchen, verändert sich die Physiognomie der Frau John ohne ihr Zutun, als Pauline Piperkarcka ihr Kind zurückfordert:

> FRAU JOHN, *furchtbar verändert*. Sieh mir ma an Mächen! Mächen, sieh mir ma in't Jesicht! – Jloobst du, det mit eene, die aussieht wie ich . . . det mit mir noch zu spaßen is? (CA II, 771)

Innerhalb der „Ratten" kommt nicht jeder spielenden Person etwas „Menschenfresserartiges in der Physiognomie" zu, sondern ausschließlich derjenigen Figur, die unter echtem Leidensdruck steht.

Gerhart Hauptmann hat seine Kritik der klassischen Regievorgaben in späteren Jahren explizit wiederholt – und überdies praktisch unter Beweis gestellt: Die „Tell"-Inszenierung von 1913 steht eindeutig in der naturalistischen Spieltradition.[13] Hauptmanns Regie präsentiert Schillers klassische Dichtung so modern, daß Kritiker die „Enteignung" ihres Stils beklagen.[14]

Hinsichtlich moderner, zeitgemäßer Inszenierungspraxis stimmt Hauptmann offenbar mit dem provokativen Schauspielschüler aus den „Ratten" überein. Nicht

---

[13] In einem Gespräch mit Carl Friedrich Wilhelm Behl aus dem Jahr 1942 unterstreicht Hauptmann seinen Standpunkt: „Wie ich zu Goethes Schauspieler-Regeln stehe, kann man aus meinen »Ratten« entnehmen." Vgl. C. F. W. Behl [Anm. 5], S. 119. Vgl. hierzu: Gerhart Hauptmann: Die Ratten. Erläuterungen und Dokumente, hg. von Werner Bellmann, Stuttgart 1990, S. 36 f.

[14] „Ohne Rücksicht auf den Rhythmus, ohne rechtes Gefühl für das Tempo des befeuernden Wortes wurde jenes suchende Stammeln, jene unterstreichende Dehnung, jene Überdeutlichkeit der trennenden und vorbereitenden Pausen bevorzugt, die [. . .] den »Sinn herausholen« sollen", schreibt Alfred Klaar in der Vossischen Zeitung Nr. 472 vom 17. 9. 1913, zitiert nach Hans-Adolf Schultze [Anm. 6], S. 85. Vgl. auch Weno [Anm. 6], S. 239–251.

so eindeutig ist allerdings, ob Hauptmann sich gleichfalls der dramenimmanenten Schiller-Kritik anschließt. Spitta hält nichts vom „sonoren Bombast" der „Braut von Messina" (CA II, 777) und verachtet die „Schule Schiller-Goethisch-Weimarischer Unnatur" (CA II, 752). Darin trifft er sich mit den Dramatikern des Naturalismus, die – wie Norbert Oellers gezeigt hat – wenig mit Schiller anfangen konnten.[15] Gerhart Hauptmann scheint allerdings spätestens im Jahr 1911 durchaus etwas mit Schiller anfangen zu wollen.

Auf den ersten Blick nimmt sich das herbeizitierte Chorlied der „Braut von Messina" auf dem Dachboden der Berliner Kaserne komisch aus. Käferstein und Kegel begrüßen die „prangende Halle" und das „säulengetragene[] herrliche[] Dach" des Herrscherhauses von Messina mit gewaltiger Pathetik (CA II, 774); ihre tatsächliche Umgebung ist dazu angetan, Schillers Diktion ironisch zu relativieren. Der Berliner Dachboden ist denkbar weit von der „klassischen" Kulisse der „Braut von Messina" entfernt. Während die Schüler „des Streits schlangenhaariges Scheusal" Schiller-getreu vor die Tore weisen, unterbricht Hassenreuter wütend den Vortrag, – um sich über schauspielerische Elementarkenntnisse zu streiten. Was immer an Schiller-Zitaten von den Schauspielschülern vorgetragen wird, trifft auf einen Widerspruch, der Komik erzeugt. Vom Ernst der Textvorlage bleibt auch darum nicht viel übrig, weil die Rezitation Schillers Chorliedern einen grotesken Doppelsinn verleiht. Nicht zufällig setzen Kegel und Käferstein ihren Vortrag mit den Zeilen „Weisere Fassung / ziemet dem Alter [. . .]" in dem Moment fort, wo der Theaterdirektor von seiner Tochter der heimlichen Liebschaft mit Alice Rütterbusch überführt wird (vgl. CA II, 787). Zuletzt teilt sich die Doppeldeutigkeit der klassischen Zitate auch den Bühnenfiguren mit. Als Hassenreuter seinen aufsässigen Schüler (diesmal mit Kleist) in den Staub schicken will, brechen Käferstein und Kegel in Gelächter aus: Im Staub des Dachbodens steht Spitta bereits – und mit ihm der bildungswütige Theaterdirektor Hassenreuter (vgl. CA II, 780).

Darüber hinaus widerlegt Hauptmanns Tragikomödie implizit das der „Braut von Messina" vorangestellte Tragödienkonzept. Wie Schiller in seinem Essay „Über den Gebrauch des Chors in der Tragödie" zu verstehen gibt, zielt die Wiedereinführung des Chors in der „Braut von Messina" unter anderem darauf ab, „dem Naturalismus in der Kunst offen und ehrlich den Krieg zu erklären".[16] Gerhart

---

[15] „Gerhart Hauptmann hielt Schiller für begabt, – als Vorbild hat er ihn nie anerkannt; das Festgedicht von 1905 täuscht darüber sowenig hinweg wie eine „Wilhelm Tell"-Aufführung, die Hauptmann 1913 im Berliner »Deutschen Künstlertheater« inszenierte, oder gelegentliche väterlich anerkennende Bemerkungen über Schillers Vortrefflichkeit. Die Distanz war sehr groß." Schiller – Zeitgenosse aller Epochen. Dokumente zur Wirkungsgeschichte Schillers in Deutschland, hg. v. Norbert Oellers, München 1976, Teil II, S. XXVI. Vgl. auch S. 609.

[16] Schillers Werke (Nationalausgabe) Bd. 10, hg. v. Siegfried Seidel, Weimar 1980, S. 11.

Hauptmann läßt auf die Rezitation der Chorlieder ein Plädoyer für naturalistische Dramatik folgen, das dem Klassizismus auf der Bühne nicht weniger heftig den Krieg erklärt.[17] Auch bildet Hassenreuters Schiller-Chor alles andere als die von Schiller vorgesehene „lebendige Mauer [. . .], die die Tragödie um sich herumzieht, um sich von der wirklichen Welt rein abzuschließen".[18] Als Pauline Piperkarcka und Frau Kielbacke den dramatischen Unterricht auf dem Dachboden vollends zu sabotieren drohen, versucht Hassenreuter die eindringende „Wirklichkeit" mit Schillers Chorliedern zu verdrängen: „Ohne Umstände los! Retten Sie mich, Käferstein"(CA II, 788), ruft er seinem Schauspielschüler zu, um nichts mehr von verschwundenen Pflegekindern zu hören. Bevor Käferstein seine Chorlied-Rezitation fortsetzen kann, erläutert Frau Kielbacke allerdings die näheren Gründe ihres Besuchs. Unter dem Eindruck der merkwürdigen Vorgänge gibt Hassenreuter die Chorprobe auf und geht dem Fall der Kindsunterschiebung nach: Auf Hauptmanns Bühne setzt sich die ‚wirkliche' Tragödie der Frau John gegen die gespielte Tragödie von Schiller durch. Während Schiller zufolge die lyrische Sprache des Chors das sprachliche Niveau der Tragödie insgesamt vereinheitlicht und veredelt, läßt Hauptmann die unterschiedlichsten Idiome aufeinanderprallen: Brunos „Rinnsteinsprache"[19], die bildungsprätentiöse Kunstsprache des Theaterdirektors und den hohen Ton der Schillerschen Chorlieder: Disparater geht es nicht. Die groteske Rezitation aus Schillers „Braut von Messina" dient offensichtlich dazu, den beträchtlichen Abstand zur Epoche der Weimarer Klassik auf die Bühne zu bringen.

III. Vorgezeichnetes Leid

Die poetologische Distanz der Berliner Tragikomödie zur „Braut von Messina" wird selbst dort deutlich, wo Hauptmann unmittelbar an Schillers Vorbild anknüpft. Gerhard Kaiser hat darauf hingewiesen, daß Hassenreuter und seine Eleven in mehrfacher Hinsicht ein strukturelles Pendant zum Schillerschen Tragödienchor bilden.[20] In der Tat stellt das Hassenreuter-Ensemble des Stücks Be-

---

[17] Spittas Ausführungen entsprechen im wesentlichen den poetologischen Überzeugungen des jungen Gerhart Hauptmann. Er leugnet die Handlung im Drama, die poetische Gerechtigkeit, die künstliche Sprechkultur des Theaterbetriebs und spricht auch Figuren des dritten Stands tragische Würde zu. Vgl. CA II, 777 ff.

[18] Schiller [Anm. 16], S. 11.

[19] So der Titel des von Hans Ostwald publizierten (und von Hauptmann benutzten) Lexikons: Rinnsteinsprache. Lexikon der Gauner-, Dirnen- und Landstreichersprache, Berlin [1906]. Vgl. hierzu Werner Bellmann: Rinnsteinsprache. Anmerkungen zu Hauptmanns „Die Ratten", in: Wirkendes Wort 37, 1987, S. 265–68.

[20] Gerhard Kaiser: Die Tragikomödien Gerhart Hauptmanns, in: Festschrift für Klaus Ziegler, hg. von Eckehard Catholy und Winfried Hellmann, Tübingen 1968, S. 269–289. Vgl. auch Peter Sprengel: Zwischen Nachfolge und Parodie. Zur Klassik-Rezeption im Drama der Jahrhundertwende, in: ders.: Literatur im Kaiserreich. Studien zur Moderne, Berlin 1993, S. 130–146.

trachtungen an, wie sie dem von Schiller wiederbelebten Chor der griechischen Tragödie zukommen. Die Theaterleute fungieren auf der Bühne insofern als Zuschauer, als sie einen fortlaufenden Kommentar zu den Ereignissen abgeben, die sich vor ihren Augen abspielen. Je weiter Hassenreuter, Käferstein, Kegel und Spitta in die Tragödie der Frau John hineingezogen werden, desto expliziter versuchen sie, sie zu deuten.

Das beginnt schon, als der tragische Ausgang der Handlung für die Schauspieler noch gar nicht abzusehen ist. Im zweiten Akt der „Ratten" finden sich Hassenreuter und seine Familie in der Wohnung der Familie John ein, um zum (vermeintlichen) Nachwuchs zu gratulieren. Käferstein und Kegel kommen dazu und geben zur Begrüßung spaßeshalber einen Ausschnitt aus der Weihnachtsgeschichte: „Wir sind nämlich die drei Könige aus dem Morgenlande. [. . .] Wir wollen das Kindelein grüßen", sagt Käferstein „mit Grabesstimme" (CA II, 762). Diese komische Einlage dient nicht nur dazu, Käferstein und Kegel als zukünftige Schauspieler einzuführen. Für einen Augenblick avanciert die Berliner Maurerpolierswohnung zur biblischen Herberge.[21] Käferstein transponiert den Anblick von Mutter und Sohn spielerisch in eine mythische Konstellation, die Heil verspricht. Ungeachtet des komischen Effekts gehört eine derartige Deutung der Bühnenhandlung zu den ‚klassischen' Aufgaben des Chors. Und nicht zufällig findet sich ein genaues Vorbild in Schillers „Braut von Messina". Gleich der erste Chor des Trauerspiels stellt das Verhältnis zwischen Isabella und ihren Söhnen in mythologische Zusammenhänge:

> ERSTER CHOR. [. . .]
> Schön ist der Mutter
> Liebliche Hoheit
> Zwischen der Söhne feuriger Kraft,
> Nicht auf der Erden
> Ist ihr Bild und ihr Gleichniß zu sehn.
> [. . .]
> Selber die Kirche, die göttliche, stellt nicht
> Schöneres dar auf dem himmlischen Thron,
> Höheres bildet
> Selber die Kunst nicht, die göttlich gebohrne,
> Als die Mutter mit ihrem Sohn.[22]

Mit seiner grotesken Einlage knüpft Käferstein an Schillers Chorlied an. In den „Ratten" wie in der „Braut von Messina" wird das im Bild des Mythos beschwo-

---

21 Zu dieser Parodie der Weihnachtsgeschichte gehört auch, daß Käferstein anstelle von Weihrauch und Myrrhe eine feuersichere Sparkasse als Geschenk überreicht (CA II, 762 f.). Wenig später ist mehrfach von einem „bösen" oder „feindlichen" Stern die Rede, der über der Mietskaserne stehen soll (CA II, 766 u. 790).
22 Schiller [Anm. 16], S. 29 f.

rene Heil den Figuren nicht zuteil. Für Gerhart Hauptmann ist die mythologische Handlungsdeutung des ‚Chors' allerdings nur noch als schauspielerische Pose denkbar. Wenn Hassenreuter in der letzten Szene das Kind zu retten versucht, zitiert er die biblische Heilsgeschichte ein weiteres Mal im Modus des „Als ob": „Kämpfen Sie, Spitta! Hier sind ihre Eigenschaften am Platz! Vorwärts! Vorsicht! So! Bravo! Als wär' es das Jesuskind!" (CA II, 830) Wenig später wird der Einsatz für das „göttliche" Kind als schauspielerisches Heldentum entlarvt. Auf Drängen seiner Frau erwägt Hassenreuter für einen Augenblick, das verwaiste Kind anzunehmen.

> HASSENREUTER. [. . .] Mag sein, daß in diesen verkrochenen Kämpfen und Schicksalen manches heroisch und manches verborgen Verdienstliche ist. Aber Kohlhaas von Kohlhaasenbrück konnte da mit seinem Gerechtigkeitswahnsinn auch nicht durchkommen. Treiben wir praktisches Christentum! Vielleicht können wir uns des Kindchens annehmen. (CA II, 831)

Als ihm die finanziellen und behördlichen „Scherereien" vor Augen geführt werden, winkt er entschieden ab: „Dazu hätte ich allerdings keine Zeit übrig." (CA II, 831) Damit schlägt das eingangs zitierte mythische Heil endgültig in Unheil um.[23] Vor dem Hintergrund der spielerisch assoziierten Weihnachtsgeschichte nimmt sich die Tragödie der Frau John um so bitterer aus. Das Kind wird sterben, wo schon die leibliche Mutter umgebracht, die Pflegemutter tot und der vermeintliche Vater fassungslos sind. Es hat den Anschein, als spiele Hauptmann an dieser Stelle ein weiteres literarisches Muster durch. Kleists Novelle „Das Erdbeben in Chili" endet damit, daß ein Waisenkind von Pflegeeltern tatsächlich angenommen wird. Der brutalen Ermordung der Eltern durch eine fanatisierte Menge geht auch bei Kleist eine Idylle voraus, in der Vater, Mutter und Kind zur heiligen Familie stilisiert werden. Daß der Säugling als einziger dem Unheil entgeht und eine neue Familie findet, verleiht der Novelle einen versöhnlichen Schluß.[24] Diese positive Wendung bringt Hauptmann allerdings nur ins Spiel, um sie für seine Geschichte radikal auszuschließen. Aller Voraussicht nach wird das Kind der Piperkarcka ins Waisenheim der Frau Kielbacke abgeschoben, wo „von's Dutzend merschents zehn" sterben (CA II, 830).[25]

---

[23] Peter Sprengel hat darauf hingewiesen, daß in einer früheren Fassung der „Ratten" vom Sommer 1910 dieses mythologische Register noch erweitert wird: „Spitta erblickt eine Gloriole um das Kind im Körbchen, gleichzeitig Moses, Eros, Jesus und Dionysos bemühend." Peter Sprengel: Die Wirklichkeit der Mythen. Untersuchungen zum Werk Gerhart Hauptmanns aufgrund des handschriftlichen Nachlasses, Berlin 1982, S. 305. Eine letzte Spur dieser „göttlichen" Attribuierung bergen die Namen der vertauschten Kinder: „Theophil" gibt die Piperkarcka als Zweitnamen ihres Kindes an; der Sohn der Knobbe heißt Helfgott (CA II, 772 u. 793).
[24] Wenn auch die Dynamik der Handlung nahelegt, daß dieses Glück abermals in Unglück umschlagen wird. Vgl. hierzu Stefanie Marx: Beispiele des Beispiellosen. Heinrich von Kleists Erzählungen ohne Moral, Würzburg 1994, S. 115–160.
[25] In früheren Fassungen der „Ratten" stellt Hauptmann die Rettung des Kindes noch in Aussicht. Der Schlußsatz einer Vorstufe lautet: „Und nun denk' ich, falls wir uns einig sind: das arme Jeschöpfchen hier soll keine Not leiden" (CA IX, 1180).

Vor diesem tragischen Finale zitiert der ‚Chor' der Schauspieler ein zweites Deutungsmuster herbei, das der biblischen Assoziation radikal entgegensteht. Hauptmann greift die verhängnisvollen Aspekte jenes Textes auf, den Käferstein, Kegel und Spitta auf der Bühne zu Gehör bringen. In Schillers Chorlied ist von Erinnyen die Rede, deren zerstörerisches Potential (erfolglos) aus dem Handlungsraum des Dramas verbannt wird. Hassenreuter unterbricht die Rezitation seiner Schüler und hebt diese Passage besonders hervor:

> DIREKTOR HASSENREUTER: [. . .] »Hütet der Eid!! – der Erinnyen Sohn.« Der Eid ist der Erinnyen Sohn, Dr. Kegel! Stimme heben! Tot! Das Publikum, bis zum letzten Logenschließer, ist eine einzige Gänsehaut! Schauer durchrieselt alle Gebeine! Passen Sie auf: »Denn des Hauses Schwelle hütet der Eid!!! – der Erinnyen Sohn, der furchbarste unter den Göttern der Hölle!« [. . .] (CA II, 775)

Wenig später stürmt die vom Kindertausch betroffene Frau Knobbe den Dachboden, wo sie ihr entführtes Kind vermutet. Hassenreuter hat mittlerweile die Schiller-Rezitation aufgegeben, greift allerdings auf das Chorlied zurück, wenn er mit einem gewissen Widerwillen „diese Megäre da draußen" hereinzulassen beschließt (CA II, 792). Indem Frau Knobbe beiläufig zu den Erinnyen gerechnet wird, deutet sich an, daß das Unheil innerhalb der Tragikomödie seinen Lauf nimmt.

Nicht weniger bedrohlich wirkt das Haupt der Medusa, von dessen Anblick im zweiten Teil des Schillerschen Chorlieds die Rede ist.

> SPITTA [. . .].
> Zürnend ergrimmt mir das Herz im Busen,
> zu dem Kampf ist die Faust geballt,
> denn ich sehe das Haupt der Medusen,
> meines Feindes verhaßte Gestalt.
> [. . .] (CA II, 777)

Spittas Rede vom Anblick der Medusa korrespondiert poetologischen Überlegungen, die Hauptmann unter dem Eindruck seiner Griechenlandreise von 1907 anstellt. Im Tagebuch bezeichnet das Haupt der Medusa wesentliche Aspekte des Tragischen: „Der Dichter der Tragödie, oder Tragikomödie muss während der Arbeit das Haupt der Medusa sehen", notiert er am 1. November 1908.[26] Im Zensurexemplar der „Ratten" wird dieser Anblick explizit Hassenreuter und seinem Schüler zuteil: „Spitta, wir haben das Haupt der Gorgo gesehen", kommentiert Hassenreuter dort den verzweifelten Abgang der Frau John im fünften Akt.[27]

---

[26] Tagebücher 1906 bis 1913 [Anm. 1], S. 220. Vgl. auch die entsprechenden Passagen in „Griechischer Frühling" (CA VII, 80 f.) und Hauptmanns Aufsatz „Deutschland und Shakespeare" von 1915 (CA VI, 928 f.). Vgl. hierzu Kaiser [Anm. 20], S. 282.
[27] Vgl. Bellmann [Anm. 13], S. 58 und 60.

Mit dieser Erkenntnis hätte die Berliner Tragikomödie im Verlauf ihrer Handlung Schillers „Braut von Messina" eingeholt. Hauptmann nimmt diese Passage in der letzten Fassung zurück. Schon im Tagebuch von 1908 schreibt er, daß das Haupt der Medusa „nicht auf den Schreibtisch im gemüthlichen Studirzimmer eines Gelehrten" paßt.[28] Spitta und Hassenreuter gehören nicht zu denjenigen, die imstande wären, den Anblick der Medusa wahrzunehmen, aus- und festzuhalten.[29] Hauptmanns moderne Spielart des Chors stellt allenfalls redensartlich eine Verbindung zur griechischen Mythologie her. Welche Banalisierung dem herbeizitierten Arsenal der griechischen Mythologie widerfährt, zeigt u. a. Hassenreuters Reaktion auf einen despektierlichen Brief: „Als ob man nicht wüßte, daß von allen Flüchen der Fluch der Lächerlichkeit der schlimmste ist" (CA II, 820), bemerkt der Theaterdirektor – und läßt zugleich Schillers Deutung des antiken Geschlechterfluchs mit allem verfügbaren Pathos rezitieren.

Wie das Spiel mit der christlichen Verheißung bleiben auch die antiken Bilder des Ungeheuerlichen in der Berliner Mietskaserne ohne letzte Verbindlichkeit. Die christlichen und mythologischen Vorbilder, die Schiller in der „Braut von Messina" zur Deutung der Handlung nutzt, verkommen bei Hauptmann zum bloßen Bildungszitat. Allerdings taucht in den „Ratten" ein modernes Äquivalent zum ‚klassischen' Deutungsrepertoire auf. Vom ersten Akt der Tragikomödie an kursiert auf der Bühne die Rede von Geistern und Gespenstern. Hassenreuters Tochter Walburga, Paul John, Käferstein und der junge Spitta glauben unabhängig voneinander Gespenster zu sehen. Mit dieser Chiffre des Unheimlichen knüpft Hauptmann an eine explizit moderne Tradition an. Bei Henrik Ibsen versieht erstmals ein Gespensterfluch die Funktion der antiken Erinnyen. In dem 1887 in Deutschland uraufgeführten Drama „Gespenster", das Hauptmanns frühe Bühnenstücke wesentlich geprägt hat[30], sieht sich Frau Alving von Gespenstern der Vergangenheit umgeben, die ihre Familienpläne unverhofft einholen und zerstören. Gerhart Hauptmann holt offensichtlich Ibsens Gespenster in seine Berliner Tragikomödie. In zwei Geschichten verdichtet sich die diffuse Gespensterangst, die die Figuren der „Ratten" umtreibt. Als sich die ersten merkwürdigen Vorkommnisse auf dem Dachboden abzeichnen, steuern Käferstein und der Hausmeister Quaquaro die Geschichte vom Kavalleristen Sorgenfrei bei:

---

28 Tagebücher 1906 bis 1913 [Anm. 1], S. 220.

29 Peter Sprengel führt zu Recht den „strukturellen Konflikt zwischen der Demonstrationsgebärde des Autors und dem ironischen Kompositionsprinzip des Dramas" als Grund für die diskretere Schlußfassung an. Vgl. Sprengel [Anm. 23], S. 305 f. u. ders.: Gerhart Hauptmann. Epoche – Werk – Wirkung, München 1984, S. 150.

30 Vgl. hierzu Norbert Oellers: Spuren Ibsens in Gerhart Hauptmanns frühen Dramen, in: Teilnahme und Spiegelung. Festschrift für Horst Rüdiger, hg. von Beda Allemann und Erwin Koppen, Berlin, New York 1975, S. 397–414.

HASSENREUTER. [. . .] Es fehlt nur noch, daß Sie [Käferstein] uns Ihre Gespenster-
geschichte nochmals auftischen, vom Kavalleristen Sorgenfrei, der sich nach Ihrer Behauptung seinerzeit, als das Haus noch Reiterkaserne war, mit Sporen und Schleppsä-
bel auf meinem Boden erhangen hat. Und daß Sie den noch in Verdacht nehmen.

KÄFERSTEIN. Sie können den Nagel noch sehn, Herr Direktor.

QUAQUARO. Det wird in janzen Hause rumerzählt von den Soldat, namens Sorjen-
frei, der sich irendwo hier oben in Dachstuhl mit 'ne Schlinge jeendigt hat.

KÄFERSTEIN. Die Tischlersfrau auf dem Hof und eine Mäntelnäherin aus dem
zweiten Stock haben ihn wiederholt bei hellichtem Tage aus dem Dachfenster nicken
und militärisch stramm heruntergrüßen sehn. (CA II, 776)

Was Hassenreuter als zur Sache ungehörig abtut, wirft einen unheilvollen Schatten auf die Dramenhandlung. Von Gespenstervisionen anderer Art berichtet der
junge Spitta im zweiten Akt des Dramas. Er beschreibt das Schicksal seiner
Schwester, die aus Verzweiflung über ihre hartherzigen Eltern Selbstmord be-
ging. Seit ihrem Tod sieht Spitta nun „Gespenster", sobald ein armer Mensch
mißhandelt wird: „Ich habe dann manchmal Halluzinationen und glaube am
hellichten Tage Gespenster, ja meine leibhaftige Schwester wiederzusehn" (CA
II, 767), erzählt er Hassenreuters Tochter. Vor diesem Hintergrund erhält die
Tatsache, daß Frau John zunehmend als Gespenst (oder in Gesellschaft von Gespenstern) wahrgenommen wird, eine vorausweisende Konnotation. „Na, nu
heer ma, Jette: wat is mit dich? Wat is det? Bin ick denn hier von Jespenster um-
jeben?" fragt Paul John seine Frau im vierten Akt (CA II, 810). Im Bild der Gespenster teilt sich die fatale Dynamik der Handlung den Figuren mit, lange bevor die Kindsunterschiebung an den Tag kommt. Am Ende des Stücks tritt die
gespensterhaft vorgezeichnete Katastrophe ein: Frau John begeht Selbstmord.[31]
Damit transponiert Hauptmann – nach dem Vorbild Henrik Ibsens – ein
wesentliches Element der antiken Tragödie in den Deutungshorizont der
Moderne.[32]

Diese Umwertung des klassisch-antiken Geschlechterfluchs läßt erkennen, daß
Schillers „Braut von Messina" der Berliner Tragikomödie nicht nur als komische
Folie oder als Demonstrationsobjekt inszenierungstechnischer Reflexionen dient.

---

[31] Es ist signifikant, daß Hauptmann diese vagen Vorausdeutungen auf das Ende seiner
Tragikomödie nicht allein dem ‚Chor'-Ensemble überläßt. Die im Bild der Gespenster zum
Ausdruck kommende elementare Angst ergreift im Verlauf der Handlung nahezu alle Figuren. Für die Bewohner der Mietskaserne erscheint Frau John weniger von Erinnyen als von
Gespenstern umgeben.
[32] Peter Sprengel weist in diesem Zusammenhang auf spätere Werke Hauptmanns hin, in
denen Gespenster leitmotivisch auftauchen. Vgl. ders.: Gerhart Hauptmann: „Die Ratten".
Vom Gegensatz der Welten in einer Mietskaserne, in: Dramen des Naturalismus. Interpretationen, Stuttgart 1988, S. 243–282, hier S. 277 f.

Auch Spittas Plädoyer für den jungen, vorklassischen Schiller kann nicht darüber hinwegtäuschen, daß die Berliner Tragikomödie der „Braut von Messina" näher steht als den „Räubern". Gerhart Hauptmann nimmt die klassische Vorlage ernster, als der erste Eindruck vermuten läßt. Er umgibt seine Protagonistin mit Erinnyen und Gespenstern, als gelte es, nach Maßgabe Schillers dem griechischen Mythos neues Leben zu verleihen. Wie Schiller führt er ein Chor-Ensemble in sein Drama ein, das das tragische Geschehen in mythologische Zusammenhänge stellt und beiläufig auf das fatale Ende vorausweist.[33] Allerdings tragen die Reflexionen dieses modernen Chors durchaus nicht zur „Reinigung" der Tragödie bei, wie Schiller es für seine „Braut von Messina" vorsieht.[34] Im Gegenteil: Die Bemerkungen des Hassenreuter-Ensembles über Frau John stehen unter ironischem Vorbehalt.

Hauptmann relativiert die chorische Kommentierung der Bühnenhandlung auch insofern, als er sie weithin Schauspielern überläßt. Die herkömmliche Zuschauerfunktion des Tragödienchors schlägt in potenziertes Theater um: Hassenreuter und seine Schüler geben ein Spiel im Spiel. Ganz offensichtlich sind die Schauspielszenen der „Ratten" sowohl durch Schillers Tragödienchor als auch durch Shakespeares „Hamlet" inspiriert. Am 17. 12. 1908, also unmittelbar vor der eigentlichen Niederschrift der „Ratten", besucht Hauptmann eine Berliner „Hamlet"-Aufführung und notiert ins Tagebuch: „Es ist wohl das tiefste [Drama] der Welt".[35] Diese Hamlet-Begeisterung hinterläßt in der Berliner Tragikomödie deutliche Spuren. Wie Shakespeare läßt Hauptmann auf der Bühne über Vor- und Nachteile eines natürlichen Vortrags debattieren. Darüber hinaus arrangiert er beiläufig ein Spiel im Spiel, das Rückschlüsse auf die Präsenz des Unheils in scheinbar heiler Welt provoziert.[36] Auch wenn Hassenreuters Theaterprobe nicht wie im „Hamlet" einer gezielten Entlarvung dienen soll, erschließt sie eine Deutungsebene, die über die scheinbare Familienidylle hinaus auf tragisches Leid vorausweist. Allerdings wissen die Schauspieler und ihre Zuschauer mit diesen Analogien wenig anzufangen. Erst am Ende erkennen Hassenreuter und Spitta, daß die Geschichte der Frau John der einer klassischen Tragödie gleichkommt. Ihre Einsicht wird jedoch dadurch diskreditiert, daß sie nicht sprachlose Erschütterung, sondern ästhetizistische Reflexionen zur Folge hat. Indem Hassenreuter und Spitta die literarische Verwertbar-

---

[33] Peter Sprengel resümiert, daß Hauptmann mit der Hassenreuter-Ebene „ein Reflexionsmedium in das Drama einführt, das dem griechischen Tragödienchor, strukturell betrachtet, verdächtig nahekommt." Vgl. Sprengel [Anm. 20], S. 137.

[34] Vgl. Schiller [Anm. 16], S. 13.

[35] Tagebücher 1906 bis 1913 [Anm. 1], S. 224.

[36] Vgl. die zweite Szene des zweiten und dritten Akts im „Hamlet". Hauptmanns Hamlet-Nachdichtung von 1928 verändert die Szenenfolge geringfügig: vgl. CA III, 1171.

keit der sich vor ihnen abspielenden Tragödie diskutieren, verlieren sie ihre Glaubwürdigkeit.[37]

Offenbar spielt Hauptmann in den „Ratten" zwei konträre Formen dramatischer Selbstreflexion gegeneinander aus. Weder gelingt es dem Chor, nach Maßgabe Schillers „die moderne genaue Welt in die alte poetische"[38] zu verwandeln, noch erkennen die Figuren wie bei Shakespeare in der gespielten poetischen Welt ihre eigene unheilvolle Geschichte. Hauptmanns Drama führt vor Augen, daß die Erkenntnis tragischer Konstellationen problematisch geworden ist. Das Scheitern der Anagnorisis auf der Bühne markiert den Abstand zwischen Klassik und Moderne. Während bei Schiller die dramenimmanenten Reflexionen des Chors Licht auf die Handlung werfen und bei Shakespeare das Spiel im Spiel erkennbar auf die Bühnenwirklichkeit zurückweist, bleiben Hauptmanns Figuren bis zuletzt blind. Was den Beobachtern *auf* der Bühne mißlingt, schreibt Hauptmann offensichtlich den Beobachtern *vor* der Bühne zu. Den Zuschauern ist es überlassen, das Leid der Frau John vor dem Hintergrund vorgezeichneten Unheils wahrzunehmen. Hauptmanns spielerisch-kritischer Rückgriff auf „Die Braut von Messina" und andere klassische Texte verleiht der Berliner Tragikomödie ihr spezifisch modernes Profil.

---

[37] Daß Gerhart Hauptmann die permanenten mythologischen Rückversicherungen Hassenreuters als ästhetizistisches Geschwätz entlarvt, läßt sich überdies als ironische Selbstkritik verstehen. Wie Hassenreuter steht auch Hauptmann in der Gefahr, jede Lebenssituation mit mythischen Kategorien zu belegen und damit zu verfehlen. Die Berliner Tragikomödie führt vor Augen, daß der allzu vertraute Umgang mit dem Haupt der Medusa auch geschwätzige Blindheit zur Folge haben kann.

[38] Schiller [Anm. 16], S. 11.

NICHT DER DADAISMUS IST ABSURD, SONDERN DIE GESELLSCHAFT, DIE ER KRITISIERT

Über Walter Petrys Streitschrift „Die dadaistische Korruption"

von Reinhard N e n z e l , Bonn

Abstract

Die durch Neu-Edition wieder zugänglich gemachte Schrift Walter Petrys kündigt als zeitgenössische Stimme eine Abrechnung mit dem deutschen Dadaismus an. Die scharfe Kritik wirft ein interessantes Schlaglicht auf eine künstlerische Bewegung, die heute noch nicht definitiv beurteilt ist. Die vorgetragenen Argumente leben von ihrer historischen Unmittelbarkeit und sind außerdem geeignet, den heute vergessenen Autor Petry als Außenseiter des damaligen Literaturbetriebes zu charakterisieren.

Walter Petry's text, which is once again available in a new edition, is a contemporary voice seeking to settle accounts with German Dadaism. The violent criticism throws an interesting light on the artistic movement, which still awaits a definitive evaluation. The arguments advanced by Petry are brought to life by their historical immediacy, and they also help to characterise the author as an outsider in the literary circles of his time.

> Am Ende findet sich immer ein Dioskuren-Paar, das man in Bronze gießt: Goethe-Schiller, Ebert-Scheidemann. Etwa so: Das stets Verlogene, hier wirds Ereignis, das schlau Verborgene, hier wirds getan.[1]

Zu reden ist von einer schönen Trouvaille. Einem dünnen Heft, das neues Licht auf ein Ereignis großer Tragweite wirft, das Wahrnehmung und Denken unseres Jahrhunderts prägt. Die wohl bekannte, jedoch kaum beachtete Skizze gilt einem Kernmoment der Moderne, dessen radikale Kraftentfaltung zuerst in Zürich, dann in Berlin, Paris, New York, schließlich weltweite Wirkung erzielte. Es geht um den Dadaismus, die in Deutschland einflußreichste Kurzepoche seit der Klassik und wie diese kategorisch an den Bedingungen und Möglichkeiten der Wahrheit künstlerischen Ausdrucks interessiert. Mit ähnlicher Unabdingbarkeit, allerdings zu deutlich verschiedenem Zweck. Denn während weiland das „Ideal" und das „Leben" die Grenzen positiver Darstellung zogen, tritt der Dadaismus in der Not seiner Zeit erheblich bescheidener auf. Er weiß inzwischen nur zu gut, daß

---

[1] Richard Huelsenbeck: Deutschland muß untergehen! Erinnerungen eines alten dadaistischen Revolutionärs, Berlin 1920 (Malik-Verlag; 13 S.) [zitiert nach der Neuausgabe (im Anhang zu:) Richard Huelsenbeck: En avant Dada. Die Geschichte des Dadaismus, Hamburg ³1984, S. 51–62; hier S. 58].

die Klassik utopische Ziele verfolgt und in ihren gelungenen Werken bestenfalls den Schein einer „Aufhebung" praktischer Erfahrung in theoretischer Erfahrbarkeit zelebriert.

Der Dadaismus faßt die Sinnfrage daher scheinbar negativ auf, um auf die prinzipielle Sinnlosigkeit, sie positiv zu stellen, aufmerksam zu machen. „Freiheit" ist ihm schlicht ein dialektischer Begriff, der ein Privileg bezeichnet, zugleich aber auf Unterdrückung verweist und generell von jedermann dem erbarmungslosen Zwangszustand des Lebens abgewonnen werden muß. Es gibt keine Freiheit „zu irgend etwas" mehr, sondern nur noch eine Freiheit „von irgend etwas" im Sinne von „etwas zu lassen". Die Freiheit des Dadaismus fußt auf der Überzeugung von der Relativität jedes Zwecks und bringt die Einsicht hervor, das Diktat der bürgerlichen Weltsicht brechen zu sollen. Dada ist es damit unter anderem genau um jene unterschlagenen Bedeutungen zu tun, die Goethe und Schiller bisweilen selbst an ihren Kunstfiguren monieren. Die „verteufelte Humanität", die Iphigenie zeigt, wird eingedeckt auf normales Maß, auf schlichte Inhumanität der realen Existenz, weil Dadaismus nur das „Leben" meint, dessen einzige Wahrheit er in dessen Unwahrheit entdeckt. Dabei gilt Humanität unverändert als Maxime – das adelt Dada als Kunst, doch aus Mimesis ist ein Schrei nach dem neuen Menschen geworden, aus Sehnsucht nach reiner Selbsterfüllung Freude an der Resignation. Aus antiketrunkener Illusion wiedererweckbarer Idealität erwächst zukunftslose Desillusionierung und verlangt nach abstoßender Gestalt. Das richtige Leben findet – das ist eine herbe Botschaft der Moderne – ausschließlich im falschen statt. Adornos Einschränkung steht dem nicht entgegen.

Und, mehr noch: Die Begriffe „richtig" und „falsch" werden disponibel, wenn es keinen absoluten Bezugsrahmen aus „Diesseits" und „Jenseits" mehr gibt, wenn hehre Metaphysik als schnöde Niedertracht begegnet und wenn das, was ist, einfach ist. Dada exponiert die progressive Universalaufklärung der Moderne und die Aussichtslosigkeit, das wachsende Wissen um die Fundamente der Welt analog dazu mit Sinn zu unterlegen. Dada nimmt vorweg, was der wissenschaftliche Geist des Säkulums so beharrlich wie respektlos erweist: Nicht Gott ist Gott, sondern der Mensch ist Mensch, wenn auch niemand weiß, welche Schlußfolgerung dies erlaubt. Immerhin aber geht der Dadaismus auch noch mit diesem Satz ironisch um. Wobei Ironie – natürlich weiß man, wie die „Wahlverwandtschaften" enden – sonst überhaupt dem hohen Ernst der Klassik mangelt, für die gesamte nachdadaistische Kunst hingegen wesentlich ist.

Die „schöne Seele" Schillers ist dem Dadaisten deshalb bloß ein schlechter Witz, da er zwar ethisch und ästhetisch empfindet, nicht aber ethisch-ästhetisch Urteilskraft übt. Die in der Klassik poetisch geleugnete Perfidie des täglichen Machtspiels der Mächtigen, die auf das große dramatische Einzelschicksal verkürzt sich selbst im Sinnbild verschleiert, gewinnt im Dadaismus durch die Demokratisierung des Problems Farbe und Form. Allein die alten Adressaten aller Kunst sind geblieben, indes vermehrt um eine weitere gesellschaftliche Schicht. Der sich seit Lessing literarisch emanzipierende „dritte Stand", der am Ende der Wilhelminischen Ära längst saturiertes Bürgertum heißt, wird von Dada als Profiteur seines eigenen Aufstiegs entlarvt und für ein neues, nachdrängendes Publikum personifiziert als „Mastschwein der Geistigkeit" und „Türhüter aller Jämmerlichkeiten" an den Pranger gestellt.[2] Kleinbürgertum und Industriearbeiterschaft sind, trotz anderslautender Berichte vom Ausgang turbulenter Soiréen, die Nutznießer dieser dadaistischen Entheiligung von Materialismus und Subordination – ohne es bis heute zu merken.

> Man muß Dadaist sein, um seinem eigenen Dadaismus gegenüber eine dadaistische Stellung einnehmen zu können.[3]

Als der Nachwuchspublizist Walter Petry (1898–1932) in den ersten Monaten des Jahres 1920 seine kleine Abhandlung im Umfang eines halben Bogens publiziert, die im Untertitel die „Klarstellung eines erledigten Philosophieversuches" verspricht, steht der Berliner Dadaismus in seinem Zenit.[4] Seine lokalen Rädelsführer Richard Huelsenbeck, Raoul Hausmann, Johannes Baader, Wieland Herzfelde, John Heartfield und George Grosz rütteln zusammen mit einigen assoziierten Kräften sehr erfolgreich an den Grundfesten der Gesellschaft. Die Menschen sind von ihrem seltsamen Treiben schockiert, die Feuilletons überbieten sich in Ablehnung und Protest. Kaum jemand aber nimmt den unerhörten Angriff auf Sitte, Anstand, Bürgertugend und Moral bis dahin wichtig genug, um sich mit der tota-

---

[2] Richard Huelsenbeck: Der neue Mensch, in: Neue Jugend (Berlin-Halensee) [23.] Mai 1917 [Erste Zeitungs-Nummer], S. 2–3.
[3] Richard Huelsenbeck: Einleitung [Dada-Almanach. Im Auftrag des Zentralamts der deutschen Dada-Bewegung], Berlin 1920 (Erich Reiss Verlag), S. 3–9 [zitiert nach der Neuausgabe: Hamburg 1980, S. 3–9; hier S. 3].
[4] Die achtseitige Broschüre ist als Teil dieses Mappenwerks mit insgesamt sechs Reprints sehr seltener dadaistischer Originalschriften wieder greifbar: Dada-Mappe Berlin 1920/21. Fünf Rara, ein Rarissimum und ein Aufsatz zum Thema, Bonn 1995 (RNV) [= Zeugnisse des Zwanzigsten Jahrhunderts 1; enthält: Fried-Hardy Worm: HARAKIRI !? Zeitschrift der Grotesken, Berlin 1920; Fried-Hardy Worm: HARAKIRI !? eine groteske publication, Berlin 1920; Fried-Hardy Worm: Das Bordell. Eine groteske Publikation, Berlin 1921; Hardy Worm: Ein Familiendrama. Handgeheftetes Typoskript, Berlin 1921; Walter Petry: Die dadaistische Korruption. Klarstellung eines erledigten Philosophieversuches, Berlin 1920; Alfred Sauermann: dass gewebe reisst oder die mausefalle. das 1. e mit dem graf nach links, das 2. e mit dem graf nach rechts. da da-tragödie. 28. Zustand, Berlin 1920]. Alle einschlägigen Zitate ebd.
Über den unbekannten Autor und sein nur unzulänglich dokumentiertes Werk informiert das Beiheft dieser Edition. Vgl. Reinhard Nenzel: Walter Petry – Alfred Sauermann – Fried-Hardy Worm. Drei späte Stimmen des Berliner Dadaismus. Versuch einer Lokalisierung [mit Erläuterungen zur „Dada-Mappe Berlin 1920/21" und einer Bibliographie der literarischen Arbeiten Walter Petrys].

len Negierung gültiger Konventionen und Werte theoretisch zu befassen. In dieser Meinungsnot setzt ein verharmlosendes Wort des Kritikerpapstes Alfred Kerr den Maßstab, dessen man sich heute noch gerne bedient. Er prägt die griffige Formel, der Dadaismus sei als „Ulk mit Weltanschauung" zu begreifen.[5]

Walter Petrys zeitgenössischer Beitrag eröffnet also die Debatte mit, was Dada wolle und sei, und besticht zugleich durch die intime Kenntnis der Fakten. Erschienen ist die Philippika im Berliner Leon Hirsch Verlag, einem Ein-Mann-Unternehmen mit politisch links profiliertem Programm, das jenen Heimstatt bot, die das große Geschäft übersah.[6] Das Titelblatt der in grauen Karton gebundenen Broschüre zeigt eine kunstvolle Zeichenarbeit des kaum hervorgetretenen Illustrators Georg Kobbe (1902–1934), der zwei gegeneinander versetzte Landkartenteile mit Miniaturen aus dem Berliner Milieu kombiniert. Wer genau hinschaut, erkennt, daß Magdeburg, die Geburtsstadt Petrys, am linken Bildrand erscheint, während der zweite Kartenausriß von Esens über Weser- und Elbemündung bis Hamburg-Altona reicht. Blickfang aber ist ein Porträt Johannes Baaders, dem sein Name in Maschinenschrift, buchstabenverdreht auf der Stirne taumelt, versehen mit dem von ihm vielgeliebten Zusatz „Der Präsident des Erdballs".[7]

---

[5] Alfred Kerr: Dada. Tribüne, in: Berliner Tageblatt (Ausgabe A), 48. Jg., Nr. 572 vom 1. 12. 1919, S. 2. Auch in: ders.: Mit Schleuder und Harfe. Theaterkritiken aus drei Jahrzehnten, hg. von Hugo Fetting, Berlin 1982, S. 167–170. Diese Besprechung eines typischen Dada-Auftritts enthielt auch eine kurze Charakterisierung Richard Huelsenbecks, die eine gewisse Verwandtschaft mit Petrys späterer Einschätzung zeigt: „Huelsenbeck (ein im Grunde kluger und straffer Sohn Berlins; chaotisch wird er nicht aus Dionysiertum – sondern wohl aus Überdruß, aus Ungeduld, auch Schlamperei; und wenn er Geld braucht)" [ebd.].

[6] Der bemerkenswerte Verleger Leon Hirsch ist heute fast völlig vergessen. Ein einziges, allerdings sehr kompetentes Buch bewahrt die Erinnerung an sein Schaffen. Vgl. Wolfgang U. Schütte: Von Berlin nach Brissago. Auf den Spuren von Leon Hirsch in der Schweiz, [Ost-]Berlin 1987 [vergr.; vollst. überarb. Neuausgabe: Bonn 1997 (RNV)].

[7] Der angesprochene junge Illustrator hat nur wenige Proben seines Könnens gegeben. Im Umfeld des Berliner Dadaismus war er an einem einzigen Buch beteiligt [Richard Huelsenbeck: Azteken oder die Knallbude. Eine militärische Novelle. Mit einer handkolorierten Zeichnung von Georg Kobbe, Berlin 1918 (Reuß & Pollack); mit einem Nachwort hg. von Herbert Kapfer, Gießen 1992 (Anabas)]. Der „Katalog der Ersten Internationalen Dada-Messe" [Berlin 1920; Nachdruck: Köln 1988 (Verlag der Buchhandlung Walther König)] nennt Kobbe auf Seite 4 [vgl. Helen Adkins: Erste Internationale Dada-Messe, Berlin 1920, in: Stationen der Moderne. Die bedeutenden Kunstausstellungen des 20. Jahrhunderts in Deutschland, hg. von der Berlinischen Galerie, Berlin 1988, S. 156–183]. Der Künstler trat daneben noch mit einer grafischen „Fantasie" hervor, die in dem Berliner Periodikum „Schall und Rauch" erschien [Heft 5, April 1920]. Redakteur dieser kurzlebigen Kabarettzeitschrift war John Heartfield. Außerdem wurde noch eine Lithographie in einer „Monatsschrift für Theater und Literatur" des Berliner Erich Reiss Verlages gedruckt [Das junge Deutschland, 2. Jg., Nr. 12, Berlin 1919, vor S. 335]. Der Katalog zur Ausstellung „Dada. Eine internationale Bewegung 1916–1925" [Zürich 1993], die in München, Hannover und Zürich gezeigt wurde, bildet das besagte Titelblatt ab [S. 83].

Der Innentitel wird von einer Buchanzeige des Kurt Wolff Verlages in München belegt, der zwei Publikationen Erich Mühsams bewirbt. Die hintere Klappe nimmt der Leon Hirsch Verlag ein und weist ergänzend auf seine jüngste Neuerscheinung hin, die Gedichte Mühsams „Dem Andenken Gustav Landauers" gewidmet, bringt. Die Rückseite der Broschüre hat der Malik-Verlag gebucht, der insgesamt fünf aktuelle Titel nennt, von denen zumindest einer Verwunderung weckt. Denn neben drei Vorankündigungen und einem Bändchen aus der Feder des Verlegers Wieland Herzfelde taucht die zweite Auflage von Huelsenbecks „Phantastischen Gebeten" auf, immerhin ein Paradetext der dadaistischen Lyrik. Darüber hinaus befremdet die offene Information, daß Malik den „Generalvertrieb der dadaistischen Publikation für Deutschland" unterhalte. Das muß auffallen, denn Petry kündigt ja schon in der Überschrift seines Aufsatzes an, den Dadaismus deutlich in die Schranken zu weisen.[8]

Interessant ist auch eine Doppelzeile auf dem Innentitel der Schrift, die da lautet „Herausgegeben im Auftrage der Liga zur Bekämpfung des Dadaismus". Sieht man davon ab, daß uneindeutig ist, ob der Verleger Hirsch oder sein Autor Petry dem ominösen Gremium nahesteht, macht sich letzterer zumindest passiv zum Sprecher dieser Organisation und unterstreicht damit, keine Einzelmeinung zu vertreten. Seltsam ist nur, daß der zitierte Verein nirgendwo sonst namhaft wird, weshalb vermutet werden darf, es mit einer fiktiven Adresse zu tun zu haben, die dem Gesagten mehr Gewicht verleihen soll.

> Dada kann man nicht begreifen, Dada muß man erleben. Dada ist unmittelbar und selbstverständlich. Dadaist ist man, wenn man lebt.[9]

Dem in sechs Unterabschnitte gegliederten Text geht eine „Einleitung" voran, die das Anliegen spezifiziert. Motive für die kritische Stellungnahme sind demnach zwei Dinge ausdrücklich nicht, nämlich eine „oppositionelle Streithymne" anzu-

---

[8] Erich Mühsams Gedichtsammelband „Wüste-Krater-Wolken", den Kurt Wolff bewirbt, war in dieser Zusammenstellung zuerst 1914 in Berlin bei Paul Cassirer erschienen. Die angekündigte Neuerscheinung „Brennende Erde. Verse eines Kämpfers" kam 1920 in München heraus, scheint jedoch bald darauf an die Berliner „Gilde freiheitlicher Bücherfreunde" abgegeben worden zu sein, die 1928 unter dem Titel „Staatsräson. Ein Denkmal für Sacco und Vanzetti" auch ein Drama Mühsams verlegte. Die von Leon Hirsch angezeigte Schrift, „Dem Andenken Gustav Landauers gewidmet", wurde 1919 im Umfang von einem Druckbogen als Kleinoktavband veröffentlicht. Der Lyriker und Individualanarchist John Henry Mackay (1864 Greenock/Schottland – 1933 Berlin) war seit den achtziger Jahren des 19. Jahrhunderts auf dem deutschen Büchermarkt präsent. Seine eigenwillig aufgemachten „Meisterdichtungen auf einzelnen Blättern", die in der Standardausgabe in zehn „Enveloppes mit Druckknopf" zu je hundert Blatt abgegeben wurden, kamen zuerst 1902 im Berliner Verlag von Schuster & Loeffler heraus. Hirsch könnte die Restauflage übernommen haben.
[9] Huelsenbeck [Anm. 3], S. 4.

stimmen oder eine im „Brustton beleidigter Ueberzeugung gesprochene Kriegserklärung" zu formulieren. Trotz behaupteter „Bekämpfung" also keine „Kriegserklärung". Das deutet auf verbale Partisanenangriffe hin. Tatsächlich dient der
Satz als „Captatio benevolentiae"; der Autor beugt dem Vorwurf vor, er äußere
sich aus Betroffenheit polemisch. Statt dessen werden Nüchternheit, Sachlichkeit
und Kompetenz bemüht, das zu fällende Urteil reklamiert Autorität. Petry will
ernst genommen werden, sein Beitrag soll das betrachtete Phänomen überdauern.
So sei die Schreibabsicht als nur nützliche „Entwirrung von Fäden" zu verstehen,
die „einigen Dadaisten selbst willkommen sein könnten" [sic], denn „wer hätte
Zeit Dadaist zu sein und noch nachzudenken, was Dadaismus bedeutet?" Schon
dieser Seitenhieb sitzt, verkappt als Tiefstapelei. Gleichwohl wird eine erschöp-
fende Analyse avisiert, aus einer abgeklärten Position, die sich dann allerdings etwas oberlehrerhaft im Ton entfaltet und von einem jungen Manne stammt, der gerade einmal so alt ist wie die jüngsten Dadaisten.

Wie grundsätzlich Petry sich die Sache vorgenommen hat, sagen bereits seine ersten Sätze. Sie steigern den Titel der Schrift ins Absolute und reißen ab, noch bevor etwas aufgebaut werden kann: „Von einer dadaistischen Korruption zu sprechen ist Pleonasmus. Dadaismus ist Korruption an sich". Das ist starker Tobak,
noch ohne Argument, denn wer korrumpiert wen, wodurch, womit und vor allem: warum? Abgemildert wird die einstweilen dunkle Feststellung durch die
Konzession, es handele sich um eine „durch Umstände bedingte, aktuelle, wahr-
haft zeitgenössische Korruption". Dada, soll das heißen, ist notwendiges Übel einer üblen Zeit, aber nicht wirklich wichtig. Außerdem auch „keine Philosophie,
keine Epoche, nicht einmal Uebergang", sondern lediglich eine „liebgemachte
Atrappe", „nicht einmal neu". Der Autor mag nicht, worüber er schreibt. Wieso
aber dann die Mühe, diese historische Petitesse zu erörtern?

> „Wofür ist Dada denn eigentlich?" Wer so
> fragt, ist vom Dadaismus weiter entfernt als
> irgend ein Tier von erkenntnistheoretischen
> Grundsätzen.[10]

Der erste Abschnitt führt Jakob van Hoddis, ein „entwickeltes, kultiviertes Talent
mit viel Schamhaftigkeit" und Ferdinand Hardekopf, „zu sehr Westeuropäer, zu
wenig Deutscher, um dadaistische Geschmacklosigkeit mitzutun", ein – zwei un-
zweifelhafte Schriftstellernamen, mit denen Petry etwas demonstrieren will. Sie
dienen ihm als Richtschnur zur Beschreibung einer literarischen Innovation, die
er für das unbefleckte Urmuster der dadaistischen Fehlrichtung hält. Damit liegt
er nicht falsch. Immerhin hat van Hoddis nicht nur den deutschen Expressionismus entscheidend angeregt – das weiß Petry auch – sondern zumal mit seinem

---

10 Ebd., S. 7.

berühmten Gedicht „Weltende" auf den Dadaismus stark gewirkt. Van Hoddis ist der geistige Vater der ganzen Generation, die das literarische Leben in Deutschland bis Anfang der zwanziger Jahre bestimmt. Der Lyriker Alfred Lichtenstein übrigens hat (bis heute unterschätzt) verwandte Qualität.[11]

Petry jedenfalls faßt zusammen, van Hoddis sei noch kein Dadaist, jedoch „er hätte es werden können". Das freilich ist Spekulation. Die Probe auf das Exempel steht aus. Denn er „zog es vor, verrückt zu werden, offiziell", wie der Autor mäßigend ergänzt, und zwar redlich genug, „nicht mit dem Siegtrotz, auch daraus noch ein Geschäft zu statuieren." Damit ist der Hauptvorwurf auf dem Tisch, den Petry ausschlachten wird. Der Dadaismus, so die wiederholte Bemerkung, disqualifiziere sich selbst, da er weniger Kunst als Kommerz im Auge habe, und eigentlich kaum mehr als eine raffinierte Geldverdienveranstaltung sei. Das Hauptwort „Korruption" ist also auf die den Dadaisten unterstellte Absicht gemünzt, ihren Kunstanspruch nur wegen des vermeintlich winkenden Verdienstes zu betreiben.

Der Hinweis auf Ferdinand Hardekopf ist ebenfalls interessant, da richtig ist, daß dieser vielseitige, fleißige Dichter sich nicht nur im Umfeld der Berliner Dadaisten bewegt, sondern in der Tat Jahre vor der Gründung der Bewegung im Zürcher „Cabaret Voltaire" Texte veröffentlicht hat, die passagenweise Vorläufertum belegen. Hatte Petry noch über van Hoddis gesagt, Merkmal seiner einschlägigen Gedichte sei, „ein Gefühl in Ironie zu travestieren", dreht sich die Einstufung Hardekopfs um den Begriff der „Dekadenz", von der es heißt, er begnüge sich da-

---

[11] Das Aufsehen erregende Gedicht „Weltende" wurde erstmals am 11. 1. 1911 in der Berliner Wochenschrift „Der Demokrat" [3. Jg., Nr. 2, Sp. 6] gedruckt, einer „Zeitschrift für freiheitliche Politik und Literatur", die unter wechselnden Titeln und Titelzusätzen bis 1920 erschien, und in der Jakob van Hoddis [d. i. Hans Davidsohn] (1887 Berlin – 1942 Bendorf b. Koblenz/deport.) seit Oktober 1910 noch unter Franz Pfemferts Ägide publizierte. Zusammen mit „Tristitia ante" und „Aurora" dann erneut am 16. 1. 1913 in einer „Dem Gedächtnis Georg Heyms" gewidmeten und als „Lyrische Anthologie" angelegten Sondernummer der „AKTION" [3. Jg., Nr. 2, Sp. 47 f.] bevor dieses und dreizehn weitere Gedichte in einer selbständigen Ausgabe herausgegeben wurden [Berlin 1918]. Alfred Lichtenstein (1889 Berlin – 1914 Vermandevillers), der neben van Hoddis und Georg Heym eine dritte, analog gebildete Sprechweise fand, die beispielsweise für den Dadaisten Huelsenbeck in gewisser Hinsicht wegleitend war, bestätigt in einer literarischen Selbstkritik, daß er sekundäre Impulse setzte: „Man erinnere sich des schönen: Weltende [...] des Jakob van Hoddis, erschienen im ersten Jahre der AKTION. Tatsache ist, daß A. Li. (Wi:) [Alfred Lichtenstein (Wilmersdorf)] dies Gedicht gelesen hatte; bevor er selbst Derartiges schrieb. Ich glaube also, dass van Hoddis das Verdienst hat, diesen ‚Stil' gefunden zu haben, Li. das geringere, ihn ausgebildet, bereichert, zur Geltung gebracht zu haben." [Die AKTION, 3. Jg., Nr. 40 vom 4. 10. 1913, Sp. 942–944.] Vgl. Reinhard Nenzel: Kleinkarierte Avantgarde. Zur Neubewertung des deutschen Dadaismus. Der frühe Richard Huelsenbeck. Sein Leben und sein Werk bis 1916 in Darstellung und Interpretation, Bonn 1994, S. 106 [Anm. 26].

mit, „selbst davon durchdrungen zu sein". Beide Kronzeugen wissen demnach bereits um den sich ins Groteske wandelnden Geist ihrer Zeit, legen auch entsprechende literarische Proben vor, verzichten jedoch angeblich aus simulierter und entwicklungsbedingter Gedankenschwäche – und nicht etwa aus eigenwilligem Stilbewußtsein – darauf, das von Petry geforderte Niveau zu unterschreiten.

Der Autor spricht in solchen Sätzen implizit von sich selbst und legt seinen konservativen Vorbehalt frei. Künstlertum und Gesellschaftskritik gehen für ihn wohl zusammen, doch nur auf festem Grund. Hinter dieser Auffassung verbirgt sich die traditionelle Rollenverteilung, Kunst sei zu trennen von Klamauk und bedürfe eines Anliegens von Rang, das um seiner selbst willen auszuarbeiten sei. Petry möchte bewährte, sichere Ausdrucks- und Umgangsformen wahren. Dada ist ihm zu grob, zu laut, zu frech und zu wenig authentisch. Kurzum, Petry ist das ganze Treiben nicht geheuer, weil er es als unlauter und unseriös begreift. Er mißtraut den Dadaisten, weil er ihr Verhalten nicht als ultima ratio versteht: „Wie wenig Dadaisten sind das, was sie sein wollen, immer offensichtlicher scheint ihr Gesicht vor, alle verlieren sie ihre Spitzkappe und Schminke färbt ab, einer nur hat sich als echt bewiesen". Dada wird mit clowneskem Treiben verglichen, doch die Harlekinade gehört für Petry – auf der Linie des „Ulk"-Urteils von Alfred Kerr – naturgemäß in die Manege, nicht auf die Bühne der Welt.

Die besagte Ausnahme aber, die gelten darf, ist Johannes Baader, dessen Konterfei den Deckel der Broschüre ziert. Damit gewinnt die Bildwahl an Bedeutung. Denn Petry setzt eine Unterscheidung an, die prinzipiell trifft. Was für die Dadaisten eigentlich stets beliebiger Anlaß ihrer Kunstübung war, ist für Baader bitter konkret. Er verfolgt politische Ambitionen, die Ort und Zeit besitzen. Er ist der einzige Dadaist, der aus pragmatischer Überzeugung, etwa durch den Abwurf von Flugblättern in der Weimarer Nationalversammlung oder durch provokante Zwischenrufe im Berliner Dom, politisch verhaltensauffällig wird. Daher tritt bei Petry auch die nur rhetorische Frage auf, „wer sucht hinter dem Präsidenten etwas anderes als eben – den Präsidenten?"

> Dada läßt sich nicht durch ein System rechtfertigen, daß mit einem ‚Du sollst' an die Menschen heranträte.[12]

Der zweite Abschnitt der Abhandlung hebt mit einer Deutung des Dadaismus an, an der es strenggenommen nichts auszusetzen gäbe, außer, daß Petry den evozierten Standpunkt nicht teilt. Als allgemeine Meinung zitiert, heißt es dort: „Dadaismus, Weltanschauung des Nihilismus, Karikatur und Charakterposse eines unwesentlichen Zeitgeschehens, einer unwesentlichen Welt" – das sind alles richtige Begriffe, sogar richtig sortiert. Und wieder werden dabei die gravierenden Unter-

---

[12] Huelsenbeck [Anm. 3], S. 7.

schiede sichtbar, die das Kunstverständnis der Klassik von der sogenannten Antikunst des Dadaismus scheiden. Goethe und Schiller sind beseelt von der Sagbarkeit eines Sinns, der sich in Dichterworten konservieren läßt und so die Zeiten überdauert. Wahre Kunst ist Arbeit und Geschenk, ein geheimnisvolles Produkt aus redlichem Handwerk und genialer Inspiration. Die erlebte Geschichte liefert hier und da den großen Stoff, dessen exemplarische Züge peinlich auszugestalten sind, um ihnen Allgemeingültigkeit und Dauer zu verleihen. Die Welt, als Pandämonium und Göttersitz, als unendlich vielgestaltige Inszenierung sinnhaftig immer selber Szenen, wird als gültig formulierbar erfahren. Wo dies gelang, ist die Klassik in ihren Gattungen zu Gipfelpunkten gekommen. Wo sie nach eigenem Maß ihr Maß erfüllte, ist sie demnach selbst in unserem Urteil modern.

Dem Dadaisten hingegen ist dieser Ansatz suspekt, ohne daß man daran Fortschritt fassen könnte. Er besetzt den anderen Pol, der nicht mehr Gleichklang oder Einklang von Natur und Kunst umständlich erzeugt, sondern deren Identität unmittelbar und kurzschlüssig zeigt. Ihm geht es nicht mehr um eine Übersteigerung des flüchtigen Moments, da er erkennt, daß eben dieser Augenblick kein Zeichen für ein Anderes, sondern Selbsterfüllung ist. Er baut weder seine Prosa noch seine Lyrik auf Symbol und Allegorie, sondern spricht seine Erlebnisse drastisch aus, allenfalls als Zitat. Nicht die Ewigkeit, sondern der Sekundentakt der Gegenwart gibt ihm den Rhythmus seiner unbildsamen Häßlichkeiten vor. Er ist nicht das, was er potentiell wäre, sondern das, was er spürt. Man darf Dada daher klassisch nennen in der Reinheit seiner Verletzung jedes Inhalts und jeder Form.

Um solche großen Zusammenhänge aber geht es Petry nicht, da er den Dadaisten aus der Zeitgenossenloge die Leviten lesen will. Seine Vorwürfe sind streng und umfassen mehrere Punkte. Alle Invektiven treffen ins Mark. So habe etwa Huelsenbeck, den Petry als Hauptverursacher des deutschen Dadaismus zitiert, durch seinen berühmten Griff ins Dictionnaire und seine willkürliche Entscheidung für das „Dada"-Losungswort der Bewegung etwas bewirkt, was völlig ohne Recht prätendiere, in der Rubrik „Kunst" heimisch zu sein. Diese Kennmarke sei ohne Inhalt, ein Etikett für eine Sache ohne Sinn. Die gerade noch zitierten Sätze über den Bedeutungsanspruch der Bewegung interessieren daher nicht. Dada sei „eben nur dieses Substantiv, dessen Stamm Herr Huelsenbeck im Lexikon fand." Schon die Beliebigkeit des Signums deutet für Petry auf inakzeptable Absichten hin. Während wahre Künstler ihre Kunst ausüben, um der über sie hinweggehenden Geschichte deren Einschätzung und Bewahrung anzuvertrauen, muß sich der Dadaismus die Entdeckung gefallen lassen, von Banausen betrieben zu werden, die mit ihren schwachen Fähigkeiten durchsichtige Zwecke verbinden: „Wenn man müde ist, ein Talent zu züchten, auszubilden und bei seinem Talente zu bleiben, bis man stirbt; wenn man müde ist [. . .], ein Expressionist zu gelten, so ist es leichter fürwahr, sich neue Ideenanfänge aus dem Lexikon zu holen". Das klingt treffend, entspricht allerdings nur im Vordersatz dem Ereignis. Der Hinweis auf die gesuchte Halbdistanz zum Expressionismus verfängt und läßt im Jahre 1920 tief blicken. Petrys rhetorische Frage: „Dachte Herr Huelsenbeck im Ernste daran, den Expressionismus überwunden zu haben, für sich wenigstens", bestätigt inzwischen vorliegende Forschungsergebnisse. Denn tatsächlich finden sich zumal in Huelsenbecks Werk deutliche Spuren expressionistischer Sprache, die intellektuellen Anleihen der „Phantastischen Gebete" bei Ludwig Rubiner und Johannes R. Becher sind neuerdings zu belegen.[13] Doch der Hinweis auf die blind aufgegriffenen Ideenanfänge verfängt nicht, da das Vierbuchstabenwort keine Handlungen veranlaßt hat, sondern bereits stattfindenden Handlungen zugeordnet wurde. Absicht und Tat gingen der Reklamierung des Dada-Wortes in Zürich voraus.

> Dada schiebt seinen Handlungen keine Motive unter, die ein ‚Ziel' verfolgen. Dada gebiert nicht aus sich heraus Abstraktionen in Worten, Formeln und Systemen, die es auf die menschliche Gesellschaft angewendet wissen will.[14]

Petrys Problem, erhellende Rede über den Dadaismus zu führen, ist das seither anhaltende Problem. Er formuliert richtige Einsichten, nur mangelt es ihm an Mut, aus seinen eigenen Interpretationen die impliziten Konsequenzen zu ziehen. So hat er alles verstanden, wenn er die vermeintliche „Kindlichkeit" des dadaistischen Kunstwillens exponiert, ist jedoch nicht in der Lage, gerade darin das Wesen der Bewegung zu fassen. Enerviert von der lauten, unerhörten Erscheinungsform, trübt ihm das lärmende Spektakel den Sinn für die schlagende Bedeutung der Disharmonie. Denn die „Kindlichkeit" des Dadaismus wird von Erwachsenen praktiziert – das sieht Petry auch, doch nicht etwa, um eigene Infantilität zu zeigen; sondern sie plakatiert die Infantilität der Welt, den ewig selben Zynismus der großen und der kleinen Politik, des Krieges, des sogenannten Fortschritts, der gesellschaftlichen Situation. Sie ist künstlich und nicht natürlich, sie ist sentimentalisch und doch naiv, sie ist Resultat eines tiefen rationalen Ungenügens an der Welt und keine emotionale Leistung. Die „Kindlichkeit" des Dadaismus spiegelt die notwendige Stagnation in der Entwicklung des Menschheitsalters wider. Sie ist deshalb so provozierend, weil sie das unveränderliche ‚Sein' in klassischer Vollkommenheit im tausendgestaltigen ‚Schein' erkennt.

Petry vertritt demgegenüber unverändert einen herkömmlichen Literaturbegriff, der Wahrheit und Wert des Dichterwortes an dessen Wohllaut und Gewähltheit erkennt. Er hält an einem historischen Ablaufplan fest, der die sich selbst repro-

---

[13] Vgl. Nenzel [Anm. 11], S. 355 ff.
[14] Huelsenbeck [Anm. 3], S. 8.

duzierende Folge ästhetischer Ausdrucksweisen nach Zugewinngesetzen der Notwendigkeit bestimmt. Für Dada ist in dieser linear gedachten Entfaltung einer Weltordnung der Kunst kein Platz. „Dadaismus war nicht vorgesehen", heißt es einmal so rigoros wie knapp, „im Register der Variationen menschlichen Blödsinns", sondern er ist mißglücktes Artefakt, denn: „Man hat ihn gemacht".

Dieser zuletzt formulierte Einwand ist zentral. Petry moniert den greifbaren Zusammenhang von Kunst und Kommerz, von Produktion und Markt. Das ist durchaus modern gedacht und akzentuiert auf andere Weise den Einschnitt, den Dada bedeutet. Denn nicht nur Inhalte und Darbietungsformen, sondern auch die Rolle des Künstlers und sein Verhältnis zum eigenen Werk haben sich seit 1916 dramatisch verändert. Die Dadaisten treiben ‚Propaganda' in eigener Sache, sie machen Wirbel, inserieren und treten gegen Eintrittsgeld auf. Sie missionieren und proklamieren in Sektenmanier, eine beitrittsfähige Heilsvereinigung zu sein. Sie fordern zu Investitionen in ihre Aktivitäten auf, vertreten einen Allerklärungsanspruch und behaupten, im Vollbesitz des Zeitgeistes und der Zukunft zu sein. Das dadaistische ‚Spiel' mit dem bürgerlichen Begriffsapparat bezieht den Spieler dabei aktiv ein, der seine Freiheit nicht mehr wie bei Schiller in einem seltenen Moment der inneren Sammlung, sondern in einem permanenten Akt der Entäußerung erfährt. Der Dadaist ist als Künstler frei, weil er sich selbst gestaltet, während die klassische Freiheitsidee auf einer seelischen Konfiguration beruht, die als schöpferischer Ausnahmezustand erfahren wird. Der Dadaist ist frei, weil er die Möglichkeit, sich selbst zu manifestieren, zur einzigen Regel macht. Joseph Beuys wird erst ein halbes Jahrhundert später neue Inspiration aus diesem fruchtbaren Ansatz der klassischen Moderne ziehen.

> Dada ist eminent zivilisatorisch, aber es hat die Fähigkeit, selbst die Begrenztheit seiner Erscheinung in der Zeit historisch zu sehen, es relativiert sich selbst in seiner Zeit. Dada ist ephemer, sein Tod ist eine freie Handlung seines Willens.[15]

Petry geht handfester vor. Er lebt seinerzeit in Berlin und kennt die Umstände gut, unter denen Kunst am Ort geschieht. Er spricht mit denselben Menschen, mit denen die Dadaisten sprechen, er verkehrt in denselben Häusern und pflegt dieselben Kontakte. Wenn er berichtet, die Dadaisten seien „Macher einer Variante", die „nicht einmal pekuniär die Mühe rehabilitiert", und es sei womöglich doch „einträglicher Expressionist wie Dadaist" zu sein, so wird man das glauben dürfen, ohne freilich viel daraus zu lernen. Nur so viel vielleicht, daß Dada damals

---

[15] Ebd.

durchaus konkurrierte, zu einer Zeit und in einer Zeit, die Anlaß und Gegenstand absurder Darstellung war, weil sie ihre politische Absurdität offener als je zuvor demonstrierte. Petry bringt das nicht unter in seinem Konzept. Für ihn sind die Zusammenhänge entscheidend. Wo kein Verdienst winkt, sei es künstlerisch oder kontobezogen, wohnt kein Erfolg. Und wer sich – wie die Dadaisten – nicht bereithält, um dem unbefragten Zeitgeschmack zu genügen, hat keine Existenzberechtigung. Diese Verteidigungshaltung, die auch die persönlichen Schwierigkeiten des Autors mitmeint, sein eigenes Dasein als Dichter und Journalist zu fristen, erkennt gesellschaftliche Ordnungsformen an, die traditionelle Orientierungen erlauben. Dabei ist Petry weder Bürgerfreund noch Barrikadenbauer, sondern er bezieht eine scheinliberale Position, die ihn praktisch zwischen alle Stühle bringt. Er hat recht, wenn er im folgenden sagt, „man wird als Kritiker eher berühmt, denn als Künstler"; doch er hebt sein Wissen auf und wendet es nicht an. Er ist der geborene Zeuge und kritisiert daher die entschlossene Tat.

Dabei ist es im Urgrund seiner Seele nicht einmal fehlendes Sympathievermögen, das ihn abfällig über den Dadaismus sprechen läßt. Eher Unsicherheit, ein Phänomen zu erleben, das nicht sein darf, weil es wie andere bedenkliche Erscheinungen einer allgemeinen moralischen Laxheit gegen das unangekränkte Wertdenken des Autors verstößt. Der junge Walter Petry steht damals selbst literarisch auf der alten Himmelsleiter unten an und will mit konventioneller Versware hoch zum Olymp.[16] Ihm sind die Dadaisten Dorn im Auge, da sie sich Sonderwege suchen, statt in den Spuren der Altvorderen zu bleiben. Petry führt Respekt die Feder, er formuliert im Tenor des Tüchtigen, der nicht einmal Scheuklappen trägt, sondern ringsum manches Zeichen von Verfall erblickt. Der Autor weiß, daß diese Ordnung wankt, die er dennoch beschwört, er weiß auch um den simultanen Fluß der Dinge, die sich nur noch durch sukzessive Beschreibung fügen, nicht aber mehr dem Geist zugleich gefügig sind. Und es mischt sich schon ein Hauch von Resignation in sein Zwischenresümee, das Überlegenheit behauptet, wo Überheblichkeit regiert: „es geschieht so viel, wie könnte nicht auch der Dadaismus mit unterschlüpfen? Wie könnte nicht auch dieses Früchtchen mit vielen andern unweit des Stammes verfaulen?"

---

[16] Petry hatte bis zum Zeitpunkt dieser Publikation im Frühjahr 1920 unter dem Titel „Der ewige Rausch" lediglich ein schmales Gedichtbändchen von gerade einmal 16 Seiten Umfang vorgelegt [Berlin 1919 (Verlag Neue Gruppe)]. Zeitgleich mit seiner hier zur Debatte stehenden Dadaschelte oder kurz danach kam unter der Überschrift „Angst und Erlösung" ein zweites Lyrikbändchen auf den Markt [Hannover 1920 (Der Zweemann Verlag), 26 S.; = Zweemann Bücher neuer Dichtung, Bd.4]. Die beiden Zeitschriften „Die rote Erde" [Hamburg; 1. Jg., H. 7, Dezember 1919, S. 213–214] und „Menschen. Buchfolge neuer Kunst" [2. Jg., H. 13, Nr. 77/80, 1919, S. 9] nahmen ebenfalls einige Gedichte auf. Seit Mitte der zwanziger Jahre schrieb Petry dann regelmäßig für das Feuilleton der „Magdeburgischen Zeitung" sowie der „Frankfurter Zeitung" und trat daneben als beschäftigter Herausgeber einiger leichter Unterhaltungstitel auf.

> Dada [...] hat sich zum Parodisten der Welt-
> geschichte und zum Hanswurst Gottes ge-
> macht – aber es ist nicht an sich gescheitert.
> Dada stirbt nicht an Dada. Sein Lachen hat
> Zukunft.[17]

Der dritte Abschnitt schlägt den Bogen zurück und beruft sich auf Goethe, dessen zeitweilige Künstlereinsicht, daß „alles" unwert sei, ihn veranlaßt habe, der
regelhaften Dichtung weniger als dem geregelten Dienst zu vertrauen und Minister in Weimar zu werden, während die Dadaisten nun – einen Deut dümmer –
ihre sogenannte Kunst auf die nämliche These bauten. Doch wozu? Um sich als
Bürgersöhne zu verlustieren, die, füllte man ihren Beutel auf, gleich wieder Bürgersöhne wären. Auch dieser Einwand trifft und kann doch trotzdem nicht den
Dadaismus entkräften.

Gewiß sind die Attitüden von Tzara, Hausmann, Huelsenbeck und Grosz –
man trägt Monokel, feine Schuhe und redet bisweilen reichlich gespreizt –
schwer zu ertragen, wenn man – wie Petry etwa – zugleich die Attitüde einer
unbedingten Umsturzwut ertragen soll. Doch auch dieser Vorwurf fällt auf seinen Urheber zurück, da das monierte eigenwillige Verhalten der Kontrastschär-
fung dient. Denn die Dadaisten praktizieren ihre Kunstattacke unter dem Deck-
mantel des Gegners. Ihr klischeehaft gewähltes Äußeres stimmt nicht mit ihren
Absichten überein. Petry, der sich an dieser kategorischen Inkonsequenz stößt,
anders aufzutreten als man handelt, hält sich auch an einer zweiten, komple-
mentären Unstimmigkeit auf. Ihm ist suspekt, daß der dadaistische Protest gegen Bürgertum und Bürgergeist von Menschen vorgetragen wird, die nicht ma-
kellos im Sinne ihrer eigenen Forderungen sind. Petry pocht darauf, es fehle den
Dadaisten jede Authentizität. Sie lebten nicht, was sie verlangten. Und, schlimmer noch, sie wüßten gar nicht, was sie kritisierten, da sie selbst, waidwund geschlagen von der Zeit, im Zustand der Betroffenheit verharrten. Souveräne Ab-
geklärtheit aber sei unabdingbare Voraussetzung dafür, um Kunst zu kreieren:
„Müßte man die Schwächen und Unnatürlichkeiten erst sehen, um sie karikie-
ren zu können; müßte man sie überwunden haben, nicht ein Behafteter sein. Mit
Gesten und einem Monokel macht man keinen Satyriker, wohl aber einen Dadaisten." Damit wird vollends klar, warum sich Petry nicht für Dada erwärmt.
Er verfolgt einen Kunstbegriff, der selbst der dadaistischen Attacke verfällt. Für
ihn sind Kunst und Leben vis-à-vis, zwei getrennte Bereiche. Für Dada aber
sind beide eins. Angewandte Kunst ist dem Dadaisten eine Lebensform. Nichts
anderes meint viele Jahre später – wir haben es schon gesagt – auch Joseph
Beuys.

---

17 Huelsenbeck [Anm. 3], S. 8.

> Der Dadaist hat die Freiheit, sich jede Maske
> zu leihen, er kann jede ‚Kunstrichtung‘ ver-
> treten, da er zu keiner Richtung gehört.[18]

Die angeblich fehlende geistige Substanz der Bewegung ist anhaltendes Thema des vierten Abschnitts. Hier klingt wieder die nur schwer einzuschätzende halbherzige „Sowohl-als-auch-Haltung" an, die das harte Urteil des Autors unterschwellig hebt. So dringt in Petrys Worten immer wieder eine gewisse Bewunderung dafür durch, daß der Zeitgeist offenbar erlaube, einen ausgemachten Humbug marktreif zu machen und sogar mit gewissem Erfolg zu propagieren. Diese implizite Solidarisierung des Kritikers mit dem Gegenstand seiner Kritik gibt einen Durchblick auf die ähnlich veranlagte Außenseiterrolle Petrys frei, wenngleich sich dessen ästhetische Position himmelweit von der dadaistischen Kunstauffassung unterscheidet. Petry sieht staunend einen Wirkmechanismus ein, ohne imstande zu sein, sich dessen Funktion inhaltlich zu erklären:

> Wie schwer es fiel, Dadaismus zu dem durchzudrücken was es ist, einem Embryo mit
> zuviel Gliedmaßen und keinem Kopfe wollen wir anerkennen. Es mag nicht leicht
> sein, in diesem Lande absoluten Idiotismus zu predigen, verfügt man selbst schon über
> zwingende Beweismittel eigener Prädestination; wo schon so viel von diesem Stoffe
> ist, hat man das Interesse an weiterem verloren.

Dada stellt insofern für den Zeitgenossen eine Zeitenwende dar, die wir heute besser verstehen. Petry fällt auf, daß Aussage und Bedeutung nicht mehr zwingend zusammen stimmen müssen und daß es möglich geworden ist, mit der bloßen Behauptung einer Bedeutung erstaunliche Beachtung zu finden. Der Wirbel um die Sache ist im Begriff, die Sache selbst zu ersetzen. Die Wirkung ist stärker als ihre Ursache, der Effekt schlägt den Grund. Das schiere Können im Sinne von ‚etwas unabhängig von seiner Notwendigkeit bewerkstelligen und darauf aufmerksam machen können‘ regiert. Das ist die neue Erfahrung, die zumindest in der Kunst dadaistischen Ursprungs ist.

Ein dreiviertel Jahrhundert weiter wissen wir inzwischen, was aus diesem Ansatz geworden ist. Vor dem Hintergrund omnipräsenter Marktmechanismen, die längst aus der Welt des Konsums in alle Lebensbereiche vorgedrungen sind, sind wir daran gewöhnt, die serienreife Machbarkeit einer Sache als hinreichende Rechtfertigung für ihre künftige Existenz zu nehmen. Die Medien paktieren mit den Produzenten und sind wichtigster Arm der faktischen Distribution. Sie werden nicht müde, die Ankündigung irgendeiner Neuigkeit zu multiplizieren, deren Vollzug keiner gesellschaftlichen Kontrolle mehr unterliegt. Die Tatsache der Verbreitung einer Botschaft ist selbst zur Botschaft geworden. Niemand hat mehr Sinn für ihren Sinn, die Selektionsmechanismen versagen. Daraus erwächst das

---

[18] Ebd., S. 9.

überraschende Paradox, daß mittlerweile Dadaist ist, wer konservativ fühlt. Wer insistiert, um altehrwürdige Verhaltenskonstanten im Rahmen einer umsatzträchtigen Kommunikationshandlung herauszupräparieren. Wer nachfragt, um zu eruieren, anstatt an der immer breiter werdenden Spitze des vermeintlichen Fortschritts zu stehen. Der dadaistische Ansatz, nichts zu glauben, was im öffentlichen Raum gesagt oder mitgeteilt wird, sondern durch die semantische Reduktion eines gegebenen Zeichenapparats Verblüffung zu erzeugen, funktioniert immer noch, allerdings in entgegengesetzter Richtung. Denn der Dadaismus stand am Anfang einer kapitalistischen Entwicklung der Kunst, an deren vorläufigem Ende wir inzwischen angelangt sind.

Doch bei aller Milde, die Petry scheinbar zwischenzeitlich walten läßt, macht er nie den entscheidenden Sprung hin zu einer toleranten Haltung. Er gesteht sich keinen Erfahrungsspielraum zu und bleibt gefangen in seinem Ressentiment. Sein Urteil ist differenziert, aber fest, und läuft auf die immer gleiche Position hinaus, eigentlich sei völlig unerheblich, was die Dadaisten täten, da nicht Kunst sei, was sie tun. Fast mitleidig faßt der nüchterne Blick des Betrachters Bemühungen zusammen, die nicht hoffen dürfen, anerkannt zu werden: „Sie haben es sich sauer werden lassen, ihr Geld zu verdienen, sie haben Pauke geschlagen und sich selbst geohrfeigt wie der August in der Manege, ihre Attraktionen waren immer geräuschvoll, nicht immer interessant." Sätze wie diese schmerzen. Sie suchen mit dem beiläufigen Hinweis auf die Zirkuswelt einen kunstfernen Handlungsort auf und verbannen den Dadaismus damit überstreng aus dem ästhetischen Tempel. Aus einer geistigen Anstrengung wird eine körperliche Strapaze, Kunst wird unter der Hand Klamauk, während die erneute Erinnerung an die pekuniäre Seite der Veranstaltung dementsprechend kunstferne Handlungsmotive unterstellt. Dada, soll das heißen, dient bestenfalls der Unterhaltung, ist wiederholbares Spektakel zur Belustigung des Volks, hat aber keinen Anspruch darüber hinaus. Die Unerheblichkeit des dadaistischen Angriffs auf den falschen Geschmack der Zeit unterstreichen auch die folgenden Bemerkungen. Sie geben vor, vielseitiges Talent zu loben, und stellen doch nur fehlende Klasse zur Schau: „Ueberdies sind sie nur zu bestimmten Zeiten Dadaisten, nebenbei noch Lyriker, Zeitungsschreiber, Kommunisten und begabte Maler. [. . .] Sie sind alle begabt und jeder anders." Diese zuletzt vermerkte Individualität ist für Petry keine Auszeichnung, sondern eher Anlaß für den Verdacht, die Heterogenität der dadaistischen Gruppe diskreditiere ihren gemeinschaftlichen Kunstwillen.

> Dada ist eine Angelegenheit für Eingeweihte:
> quod licet jovi, non licet bovi.[19]

Nicht ganz hämefrei ist auch der fünfte Abschnitt, der im Tonfall der bisherigen Darlegung zwischen farbiger Schilderung, neutralem Bericht und geringschätzi-

---

[19] Ebd.

ger Ausdeutung schwankt. „Im Grunde ist es schwer", läßt der Autor im Duktus des Erziehers verlauten, der aus dem Ohrensessel des selbstberufenen Neoklassizisten neckische Kinder zur Ordnung ermahnt, „ernsthaft böse zu sein". Dann steigt Petry gar in poetischer Altmännermanier verbal aufs Podest. Dabei fällt auf, daß erneut das finanzielle Argument nach vorne drängt; nach einer kurzen Finte, die den Gegner durch die Spaltung seiner Kräfte schwächen soll: „Auch malt Herr Grosz so gute Bilder, die er nur mit krampfhafter Mühe, indem er Lokalanzeiger draufklebt, entwerten kann" – was soviel meint, wie: Warum, um alles in der Welt, macht der veritable Maler Grosz beim Dadaismus mit? – drängt Petry im Status der Erwägung zum alles vernichtenden Wort: „Man könnte sicherlich mit mehr organisatorischem Talent, mehr Energie, mehr Geist (um auch das anzuführen) den Dadaismus als Handelsobjekt einführen und erledigen. In Ermangelung dessen, tun sie es langsamer und erledigen ihn gründlicher." Petrys krause Ausdrucksweise – die beiden pejorativen Komparative „langsamer" und „gründlicher" stimmen nicht recht zusammen – will in etwa folgendes sagen: Der Dadaismus sei seltsamerweise ein beachtetes Phänomen, das nicht einmal Warencharakter habe. Damit unterliege die Bewegung nicht den Gesetzen von Angebot und Nachfrage (das spräche unter Umständen für ihren Impetus als Kunst). Unabhängig davon aber mangele es der Strömung an jedem Niveau. Die beiden Schlußsätze: „Man soll sie keiner Untat bezichtigen. Sie sind keiner Größe fähig" demonstrieren noch einmal Petrys Aversion. Zudem vermag er im Dadaismus kein „gewolltes Prinzip" zu erkennen, dito keine „Konsequenz".

> Die Zeit ist dadareif. Sie wird in Dada aufgehen und mit Dada verschwinden.[20]

Der sechste Abschnitt hebt mit dem Lamento an, in der gegenwärtigen Literatur sei „Ethik" nicht zu finden, wie überhaupt die Kunst der Zeit unvermögend sei, transzendente Aussagen zu treffen. Diese Feststellung eines Defizits wird zugespitzt im Blick auf das aufgebauschte Negativmuster dadaistischer Unmoral, beglaubigt durch das Huelsenbeck-Zitat, daß „von der Ethik kein Mensch leben" könne. Petry bekundet seine Befriedigung, daß der Verzicht der Dadaisten, ihr Treiben mit religiösen Zwecken zu unterlegen, einen unfreiwilligen Rest an Aufrichtigkeit zeige. Man sei „befriedigt", läßt er wissen, „indem sie es ablehnen". Was der Autor freilich nicht sieht, ist der Aspekt der Freiheit, den die Dadaisten durch ihre Abstinenz reklamieren. Während er unterstellt, „bei derartigem Ungeeignetsein dieser Herren für ein Studium dieser schwierigen Komplexe" sei es schlechterdings absurd, „ein verständiges Urteil darüber zu hören", muß ihm entgehen, daß es die Ablösung des Dadaismus von der Tradition heilsbezogener Kunst logisch erzwingt, keiner Gottheit mehr ein Werk zu weihen und keinen

---

[20] Ebd.

jenseitigen Lohn mehr zu erstreben. Die dadaistische Freiheit ermächtigt zu höchster irdischer Individualität und läßt jede Phantasie über ein „Vorher" und „Nachher" zu. Kanonisierter Glaube hingegen, der feste Erwartungshaltungen schürt, kann nicht vor Dada bestehen. Er wird in der konkurrierenden Beliebigkeit seiner Prognose als absichtsvolles Instrument zur Erhaltung von Herrschaft und Macht der betreffenden meinungstragenden Gruppen, sprich Glaubensgemeinschaften erkannt.

Was Petry freilich nicht gelten lassen will, ist der Umstand, man könne als Dadaist ernsthaft Freiheit reklamieren, wo Bindung erforderlich sei. Man könne mithin das in der Kunst beheimatete Ringen um den Lebenssinn und dessen ästhetische Gestaltung loslösen von dessen jenseitigem Bezug und so tun, als sei sich der Mensch jemals in seiner eigenen Verantwortung genug. Wer sich dennoch so verhalte, könne sich nur im Zustand einer Beschränkung befinden, einer verminderten Fähigkeit, die Dinge richtig zu begreifen, für die es verschiedene Begründungen gebe: „Sie für völlige Kinder zu erklären, wäre dies auch ein liebenswürdiger und allzeit befriedigender Schluß, geht nicht, da es intellektuelle Kinder noch nicht gibt. Sie legen solchen Wert auf Intellektualismus, bleibe man also dabei." Eine auf ungeschulter Rationalität beruhende Einfalt scheide also aus, soll das heißen, statt dessen müsse irgend eine Form von Absicht vorliegen, die nichts anderes sei als eine Form von Defekt. Niemand sei ja „von Geburt an" Dadaist, führt Petry erläuternd aus, sondern er bringe sich „mit vieler Mühe" dazu.

Jetzt ist der Punkt gekommen, um die Summe aller bisherigen Invektiven zu ziehen. Petry steuert in seinem Text auf einen fettgedruckten Vierzeiler zu, mit dem er das Phänomen des Dadaismus zu erledigen hofft. Diese Aussage soll die Resultate zusammenfassen, die bisher in der Erklärung der dadaistischen Handlungsmotive, als Kritik der Erscheinungsform dadaistischer Kunst und als Beurteilung ihrer Wirkabsichten, aufgefaltet worden sind. Hier ist nun interessant, daß Petry es nicht dabei bewenden läßt, ästhetisch-moralisch zu richten, sondern ad hominem persönlich wird. Der Autor tritt zugleich als Sachverständiger für Kunst und Kommerz, als Sittenwächter und als Zeitgeistzeuge auf, der eine fundamentale Distanzierung versucht. Seines Erachtens ist es möglich, sich der ganzen lästigen Diskussion um Kunst oder Antikunst durch einen einzigen klugen Schachzug zu entledigen, der den Gegenspieler dauerhaft vom Brett vertreibe. Petry zielt auf die Voraussetzung ab, um sich nicht mehr um die Konsequenz bekümmern zu müssen. Denn der Dadaismus habe weder den Charme des gutmeinenden Mißverstehens, so wie Kinder in großer Vereinfachung nach den letzten Dingen fragen, noch habe er den Vorteil einer überscharfen Erkenntnis für sich, die ihrer Zeit so weit vorausliege, daß sie im allgemeinen unverstanden bleibe. Fern von solchen Erwägungen sei ein irreparabler Mangel zu verzeichnen, der nicht einmal das Produkt, sondern die Produzenten betreffe. Sie selbst verkörperten die Unmöglichkeit, einen positiven Beitrag zur Anverwandlung von Welt im Werk zu leisten:

„So ist also Dadaismus selbsterkennendes Bekenntnis der Unmöglichkeit im genügenden Umfange Mensch zu sein; mehrere dieser Wahrheitsapostel zusammen kreierten den Dadaismus."

Die „Erledigung des dadaistischen Philosophieversuches", die Petry im Untertitel seiner Schrift versprochen hatte, scheint damit erfolgt. Was bleibt, ist die argumentative Absicherung der erreichten Position. Wieder aber gelingt die schlüssige Verlängerung der These nicht in der zu erwartenden Konsequenz. Petry ist zwar bestrebt, streng wie begonnen zu Ende zu kommen, doch schleicht sich abermals eine merkwürdige Sympathiebekundung ein, die, vom Schreiber bemerkt, dann im Nachsatz sofort abgebogen wird:

> Eine einzige Frage bleibt noch zu tun: wer unter den Heutigen, unter dem Banner einer verleumderischen Hinterhältigkeit, einer Versteckssucht eigener Fehler und Schwächen, einer Lüge die wohlverwahrt in Tresors geschlossen wird, eines grandiosen Nichtkönnens mit scharfem Auge sich zu sehen, – wer unter uns Menschen könnte jemals in die Reihe dieser Wenigen treten, da sie den Mut fanden, das was sie sind, auch zu sein? Sie sahen sich im Spiegel, nun sind sie bemüht, für ihre Maskenlosigkeit Entree zu nehmen.

Die vorgebliche Authentizität der Dadaisten bleibt ihnen demnach doch noch unbenommen, nur daß ihre Prätention, unter diesem Vorzeichen Künstler zu sein, ad absurdum geführt worden ist. Treffend an Petrys furioser Schlußsequenz ist der offenbare Bezug auf den Kernbestand des Gedankenvorrats dadaistischer Lyrik, der zumindest in den einschlägigen Texten Richard Huelsenbecks in Spannung zur Gegenwart um 1920 tritt. Die Rede ist vom Alten Testament.[21] Dabei ist nicht ganz klar, ob die gewählte Metaphorik gewissermaßen zeitnotwendig zitiert wird oder ob Petry bewußt ironisch schreibt. Jedenfalls zeiht er die Dadaisten, sie hätten sich aus „einfachen, werdenden Philistern" zu dem aufgeworfen, was sie seien, dabei wesenhaft „Zöllner", die ihr „Herz" unerbittlich „in die Sonne" legten, ständig betend, wenngleich „nicht einmal immer phantastisch"; wobei letztere Bemerkung explizit auf den Titel von Huelsenbecks wichtigem Gedichtband „Phantastische Gebete" verweist, der gerade vor Ort, in Berlin, in zweiter Auflage erschienen war. „Wer", so steigert Petry seine vernichtende und dennoch seltsam innige Verwerfung des Objekts, „könnte der Pharisäer sein und denken, daß er nicht ist wie diese??"

Mitenthalten in seiner scheinbar eindimensionalen Betrachtung bleibt eine unterschwellige Akzeptanz, die sich wahrscheinlich auf die Anerkennung von öffentlichen Auftritten, Taten und Handlungen der sonst vielgeschmähten Dadaisten stützt. Auffällig ist die Wiederholung einer kleinen Vokabel, die eine Eigenschaft beschreibt, deren Ausprägung Petry bei sich selbst womöglich als zu gering er-

---

[21] Vgl. Reinhard Nenzel: Kleinkarierte Avantgarde [Anm. 11], S. 288–354.

achtet. Die Rede ist vom „Mut" des Künstlers, sich generell zu der ihm gemäßen Ausdrucksweise bekennen: „Sie hatten also den Mut, den Balken im eigenen Auge zu sehen, nun werden sie solange darauf herumspazieren, bis sie herunterfallen, wer ist also, daß er einen Stein werfe?"

Der Schlußabsatz dieser „tragischen Epistel", wie Petry seinen Beitrag mit Anspielung auf apostolische Sendschreiben nennt, greift unernst voraus und entwirft eine ebenso absurde wie aufschlußreiche Perspektive. Immer noch im Wortbild von kirchlicher Verkündigung und Glauben gehalten, empfiehlt der Autor den Dadaisten, die er bezeichnenderweise als seine „dadernden Brüder" apostrophiert, die baldige Übernahme eines neuen Etiketts. Aus ihrem unbotmäßigem Protest soll nach dem Abklingen seiner dreisten geschäftlichen Verwertbarkeit reiner Protestantismus werden. Damit wird der stigmatisierte dadaistische Frevel nochmals gleich auf zwei Gebieten unterminiert. Weltlicher Anspruch und religiöser Anstrich verfallen dem Verdikt, intellektuell unredliches Schächer- und Wechslertum zu sein. Wenn nämlich die Zeit komme, da „der Teller nach beendigter Vorstellung nicht einmal halb so voll" sei, um „das eingefrorene Hirn genügend erwärmen zu können für neue, für geniale Inspirationen", wenn der „Ismus sie betrogen" habe, wolle er, Petry, raten, diese Kollektebeträger „reformierende Landpfarrer" werden zu lassen. Dada, das ist die Botschaft des Textes, bietet geschickt und gewieft Pseudokunst gegen Geld, lohnt jedoch keiner Bemerkung. Die geistige Entwicklung unseres Jahrhunderts steht dem freilich entgegen.

„[…] DIE STÄRKSTE UND UNWEGSAMSTE LYRISCHE ERSCHEINUNG DES MODERNEN DEUTSCHLAND."

Stationen der Lyrik Else Lasker-Schülers

von Karl Jürgen Skrodzki, Sankt Augustin/Sieg

Abstract

Für den Eindruck des Fremden und auch des Befremdlichen, den die Gedichte Else Lasker-Schülers zum Teil beim Leser hinterlassen, dürfte wesentlich die Unkenntnis des historischen Hintergrunds verantwortlich sein, vor dem die Dichterin ihre Lyrik schrieb. In nicht unerheblichem Maße konstituieren die Kontakte, die Else Lasker-Schüler zeitlebens zu Zeitungs- und Zeitschriftenredakteuren pflegte, die Sinndimension ihres Werkes.

The impression of unfamiliarity and even strangeness, which the poems of Else Lasker-Schüler sometimes leave on the reader, results to a large extent from ignorance of the historical background against which her poetry was written. The contacts with newspaper and magazine editors which Else Lasker-Schüler kept up throughout her life make up a considerable part of the intellectual dimension of her work.

Sigrid Bauschinger, die 1980 die bisher einzige umfangreiche Monographie zum Gesamtwerk Else Lasker-Schülers vorgelegt hat, bescheinigt der Forschung einen Mangel an kritischer Distanz zu den Texten der Dichterin. Sie schreibt: „Es ist [. . .] bemerkenswert, wie wenig sich die neueste Lasker-Schüler-Literatur mit dem Werke befaßt. Es werden eigentlich nur Zitate herausgefischt, die vorgefaßte Thesen beweisen sollen."[1] Bauschingers Urteil ist auch heute, sechzehn Jahre später, noch weitgehend gültig. Der Grund hierfür dürfte ein doppelter sein. Zum einen leistete Else Lasker-Schüler durch ihre Neigung, sich selbst *und* ihr Werk zu stilisieren – durch ihre Manier, in die Masken einer ‚Prinzessin von Bagdad' oder eines ‚Prinzen von Theben' zu schlüpfen –, einer generalisierenden Betrachtungsweise Vorschub, bei der die Hinwendung zum Ganzen, zur vermeintlichen Einheit von Person und Werk Else Lasker-Schülers, den Weg zu einer kritischen Analyse der Texte selbst versperrt. Zum anderen ist die Entwicklungsgeschichte des Werkes zwar nicht unbekannt, aber doch weitgehend unerforscht. 1963 legte Margarete Kupper ihre „Materialien zu einer kritischen Ausgabe der Lyrik Else Lasker-Schülers"[2] vor, die eine Mischung aus Bibliographie der von ihr ermittelten Gedichtdrucke und Variantenapparaten zu einer (noch zu erstellenden) kritischen Gedichtausgabe bieten. Vor allem der zweite Aspekt ihrer Arbeit, der bereits im Ansatz zum Scheitern verurteilt war, wird dazu beigetragen haben, daß

---

[1] Sigrid Bauschinger: Else Lasker-Schüler. Ihr Werk und ihre Zeit, Heidelberg 1980, S. 351.
[2] Literaturwissenschaftliches Jahrbuch, N. F. 4, 1963, S. 95–190.

die von Kupper vorgestellte Chronologie der Gedichtdrucke bei der Analyse der
Lyrik Else Lasker-Schülers kaum Berücksichtigung erfahren hat.[3] Der Sinngehalt
ihrer Gedichte aber wird so lange verschlossen bleiben, wie der Kontext, in dem
diese ursprünglich gestanden haben, nicht als konstitutives Moment der Texte
selbst begriffen wird. Im Nachlaß Else Lasker-Schülers, der in der Jewish National and University Library Jerusalem verwahrt wird, finden sich im wesentlichen
Entwürfe zu Gedichten, die nach 1933 entstanden sind. Darüber hinaus sind ver-
streut Reinschriften von Gedichten erhalten, die meist auf ältere Drucke zurückgehen und die von Else Lasker-Schüler häufig als Geschenke angefertigt worden
sind. Eine kontextbezogene Interpretation ihrer Lyrik muß so vor allem den Ver-
öffentlichungsorganen der Gedichte Rechnung tragen und zeigen, wie der Kontakt zu Zeitschriften- und Zeitungsredakteuren, den Else Lasker-Schüler zeitlebens suchte, auf die Texte selbst zurückgewirkt hat.

„Die Fackel" (Karl Kraus)

Karl Kraus, der frühe Bewunderer und Förderer Else Lasker-Schülers, entschloß
sich 1899, eine eigene Zeitschrift, „Die Fackel", zu gründen. Kraus schrieb seit
1892 als Kritiker unter anderem für die „Neue Freie Presse", die 1864 in Wien gegründete liberal-großbürgerliche Zeitung, die für Kraus anfangs den zentralen
Widerpart seines neuen publizistischen Unternehmens bildete. Das erste Heft der
„Fackel" erschien am 1. April 1899. In seinem Beitrag „Zum zehnten Jahrestag
des Erscheinens der ‚Fackel' (1899–1909)", den er 1909 in der „Fackel" selbst veröffentlichte, schreibt Robert Scheu über die Wirkung des ersten Heftes: „Karl
Kraus wählte sich einen gefährlicheren Gegner: die ‚Neue Freie Presse', der er mit
einer beispiellosen Vehemenz an den Leib fuhr. Es war wie im Russisch-Japani-
schen Krieg: schon die Kriegserklärung sprengte die großen Schlachtschiffe in die
Luft."[4] Kraus selbst hatte im ersten Heft die Sorge um geistige Unabhängigkeit
und die Furcht vor falscher Rücksichtnahme als die beiden wichtigsten Gründe
bezeichnet, die ihn zur Gründung der „Fackel" bewogen. Er schreibt:

> Nicht die Censur des Staatsanwalts habe ich gefürchtet, vielmehr die intimere eines
> Chefredacteurs, die, wenn ich socialen Ekels voll, einmal in das schändliche Hausierer-
> treiben unserer Literaten, in die Zusammenhänge von Theater und Journalistik hinein-
> fahren wollte, mit weicher Sorglichkeit all' den Ärger in fernere Regionen abzulenken
> bemüht war.[5]

---

[3] Einer der wenigen Aufsätze, die textgeschichtliche Untersuchungen mit Textinterpreta-
tion verbinden, ist Klaus Kanzogs Analyse des Gedichts „Erkenntnis" aus Else Lasker-
Schülers frühem Gedichtband „Der siebente Tag". Vgl. Klaus Kanzog: Zwei Texte Else Lasker-Schülers: zwei Fassungen ‚eines' Gedichtes?, in: editio 1, 1987, S. 266–277.

[4] Die Fackel 10, 1908/9, Nr. 277–278, S. 2 f.

[5] Die Fackel 1, 1899/1900, Nr. 1, S. 5.

In „Die Fackel" nahm Karl Kraus in den Jahren 1909 und 1910 insgesamt sieben Gedichte von Else Lasker-Schüler auf: am 11. Oktober 1909 „Siehst du mich –" sowie „Und suche Gott"[6], am 4. Februar 1910 „Die Königin" und „Heimweh"[7], am 31. Oktober 1910 „Weltende" und „Streiter"[8] sowie am 31. Dezember 1910 „Ein alter Tibetteppich"[9]. Über sein Motiv, „Weltende" und „Streiter" aus Else Lasker-Schülers Gedichtsammlung „Der siebente Tag" von 1905 in der „Fackel" abzudrucken, schreibt er in einer redaktionellen Anmerkung:

> Diese Gedichte sind nicht Manuskripte. Aber weil sie gedruckt sind und kein Deutscher sie gelesen hat, müssen sie hier erscheinen. So ist die Lyrik beschaffen, die heute noch der rationalistischen Visage deutscher Kunstbetrachter ein Grinsen entlockt. Und da Verleger in den seltensten Fällen Vorläufer sind, so wird die Ausgabe „Der siebente Tag" ein Opfer bleiben, das der „Verein für Kunst" in Berlin zu den übrigen Opfern legen kann.

Diesen Aspekt der von Kraus positiv verstandenen Unzeitgemäßheit der Lyrik Else Lasker-Schülers betont er stärker noch in einer Fußnote zum Abdruck von „Ein alter Tibetteppich" in der „Fackel". Dort heißt es: „Nicht oft genug kann diese taubstumme Zeit [. . .] durch einen Hinweis auf Else Lasker-Schüler gereizt werden, die stärkste und unwegsamste lyrische Erscheinung des modernen Deutschland." Else Lasker-Schüler löst in ihren frühen Gedichten das ein, was Karl Kraus von sich selbst als Journalisten gefordert hat: den Anspruch auf Unbedingtheit der künstlerischen Wahrheit. Kraus nahm seine Forderungen ernst und war unbestechlich. Dieses zeigte sich sechzehn Jahre später, als ein Gedicht Else Lasker-Schülers ihm Anlaß zur Schelte bot. Am 12. Februar 1926 erschien von ihr in der Berliner „Literarischen Welt" der Essay und das Gedicht „Fred Hildenbrandt", dessen Schlußverse lauten:

> Erzogen ist sein Herz, das ziemt den Dichter,
> Takt, männliches Geläute, Domzucht
>
> Und Klugheit übte sich mit Mut,
> Und was er dichtet, flößt dem Leser Achtung ein.[10]

Der 1892 geborene Schriftsteller Fred (Alfred) Hildenbrandt leitete von 1921 bis 1932 das Feuilleton des „Berliner Tageblatts". Hildenbrandts ‚Antwort' auf Else Lasker-Schülers Beitrag in der „Literarischen Welt" erschien zeitgleich in der „Morgen-Ausgabe" des „Berliner Tageblatts" vom 12. Februar. Aus Anlaß ihres vermeintlich 50. Geburtstags berichtet er in blumigen Worten über die erste Begegnung in der Redaktion: „Wir wußten, wer sich da anmeldete, jemand mit dem

---

[6] Die Fackel 11, 1909/10, Nr. 288, S. 13.
[7] Die Fackel 11, 1909/10, Nr. 294–295, S. 26 f.
[8] Die Fackel 12, 1910/1, Nr. 309–310, S. 4 und 6.
[9] Die Fackel 12, 1910/1, Nr. 313–314, S. 36.
[10] Die literarische Welt 2, 1926, Nr. 7, S. 2.

kindlichsten und fröhlichsten Herzen, mit der mütterlichsten Seele [. . .]; jemand Gutes, Schönes und Großes, den man lieben muß, ein Stück vom besten, was wir haben und vom edelsten, was wir besitzen. Frommer, gläubiger, schwarzäugiger Jussuf, Prinz von Theben."[11] Für Karl Kraus war Fred Hildenbrandt, der sich nach 1933 für die Ideologie des Nationalsozialismus engagierte, der Inbegriff eines bourgeoisen Publizisten. Er nahm Else Lasker-Schülers Verse zum Anlaß für eine heftige Polemik gegen das Berliner Pressewesen. Unter dem Titel „Berliner Gedränge" schreibt er Ende März 1926 in der „Fackel": „Über alle aber gebietet ein gewisser Hildenbrandt, Herr des Feuilletongs, der, weil er keinen deutschen Satz schreiben kann, in dieser sprachfernsten Zone als ,'ne Nummer' angesehen wird." Vergleichsweise milde fällt sein Urteil über Else Lasker-Schüler aus: Daß sie, „die durch einen kosmischen Zufall auf diesem Sandboden ausgesetzt ward, der ihr keine arabische Wüste vortäuschen kann – daß sie durch den Herrn Hildenbrandt zu Versen angeregt wurde, kann natürlich so wenig für ihn als gegen sie beweisen."[12]

„Der Sturm" (Herwarth Walden) – „Die Aktion" (Franz Pfemfert)

Else Lasker-Schülers letzter Beitrag in der „Fackel", der Essay „Sterndeuterei", erschien am 26. Januar 1911[13]; Karl Kraus entschloß sich im Verlauf des Jahres 1911, alle Beiträge fortan selbst zu verfassen. In den Jahren 1910/11 waren zwei weitere Zeitschriften gegründet worden, deren Herausgeber sich für Else Lasker-Schülers Werk engagierten: Seit dem 3. März 1910 erschien die von Herwarth Walden, ihrem zweiten Mann, redigierte Wochenschrift „Der Sturm", seit dem 20. Februar 1911 Franz Pfemferts „Die Aktion". – Herwarth Walden verstand sich als ,Promoter' der künstlerischen Avantgarde: Vortragsabende, Ausstellungen und Theateraufführungen waren dem Unternehmen „Der Sturm" angegliedert. In einem Werbetext von 1918 faßt Walden seine Zielvorstellungen zusammen:

> Die gesamten Jahrgänge des Sturms umfassen den bedeutsamsten Abschnitt des deutschen und europäischen Geisteslebens. Der Sturm hat auf dem Gebiete der Dichtung, der Literatur, der Musik, der Zeichnung und des Holzschnitts stets nur die Arbeiten jener Jüngeren und Neuen veröffentlicht, die eine Entwicklung zu grösserer Bedeutung erwarten liessen. [. . .] So geben die Jahrgänge des Sturm einen Ueberblick über die gesamte künstlerische Entwicklung der neuen Zeit.[14]

---

11 Fred Hildenbrandt: Liebe Else Lasker-Schüler!, in: Berliner Tageblatt 55, Nr. 72 (Morgen-Ausgabe) vom 12. Februar 1926.
12 Die Fackel 27, 1925/6, Nr. 717–723, S. 44 f.
13 Die Fackel 12, 1910/1, Nr. 315–316, S. 20–26.
14 Zitiert nach: Expressionismus. Literatur und Kunst 1910–1923. Eine Ausstellung des Deutschen Literaturarchivs im Schiller-Nationalmuseum Marbach a. N. (Sonderausstellungen des Schiller-Nationalmuseums. Katalog Nr. 7, im Auftrag der Deutschen Schillergesellschaft hg. v. Bernhard Zeller), Marbach am Neckar 1960, S. 144.

Else Lasker-Schüler veröffentlichte in den zweieinhalb Jahren ihrer Mitarbeit am „Sturm" neben Prosa dort nicht weniger als 45 lyrische Texte – und zwar in der Zeit zwischen März 1910 und September 1912; am 1. November 1912 wurde ihre Ehe mit Herwarth Walden geschieden. Im Rückblick bildet dieser kurze Zeitraum ihre wohl produktivste Schaffensphase. Die Gründe hierfür liegen auf der Hand. Mit dem „Sturm" stand ihr ein Veröffentlichungsorgan zur Verfügung, das ihre Texte ohne Wenn und Aber druckte. Herwarth Walden verzichtete als Redakteur darauf, die ihm eingereichten Beiträge unter thematischen Gesichtspunkten für ein bestimmtes Heft zusammenzustellen oder innerhalb eines Heftes anzuordnen: Ihm ging es allein darum, die jeweils neuen Schöpfungen seiner Schützlinge möglichst aktuell zu präsentieren. Else Lasker-Schüler kam dieses sehr entgegen. Sie mußte sich nicht auf bestimmte Themen konzentrieren, sie konnte vielmehr den täglichen Einfällen ihrer Phantasie freien Lauf lassen. Entsprechend vielfältig liest sich die Liste ihrer Gedichtveröffentlichungen im „Sturm": Thematisch decken diese nahezu die gesamte Breite ihrer lyrischen Arbeiten ab.

Neben dem „Sturm" bildet Franz Pfemferts „Aktion" das wohl namhafteste Forum der künstlerischen Avantgarde im Jahrzehnt des Expressionismus. Else Lasker-Schüler veröffentlichte dort zahlreiche Zeichnungen und – als umfangreichsten Beitrag – ihre „Briefe und Bilder", die Grundlage für den ersten Teil des 1919 erschienenen Romans „Der Malik". Die „Briefe" erschienen dort zwischen dem 6. September 1913 und dem 21. Februar 1914; ferner am 7. August 1915. Als Lyrikerin konnte Else Lasker-Schüler sich in der „Aktion" nicht behaupten. Lediglich vier Gedichte gelangten dort zum Abdruck: am 1. Mai 1911 ein kleines titelloses Gedicht als Antwort auf eine Rundfrage über Alfred Kerr[15], am 9. Mai 1914 das Gedicht „Lauter Diamant . . ."[16] sowie am 25. September 1915 die beiden Gedichte „Senna Hoy" und „Verinnerlicht"[17]. Mit Senna Hoy ist der 1914 im russischen Gefängnis gestorbene Schriftsteller Johannes Holzmann gemeint, der dort eine Haftstrafe wegen ‚revolutionärer Umtriebe' verbüßte und um dessen Freilassung Else Lasker-Schüler sich im Herbst 1913 bemüht hatte; „Verinnerlicht" dürfte sich gleichfalls auf Holzmann beziehen. Pfemfert nahm beide Gedichte in ein Lyrik-Heft der „Aktion" auf, dem er folgende Widmung voranstellte: „Dem Gedächtnis der getöteten Dichter, Ernst Stadler, Charles Péguy, Alfred Lichtenstein, Georg Hecht, Hans Leybold, Rudolf Börsch, Albert Michel, Hugo Hinz, widme ich diese Nummer der AKTION."[18] Als politische Dichtung, gar als politische Kampfdichtung dürfte kaum einer die Beiträge Else Lasker-Schülers lesen; sie erinnern eher an elegische Liebeslieder. „Senna Hoy" beginnt mit den Worten:

---

[15] Die Aktion 1, 1911, Nr. 11, S. 336.
[16] Die Aktion 4, 1914, Nr. 19, S. 410 f.
[17] Die Aktion 5, 1915, Nr. 39–40, S. 494.
[18] Die Aktion 5, 1915, Nr. 39–40, S. 481.

Seit du begraben liegst auf dem Hügel
Ist die Erde süß.

Wo ich hingehe nun auf Zehen,
Wandele ich über reine Wege.

Erst der Kontext, in dem beide Gedichte abgedruckt sind, läßt sie zu einer Anklage gegen das zaristische Regime in Rußland werden. Für Pfemfert bildeten die Revolution von Dichtung und bildender Kunst einerseits und revolutionäre Politik andererseits eine unlösbare Einheit, in deren Dienst er sein Lebenswerk stellte. Wie wenig Else Lasker-Schüler sich mit dieser Position identifizieren konnte, zeigt ihre Reaktion auf den Abdruck von „Lauter Diamant" in der „Aktion". Am 12. Mai 1914, drei Tage nach Erscheinen des Heftes, schreibt sie an Karl Kraus: „Gemeinheit! [. . .] daß ein Liebesgedicht von mir *gerade* da steht, als ob ich hinter der Bahn eines heiligen Feldherrn eine egoistische Liebesklage sende!"[19] Dem Gedicht folgten Verse, die Johannes Holzmann 1914 im Gefängnis geschrieben hatte[20], Pfemferts Nachruf „Senna Hoy ist gestorben"[21] bildete den ‚Leitartikel' des Heftes. Die Freiheit, die Herwarth Walden seiner Frau als Mitarbeiterin des „Sturms" gab, versagte ihr Franz Pfemfert: Eine gesellschaftliche Funktion erhielt Dichtung nur, wenn sie sich einbinden ließ in die Geschäfte des politischen Alltags.

Die zwanziger Jahre

In den Jahren 1919–1920 erschien eine zehnbändige Ausgabe der Werke Else Lasker-Schülers bei Paul Cassirer in Berlin. Mit dem Abschluß dieser ersten ‚Gesamtausgabe' war ein tiefer Einschnitt in der dichterischen Entwicklung Else Lasker-Schülers verbunden. „Hebräische Balladen" und „Die Kuppel", 1920 als der „Gedichte erster" und „zweiter Teil" erschienen, enthalten insgesamt 174 lyrische Texte. Die Sammlung „Konzert" von 1932 enthält lediglich sechzehn eigenständige Gedichte, ferner sechzehn Versgruppen, die in Prosatexte eingebettet sind. „Mein blaues Klavier", Else Lasker-Schülers letzter, 1943 in Jerusalem erschienener Gedichtband, bildet eine schmale Sammlung von zweiunddreißig Gedichten, ergänzt um ein kurzes Nachwort in Prosa. Die Gründe für das Erlahmen der poetischen Schaffenskraft dürften vielfältig gewesen sein. Einer der wichtigsten Gründe war sicherlich, daß es ihr an Förderern fehlte. Insbesondere hatte eine Reihe von Zeitschriften, mit denen Else Lasker-Schüler zwischen 1910 und 1920 in Verbindung gestanden hat, ihr Erscheinen eingestellt: „Die neue Kunst" war lediglich in den Jahren 1913/14 erschienen, die „Neue Jugend" 1916/17, „Die

---

[19] Wiener Stadt- und Landesbibliothek (HIN 158.193). – Else Lasker-Schüler: Briefe an Karl Kraus, hg. v. Astrid Gehlhoff-Claes, Köln, Berlin [1959], S. 64.
[20] Senna Hoy: Verse aus dem Gefängnis, in: Die Aktion 4, 1914, Nr. 19, S. 411.
[21] Die Aktion 4, 1914, Nr. 19, S. 399–403.

weißen Blätter" waren von 1913 bis 1920 erschienen. An Neugründungen, die sich als Foren der literarischen Avantgarde verstanden, mangelte es. Die seit Oktober 1924 im Berliner Verlagshaus Ullstein erscheinende Zeitschrift „Uhu" etwa, in der gelegentlich Texte von Else Lasker-Schüler zum Abdruck gelangten[22], war nur am Rande ein literarisches Organ: Der „Uhu" verstand sich als eine ‚illustrierte Zeitschrift', die das kulturelle Leben der Gegenwart in seiner ganzen Breite präsentieren sollte. Unter Kultur wurden dort Dinge wie Mode oder Sport gleichermaßen wie Theater oder bildende Kunst verstanden. Diese Tendenz einer Egalisierung der sogenannten niederen und höheren Künste in den zwanziger Jahren war Ausdruck einer Demokratisierung des kulturellen Lebens im nach-wilhelminischen Deutschland.

Die Antwort, die Else Lasker-Schüler auf das sich wandelnde Kulturverständnis gab, war – was die politischen Implikationen betrifft – im Grunde fatal. „Zuerst war das Wort", schreibt sie, die Eingangsworte des Johannesevangeliums zitierend, 1925 in „Ich räume auf!", ihrer „Anklage gegen meine Verleger", und fährt fort: „Dichter also, muß man wohl schon in jeder wahren Kunst sein. Ich habe noch nie einen Dichter, einen Künstler oder irgendeinen künstlerischen Menschen kennengelernt, der nicht selbst in seiner Abtrünnigkeit, religiöser, als ein gläubiger Bürger gewesen wäre."[23] „Ich räume auf!", anfangs eine durchaus sachliche Abrechnung mit den Geschäftspraktiken der Verleger Else Lasker-Schülers, wandelt sich gegen Ende zu einer Reflexion auf das Selbstverständnis des Dichters: Dieser wird als ‚poeta vates' beschworen, als Schöpfer und Messias (Verkündiger) in einem. Als Leitfigur nennt Else Lasker-Schüler – wie schon häufiger in den Jahren zuvor – den Boheme-Dichter Peter Hille, ihren Weggefährten aus den frühen Berliner Jahren: „Wer erblickte in Wahrheit je St. Peter Hille – so entrückt war er."[24] Die Aufmerksamkeit, die Peter Hille, den sie stets mit dem Apostel und ersten Bischof von Rom Simon Petrus identifizierte, im Kontext von „Ich räume auf!" verdient, dürfte in seiner unbürgerlichen Existenz liegen: Peter Hille bildet für sie das Urbild des Dichters, der sich den Bedingungen des literarischen Marktes entzogen hat. Zwar nicht Rückzug, aber doch Zurückhaltung dem Markt gegenüber war die Antwort, die Else Lasker-Schüler auf die Veränderungen des literarischen Lebens in den zwanziger Jahren gab.

Hugo Friedrich, der sich in seiner Untersuchung „Die Struktur der modernen Lyrik" vornehmlich mit der romanischen Dichtung beschäftigt, ist einer der wenigen

---

[22] Vgl. Uhu 2, 1925/6, H. 7, S. 13 („Liebesgedicht"); 3, 1926/7, H. 3, S. 14 („Die Liebe"); 3, 1926/7, H. 6, S. 111–114 („Handschrift"); 5, 1928/9, H. 3, S. 76–78 („Gebet", „Ein alter Tibetteppich", „Maienregen", „Weltende", „Vollmond", „Meine Mutter", „Zebaoth"); 5, 1928/9, H. 6, S. 40 (Antwort auf eine Rundfrage „Mein Menschen-Ideal"); 5, 1928/9, H. 9, S. 73–77 („Mein Junge. Gedenken einer Mutter").

[23] Else Lasker-Schüler: Ich räume auf! Meine Anklage gegen meine Verleger, Zürich 1925, S. 33.

[24] Ebd., S. 32.

Theoretiker des lyrischen Sprechens von Rang, der auf die Bedeutung Else Lasker-Schülers hingewiesen hat.[25] Moderne Lyrik – so lautet Friedrichs zentrale These – zeichne sich durch die ihr eigene Bildsprache aus: Die „moderne Metapher" habe „überhaupt nicht mehr den Sinn, ein Bild neben der ‚Wirklichkeit' zu sein, sondern sie selber hebt den Unterschied zwischen metaphorischer und nicht-metaphorischer Sprache auf."[26] Moderne Lyrik schafft *sich* ihre eigene Wirklichkeit und verschließt sich damit gegen traditionelle Methoden der Interpretation, die auf einer Differenz zwischen dem Bild (dem Gesagten) und dem Gemeinten beruhen. Eine solche spezifische Modernität der Lyrik Else Lasker-Schülers kann nur für bestimmte Werkphasen in Anspruch genommen werden: Sie gilt für die Gedichte aus den ersten zwei Jahrzehnten ihres Schaffens, die fast ausnahmslos 1920 in die beiden Lyrikbände der ‚Gesamtausgabe' aufgenommen wurden, und für die nach 1933 im Exil entstandenen Gedichte, die im Anschluß an Einzelveröffentlichungen 1943 in „Mein blaues Klavier" erschienen. Bei dem, was Else Lasker-Schüler in den zwanziger Jahren noch gelingen konnte, als sie sich auf dem Tiefpunkt ihrer dichterischen Entwicklung befand, handelt es sich meist um reine ‚Sachlyrik', die Wirklichkeit abbildete und unmittelbar auf diese verwies. Sie schrieb Gedichte über Maler, Schauspieler und Schriftsteller, die sie in der Tagespresse, vornehmlich im „Berliner Tageblatt" und im „Berliner Börsen-Courier", veröffentlichte, und hoffte, auf diese Weise ihre Günstlinge dem Publikum zu empfehlen. Den unmittelbaren Wirklichkeitsbezug ihrer Lyrik zeigt besonders deutlich das Gedicht „Der Hannemann", das am 8. Juni 1924 im „Berliner Tageblatt" erschien:

> Sein Vater, dessen Vater schon war Intendant in Tilsit.
> Seine Mutter: Böhmin. Karl: Ein Zigeuner!
>
> [...]
>
> Berlin S. W. am Halleschen Tor wohnt Karl Hannemann
> Mit seinem sorglich treuen Freunde King am Spreekanal,
> Der Karl würde sonst am Dorn des Lebens hängen bleiben.
>
> [...]
>
> Karl Hannemann – ich sah ihn schon vor Jahren
> Die Rolle von „dem" spielen, der die Maulschellen kriegt.
> Frau Andrejew wünschte ihm begeistert Glück nach dem Theaterschluß.[27]

---

[25] Vgl. Hugo Friedrich: Die Struktur der modernen Lyrik. Von der Mitte des neunzehnten bis zur Mitte des zwanzigsten Jahrhunderts. Erweiterte Neuausgabe, Hamburg [12]1971, S. 155 f., S. 206, S. 208 f. und S. 211.
[26] Ebd., S. 208.
[27] Berliner Tageblatt 53, Nr. 271 (Morgen-Expreß-Ausgabe), 4. Beiblatt vom 8. Juni 1924.

Zwei Jahre zuvor, am 10. März 1922, hatte Else Lasker-Schüler sich bemüht, brief-
lich bei Alfred Kerr, dem Theaterkritiker des „Berliner Tageblatts", für die schau-
spielerischen Leistungen Karl Hannemanns zu werben. Einzelne Verse des Gedichtes können im nachhinein als Briefzitate gelesen werden: „Karl Hannemanns
Vater war Theaterdirektor seine Mutter: Sängerin. Er spielte II. Besetzung: Den
der die Maulschellen kriegt, so herrlich, so *ruhig* und fürstlich, daß Frau Andrejew
ihm einen außergewöhnlichen Brief schrieb *von selbst.*"[28] – Nicht zuletzt ihre eigene materielle Not gelangt in Versen zur Darstellung. In einem Beitrag zum „Berliner Tageblatt" mit dem Titel „Handbemalte Briefumschläge" verbreitete Fred
Hildenbrandt am 26. Oktober 1926 das Gerücht, Else Lasker-Schüler wolle vom
Verkauf bemalter Briefumschläge leben: „Frau Else Lasker-Schüler, eine deutsche
Dichterin, wohnhaft in Berlin, von einem Rudel Sorgen gehetzt, teilt mit, daß sie
die Rückseite von Briefumschlägen mit Buntstift schön bemalt und das Stück um
fünf Mark verkaufen will."[29] Hierauf antwortete Else Lasker-Schüler am 3. November 1926 im „Berliner Tageblatt" mit einem kleinen titellosen Gedicht, in dem
sie in launigen Worten ihre eigene Lebenssituation beschreibt:

> Ich wohne im Sachsenhofe
> Im schönsten Hotel von Berlin
> Und lese die Katastrophe
> Nämlich, von meinem Ruin.
> Daß ich Kuverts verkoofe
> à fünf Mark – immerhin –
> mein lieber Fred, na weißte
> nicht, was und wer ich bin?[30]

Als Lyrikerin blieb Else Lasker-Schüler in den zwanziger Jahren nur der Nachruhm
früherer Zeit. Auf ihren zahlreichen Vortragsreisen las sie vornehmlich aus den zuerst 1913 erschienenen „Hebräischen Balladen", ihrem wohl wichtigsten Beitrag
zur Geschichte der modernen Lyrik. Die Bildsprache des Alten Testaments, der ‚hebräischen Bibel', galt ihr selbst als eine rein poetische und poetisch reine Sprache, als
eine „Ursprache [. . .], noch aus der Zeit Sauls, des Königlichen Wildjuden herstam-
mend", wie sie 1925 poetisch verklausuliert schreibt: „Ich verstehe sie heute noch
zu sprechen, die Sprache, die ich wahrscheinlich im Traume einatmete."[31]

Exil

Es bedurfte eines äußeren Anstoßes, daß Else Lasker-Schüler sich wieder verstärkt der lyrischen Dichtung zuwandte. Gemeint ist der Gang ins Exil, im April

---

[28] Akademie der Künste Berlin, Alfred Kerr-Archiv. – Wo ist unser buntes Theben. Briefe
von Else Lasker-Schüler. Zweiter Band, hg. v. Margarete Kupper, München (1969), S. 85 f.
[29] Berliner Tageblatt 55, Nr. 506 (Abend-Ausgabe) vom 26. Oktober 1926.
[30] Berliner Tageblatt 55, Nr. 519 (Morgen-Ausgabe) vom 3. November 1926.
[31] Lasker-Schüler [Anm. 23], S. 12 f.

1933 zunächst in die Schweiz, 1939 dann nach Palästina, wo 1943 ihr letzter Gedichtband „Mein blaues Klavier" erschien. Nach ihrer Ankunft in Zürich nahm sie schon bald Kontakt zu Klaus Mann auf, der in Amsterdam die Herausgabe der „Literarischen Monatsschrift" „Die Sammlung" vorbereitete. Vier Gedichte veröffentlichte sie dann zwischen Oktober 1933 und Dezember 1934 in dem namhaften Organ der deutschsprachigen Exilliteratur: „Abendzeit", „Die Verscheuchte", „Hingabe" und „Ergraut kommt seine kleine Welt zurück . . .".[32] Kennzeichnend für die Situation Else Lasker-Schülers im Schweizer Exil war das Arbeitsverbot, das für die Dichterin einem Publikationsverbot gleichkam. Verbindungen unter anderen zur renommierten „Neuen Zürcher Zeitung" und zum „Israelitischen Wochenblatt für die Schweiz" ermöglichten es ihr, das Arbeitsverbot zu unterlaufen: Als Erstdrucke erschienen im „Israelitischen Wochenblatt" am 22. März 1935 das Gedicht „Ich liege wo am Wegrand übermattet"[33], in der „Neuen Zürcher Zeitung" am 7. Februar 1937 das Gedicht „Mein blaues Klavier". Bereits die erste Reise nach Palästina im Frühjahr und Frühsommer 1934 nutzte Else Lasker-Schüler, um dort Kontakte aufzunehmen. Ende 1936 erschien in Jerusalem die von Adolf Chajes herausgegebene Anthologie „Die Ernte", in der sie mit drei Gedichten vertreten war: „Es kommt der Abend . . .", „Ich weiß . . ." und „Die Dämmerung naht . . .".[34] – Die neun Gedichte, die Else Lasker-Schüler zwischen 1933 und 1937 in Amsterdam, in Zürich und in Jerusalem veröffentlichte, gingen 1943 in den ersten Teil der Sammlung „Mein blaues Klavier" ein, der sie die Widmung voranstellte: „Meinen unvergesslichen Freunden und Freundinnen in den Städten Deutschlands – und denen, die wie ich / vertrieben und nun zerstreut in der Welt, / In Treue!"[35] Gemeinsam ist diesen insgesamt zwanzig Gedichten, die wohl nahezu vollständig vor der endgültigen Übersiedelung nach Jerusalem entstanden sind, ein Moment der poetischen Selbstreflexion, das sich in ihren früheren Gedichten nicht findet. In dem Gedicht „Hingabe" heißt es:

> Ich schwebte einsamlich die Welten all hinan,
> Entzifferte die Sternoglyphen und die Mondeszeichen um den Mann.
>
> [. . .]
>
> Und jedes Bild, das ich von dieser Welt gewann,
> Verlor ich doppelt, und auch das was ich ersann.[36]

---

[32] Die Sammlung 1, 1933/4, S. 104, S. 384 und S. 573; 2, 1934/5, S. 220.
[33] Israelitisches Wochenblatt für die Schweiz 35, 1935, Nr. 12, S. 11.
[34] Die Ernte. Ein Sammelheft jüdischer Dichtung, hg. von Adolf Chajes. Unter Mitarbeit von Sch. Ben-Chorin, Jerusalem (1936), S. 6 f.
[35] Else Lasker-Schüler: Mein blaues Klavier. Neue Gedichte, Jerusalem 1943, S. 7.
[36] Ebd., S. 26.

Die Gedichte bilden ‚Klagelieder‘ über die Situation des Schriftstellers im Exil: Der ins Exil verbannte Dichter ist fern von Gott, dem Ursprung und Garanten einer poetisch reinen Dichtung. Nur in der Reflexion auf die Abwesenheit Gottes konstituiert sich das lyrische Ich, suchendes und zweifelndes zugleich.

Im Frühjahr 1939 zog Else Lasker-Schüler endgültig von der Schweiz nach Palästina. In Jerusalem verliebte die Siebzigjährige sich in den dreißig Jahre jüngeren Pädagogikprofessor Ernst Simon. Vor allem in Briefen offenbarte sie Simon ihre Zuneigung. Am 12. Januar 1941 notiert Werner Kraft im Tagebuch: „Gespräch mit S. Er las mir einige sehr ergreifende Liebesbriefe vor."[37] Simon erwiderte ihre Zuneigung nicht. Werner Kraft, der „Vertraute" Else Lasker-Schülers und Ernst Simons, berichtet:

> Sie ist „verliebt" in S. mit allem Zubehör der List, der Dämonie, der edlen Entsagung, des rasenden Begehrens (ohne Gegenstand: für ihn). Ich bin der Vertraute, der in den Roman verwebt wird. [. . .] Es liegt etwas Böses und Sinnloses in dem allen, und S. verhält sich in seiner Ablehnung grundsätzlich richtig. Es ist unmöglich, einem Dämon den kleinen Finger zu reichen.[38]

Das poetische Produkt ihrer Liebe sind die zwölf „AN IHN" überschriebenen Gedichte in „Mein blaues Klavier", die den zweiten Teil der Sammlung bilden. Sie geben Zeugnis von der mythischen Überhöhung und Verklärung Ernst Simons, den sie mit Apoll, dem griechischen Gott der Musen und des Maßes, vergleicht („Aus ihren Marmorbrüchen, / Schenkten ihm die Griechen / Das Lächeln des Apolls"[39]), zugleich aber auch vom Gefühl der Fremdheit und der existentiellen Vereinsamung. Die Schlußstrophe des letzten Gedichtes „An Apollon" lautet:

> Er legte Brand an meines Herzens Lande –
> Nicht mal sein Götterlächeln
> Liess er mir zum Pfande.[40]

Drei Gedichte aus dem Zyklus „AN IHN" waren zuvor im November und Dezember 1942 in der Zeitschrift „Orient" erschienen: „Ihm – eine Hymne", „Ueber glitzernden Kies" und „Mein Liebeslied".[41] Der „Orient", den Wolfgang Yourgrau mit Unterstützung Arnold Zweigs in den Jahren 1942/43 in Haifa als

---

[37] Else Lasker-Schüler 1869–1945, bearbeitet von Erika Klüsener und Friedrich Pfäfflin (Marbacher Magazin 71), Marbach am Neckar 1995, S. 344. – Die Briefe Else Lasker-Schülers an Ernst Simon befinden sich im Besitz der Jewish National and University Library Jerusalem und sind für die Benutzung gesperrt.

[38] Ebd., S. 346 f.

[39] Lasker-Schüler [Anm. 35], S. 37.

[40] Ebd., S. 43.

[41] Orient 3, 1942, Nr. 32/3, S. 18; Nr. 34/5, S. 20; Nr. 36, S. 8.

Wochenschrift herausgab, stand in der Tradition linksintellektueller Publizistik der Weimarer Republik. Die betont antizionistische Haltung, die in zahlreichen Beiträgen vertreten wurde, führte im April 1943 dazu, daß Yourgrau seine Zeitschrift nicht länger gegen die Widerstände zionistischer Kreise fortführen konnte. Als letzter Zeitschriftenbeitrag Else Lasker-Schülers erschien am 29. Januar 1943 im „Orient" das Gedicht „An meine Freunde" mit einer Widmung, die auf die Sammlung „Mein blaues Klavier" vorausweist: „An meine treuen Freunde, die ich verlassen musste, und die mit mir geflüchtet in die Welt."[42] Die Widmung und der Ort der Veröffentlichung sagen Wesentliches über das dichterische Selbstverständnis Else Lasker-Schülers zwei Jahre vor ihrem Tod aus: Sie fühlte sich nicht (oder nicht mehr) dem zionistischen Gedanken der ‚Heimkehr ins gelobte Land' (der ‚Immigration') verpflichtet, die Gedichte in „Mein blaues Klavier" sind vielmehr geprägt von der existentiellen Erfahrung der Emigration und des Exils. Besonders deutlich kommt dieses im Gedicht „Jerusalem" zum Ausdruck, das als drittes Gedicht der Sammlung auf „An meine Freunde" und „Meine Mutter" folgt. Die Grundbefindlichkeit, mit der das lyrische Ich dem „Land der Ahnen" gegenübersteht, ist das Moment der Angst:

> Ich wandele wie durch Mausoleen –
> Versteint ist unsere Heilige Stadt.
> Es ruhen Steine in den Betten ihrer toten Seen
> Statt Wasserseiden, die da spielten: kommen und vergehen.[43]

Lyrik und Geschichte

Die Gedichte Else Lasker-Schülers waren ‚Zeitgedichte', in denen das lyrische Ich einem historisch konkret bestimmbaren Publikum gegenübertritt. Eine solche dialogische Struktur wird in der Sammlung „Mein blaues Klavier" bereits durch den Einband, Else Lasker-Schülers Zeichnung „Abschied von den Freunden"[44], gesetzt. Bei Veröffentlichungen in Zeitungen und Zeitschriften wird der heutige Leser – ein halbes Jahrhundert nach dem Tod der Dichterin – sich den jeweiligen historischen Kontext nicht unmittelbar im Akt des Lesens vergegenwärtigen. Die vordergründig nicht immer erkennbare Zeitgebundenheit der Gedichte aber dürfte wesentlich für den Eindruck des Fremden und auch des Befremdlichen verantwortlich sein, den diese zum Teil beim Leser hinterlassen.

---

[42] Orient 4, 1943, Nr. 4/5, S. 22. – Ohne Titel war „An meine Freunde" ursprünglich am 25. Dezember 1921 in der Weihnachtsausgabe des „Berliner Börsen-Couriers" als Schluß der Erzählung „Das heilige Abendmahl" erschienen.

[43] Lasker-Schüler [Anm. 35], S. 11.

[44] Die Einbandzeichnung und ein Entwurf sind reproduziert in: Else Lasker-Schüler [Anm. 37], S. 314 und S. 321.

Das Gedicht „Hans Ehrenbaum-Degele" beginnt mit den Versen:

> Er war der Ritter in Goldrüstung.
> Sein Herz ging auf sieben Rubinen.
>
> Darum trugen seine Tage
> Den lauteren Sonnenglanz.
>
> Sein Leben war ein lyrisches Gedicht,
> Die Kriegsballade sein Tod.[45]

Der junge Dichter Hans Ehrenbaum-Degele war am 28. Juli 1915 gefallen. Seinen Tod hatte René Schickele in den „Weißen Blättern" mit folgenden Worten angezeigt:

> Nach den Dichtern Stadler, Lichtenstein, Heymann, Lotz, Leybold, Trakl . . fiel am 28. Juli, im Westen, nun auch *Ehrenbaum-Degele*. Seine ersten Verse erschienen im „Sturm", die letzten, die er vom Schlachtfeld schickte, in der „B. Z. am Mittag". Sonette. Er war draußen Leutnant geworden. Ich will Else Lasker-Schüler, die ihn gut gekannt hat, bitten, ihm hier die Grabrede zu halten.[46]

Als ,Auftragsarbeit' des Herausgebers Schickele erschien dann im Oktoberheft der „Weißen Blätter" von 1915 Else Lasker-Schülers Gedicht „Hans Ehrenbaum-Degele". – In der Bestimmung des historischen Kontextes und des Dialogs, den die Gedichte mit der geschichtlichen Wirklichkeit eingehen, dürfte eine der zentralen Aufgaben der künftigen Forschung zur Lyrik Else Lasker-Schülers liegen. Dabei sollte nicht verkannt werden, daß die Aufdeckung historischer Kontexte nicht den Sinngehalt der Texte verkürzt, sondern vielmehr der Blick auf das geschichtlich Zufällige erst den Horizont für das im Besonderen verborgene Allgemeine öffnet.

---

[45] Die weißen Blätter 2, 1915, S. 1282.
[46] Ebd., S. 1153.

AN SICH EIN LERNPROZESS OHNE TÖDLICHEN AUSGANG

Alexander Kluges Ästhetik der Lücke

von Claudia B r a u e r s , Berlin

Abstract

Der Aufsatz stellt einen Text Alexander Kluges aus den „Lernprozessen mit tödlichem Ausgang" vor. Beobachtet wird, wie hier eine Lebensgeschichte präsentiert und zugleich als eine
Geschichte fortgesetzter innerer und äußerer Dissoziation in einzelne Erfahrungsfragmente
zerspalten wird. Das Bildungsprogramm ist ersetzt durch eine Ästhetik der Lücke, die anhand thematischer Einzelaspekte und formaler Verfahren am Text skizziert wird.

This article presents a text from „Lernprozesse mit tödlichem Ausgang" by Alexander Kluge. A biography is narrated, a story of constant inner and outer dissociation, which as the
narration progresses is split into individual fragments of experience. The programme of character development is replaced by an ‚aesthetics of the gap', which is sketched using individual thematic aspects and formal processes present in the text.

Ein klassisches Thema der deutschsprachigen Literatur ist die Bildungsgeschichte, die exemplarische Entwicklung eines einzelnen Lebenslaufes in der Auseinandersetzung mit der Umwelt, an der er partizipiert. Das Bildungsprogramm sucht
eine glückende Harmonie des Individuums mit sich selbst und im Einklang mit
seinen gesellschaftlichen Beziehungen herbeizuführen. Es ist aber schon seit Wielands „Agathon" und Goethes „Wilhelm Meister" problematisch, sofern es nicht
utopisch auserzählt oder durch den Abbruch des Textes konterkariert werden
soll; und die Brüchigkeit des klassischen Bildungsideals zeigt sich in den großen
Bildungsromanen des 19. Jahrhunderts immer offensichtlicher, man denke nur an
die stillgelegte und konfliktbereinigte Welt des Asperhofes in Stifters „Nachsom-
mer".

Alexander Kluge hat als eine „Aufgabe des 20. Jahrhunderts" beschrieben, gegen
solche Stagnation ästhetischer Erfahrung „des 19. Jahrhunderts *Gegengeschichten*
zu erzählen".[1] Dieser Forderung suchten schon Kluges „Lebensläufe" (1962)
nachzukommen. Die dort versammelten Geschichten stellen verschiedene Figuren im Geflecht ihrer sozialen und historischen Bindungen dar, in die das natio-
nalsozialistische Deutschland sich eingeprägt hat. Distanz gegenüber den nicht
mehr emphatisch beispielhaften Titelhelden entsteht durch eine analytisch sezie-
rende Erzählhaltung, die Kluge durch Adaption, Montage und Wechsel verschie-

---

[1] Alexander Kluge: Antwort auf zwei Opernzitate, in: ders.: Theodor Fontane, Heinrich
von Kleist und Anna Wilde. Zur Grammatik der Zeit, Berlin 1987, S. 19–34. (Zuerst in:
Jahrbuch der Hamburgischen Staatsoper XI, 1983/84.) Hier: S. 23.

dener, auch nicht-literarischer Rede- und Bildformen erreicht. Dieses Verfahren, das begriffliche Analyse und erzählerische Imagination verschmilzt und das so die abstrakte Vermitteltheit jeder einzelnen Lebenserfahrung im 20. Jahrhundert schon in der Form thematisch macht, wird in den „Lernprozessen mit tödlichem Ausgang" (1973) weiter gesteigert.[2] Die Texte, die in den „Lernprozessen" zusammengestellt sind, erscheinen in der Mehrzahl biographisch organisiert, selbst wenn die lebensgeschichtliche Kontinuität sich jeweils nur noch durch zersplitterte Teile zeigt. Die „Neuen Geschichten. Hefte 1–18. ‚Unheimlichkeit der Zeit'" (1977) radikalisieren die Erzählstrategie. Diese **„Geschichten ohne Oberbegriff"**[3] gruppieren sich nicht mehr um die Lebensläufe von Personen. Die Figuren werden umgekehrt zu Trabanten, die um das Erzählverfahren selbst kreisen: Der Schreibprozeß, die Entstehung in einzelnen Heften, wird zum titelgebenden Gliederungskriterium der Kapitel, die jeweils in viele einzelne Geschichtenfragmente zersetzt sind.

Im folgenden wird ein Text aus den „Lernprozessen mit tödlichem Ausgang" vorgestellt. Anhand einiger Beobachtungen ist zu erhellen, auf welche Weise hier eine Lebensgeschichte präsentiert und zugleich als eine Geschichte fortgesetzter innerer Trennungen und disparater Selbst- und Fremddeutungen in einzelne Erfahrungspartikel zersprengt wird.[4] Die Geschichte über den Werkschutzleiter Ferdy Rieche in „Ein Bolschewist des Kapitals"[5] ist eines von Kluges bitter-komischen und sich gegen jede Erhabenheits-Ästhetik sperrenden Erzählexperimenten, in denen kleinbürgerliche Erfahrungsmechanismen zergliedert werden. Der Text ist in vier Abschnitte unterteilt; diese zerfallen jeweils in zahlreiche typographisch voneinander abgesetzte kurze Erzählsequenzen, durch die sich Rieches Leben als eine diskontinuierliche Folge von fragmentarischen Ausschnitten

---

[2] In der Forschungsliteratur wird das Montage- und Brechungsverfahren Kluges häufig anhand von Aufzählungen beschrieben, welche die zitierten und parodierten Stil- und Redeformen in Kluges Texten fasziniert zusammensetzen. Ein deutliches Beispiel dafür ist die 19 Zeilen lange Reihung heterogener Textformen bei Rainer Lewandowski: Alexander Kluge, München 1980, S. 20.

[3] Alexander Kluge: Neue Geschichten. Hefte 1–18. ‚Unheimlichkeit der Zeit', Frankfurt/M. 1977, S. 9.

[4] Wegen der reflektierenden Erzählhaltung Kluges, welche die Narration zur begrifflichen Analyse hin öffnet, liegt es nahe, daß die einzelnen Texte in der Forschung meist auf ihre Poetologie hin generalisiert werden. (Ausführliche Bibliographien zu Kluge liegen vor bei: Bernward Urbanowski in: Text + Kritik. Zeitschrift für Literatur, hg. v. Heinz Ludwig Arnold, Heft 85/86: Alexander Kluge, München 1985, S. 145–163. Weiterhin bei Hanno Beth: Alexander Kluge [1988], in: Kritisches Lexikon zur deutschsprachigen Gegenwartsliteratur, hg. v. Heinz Ludwig Arnold, München 1978 ff.) Hier soll der Akzent darauf liegen, die These von einer Ästhetik der Lücke bei Kluge in stetem Bezug auf einen einzelnen Text durchzuführen.

[5] Alexander Kluge: Ein Bolschewist des Kapitals, in: ders.: Lernprozesse mit tödlichem Ausgang, Frankfurt/M. 1973, S. 149–177. Die Seitenangaben zu diesem Text werden im folgenden direkt hinter den betreffenden Zitaten und Verweisen angegeben.

zeigt.[6] Kommentiert werden diese Einzelausschnitte durch vorangestellte Bemerkungen, die sich jedoch schon durch ihre schreibtechnische Einklammerung selbst unter Vorbehalt stellen und eher als perspektivische Verkürzungen denn als übergreifende Subsumtionsregeln erweisen. Nicht selten stehen sie sogar in einem ironischen Verhältnis zum anschließend Erzählten.[7] Der Titel „Ein Bolschewist des Kapitals" imitiert in einer rätselhaften Komposition marxistischen Jargon und stellt ihn in seiner Phrasenhaftigkeit bloß. Durch ihn und durch die politische Konstellation, in die Ferdy Rieche als ‚Beschützer' des Kapitals gegenüber Arbeitern und Gewerkschaften eingezeichnet ist, bietet sich der Text zunächst äußerlich wie ein typisches Beispiel für die einsinnige Politliteratur der frühen 70er Jahre dar. Er weist jedoch deswegen darüber weit hinaus, weil er in seinem gebrochenen Verlauf alle ideologischen Gewißheiten über den Zustand des Ganzen zerschneidet und die Reduktionen und Funktionalisierungen seiner Hauptfigur mit ihren unberechenbaren, nur noch verzerrt hervortretenden und immer wieder weggedrängten Sehnsüchten und Gefühlen verwebt.

Kluges Erzählen erprobt und provoziert unsystematisierbare Assoziationen und Anschlüsse und gibt dabei nie die Beschäftigung mit dem geschichtlichen Ganzen auf, das jedoch nur durch die subjektive Erfahrung und ihre Analyse zugänglich ist. Die Differenz, die in der Moderne zwischen dem Ganzen, das die einzelnen deformiert und innerlich zertrennt, und der zersplitterten Wahrnehmung des Ganzen durch die einzelnen liegt, ist unüberbrückbar. Kluge verwandelt diese Differenz in ein ästhetisches Verfahren, in eine Ästhetik der Lücke, die auch seiner Realismus-Auffassung zugrunde liegt.[8] Nur die Brüche und Verkürzungen,

---

[6] Auf die enge Beziehung von Schreib- und Filmtechnik bei Kluge kann an dieser Stelle nur verwiesen, jedoch nicht im einzelnen eingegangen werden.

[7] Daß Überschrift und Text in einem nicht mehr hierarchischen Verhältnis zueinander stehen, gilt im übrigen für alle „Lernprozesse", deren zentrales Inhaltsverzeichnis nicht mehr das jeweilige Zentrum der Geschichten vorzustellen sucht, sondern durch Einzelaspekte in die Texte einführt.

[8] Vgl. dazu auch: Helmut Heißenbüttel: Der Text ist die Wahrheit. Zur Methode des Schriftstellers Alexander Kluge, in: Text + Kritik [Anm. 4], S. 2–8. Als „entscheidender Punkt" der Schreibmethode Kluges zeige sich gerade das „fragmentarische, das lückenhafte, das [. . .] springende Reden"; es sei „allein das Unzusammenhängende, das Zusammenhang garantiert." (Ebd., S. 7.) Kluges „Poetik der Leerstelle und des Intervalls" diskutiert Winfried Menninghaus in seinem instruktiven Beitrag: Geschichte und Eigensinn. Zu Hermeneutik-Kritik und Poetik Alexander Kluges, in: Geschichte als Literatur. Formen und Grenzen der Repräsentation von Vergangenheit, hg. v. Hartmut Eggert, Ulrich Profitlich und Klaus R. Scherpe, Stuttgart 1990, S. 258–272, hier: S. 268. Während Menninghaus Kluge in Beziehung nicht nur zur Kritischen Theorie, sondern auch im Hinblick auf poststrukturalistische Theoreme analysiert, verweist David Roberts (Die Formenwelt des Zusammenhangs. Zur Theorie und Funktion der Montage bei Alexander Kluge, in: Zeitschrift für Literaturwissenschaft und Linguistik, Heft 46: Montage, 12/1982, S. 104–119) vor allem auf die Aufnahme von frühromantischen Konstruktionsverfahren, die er etwa in der ironischen Haltung, der perspektivischen Selbstreflexion oder der fragmentarischen Brechung der Texte beobachtet.

welche die niemals mehr harmonisierbare Bildungsgeschichte des einzelnen partikularisieren, lassen noch e negativo die Kontinuitäten sichtbar werden, die jedes Leben durchziehen. **„Reduktion und Konstruktion [sind] Realformen, mit denen die Geschichte Menschen für ihren Real-Roman zuschneidet."**[9] Deswegen wird auch für die ästhetische Analyse von **„Erfahrung in der Produktion von Erfahrung"**[10] der Zwischenraum zwischen Reduktion und Konstruktion der Wirklichkeit durch den einzelnen wesentlich. In derjenigen Erfahrungs-Lücke, in der sich Erlebnisse der eindeutigen Zuordnung entziehen, stellt sich die deutungsbedürftige „Realität als die geschichtliche Fiktion, die sie ist, auch dar[...]".[11] Die Geschichte von Ferdy Rieche reiht ebenfalls in ihren abrupt wechselnden Einzelsequenzen Lücke an Lücke. Die Lektüre läßt ästhetische Erfahrung nur noch anhand von Bruchstücken zu, welche die Figur von verschiedenen Seiten auseinandernehmen. Diese Erfahrung ist ironisch: die Risse und Verzerrungen, die Ketten von nicht deckungsgleichen Ambivalenzen und Paradoxien, in denen Rieche lebt, machen die Fixierung eines Lebensplanes unmöglich. Die ästhetische, selbst auch niemals endgültige Beschreibung zeigt nur noch diverse Konstellationen. Sie übersteigt jedoch damit bereits das Bewußtsein der beschriebenen Figur, welcher der Konstellationscharakter ihrer Erfahrung aus der Innenperspektive nicht zugänglich ist.

Funktionen und Gefühle

Ferdy Rieche ist nicht sympathisch und ein Held schon gar nicht. Sein Vorname ist so lächerlich verkümmert wie seine Persönlichkeit, die sein Nachname treffend bezeichnet. „Er kriecht an einer ‚Spur' entlang, die er buchstäblich riecht. Er ist gefährlich." (168) Rieche ist Werkschutzleiter in einem Industriekonzern, wofür er durch seine sinnlos isolierte, bestenfalls anachronistische Fähigkeit als „Spezialist für die Unterdrückung von Aufständen" (149) qualifiziert ist. Seine reduzierten Selbstwahrnehmungs- und Handlungsschemata sind an eine bestimmte Funktion gebunden: Rieches Identitätsgefühl entsteht nur aus der Fixierung eines Gegners und dem Mißtrauen gegenüber allen Beziehungen, die das Freund-Feind-Schema sprengen. „Der Gegner" zerfällt jedoch in *„verschiedenartige"* Gruppen, und selbst „die Seite der ‚Freiheit', die Rieche verteidigt, ist nicht *zentral* organisiert." (152) Rieche konstruiert, um seine Identität und sein Unentbehrlichkeitsgefühl zu erhalten, ein berechenbares feindliches Gegenüber, in dem der *„Gegner"* zu einem *Gesamtbild* zusammenzuschließen" (152) ist. Zum Schutz vor der unkontrollierbaren Komplexität der Wirklichkeit, welche Rieches feste Maßstäbe und

---

[9] Alexander Kluge: Gelegenheitsarbeit einer Sklavin. Zur realistischen Methode, Frankfurt/M. 1975, S. 222.
[10] Ebd., S. 219.
[11] Ebd., S. 215.

Existenzberechtigung in Frage stellen könnte, entwickelt er Ignoranz-Mechanismen: „Wenn er die Augen nur einen Spalt öffnet, erscheint die[. . .] Sonne als handlicher kühler Mond, während sie das geöffnete Auge als überheller Sonnenkörper schädigt. Er wiederholt stundenlang diese Versuche, die eine gewisse Exaktheit erreichen" (153). Rieche schneidet die Zusammenhänge um sich herum ab. Damit wird er sogar blind gegenüber derjenigen anderen Funktion, die er für den Vorstand des Werkes erfüllt: „Er meint, die Sicherheit des Werkes zu verteidigen. Statt dessen verteidigt er die günstigere Versicherungsprämie." (156) Rieches Beschränkung auf die Funktion, Gegner aufzuspüren und unschädlich zu machen, wird gefährlich wegen der Beschränkung, nicht wegen der Funktion. Seine Beschränktheit, die aus Selbsterhaltungsgründen keine Güter mehr abwägt, wird selbstdestruktiv: Rieche brennt nicht nur zur Denunzierung der Gewerkschaft Teile des eigenen Betriebes ab; er wird schließlich entlassen, als er gegen ein Mitglied des Vorstandes seines Werkes zu ermitteln beginnt, um sich bei der Firmenleitung unentbehrlich zu machen. Daß er sein Ziel durch Erpressung zu erreichen hofft, ist wiederum bezeichnend dafür, daß ihm die Fähigkeit, über Kriterien des Schützenswerten zu reflektieren, durch die Isolierung der Beschützerfunktion abhanden gekommen ist.

Selbstzerstörerisch ist Ferdy Rieches Verfahren der Realitätskonstruktion auch in einem anderen Bereich: Jeder Kontakt, der nicht gegnerisch ist, ängstigt ihn mehr, als es der gefährlichste Gegner vermöchte. „Rieche, krank durch Kontaktmangel" (168), stilisiert seine Isolation: „Rieche ist eine ‚einsame Pappel'" (155). Gerade unter diesem Aspekt, der die soziale Beziehungslosigkeit Rieches betrifft und der für sein Selbstgefühl nur mithilfe einer Reihe von Deckmotivationen zu ertragen ist, wird der Erzählstil wichtig. Die Ausschnitte aus Rieches Leben erscheinen als Kette von Einzelbeobachtungen, deren Erzähleinstellung sich fließend zwischen Selbst- und Fremdbetrachtung der Figur bewegt. Nur so kann Rieche einerseits mit Gefühlen ausgestattet und zugleich andererseits der Analyse ihrer Kontrollverfahren und Deformationen unterzogen werden.[12] Während die Gegner-Konstellation Rieche durch Aktion „lebendig [hält], auch ohne daß er unmittelbar auf seine Gefühle zurückgreifen muß" (158), beginnt seine mechanische Selbstgewißheit in der gegnerlosen Situation zu zerfallen: „**Sehnsucht** füllt diese Zeitlücke, ein hohles Gefühl, sobald die Aktion aussetzt." (158) In diese Lücke fallen Rieches Liebeserlebnisse, die er sucht und fürchtet. Besonders der zweite Abschnitt

---

12 Dies gehört zur „Dialektik des Realismus", die Kluge 1979 in seiner Fontane-Preisrede folgendermaßen begründet: „unsere Sinne sind sehr enge Fenster. Sie sind [. . .] zunächst einmal als *Nähesinne* ausgebildet. [. . .] Die wirklichen Entwicklungen [. . .] finden aber in der geschichtlichen Bewegung, d. h. in Form von gesellschaftlichen Ereignissen statt, über die unsere unmittelbaren Sinne wenig sagen." (Alexander Kluge: Das Politische als Intensität alltäglicher Gefühle. Rede bei der Verleihung des Fontane-Preises für Literatur in der Berliner Akademie der Künste, in: ders.: Theodor Fontane, Heinrich von Kleist und Anna Wilde. Zur Grammatik der Zeit, Berlin 1987, S. 7–18. Hier: S. 9 f.)

des Textes ist der Macht und Ohnmacht der Gefühle gewidmet, wozu klassischerweise eine Reise in den Süden, hier nach Südfrankreich, die Kulisse abgibt. Dort soll Rieche einen geflüchteten Buchhalter stellen, mit dem er in eine unerwartete Gefühlsbeziehung gerät: „Ein Schwebezustand, ‚innere Solidarität'. Rieche: ‚Wenn Schweine Flügel hätten!'" (162) Die Situation entzieht sich Rieches Selbstbegrenzungsverfahren durch ein feindliches Gegenüber, löst Grenzen auf, löst Angst aus – ganz abgesehen von der speziellen Befürchtung, „als Homoerot dazustehen" (161): Ferdy Rieche übergibt schließlich „den Freund [. . .] der Strafverfolgung" (162). Dem folgt der Bericht eines gescheiterten Beziehungsexperiments zu einer jungen „*Streunerin*" (162), in das Rieche eine Kontrolle direkt einzubauen versucht, indem „er sie tagsüber in der Wohnung einschloß" (163): „Aber so gut mochte das intelligente Wesen ihn erkannt haben, daß es sich weit genug absetzte." (163) Die absteigende Linie der ohnmächtigen Gefühlsausbrüche von Ferdy Rieche endet bei einem „französischen Spitz", an den „er eine Zeit lang sein Herz hängte, bis ihm das ‚unwürdig' schien" (163). Diese hündische Liebe ist aber immerhin eine machtvolle Erinnerung an jenen Augenblick erwachender Gefühle in Frankreich, wo sich „zwei Männer", der Werkschutzleiter und der Buchhalter, „wie zwei fremde Hunde" beäugten (161). Rieche diszipliniert seine Gefühle, welche die Gegnerschaft verwischen, indem er sie in die Erinnerung bannt. Innerhalb dieses Reservates sind Empfindungen erlaubt; als erinnerte sind sie anwesend und abwesend zugleich. Dieser Trick beginnt schon beim ersten mächtigen Gefühl: Das einzige Bild im Text zeigt ein Gruppenbild mit Mutter, unterschrieben: „Rieche (Pfeil) als Kind. Links seine Mutter. Um diese Zufriedenheit wieder zu erreichen, würde Rieche *alles* opfern." (159) Dagegen ein paar Seiten weiter: „Letztlich gehört seine Zuneigung ausschließlich der Arbeit." (163) Zwischen diesen konträren Selbstdeutungen mit ihrem suggestiven Exklusivitätsanspruch liegen Ferdy Rieches Gefühle brach.

Progression und Stillstand

Während sich der Text über den Werkschutzleiter Rieche in Sprüngen fortbewegt, ist es um den Bildungsgang des Helden schlecht bestellt. Nach den präsentierten Ausschnitten ist ein Lernprozeß nicht in Sicht: Rieche ist den Brüchen seiner unüberschaubar komplexen Umwelt orientierungslos ausgesetzt. Zugleich ist seine Biographie von generationsüberschreitenden Kontinuitäten durchzogen, welche die Stagnation seines immer gleichen Verhaltens begründen und fortsetzen. So will Rieche „um jeden Preis die Verbindung zur Familie [. . .] *kappen*", weil sein Vater „nur ein Einzelkämpfer war" (160). Doch gerade dieses Verhalten, das keiner Kooperation vertraut, hat Rieche unveränderbar verinnerlicht. Nach seiner Entlassung als Werkschutzleiter führt ihn sein Weg ungewandelt zum Bundeskriminalamt, wo er als „kriminalistischer Hilfsarbeiter" (177) von vorne anfängt oder auch nur weitermacht. Rieches Einstellung gegenüber seiner Umwelt bleibt Verfremdung als Verfeindung, und das lebenslänglich.

Angetrieben (doch nicht fortbewegt) wird Rieches Leben nicht mehr durch den Willen zu, sondern durch die Angst vor Veränderung. Furcht und Vermeidungsstrategien bestimmen durchgehend sein Verhalten. Der Text bietet sogar eine ausführliche Auflistung: **„Was fürchtet Rieche am meisten?"** (157) Zum einen wird damit Rieches Lernfähigkeit ironisiert, der an der vergeblichen Zuversicht festhält, Angst berechenbar aufzuzählen und so zu zähmen; zum anderen wird der ‚Held' charakteristisch anhand der einzelnen Angstmomente beschrieben. Rieche fürchtet gerade nicht den politischen Gegner am meisten; er fürchtet vor allem den Vorstand seines eigenen Werkes, der „ihm die Planstelle wegnehmen" (157) und damit seinen verselbständigten und lebenserhaltenden Verhaltensmechanismus der Gegnerbildung zerstören kann. Auch der Tod erscheint nicht in dieser Liste der angsteinflößenden negativen Antriebe von Rieches Leben; er ist, wie so oft in Kluges Geschichten, ersetzt durch die „Falle", die sich der einzelne durch sein Verhalten selbst gräbt. Die „Falle" läßt Stagnation nicht erst entstehen, doch in der Falle werden Auswegslosigkeit und Leerlauf der eigenen Lebensführung bewußt erfahren. Die Falle liegt in der Lücke, die zwischen dem Funktionieren der eigenen Verhaltensregeln und dem Funktionieren des unübersehbaren Ganzen besteht: Wo beide keine Schnittmenge mehr bilden, wird der eigene Stillstand fühlbar, der banaler und schlimmer ist als der tödliche Ausgang. Ferdy Rieche fürchtet etwa die „Frauen als Falle" (157), weil sie sein Identitätsprinzip der Gegnerkonstruktion bedrohen. Sie repräsentieren einerseits unerfüllte Wünsche Rieches, nämlich unkalkulierbare Beziehungen der Intimität und Nähe, in die er jedoch andererseits wegen seiner mechanisierten Selbstabgrenzung nicht eintreten kann. Um dieser Falle zu entgehen, wird die Quelle der Irritation schließlich kurzerhand aus Rieches Normalitätszurechnung gestrichen: **„Eine ‚Liebende' ist im Zusammenhang des Sicherheitsgefüges eines modernen Betriebs wie eine Geisteskranke zu sehen"** (169).

Das Ganze und die Lücke

Die „Erfüllung von Rieches Sehnsüchten", die ein „radikaler Wechsel" des Verhaltens und nicht nur ein Austausch der Fronten sein müßte, ist „nirgends zu sehen" (166). Der isolierte Werkschutzleiter findet im „strengen Sinne menschlich [. . .] nur sich selbst" (166), und ihm „fehlt" für jede „Gruppenloyalität [. . .] die Gruppe" (167). Rieche verfehlt nicht nur die Integration in einen sozialen und gesellschaftlichen Zusammenhang.[13] Auch gelingen die Orientierungsversuche des

---

[13] Fraglich ist allerdings, ob dies einen Ausweg aus der Vereinzelung weisen könnte. Kluge hat eine solche Lösung selten so zuversichtlich wie in der Fontane-Preisrede kommentiert: „Im begrenzten Einzelverhältnis gibt es diese Auswege nicht, sondern es kann sie, wenn es sie überhaupt geben soll, nur im Kooperativ, d. h. in Zusammenhängen geben, *und im Zusammenhang gibt es immer einen Ausweg.*" (Kluge [Anm. 12], S. 12.) Unlösbar scheint das Problem jedoch, wo Menschen wie Rieche nicht einzelne Deformationen haben, sondern wo Vereinzelung und Unfähigkeit zum Zusammenhang zur zentralen Deformation geworden sind.

Werkschutzleiters nicht, sich die komplexe Wirklichkeit durch Verfeindungsverfahren einsichtig zu machen: „die **Wirklichkeit**" bleibt ihm „eine große Wüste" (158). Kluges realistische Methode zielt darauf, die Regeln der Realitätskonstruktion offenzulegen, mit der die Figuren, hier Rieche, ihre Erfahrungen ordnen und begrenzen. Darüber hinaus operiert Kluge in seinem realistischen Verfahren aber auch mit einer Vorstellung von Wirklichkeit, die eben nicht leer und verwüstet, sondern ganz und erfüllt ist. Dieses besondere Wirklichkeitserlebnis umfaßt mehr als Wirklichkeit, es bezeichnet ein Ideal glückender Spontaneität und umfassender Unmittelbarkeit, das aber, daran bleibt kein Zweifel, unerreichbar ist. Die Sehnsucht nach ‚Wirklichkeit' in ihrer erfüllten Form treibt die Vitalität aus den Figuren hervor, deren Leben eine Suche nach bruchloser Ganzheit und (Selbst-) Verwirklichung in diesem emphatischen Sinne ist. Nur vor diesem Bewußtseinshintergrund, der Glück und Zusammenhang identifiziert und auf gleichzeitige Übereinstimmung mit sich selbst und einem Ganzen orientiert ist, dringen die Trennungen im eigenen Erleben an die Bewußtseinsoberfläche der Figuren: „Rieche fühlt sich ‚entfremdet'", bei ihm ist „[. . .] Glück eingedickt zur Idee des Glücks', zur bloßen Möglichkeit." (163)[14]

Rieches Leben ist von Brüchen durchzogen, etwa von der Kluft zwischen Funktion und Gefühl oder von der Unvereinbarkeit seiner Sehnsucht nach Nähe mit seinem Verfeindungsbedürfnis. Dabei sind die Spaltungen und Verkürzungen von Rieches Persönlichkeit nicht allein sein persönliches Problem: Daß ihm das Glück der Ganzheit nicht zugänglich wird, liegt auch daran, daß durch moderne Arbeitsteilung und mechanische Rationalität die Trennung zu Ausdruck und Verwirklichung des Ganzen geworden ist.[15] Unter dieser Perspektive verliert das Ganze seine Funktion als orientierende Idealkonstruktion: Wenn die Gesellschaft im ganzen nach Regeln funktioniert, die den einzelnen nur in isolierten und aus-

---

[14] Besonders in Kluges filmischer und literarischer Beschäftigung mit der „Macht der Gefühle" zu Beginn der 1980er Jahre tauchen ‚Ganzheit' und ‚Wirklichkeit' als Authentizitätskriterien auf, die Gefühle unterscheidbar machen sollen. Dafür gilt generell, daß solche Differenzierungen stets nur mit Hilfe von anthropologischen und geschichtsphilosophischen Ursprungsvorstellungen funktionieren, die bewußt einen unversehrten, erfüllten Zusammenhang setzen. „Das ist negative Utopie: an keinem Ort sind die Gefühle möglich in ihrer wirklichen Gestalt. [. . .] *Gefühle sind Repräsentanzen. Sie sind unendlich getrennt von dem, was einmal ein Ganzes war, gleichzeitig könnte das Gefühl niemals auf die Erinnerung an diese Ganzheit verzichten.*" (Alexander Kluge: Die Macht der Gefühle. Geschichten, Gespräche und Materialien von und über Alexander Kluge, in: Ästhetik und Kommunikation, Heft 53/54, 1983, S. 168–201, hier: S. 172.)
[15] Unter diesem Aspekt wiederum ist die Beziehung zu Adorno unverkennbar; das Diktum aus den „Minima Moralia": „Das Ganze ist das Unwahre", läßt sich auch auf die Störung des gesellschaftlichen Zusammenhangs in Kluges Texten beziehen, insofern dessen allgemeine Spaltungen jedes Ganzheitserlebnis für den einzelnen verhindern. Der emphatische Wahrheitsbegriff Adornos hat allerdings in Kluges Ästhetik der subjektiven Erfahrung seine Funktion verloren. Vgl. dazu auch: Menninghaus [Anm. 8], S. 260.

tauschbaren Fähigkeiten gelten lassen, dann führt jeder Versuch der Identifikation mit der gesellschaftlichen Ganzheit nur immer wieder zur Partikularisierung. Das ist die paradoxe Konstellation, in der die Figuren sich nicht orientieren können. Auch Rieche lebt in diesem Zwiespalt zwischen dem Wunsch nach Zusammenhang einerseits und andererseits der Furcht, diesen Zusammenhang durch ein gesellschaftliches Ganzes zu erfahren, das seine Reduzierungen und seine Vereinzelung nur verstärkt. Der Zwiespalt prägt Rieches Außen- und Innenperspektive bis in jedes Gefühl hinein. Rieche wird etwa „überfallartig von pädagogischer Leidenschaft erfaßt" (168), mit der er seine Einsamkeit zu bekämpfen sucht. Die Beziehung zu seinen Schülern ist dadurch gekennzeichnet, daß er letztere in seiner Art des Sicherheitsdienstes, also der Beziehungsstörung und -reduzierung, unterrichtet:

> Paradoxie: Rieche kann es nicht unterlassen, diese jungen Leute in dieser Form zu qualifizieren, andererseits ist er zu klug, diesem Eros blind zu folgen. [. . .] Wenn er sie nach seinem Bilde formt (oder sogar darüber hinausgehend nach dem Bild, wie er sich wünschte, daß er wäre), so vergißt er doch nie, daß er hier Brutusse heranzieht. Dieser Zwiespalt hält das Unterrichtsprogramm eigentümlich unpraktisch. (168 f.)

So bilden sich jene Zuordnungs-Lücken, in denen Rieches Orientierungsversuche steckenbleiben. Für Rieche, „der in den Dimensionen des Ernstfalls denkt, in einer Umgebung, die fest an einen imaginären Normalfall glaubt" (153), stellt sich die Wirklichkeit verzerrt dar. Das Veränderungspotential seiner Verunsicherung zerrinnt jedoch in einer mechanisch angelernten Reflexion darüber, ob er die Wirklichkeit oder die Wirklichkeit sich selbst verrückt:

> Er hat in einem psychologischen Lehrgang gehört, daß der, der überhaupt an seiner Normalität zweifelt, nicht verrückt sein kann. Der *Zweifel selber* ist das Zeichen seines Nicht-Spinnens. Jetzt hat Rieche durch Aufrechterhaltung seiner Zweifel gezeigt, daß er nicht spinnt. (153)

Das Normale und das Verrückte gehen im einzelnen Bewußtsein wie das Ganze und das Getrennte ineinander über. Zwischen der idealen und der beschädigten Wirklichkeit des Ganzen tut sich in der arbeitsteiligen Moderne eine Lücke auf, die an der Irritation Rieches über seine eigene Weise der Realitätskonstruktion sichtbar wird. Der nicht weiter definierte negative Zwischenraum, ja Hohlraum, in dem Kluges Figuren agieren, zeigt sich besonders deutlich, indem ihre erlebte Rede immer wieder mit der Wendung „an sich" eingeleitet wird. Diese Formel markiert die Lücke, die nicht näher ausgeführte Aspekteinschränkung, mit der sich die Erfahrung der Figuren unter dem Vorbehalt ihrer Entfremdung und Verkürzung mitteilt. Rieche versteht sich als ein **„an sich unentbehrlicher Leister, der fürchtet, als Wegschmeißware zu gelten."** (164) Zwischen der sicheren Einschätzung, welche die Figur ‚an sich' von sich selbst hat, und dem verunsichernden Erlebnis, daß die anders kalkulierende Außenwelt diese Einschätzung nicht teilt, liegt ein unheilbarer Erfahrungsriß. Bei Rieche füllt er sich mit Furcht: Der

Text ist von seinen Befürchtungen durchzogen, daß er in seiner begrenzten Funktion als Sicherheitsdienstleiter entbehrlich werden könnte. In dem Augenblick, in dem Rieche bereits die Absichten des eigenen Werksvorstandes uneinsehbar werden, ist es sogar blinde „Angst" (175), die ihn zu Aktionen gegen einen Vorgesetzten treibt und so zu seiner Entlassung führt. Rieches Furcht wird deswegen so mächtig, weil die Desorientierung über die Organisation der Außenwelt sich bis in seine Innenwelt, bis in sein eigenes Identitätsgefühl fortpflanzt: „Ich kenne keinen Feind, der ich nicht auch selber sein könnte. Ginge es um den Feind, hätte ich überhaupt keine Furcht." (167) Eine Lösung zeichnet sich in keiner der Textsequenzen ab, welche jeweils mit den einzelnen Erfahrungen die Erfahrungslücken gleich mit bezeichnen. Daß diese Lücken wie in einem niemals geschriebenen Bildungsroman noch einmal organisch zuwachsen könnten, ist nicht zu erwarten.

PRESSE UND ÖFFENTLICHKEIT 1819/1991
Eine Doppelbetrachtung

von Wolfgang L a b u h n , Köln

Abstract

Die „öffentliche Meinung" als Element frühliberaler Staatstheorie setzte Pressefreiheit voraus, die 1819 mit den Karlsbader Beschlüssen verhindert wurde. Sie führten zur Entpolitisierung von Presse und Literatur während der Biedermeierzeit. 1991 zeigte die Berichterstattung über den Golfkrieg, daß die Kommunikationsstruktur der elektronischen Medien, begleitet von traditioneller Pressezensur, völlig neue Formen politischer Meinungssteuerung ermöglicht.

‚Public opinion' as an element of early liberal political theory required freedom of the press, which was suppressed by the Karlsbad Decrees in 1819. They led to the depoliticisation of the press and literature in the Biedermeier period. In 1991, reporting on the Gulf War showed that the communication structure of the electronic media, accompanied by traditional press censorship, opens up completely new ways of shaping political opinion.

Das gerade erst beginnende „digitale Zeitalter" mit seinen Möglichkeiten virtueller Welterfahrung und interaktiver Kommunikation zwischen den bisherigen Adressaten verbaler oder visueller Information und den bisherigen Urhebern und Transporteuren solcher Information, mithin die radikale Veränderung tradierter Kommunikationsgewohnheiten wirft weitreichende Fragen auf: Wird literarisch geronnene reale Welterfahrung auch als binär kodierter Datensatz noch die gesellschaftliche Wirkung physisch existierender Texte entfalten können? Endet nun jene Ära der Kulturgeschichte, die erst das Kommunikationsmittel Schrift bzw. Druck ermöglichte und die vom Spannungsgefüge Autor-Text-Publikum im gegebenen gesellschaftlichen Kontext geprägt war? Beendet die digitale Revolution die öffentliche Existenz des Textes und damit die Chance des Schriftstellers, sich mit einem Text an jenem öffentlichen Diskurs zu beteiligen, der seit der Aufklärung als Möglichkeit gemeinsamer Wahrheitsfindung und humaner Gestaltung eines demokratischen Gemeinwesens begriffen wird? Entfaltet auch die digitale Kommunikation in einer unfreien Gesellschaft die auf Veränderung gerichtete subversive Kraft von Literatur, die keine Diktatur unterdrücken konnte? Oder bietet umgekehrt gerade die digitale Revolution wegen der Unkontrollierbarkeit des zeitgleichen Text- und Informationsaustausches in globalen Netzen, der jegliche Vorzensur ausschließt, vielleicht erstmals überhaupt die echte Chance ungehinderter Kommunikation und damit auch politischer Machtkontrolle?

Wolfgang Labuhn

Rückblick I

„Ich erhielt soeben aus Frankfurt die Nachricht, daß das Kind, welches ich gerade neun Monate herumgetragen habe, endlich das Licht der Welt erblickte. Sein Geburtstag fällt auf den 20. September", kommentierte Metternich am 25. September 1819 seine „große Tat, eine der wichtigsten meines Lebens."[1] Zwei Wochen später verabschiedete sich Ludwig Börne von den Lesern seiner „Zeitschwingen" mit den Worten: „Von heute an erscheinen die Zeitschwingen *unter* Zensur. Wo die Freiheit allen verloren ging, da gewährt die Gleichheit Trost. Das haben wir schon unter Napoleon erfahren."[2] Metternichs Kind waren die Karlsbader Beschlüsse, vier Gesetze, die im August 1819 auf einer Ministerversammlung des Deutschen Bundes im böhmischen Karlsbad ausgearbeitet und dann am 20. September 1819 von der Frankfurter Bundesversammlung verabschiedet worden waren. Sie beendeten die erste, kurze Blüte relativer Pressefreiheit in Deutschland. Denn die Freiheitskriege 1813/14 waren nur von den Fürsten als antinapoleonische Interessenallianz aller Deutschen propagiert worden, während deren liberale Vordenker durchaus mehr erwarteten. Sie hofften nach dem militärischen Sieg über Napoleon auch auf die Umwandlung der deutschen Territorien in parlamentarische Staaten mit gesicherten Bürgerrechten. Und da diese Erwartungen die ideologische Mobilisierung des Volkes gegen Napoleon nur fördern konnte, durften sie – als Novum in der deutschen Geschichte – erstmals auch allgemein artikuliert werden. Ernst Moritz Arndt, Joseph Görres, Johann Gottlieb Fichte, Heinrich von Kleist, Adam Müller und auch der „Turnvater" Friedrich Ludwig Jahn zählten zu den öffentlichen Wegbereitern der nationalen Erneuerung. Die von der Obrigkeit tolerierte Pressefreiheit während der Freiheitskriege gegen die Franzosen ermöglichte auch das Erscheinen liberaler Periodica.[3] Joseph Görres gab den berühmten

---

[1] Zitiert nach Franz Schneider: Pressefreiheit und politische Öffentlichkeit. Studien zur politischen Geschichte Deutschlands bis 1848, Neuwied am Rhein, Berlin 1966, S. 243.
[2] Ludwig Börne: Sämtliche Schriften. Neu bearbeitet und hg. v. Inge und Peter Rippmann, Darmstadt 1964, Bd. 1, S. 789.
[3] Als „liberal" wird hier – der Begriffsbestimmung von Paul Hocks und Peter Schmidt folgend – derjenige Publizist bezeichnet, „der in der französischen Revolution die gleichen Befreiungsbewegungen wie im deutschen Bürgertum erkennt [...], ohne jedoch aus dieser Erkenntnis die Schlußfolgerung zu ziehen wie die revolutionären Demokraten, d. h. die Herstellung der Republik, wenn nötig auch gewaltsam." (Paul Hocks/Peter Schmidt: Literarische und politische Zeitschriften 1789–1805. Von der politischen Revolution zur Kulturrevolution, Stuttgart 1975, S. 56.) Einen typischen Katalog liberaler Reformforderungen formulierte Ludwig Börne 1819 in dem Artikel „Die Zeitung der freien Stadt Frankfurt": „Volksvertretung durch jährliche Parlamente; Schutz und Heiligkeit der Personen; Freiheit des Handels und der Gewerbe; Aufhebung der Zünfte; Aufhebung der Privilegien; Gleichheit vor dem Gesetze; gleichen Schutz allen Religionen; Öffentlichkeit der Justiz; Geschwornengerichte; Preßfreiheit; Verantwortlichkeit der Minister und der untern Beamten." (Börne [Anm. 2], S. 694.)

„Rheinischen Merkur" heraus, Carl von Rotteck die „Teutschen Blätter" und
Heinrich Luden seine „Nemesis". Der Sieg über Napoleon bestärkte die publizi-
stische Opposition in der Auffassung, daß eine über Literatur und Presse erzeugte „öffentliche Meinung", der Eckpfeiler frühliberaler Öffentlichkeitstheorie[4], alles durchsetzen könne, auch politische Reformen in Deutschland. Denn „*öffentliche Meinung*", so war noch 1835 im „Conversations-Lexicon" von Brockhaus zu
lesen, „nennt man jene gewaltige Macht, welche, stärker als Kanonen und Bayon-
nete, in allen irdischen Dingen die höchste Instanz bildet und den Gang der Welt-
geschichte, so weit er von menschlichen Kräften abhängig ist, bestimmt."[5]

Die Neuordnung Deutschlands im Deutschen Bund schien diese Hoffnungen
zunächst zu bestätigen, wurden in der auf dem Wiener Kongreß beschlossenen
Bundesakte doch auch in Art. 13 „landständische Verfassungen" und in Art. 18
„gleichförmige Verfügungen über die Preßfreiheit" angekündigt. Zugleich gab
eine aufblühende Presselandschaft einen Vorgeschmack freier Öffentlichkeit. Im
Königreich Württemberg, in den Großherzogtümern Sachsen-Weimar-Eisenach,
Hessen und Baden, im Herzogtum Nassau und in den zu Dänemark gehörenden
Territorien Holstein und Altona ermöglichten liberal gehandhabte Zensurvor-
schriften eine Vorform politischer Öffentlichkeit, in der zumindest die Gebildeten über Zeitungen und Zeitschriften als Informations- und Diskussionsforen
verfügten. In Wiesbaden redigierte Johannes Weitzel die „Rheinischen Blätter",
auf der anderen Rheinseite Friedrich Lehne die „Mainzer Zeitung". Friedrich Ju-
stin Bertuch gab das „Oppositions-Blatt oder Weimarische Zeitung" heraus, Lo-
renz Oken in Jena die „Isis oder Encyclopädische Zeitung". Carl Theodor
Welcker, Friedrich Christoph Dahlmann und andere publizierten die „Kieler
Blätter", in Stuttgart erschien das „Morgenblatt für gebildete Stände", während
Ludwig Börne am Sitz der Bundesversammlung mit der „Zeitung der freien Stadt
Frankfurt" den Zensor zur Verzweiflung trieb, bevor er in Offenbach die unzen-
sierten „Zeitschwingen" übernahm, um nur einige Beispiele zu nennen. Die politische Opposition begann sich zugleich aber auch in den ersten repräsentativen
Parlamenten Süddeutschlands öffentlich zu artikulieren und als Burschenschaften
oder in akademischen Geheimbundzirkeln zu formieren. Doch erst spektakuläre
Aktionen wie das Wartburgfest am 18. Oktober 1819 mit der Verbrennung vermeintlich restaurativer Literatur und Symbole und schließlich die politisch moti-
vierte Ermordung des beliebten Lustspieldichters und russischen Staatsrats August von Kotzebue durch den Studenten Carl Ludwig Sand am 23. März 1819 in
Mannheim veranlaßte das ‚System Metternich' zum Gegenschlag.

---

[4] Vgl. Wolfgang Labuhn: „Öffentliche Meinung". Zu ihrer Wort- und Begriffsgeschichte
im Deutschen, in: ZfdPh 98, 1979, Sonderheft: Aus der Werkstatt deutscher Literatur- und
Sprachwissenschaft. Festgabe für Hugo Moser. S. 209–217.
[5] Allgemeine deutsche Real-Encyclopädie für die gebildeten Stände (Conversations-Lexicon), Leipzig [8]1835, Bd. 8, S. 45.

Die vier Gesetze, die als Karlsbader Beschlüsse in die Geschichte eingehen sollten, führten staatliche Aufsichtsbeamte an den Universitäten ein, verboten die
Burschenschaften und schufen die Voraussetzungen zur Errichtung der Mainzer
„Central-Untersuchungs-Commission" zur Verfolgung demagogischer Umtriebe, die freilich den Nachweis eines revolutionären Untergrundes in Deutschland
schuldig blieb. Mit Erfolg konnte hingegen die öffentliche Reformdiskussion in
der Publizistik unterbunden werden. Die Karlsbader Beschlüsse ermöglichten die
Vorzensur von Periodica und allen sonstigen Druckschriften bis zu 20 Druckbo-
gen (= 320 Seiten im Oktavformat). Damit war die Presse geknebelt und die liberale Opposition ihres wichtigsten öffentlichen Kommunikationsmittels beraubt.[6]
Das von der Frankfurter Bundesversammlung im September 1819 verabschiedete
„Preßgesetz" war dabei nur ein Rahmengesetz für die Landesgesetze, die von den
Staaten des Deutschen Bundes anschließend zu erlassen waren. Besonders weit
ging dabei Preußen mit seiner Zensurverordnung vom 18. Oktober 1819, deren
Liste von Tabuthemen die amtliche Furcht vor der öffentlichen politischen Dis-
kussion zeigte:

> Hierher gehören alle auf Erschütterung der monarchischen und in diesen Staaten be-
> stehenden Verfassungen abzweckende Theorien [. . .], ferner alles was dahin zielt im
> Preußischen Staate, oder den deutschen Bundesstaaten Mißvergnügen zu erregen und
> gegen bestehende Verordnungen aufzureizen; alle Versuche im Lande und außerhalb
> desselben Parteien oder ungesetzmäßige Verbindungen zu stiften, oder in irgend ei-
> nem Lande bestehende Parteien, welche am Umsturz der Verfassung arbeiten, in ei-
> nem günstigen Lichte darzustellen.[7]

So machte der Zensor in der ersten Fassung von Heines „Harzreise", die 1826 im
Berliner „Gesellschafter" erschien, aus „unser Kabinet" „etwas", aus „Bundes-
tag" „etwas Anderes", aus „kleinen Fürsten" „gewisse Kleine" und aus dem „all-
zugroßen Freund im Osten" (= Rußland) „ein großes Reich". Erst die spätere
Buchfassung offenbarte all die politischen Anspielungen, die den Zeitungslesern
vorenthalten blieben. Mißliebige Redakteure konnten entlassen, widerspenstige
Verleger mit Geldstrafen belegt werden. Die Karlsbader Beschlüsse führten zur
Unterdrückung oder Schließung namhafter liberaler Blätter wie des Weimarer
„Oppositions-Blatts", der „Rheinischen Blätter", der Offenbacher „Zeitschwingen" und des Stuttgarter „Teutschen Beobachters", dessen Redakteur S. G. Lie-
sching 1823 ein fünfjähriges Berufsverbot erhielt. Der Begriff „innere Sicherheit"

---

[6] Den abrupten Wechsel von einer vergleichsweise freien zur rigoros zensierten Presse belegt sehr sinnfällig der erhalten gebliebene Korrekturabzug der „Mainzer Zeitung" vom 7.
10. 1819, abgedruckt in: Wolfgang Labuhn: Literatur und Öffentlichkeit im Vormärz. Das
Beispiel Ludwig Börne, Königstein/Ts. 1980, S. 304 ff.
[7] Verordnung, wie die Zensur der Druckschriften nach dem Beschluß des deutschen Bundes vom 20sten September d. J. auf fünf Jahre einzurichten ist. Vom 18ten Oktober 1819, in:
Gesetz-Sammlung für die Königlichen Preußischen Staaten, Berlin 1819, S. 228.

hielt Einzug in den allgemeinen Sprachgebrauch.[8] Die repressive Zensur wurde ergänzt durch Versuche offizieller Sprachregelung. Friedrich Wilhelm III. setzte sich in Preußen selbst dafür ein, daß aus den „Freiheitskriegen" gegen Napoleon, die durchaus auch mit der Hoffnung auf Freiheit in Deutschland verknüpft waren, in den Geschichtsbüchern „Befreiungskriege" wurden. 1821 wurden die preußischen Zensoren gar per Kabinettsbeschluß angewiesen, das revolutionär klingende Wort „protestantisch" durch „evangelisch" zu ersetzen. Politische Schriftsteller wie Börne versuchten vergeblich, die durch Zensur und staatliche Sprachlenkung erzwungene „Biedermeierruhe" in der deutschen Öffentlichkeit zu unterlaufen, indem sie in ihren „feuilletonistischen" Schriften z. B. mittelmäßige Aufführungen des „Wilhelm Tell" zum Anlaß ausführlicher Erörterungen des Themas „Freiheit" nahmen. Die Hoffnung der Liberalen blieb unerfüllt, auf diese indirekte Weise dennoch die „öffentliche Meinung" als Waffe im Kampf um Bürgerrechte schärfen zu können. Mit den Karlsbader Beschlüssen des Jahres 1819 siegten die alten Mächte, und

> [...] nicht die Absicht, epochale Ideen in ihrer Verbreitung zu drosseln, gibt dem Unternehmen die Besonderheit des Erstmaligen in der Geschichte deutscher Pressefreiheit, sondern das Bestreben, ein erwachtes politisches Freiheitsbedürfnis (Liberalismus) durch kommunikative Unfreiheit der Freiheit wieder zu entwöhnen.[9]

Die von den Liberalen nach 1815 ersehnte Vereinigung der deutschen Staaten zum Einheitsstaat mit weitgehender Pressefreiheit und Gewaltenteilung gelang erst dem erklärten Konservativen Bismarck, der 1862 zur liberalen Öffentlichkeitstheorie nur sarkastisch anmerkte: „Man schieße nicht mit öffentlicher Meinung, sondern mit Pulver und Blei."[10]

Rückblick II

Am 17. Januar 1991 um 0.40 Uhr unterbrach der amerikanische Fernsehsender CNN sein laufendes Programm und schaltete per Satellit nach Bagdad. Von einem Hotel aus beschrieben Reporter des Senders anschließend, wie der Nachthimmel über der irakischen Hauptstadt plötzlich taghell erleuchtet war durch Explosionen, das Feuer von Flugabwehrkanonen und Leuchtspurmunition. Wer damals irgendwo in der Welt CNN empfangen konnte, wurde Zeuge einer Medienpremiere. Aus der Hauptstadt des attackierten Landes meldeten sich Reporter eines angreifenden Landes und berichteten live über die erste Welle von Luftangriffen

---

[8] Umtriebe (demagogische) in Deutschland, in: Real-Encyclopädie [Anm. 5], Leipzig ⁶1824, Bd. 10, S. 957.

[9] Schneider [Anm. 1], S. 244.

[10] Zitiert nach Hermann Oncken: Geschichtsschreibung und öffentliche Meinung, in: Hermann Oncken: Historisch-politische Aufsätze und Reden, München, Berlin 1914, Bd. 1, S. 229.

der Anti-Irak-Allianz, über den Beginn des Golfkrieges also. Die durch elektronische Technologie möglich gewordene Zeitgleichheit von Ereignis und Bericht veränderte auch die Kriegsberichterstattung. Für den Fernsehzuschauer entstand der Eindruck unbedingter Authentizität. Da die im Fernsehen demonstrierte Simultaneität von Ereignis und Bericht die Möglichkeit redaktioneller Eingriffe entscheidend reduzierte, schien auf den Bildschirmen der Welt tatsächlich Wahrheit transportiert zu werden und nicht nur das demokratische Grundrecht auf Informationsfreiheit gewährleistet zu sein. So konnte es kaum verwundern, daß die irakischen Behörden tags darauf die freie Berichterstattung über die Bagdad offenbar ungehindert anfliegenden Kampfflugzeuge des Gegners unterbanden und die Arbeit ausländischer Korrespondenten strikter Zensur unterwarfen.

Die Hoffnungen der Weltöffentlichkeit auf zuverlässige Informationen über den Verlauf des Golfkrieges richteten sich nun auf das riesige Reporterheer, das sich in Saudi-Arabien und in den Emiraten am Golf eingefunden hatte. Weit über 1000 Journalisten waren gekommen und hatten modernste Kommunikationstechnik mitgebracht, um ihre Zuschauer, Hörer oder Leser schnell und umfassend über den Krieg informieren zu können, für den die wichtigsten westlichen Industrieländer entweder Soldaten oder Geld zur Verfügung gestellt hatten. Für die meisten Journalisten vor Ort wurde es ein langweiliger Einsatz. Den Krieg bekamen sie nicht zu sehen, statt dessen Offiziere der Allianz, die auf Pressekonferenzen unüberprüfbare Angaben machten oder vom Militär aufgenommene Videofilme erläuterten, die allerdings – wie zuvor die Live-Berichterstattung aus Bagdad – sehr authentisch wirkten. Gelegentlich in die Nähe der Front gelassen wurden nur 132 Reporter, die freilich ebensowenig wirkliche Kampfhandlungen sahen, sondern sich lediglich gruppenweise und in Begleitung von Presseoffizieren in der Etappe umschauen durften. Jeder Journalist, der sich beim alliierten Oberkommando akkreditieren ließ, mußte überdies das Dokument „Operation Desert Shield. Ground Rules" unterschreiben, detaillierte Zensuranweisungen wie einst im Vormärz-Preußen, denen die amerikanischen Medienvertreter nach langen Verhandlungen mit dem US-Verteidigungsministerium schließlich doch noch zugestimmt hatten, um überhaupt einen Zugang zum Schauplatz des Geschehens zu erhalten. Nicht mitgeteilt werden durften demnach, „soweit amerikanische oder alliierte Einheiten betroffen sind, spezifische Angaben zur Stärke von Einheiten, zur Anzahl von Flugzeugen, Waffensystemen" usw. Die Größe einer Einheit durfte nur allgemein beschrieben werden als „Kompaniestärke", „mehrfache Bataillons- oder Divisionsstärke", „Marine-Einsatzverband" etc., Schäden und Verluste konnten nur als „leicht", „mittel" oder „schwer" bezeichnet werden. Genaue Ortsangaben waren untersagt usw.[11] Auf den Pressekonferenzen lernten die

---

[11] Abdruck der amerikanischen Originalfassung dieser Pentagon-Richtlinien für die Berichterstattung, in: epd/Kirche und Rundfunk, Nr. 6 vom 26. 1. 1991, S. 26 f.

Journalisten neue Varianten militärischer Sprachverschleierung kennen. Ziele wurden „bedient", nicht bombardiert, aus Menschen wurden „weiche", aus Gebäuden „harte" Ziele, aus Kampfflugzeugen „Kraftpakete" („force packages"). Alliierte Soldaten starben im „Freundesfeuer" („friendly fire"), wenn sie versehentlich von der eigenen Seite beschossen wurden. In der Kriegsberichterstattung tauchten keine kämpfenden Soldaten auf, geschweige denn Tote und Verwundete. Statt dessen zeigte das Militär seine berühmt gewordenen Videos über die erfolgreiche Bombardierung irakischer Ziele und über den Einsatz „intelligenter" Waffen, die nach dem Abschuß angeblich mit modernster Technologie selbständig und punktgenau ihre Ziele suchten, trafen und zerstörten.[12] Auch die irakische Führung gab nichts über den Kriegsverlauf bekannt, sondern ließ im Fernsehen praktisch nur Filme über Schäden an zivilen Einrichtungen zeigen, die Ziele alliierter Angriffe geworden waren. Die Medien der westlichen Welt ließen sich das nicht allzulange bieten. Vielfach wurde darauf hingewiesen, daß keine ungehinderte Berichterstattung über den Golfkrieg möglich war. In Deutschland protestierten Gewerkschaften und Redaktionen dagegen, der Deutsche Journalisten-Verband forderte die Bundesregierung auf, bei der UNO gegen die Zensurmaßnahmen der kriegführenden Staaten zu protestieren. In der „Frankfurter Rundschau" vom 24. Januar 1991 war zu lesen:

> Militär-Zensur. Die Berichterstattung vom Golf ist von starken Zensur-Einschränkungen betroffen. Korrespondenten und Fotografen, die von dort berichten, unterliegen der Militär-Zensur. Die USA, Großbritannien und Frankreich üben die Zensur ebenso aus wie Irak, das fast alle ausländischen Journalisten ausgewiesen hat. Auch Israel und die Türkei haben Zensur verfügt. Aufgrund militärischer Interessen zensiert werden besonders alle Berichte über die Kriegshandlungen und deren Opfer.

Das demokratische Potential der neuen elektronischen Medien, der „telematischen Kultur"[13], war damit gezielt blockiert worden,

> eben weil die durch die telematischen Maschinen mögliche globale Ubiquität (Allgegenwart) und Simultaneität (Gleichzeitigkeit) und die dadurch bewirkte Transparenz gar nicht eingelöst werden. Die Militärs sorgen dafür, daß eben nicht alles überall und

---

[12] Den Wahrheitsgehalt dieser Behauptungen recherchierte später der renommierte amerikanische Journalist John R. MacArthur. Ein Beispiel: „Wie die Air Force *nach* dem Krieg bekanntgab, bestanden nur sieben Prozent aller amerikanischen Sprengsätze, die über dem Irak und Kuwait abgeworfen wurden, aus laser- und radargesteuerten Bomben und Raketen. Die übrigen 93 Prozent waren konventionelle ‚dumme' Bomben, die größtenteils von hochfliegenden B-52 aus der Vietnamzeit abgeworfen wurden. Von den ‚intelligenten' Bomben verfehlten nach Angaben der Air Force zehn Prozent ihr Ziel, während von den ‚dummen' Bomben 75 Prozent danebenfielen. Insgesamt verfehlten 56 000 Tonnen Sprengstoff – oder 70 Prozent – ihr Ziel", in: John MacArthur: Operation Wüstenmaulkorb, in: DIE ZEIT, Nr. 9 vom 26. 2. 1993, S. 44.
[13] Vgl. Peter Weibel: Welt als Wahn. Krieg im Zeitalter der Telekommunikation, in: epd/Kirche und Rundfunk, Nr. 9 vom 6. 2. 1991, S. 4.

gleichzeitig gesehen werden kann. [. . .] Die durch die Zensur verursachte Intranspa-
renz führt zu einer Verstopfung der Informationskanäle, die bedrohlich für diese selbst
wird, je länger sie diese akzeptieren.[14]

Der Journalist als Schleusenwärter des Informationsstromes hatte deshalb im
Golfkrieg wenig zu tun. Vor die Alternative gestellt, das Ereignis völlig zu igno-
rieren oder die spärlichen, zensierten Informationen darüber weiterzureichen,
entschieden sich die meisten Medienvertreter am Golf auch angesichts der Zensur
und massiven Behinderung ihrer Arbeit schon wegen des Konkurrenzdrucks für
die Berichterstattung. Aus den intellektuellen Gestaltern der „öffentlichen Meinung" im Vormärz, die seinerzeit mit den Instrumenten des Polizeistaats drangsa-
liert wurden, waren nun, sofern es sich um Vertreter der weltumspannenden
elektronischen Medien handelte, ohnmächtige Distributoren gemacht worden,
während den gedruckten Medien, einst die Foren der öffentlichen Diskussion,
nurmehr deren Archivierung oblag. Und an die Stelle der öffentlichen Diskussion
einer bürgerlichen Elite in Zeitungen und Zeitschriften war nun in den neuen Medien nicht etwa der immerhin denkbare Diskurs von Gleichen getreten, sondern
unter dem Prätext simultaner Informationsvermittlung die Einbindung der Emp-
fänger elektronisch transportierter Information in pure Machtinteressen:

> Wie die Kameras auf die Raketen montiert sind und dabei sind, wenn Raketen am Ziel-
> ort einschlagen, so sind auch wir dabei [. . .], wenn die Rakete einschlägt. Unbeteiligt
> sind wir so wenig wie die Kamera auf der Rakete. Angst, Ratlosigkeit, Verzweiflung,
> Verstörung, Bestürzung sind bloß ideologischer Surplus, Kompensationen bzw. bloß
> Begleiterscheinungen einer grundlegenden Krise, die wir durch diese Reaktionen zu
> verschleiern trachten: nämlich daß wir beim Krieg im Zeitalter der Telekommunikati-
> on zu partizipatorischen Zeugen, zu teilnehmenden Zusehern geworden sind. Wir TV-
> Zuschauer sind alle zu Tele-Soldaten geworden. Wenn Krieg einmal die Fortsetzung
> der Politik mit anderen Mitteln war, so wird heute sichtbar, daß die Medien in be-
> stimmten historischen Momenten Fortsetzung des Krieges mit anderen Mitteln bedeu-
> ten.[15]

Die elektronische Einbeziehung des erkennenden Subjektes in objektives Handeln schafft nicht nur epistemologische Probleme, sondern verbreitete während
des Golfkrieges auch die vermeintliche demokratische Legitimation des Krieges,
während allein das technisch vorgegebene Tempo der Subjektbeteiligung an diesem Prozeß die Reflexion darüber erschwerte. Den Kampf um die „öffentliche
Meinung" während des Golfkrieges gewannen schließlich nicht dessen Kritiker,
sondern diejenigen, die mit Pulver und Blei schossen. Zensur, Sprachlenkung und
Sprachverschleierung wie im Vormärz, verbunden mit der Nutzung neuer Kommunikationsmittel, erzeugten in der Öffentlichkeit den Eindruck eines „greuello-

---

[14] Ebd.
[15] Ebd., S. 3.

sen Krieges" für eine gerechte Sache. Ein Krieg, der so blutig war wie jeder andere, wurde in den elektronischen Medien der westlichen Demokratien zum „virtuellen" Ereignis, goutiert wie ein Computerspiel:

> Die möglichst vorbildgetreue Simulation und die gleichzeitige Irrealität vermischen sich zu immer künstlicheren inneren Welten, die nur noch schwer vorstellbar machen, was als Grundmuster diesen Spielen tatsächlich zugrundeliegt. Execute, dieses Befehlswort aus der Computeranimationswelt, gibt erst dann seinen Sinn frei, wenn jetzt die Stunde der Exekutive allenthalben schlägt, die sich ebendieser Muster bedient.[16]

Die Betrachtung des gegenwärtigen Verhältnisses von Presse und Öffentlichkeit angesichts digital vermittelter Realitätserfahrung stößt deshalb auf Altes und Neues. Das mittlerweile garantierte Grundrecht auf Meinungs- und Informationsfreiheit läßt sich im Konfliktfall noch immer mit den vertrauten Mitteln repressiver Zensur neutralisieren, begleitet von öffentlicher Sprachlenkung wie nach den Karlsbader Beschlüssen. Politische Fragen aber werden in einer Welt, die von der weithin akzeptierten Realität der Simulation geprägt ist, weniger denn je von einer textgesteuerten öffentlichen Meinung geklärt, sondern von den Meistern der elektronischen Ästhesiologie.

---

[16] Uwe Kammann: Info infernal. Einige Gedanken zur Berichterstattung vom Golfkrieg, in: epd/Kirche und Rundfunk, Nr. 5 vom 23. 1. 1991, S. 3.

MARCEL REICH-RANICKI
UND DER GEIST DER SPÄTAUFKLÄRUNG

von Andreas Wistoff, Bonn

Abstract

Eine Analyse von Marcel Reich-Ranickis Rezension des Romans „Ein weites Feld" von Günter Grass im Wochenmagazin „Der Spiegel" zeigt typische Elemente beim literaturkritischen Verfahren des ‚Literaturpapstes' und erhellt Parallelen zur Buchkritik im späten 18. Jahrhundert.

An analysis of Marcel Reich-Ranicki's review of the novel „Ein weites Feld" by Günter Grass in the weekly magazine „Der Spiegel" shows typical elements of the methods of criticism used by the leading literary pundit and throws light on parallels with literary criticism in the late 18th century.

Die Art seines kritischen Umgangs mit Literatur kann man mit guten Gründen ablehnen (was auch immer wieder geschieht), über seine literaturkritischen Ansichten dagegen läßt sich kaum gegründet diskutieren (wie hier gezeigt werden soll); unumstritten bleibt sein Rang: Er ist der Papst der populären Literaturkritik, wohlverstanden im vieldeutigen Sinn dieser Metapher. Ex cathedra spricht er zu einem Millionenpublikum und thront über der Welt der Literaten. Seine Auszeichnungen türmen sich zu einer gewaltigen Tiara: Ehrendoktorwürde der Universität Uppsala (1972); Heine-Plakette (1976); Ricarda Huch-Preis (1981); Wilhelm Heinse-Medaille der Akademie der Wissenschaften und der Literatur in Mainz (1983); Goethe-Plakette der Stadt Frankfurt am Main (1984); Thomas Mann-Preis (1987); „Bambi"-Kulturpreis (1989); Hermann Sinsheimer-Preis für Literatur und Publizistik (1991); Bayerischer Fernsehpreis (1991); Ehrendoktorwürde der Universität Augsburg (1992).[1] Ein wesentlicher Unterschied zum Papst in Rom liegt in der Hierarchie – dieser versteht sich als erster Diener Gottes, Marcel Reich-Ranicki hat niemanden über sich.

Zum vorerst letzten Großereignis um seine Person und seine kritischen Ansichten geriet die Rezension des neuesten Romans von Günter Grass, „Ein weites Feld", die „Der Spiegel"[2] auf zehn Spalten publizierte, wobei das heftig umstrittene Titelblatt (eine Fotomontage zeigt den Kritiker, wie er Grass' Roman zerreißt) ein gutes Teil zu diesem Ereignis beitrug. Wenn Reich-Ranicki öffentlich arbeitet, müssen die Wogen der Erregung hochschlagen; er lebt gut damit, sein großes Pu-

---

[1] Vgl. Marcel Reich-Ranicki: Der doppelte Boden. Ein Gespräch mit Peter von Matt, Zürich 1992, S. 220–221.
[2] Der Spiegel, Nr. 34, 21. August 1995, S. 162–169.

blikum ergötzt sich daran, die beteiligten Medien, die Verlage, nicht selten sogar die verrissenen Autoren profitieren davon.

Worin besteht nun das Besondere dieser Rezension Reich-Ranickis, wie findet er zu seinen Urteilen, wie angemessen ist sein Verfahren? – Um eines gleich vorwegzunehmen: Außergewöhnlich für Reich-Ranicki ist diese Rezension nicht, vielmehr fügt sie sich völlig in den Rahmen dessen, was man seit Jahrzehnten von ihm kennt.

Reich-Ranicki kleidet seine Kritik in die Form eines Briefes; er beginnt mit der vertraulichen Anrede „Mein lieber Günter Grass" und schließt mit der Formel „Es grüßt Sie in alter Herzlichkeit". Der Leser darf das wörtlich verstehen und auf die persönliche Bekanntschaft von Autor und Kritiker seit den Zeiten der „Gruppe 47" beziehen, ebensogut aber auch (besonders nach Lektüre des Textes) als ironische Anspielung auf eine seit Jahren fast Tradition gewordene spezielle Beziehung auffassen, denn kaum erscheint ein neues Buch von Grass, folgt Reich-Ranickis Verriß fast auf dem Fuße.

Der Verlauf der Rezension ist – kurz skizziert – folgender: Schon zu Beginn kommt der Kritiker zum Ergebnis, der Roman sei „ganz und gar mißraten". Die erste Ursache dafür sei die Krise, in welcher Grass sich aufgrund der öffentlichen Ablehnung seiner letzten Bücher befinde und die ihm sein Selbstvertrauen genommen habe; die zweite, daß politischer Schmerz (weit zurückliegender, der sich auf das Verhältnis zu Willy Brandt in den sechziger Jahren gründe, und aktueller, der durch die öffentliche Isolierung, die auf seine Ansichten über die Wiedervereinigung Deutschlands folgte, ausgelöst wurde) die Triebfeder für diesen Roman „über Deutschland und Berlin in den Jahren des Untergangs der DDR und also der Wiedervereinigung" gewesen sei. Dieser Versuch mußte zwangsläufig scheitern, weiß Reich-Ranicki, denn er kann sich auf Schillers Mahnung berufen, man hüte sich, „mitten im Schmerz den Schmerz zu besingen".[3]

Die Verwebungen mit Fontane sieht Reich-Ranicki als Zeichen für Grass' verkümmertes schriftstellerisches Talent. Statt „so direkt und deftig, so süffig und saftig zu schreiben", wie dieser es vor Jahrzehnten gekonnt habe, benötige er, der nun kraftlos gewordene, „einen weiten Umweg". Indes sei das Werk kein „schriftstellerischer Betriebsunfall", sondern vom Verfasser so gewollt einschließlich seines ‚Helden', einer „mühseligen Konstruktion", und dessen Begleiters,

---

[3] Diese Sentenz stammt aus Schillers Rezension „Über Bürgers Gedichte", wo es heißt: „ein Dichter nehme sich ja in Acht, mitten im Schmerz den Schmerz zu besingen." Die Kritik erschien in der „Allgemeinen Literatur-Zeitung" [ALZ], Nr. 13, 15. Januar 1791, Sp. 97–103 und Nr. 14, 17. Januar 1791, Sp. 105–110; die Sentenz Sp. 107. Vgl. Schillers Werke. Nationalausgabe. Im Auftrag des Goethe- und Schiller-Archivs und des Schiller-Nationalmuseums hg. von Julius Petersen und Hermann Schneider. Bd. 22: Vermischte Schriften, hg. von Herbert Meyer, Weimar 1958, S. 245–264 und 410–422.

einer „Marionette", die das „Unglück" noch verdoppele. Dem Roman mangele es an einer Figur anstelle nur ihres Namens, an Handlung anstelle von Reflexionen und Mitteilungen. „Eine Geschichte gibt es hier eben nicht, leider."

Ein besonderes Ärgernis für Reich-Ranicki ist Grass' Technik, „mit verstellter Stimme zu sprechen", nämlich Fontane-Zitate ungekennzeichnet einzuweben, wobei er eingestehen muß, daß Grass den Stil Fontanes „gar nicht übel" imitiere. (Auch Thomas Manns „Lotte in Weimar" samt ihren versteckten Goethe-Zitaten habe „mit dieser allzu bequemen Methode zur Verwirrung beigetragen.") Sätze aus Fontanes Werken könnten mit Sätzen von Grass verwechselt werden, wodurch wegen der somit fehlenden historischen Distanz mittlerweile mißverständlicher Aussagen einem „etwas riskanten Durcheinander" Vorschub geleistet werde. Reich-Ranicki rät: „Es wäre besser, Sie spielten mit offenen Karten."

Skandalös findet der Kritiker nicht zuletzt die Beurteilung der DDR, über die im Roman „keine Wut und keine Bitterkeit, kein Zorn und keine Empörung" zu finden seien, ebensowenig eine kontrastierende Würdigung der Bundesrepublik. Reich-Ranicki bilanziert erschreckt kurz vor Schluß: „Und werden Sie sich jetzt wieder einmal von Deutschland abwenden wollen?"

Beinahe hätte er ein ‚Lob‘ für den Schriftsteller vergessen, der ein Treffen mit Uwe Johnson „wunderbar" geschildert habe. „Das kann keiner besser als Sie. Aber es sind nur 5 Seiten von 781."

Viel interessanter als der lineare Verlauf der Rezension sind (erwartungsgemäß) die Mittel, die Reich-Ranicki verwendet. Wie gelangt er zu seinen Erkenntnissen, und wie teilt er sie mit? Begründete Argumentation ist nicht die Stärke dieses Textes. Reich-Ranicki erklärt allenfalls aus seiner persönlichen Blickrichtung. Er findet, er denkt, er glaubt, vermutet, ist überzeugt, wundert sich, kann etwas einfach nicht fassen, hat fast einen Verdacht. Die Ursache für das So-Sein des Romans bestimmt er direkt aus der Person des Autors und dessen innerem Zustand, die der Kritiker mutmaßt und sogleich auf dessen Werk bezieht – wie auch umgekehrt! Weil der Autor in einer bestimmten Verfassung war, wurde sein Buch so; weil das Buch so wurde, mußte sein Autor in dieser Verfassung gewesen sein. Reich-Ranicki sagt einfach, was Grass weiß, was er brauchte, meinte, gedacht haben mag, wollte, nicht konnte, was in seiner Macht stand.

Für derlei Erkenntnisse wäre eine Trennung zwischen Autor und Erzähler nur störend. Hinter den Äußerungen der Hauptfigur schimmert dem Kritiker beständig ihr Verfasser hervor (daran ändert auch der Hinweis gegen Ende des Textes nichts, der Autor komme im Roman nicht vor, und niemand werde Erzähler und Autor verwechseln; Reich-Ranicki sagt es und fährt unbekümmert fort wie gewohnt).

> Ihr Fonty, lesen wir, vertraute dem Ich-Erzähler an, ‚daß er sich leergeschrieben habe‘. Um Gottes willen, sollte das für Sie selber gelten? Fonty gesteht knapp: ‚Mein Wörter-

sack ist leer . . . Kein Funke will springen.' Aber nein: Ihr Wörtersack ist nicht leer, er ist sogar prallvoll, sein Inhalt purzelt ununterbrochen heraus. Doch in der Tat will kein Funke springen.

Diese Frage Reich-Ranickis ist – was kaum verwundert – rein rhetorischer Natur; kurz darauf stellt er fest, daß Fontys Eingeständnis tatsächlich für Grass selber gilt. Wie der Autor sich seinen Helden dachte, entnimmt der Kritiker dem, was der Autor über den Helden „sagen läßt" – aus dem Munde einer Romanfigur! Aus einer Episode des Romans leitet der Kritiker ab, der Autor sei „zur generellen und, wie ich meine, ungeheuerlichen Verurteilung der Bundesrepublik nach der Wiedervereinigung sehr wohl fähig". Und gegen Ende der Rezension liefert er die knappste Formel, als er dem Autor zuruft: „Sie wissen nicht, wovon Sie reden." Ein williges Publikum kann da dem belesenen, erfahrenen Kritiker, der den Autor über Jahrzehnte hinweg kennt und kritisch begleitet hat, bequem und ohne Nachdenken zustimmen.

Man darf sich entspannt zurücklehnen, denn Reich-Ranicki denkt und urteilt für seinen Leser mit, seine Kritikermeinung schließt ihn gleich mit ein. „Ihre mittlerweile leidgeprüften Leser [müssen] stöhnend in Kauf nehmen, daß Sie sich ständig wiederholen"; „wir" lesen, müssen leiden, hatten keine Zweifel, werden abgespeist, überhäuft; der Autor überfordert die Geduld selbst der „gutwilligsten Leser"; die Hauptfigur „geht [. . .] allen auf die Nerven". Das braucht der Leser nicht mehr selbst zu prüfen, denn diese Sätze Reich-Ranickis sehen keine Ausnahme vor.

Reich-Ranickis Forderungen an einen gelungenen Roman, die er in dieser Rezension aufstellt, ergeben ein kurioses Sammelsurium kümmerlicher Kriterien, die diesen Namen überhaupt nur zum Teil verdienen. Ein Roman muß „direkt" erzählen. Dazu gehört, daß er einen Helden und eine Handlung, eine Geschichte besitzt. Originell und „geistreich" muß er sein, naiv wie kritisch „in höchstem Maße" und dem Anspruch genügen, „Gedankliches ins Sinnliche zu übertragen, Geistiges also sichtbar und anschaulich zu machen." Und er darf den Leser nicht „verwirren"! Apokryphe, artifiziell verklausulierte, womöglich experimentelle Texte, die sich dem Leser erst in einem langwierigen hermeneutischen Prozeß erschließen, sind Reich-Ranickis Sache nicht. Er fordert schlicht Handlung statt Reflexion, Darstellung statt Feststellungen. „Erzählen ist doch – davon bin ich überzeugt – die Gegenwart erleben und das Erlebte vergegenwärtigen", sagt Reich-Ranicki; – was immer er in diesen Satz einschließen mag, Grass' neuestes Buch jedenfalls nicht. Das glitzernde Vexierspiel, die ständigen, sich gegenseitig brechenden und vervielfältigenden Spiegelungen von Fontane und Fonty, von bürgerlichem Leben im 19. Jahrhundert und in der Gegenwart blenden Reich-Ranicki. Irritiert und orientierungslos geworden, tappt er durch Grass' Spiegelkabinett, vergeblich tastend nach dem Faden der Ariadne. „Bei Lichte" das Buch betrachtend, sucht er einen Romanhelden nach seinem Sinn und kann nur dessen

Namen entdecken. Fast kleinlaut wirkt es, als er konstatiert: „Sie wollten uns, sich bei Fontane reichlich bedienend, ein wenig übers Ohr hauen."

Wo nicht an Überzeugungskraft, so gewinnt Reich-Ranickis Kritik doch enorm an Durchschlagstärke dank stilistischer und rhetorischer Mittel, die er souverän einsetzt.

Selbstverständlich ist die gewählte Form eines Briefes, ordentlich versehen mit Anrede und abschließendem Gruß, besonders dafür geeignet, einem alten Freund (unter Freunden) das zu sagen, was Rezensentenpflicht ist, und sich gleichzeitig Gedanken über dessen seelische und berufliche Lage zu machen. Reich-Ranickis Publikum ist zwar durch diese vertrauliche Textform als Adressat ausgeschlossen, darf aber mitlesen. Absender und Briefempfänger bleiben trotzdem unter sich, der Kritiker braucht den Autor nicht diplomatisch schonend behandeln. Klar, eindeutig und vor allem ehrlich geht es zu, eben wie unter Freunden. In solch einem Brief kann nur die Wahrheit stehen. Das Publikum lauscht durch den Türspalt und hat seine Freude.

Den gesamten Text über spielt Reich-Ranicki dieses Spiel, flicht über ein halbes Dutzend Mal, kaum variiert, die väterlich-vertrauliche Anrede „Mein lieber Günter Grass" ein (bei der – je nach Kontext – ein seufzender, tadelnder, drohender Unterton ironisch mitklingt), vergißt nicht darauf hinzuweisen, wie arg ihn seine Aufgabe peinigt („es muß gesagt werden", ist „für mich sehr schmerzhaft", „früher habe ich es bedauert" und „jetzt bedaure ich", „muß [abermals] sagen", „Leider, leider"), spart schließlich auch nicht damit, den Autor seiner Wertschätzung zu versichern. Die captatio benevolentiae ist das charakteristische rhetorische Mittel der Rezension, meist besonders exponiert an Anfang oder Ende einzelner Sinnabschnitte; sie mutiert allerdings zum rhetorischen Geschoß, indem sie ihre contradictio, zumindest ihre empfindliche Abschwächung gleich mitenthält: Zwar schätzt der Kritiker den Autor als „außerordentlichen Schriftsteller", „bewundert" ihn gar („nach wie vor" [!]), doch der Roman ist „ganz und gar mißraten"; das Buch ist „das umfangreichste Werk Ihres Lebens" – ein „totaler Fehlschlag"; anläßlich der Wiedervereinigung engagierte Grass sich öffentlich („Das ehrt Sie"), blieb indes allein; „Hemmungen sind bei einem weltberühmten Autor, der nicht mehr der Jüngste ist, besonders groß"; „Sie können ja beinahe alles besser als ich. Doch [. . .]"; „Ein so sorgfältig kalkulierender Artist wie Sie, Günter Grass, mußte irgendwann die Fragwürdigkeit, ja die Unmöglichkeit dieser Konzeption schon merken"; „Seit bald 40 Jahren habe ich eine Schwäche für Ihre [. . .] Diktion [. . .], und es tut mir leid, daß [. . .]". Eine lakonische Variante lautet: „Sie haben alles getan, was in Ihrer Macht war." Das oben erwähnte Schlußwort der Rezension gehört als weiteres Beispiel hierhin.

Bemerkenswert ist ebenfalls die logische Basis der scheinbaren Argumentationsketten, die typischerweise unwiderlegbar ist. Einige von ihnen werden durch Zitate kanonisierter Autoritäten unantastbar (wie erwähnt, ‚begründet' ein Schiller-Zitat das zwangsläufige Mißlingen des Romans, an anderer Stelle wird Brecht zu Hilfe geholt). Viele ‚Argumente' beginnen mit Axiomen („Wie beinahe alle erfolgreichen Autoren gelten auch Sie – diesen Ruf verdanken Sie natürlich Ihren Kollegen – als größenwahnsinnig") oder Binsenweisheiten von reiner Evidenz: „Was nicht lebt, kann nicht sterben." „Schlecht ist schlecht". „Ein Schweißfuß [. . .] kommt selten allein." Das Publikum am Türspalt, das dort kaum applaudieren kann, mag sich vergnügt die Hände reiben.

Nicht zuletzt gewinnt die Rezension (Unterhaltungs-),Wert' durch illustrative Spruchweisheiten Reich-Ranickis, die keines Kommentars bedürfen, wie etwa: „Schriftsteller, die sich der Politik zuwenden, agieren so gut wie immer als Amateure – und wenn Sie [sic] Berufspolitiker werden, dann schaden Sie [sic] der Literatur, ohne der Politik zu nützen." Oder: „Wer in den Mittelpunkt eines Romans einen dummen Menschen stellt, muß damit rechnen, daß dessen Dummheit sich ausbreitet und das Ganze infiziert."

Die Methoden, die Reich-Ranicki verwendet, um den Leser auf seine Seite zu ziehen, sind weder neu noch originell. Direkte Autor-Anrede, Polemik und Rhetorik gepaart mit schwachen, aus normativen Ansichten erwachsenden Kriterien statt erhellender Annäherung an den Text, Forderungen nach Originalität und Vernunft, Berufung auf den gesunden Menschenverstand, nicht zuletzt der kunstrichterliche Anspruch, das lesende Publikum aufzuklären und damit politisch-gesellschaftlich zu wirken, all dies wurde so oder ähnlich auch vor zweihundert Jahren vorgebracht und half schon damals dem Kritiker, breite Teile der literarischen Öffentlichkeit für sich und gegen andere, Dichter, Kritiker, Philosophen, zu gewinnen. Weil die Gewalt ihrer Urteile, so wenig sie mitunter gegründet sein mußten, Karrieren langfristig zerstören konnte, waren sie immer wieder Ausgangspunkt erbitterter öffentlicher Fehden, meist auf niedrigstem Niveau. Ein Literaturkritiker des späten 18. Jahrhunderts, der nicht weniger attackierte und attackiert wurde als Reich-Ranicki und vor allem in seiner späten Phase manches mit Reich-Ranicki gemeinsam hat (so hätte er ohne Zögern dem politischen Anspruch Reich-Ranickis zugestimmt, seiner „Überzeugung, am Niveau der Bücher hänge das Wohl der Gesellschaft, die diese Bücher liest und gebraucht"[4]), ist der von Reich-Ranicki sehr geschätzte[5] Berliner Schriftsteller, Verleger und Buchhändler der Spätaufklärung Christoph Friedrich Nicolai (1733–1811). Sein uni-

---

[4] Adolf Muschg: Kritisches Wäldchen zu Marcel Reich-Ranickis Geburtstag, in: Literatur und Kritik. Aus Anlaß des 60. Geburtstages von Marcel Reich-Ranicki hg. von Walter Jens, Stuttgart 1980, S. 48.
[5] Vgl. Marcel Reich-Ranicki: Der Gründer unseres literarischen Lebens. Über den unermüdlichen Aufklärer Friedrich Nicolai, in: F.A.Z., Nr. 280, 2. Dezember 1989; ders.: Friedrich Nicolai. Der Gründer unseres literarischen Lebens, in: ders.: Die Anwälte der Literatur, Stuttgart 1994, S. 32–52.

verselles literaturkritisches Organ, die „Allgemeine deutsche Bibliothek", erschienen von 1765 bis 1805, mit ihren 400 Mitarbeitern war zumindest in den ersten zwanzig Jahren die moderne Medien-Großmacht, welche weite Teile des europäischen Lesepublikums erreichte und beeinflußte. Der Freund Lessings und Mendelssohns polemisierte gegen die fatale öffentliche Wirkung der „Leiden des jungen Werthers" und gegen „Die Horen", gegen Sturm und Drang, Klassik und Frühromantik, gegen die Philosophie Kants und Fichtes; seinerseits wurde er zur Zielscheibe für Spott und Schmähung der Betroffenen, beispielsweise 1797 in den „Xenien", von denen etliche der schärfsten (wenngleich nicht der besten) gegen ihn zielen. Zugebilligt werden muß aber andererseits, daß Nicolai mitnichten immer verbohrt, beschränkt, verknöchert und von der Gegenwart längst überholt war, sondern sich zuvor, Lessing folgend, mit kritischem Engagement als ein Hauptvertreter der deutschen Aufklärung ernstzunehmende, bleibende Verdienste um die deutsche Dichtung erworben hatte.

Ein wesentlicher Unterschied zu Lessing liegt jedoch darin, daß dieser „lebenslang nach Wahrheit suchte und um immer größere Annäherung an sie bemüht war, Nicolai hingegen sie fest zu besitzen vermeinte, hielt er doch seine nach Maßgabe des gesunden Menschenverstandes gewonnenen Einsichten für Wahrheit schlechthin".[6] Verläßlicher ‚gesunder Menschenverstand' und ‚guter Geschmack' sind Nicolais Instrumente zur Urteilsfindung über den Wert eines Buches; entscheidend ist

> die subjektive Instanz des Geschmacks mit ihren schwer begründbaren und schwer bestreitbaren Prüfungsmitteln. Vom Geschmack wird erwartet, daß er Fühlung mit den Werten eines Buches bekommt, seinen Rang herausschmeckt. Subjektiv ist dann weniger das Urteil selbst als die Organe, die zur Urteilsfindung eingesetzt werden.[7]

Die individuelle Norm, die im voraus feststehende, nicht erläuterte persönliche Auffassung des Kritikers von gelungenen oder mißlungenen Werken kann den Leser nicht überzeugen, sondern verlangt von ihm, daß er auf das Urteilsvermögen des Rezensenten vertraut. Bei seiner Einschätzung eines Werks dank seines Geschmacks und Menschenverstandes sieht der Kritiker sich einig mit allen Lesern, die ebenfalls ‚gesunde Sinne' besitzen. In dieser Art rezensierte Nicolai, vergleichbar rezensierten viele seiner Zeitgenossen und Nachfolger, etwa der Schriftsteller, Kritiker und Redakteur Ludwig Ferdinand Huber (1764–1804), der für die „Allgemeine Literatur-Zeitung" manche mittelmäßige Rezension verfaßte, dort auch das „Athenäum" und Friedrich Schlegels Roman „Lucinde" verständnis-

---

[6] Friedrich Nicolai. ‚Kritik ist überall, zumal in Deutschland, nötig'. Satiren und Schriften zur Literatur, hg. von Wolfgang Albrecht, Leipzig, Weimar 1987, S. 484.
[7] Anni Carlsson: Die deutsche Buchkritik, Bd. 1: Von den Anfängen bis 1850, Stuttgart 1963, S. 61.

und geistlos verriß[8], und genauso rezensiert Reich-Ranicki über weite Strecken Grass' Roman. Reich-Ranicki schreibt, wie auch Nicolai, „unzweifelhaft für ein größeres Publikum vornehmlich aus dem mittleren Bürgertum [. . .] – nur eben nicht für die literarische Öffentlichkeit schlechthin, als deren Sachwalter oder Anwalt er sich mit ziemlicher Anmaßung und Borniertheit ausgab".[9]

Wie die Verfasser derartiger normativer Rezensionen im späten 18. Jahrhundert verlangt Reich-Ranicki noch heute für einen gelungenen Roman eine starke, überzeugende Hauptfigur, tadelt moralisch Bedenkliches, so in Grass' Roman die Darstellung von DDR (bei der ihm die Anklage fehlt, „daß das DDR-Regime Millionen Menschen unglücklich gemacht, daß es Unzähligen [. . .] Jahre ihres Lebens geraubt hat") und BRD („ungeheuerliche Verurteilung"), fordert einen leserfreundlichen, flüssigen, geraden Stil, eben jene ‚Deutlichkeit', die Nicolai zur obersten Regel erhoben hatte.[10] Auch Reich-Ranickis Methode, den Kritisierten direkt anzusprechen, hat ihre gute Tradition im 18. Jahrhundert, als Rezensenten sich in ihren publizierten Kritiken gern (vorgeblich) an den Dichter ‚persönlich' wandten, um ihn durch Hinweise auf seine Fehler zu ‚verbessern'. Tradition hat ebenso Reich-Ranickis Leiden am ‚schlechten' Text um des Autors, des Publikums und der ‚guten' Literatur willen.

Schließlich: Ob der Tadel, eine Hauptfigur „redet nicht vernünftiger", sie sei ein „hoffnungsloser Wirrkopf", ob Erkenntnisse, die „bei Lichte betrachtet" gewonnen wurden, ob die Ausrufe „Was soll der Blödsinn?" und „Unsinn bleibt Unsinn" von einem schulmeisterlichen Kritiker des späten 18. Jahrhunderts oder von Reich-Ranicki stammen, ist nicht zu unterscheiden. (Sie entstammen Reich-Ranickis Rezension.)

Die evolutionäre (häufiger: revolutionäre) Weiterentwicklung der Literaturkritik, die mit der Weiterentwicklung der Dichtung seit der Frühromantik und ihren völlig neuartigen Anforderungen an eine angemessene Literaturkritik einherging, ist an Reich-Ranicki spurlos vorbeigeschritten. Aber worin liegt die Ursache der öffentlichen Erfolge, die Reich-Ranicki mit Kritiken erzielt, die weder mit scharfsinnigen Argumenten überzeugen noch literarischen Wert stichhaltig aufzuzeigen und zu begründen vermögen, nicht einmal mit originellen Methoden glänzen können? Sein Erfolgsrezept liegt genau im Gegenteil all dessen. Er suggeriert seinem Publikum, es könne – wie dargelegt – mühelos an seinen eindeutigen Ent-

---

8 ALZ, Nr. 372, 21. November 1799, Sp. 473–477 („Athenäum" 1.–4. Stück); ALZ, Nr. 130, 7. Mai 1800, Sp. 297–300 („Lucinde").
9 Albrecht [Anm. 6], S. 502.
10 Vgl. Wolfgang Albrecht: Friedrich Nicolais Kontroverse mit den Klassikern und Frühromantikern (1796–1802), in: Debatten und Kontroversen. Literarische Auseinandersetzungen in Deutschland am Ende des 18. Jahrhunderts, hg. von Hans-Dietrich Dahnke und Bernd Leistner, Bd. 2, Berlin (Ost), Weimar 1989, S. 13.

scheidungen teilhaben; er arbeitet mit altbewährten, allgemein vertrauten Maßstäben, die er, rhetorisch angerichtet, vielen als einen Unterhaltungsleckerbissen serviert. Und seine öffentliche Anerkennung bietet dem Leser nicht zuletzt auch behagliche Sicherheit: Wer mit dem Papst der Kritik im (oft genug schlechten) Literaturkabarett lacht, darf sich unangreifbar an der Seite des stärksten Verbündeten wohlfühlen.

Wenn er auch nicht die kritischen Methoden des 18. Jahrhunderts zu modernisieren brauchte, so vergrößerte er doch seine Kritikermacht gewaltig gegenüber derjenigen Nicolais.

> Ein Literaturpapst von heute weiß verschiedene Medien und Institutionen wie die Zeitung, den Verlag, die Bestenliste, die Preisjury, den Hörfunk und das Fernsehen nicht nur in ihren singulären bzw. parallelen Funktionen für seine Zwecke auszunutzen, sondern darüber hinaus in ihrer wechselseitigen Abstimmung.[11]

Durch Reich-Ranickis regelmäßige Fernsehauftritte erhalten auch seine schriftlichen Aussagen überdies eine nicht zu unterschätzende neue ‚Qualität‘, denn wer seine Texte liest, kann sich seinen unvergleichlichen Sprechduktus und sein einzigartiges Mienen- und Gebärdenspiel phantasievoll und genüßlich dazu ausmalen.

> Sein „literarisches Quartett" [. . .] erfreut sich immer größerer Beliebtheit, weil Reich-Ranickis Präsenz so heftig schillert. Auf seine Gesichtszüge kann er einen ganzen Reigen von Gemütsbewegungen choreographieren. Äußert sich ein Gesprächspartner zu seiner Unzufriedenheit, verzieht er seinen Mund, als müsse er mit einem Karton Sägemehl oder einem Sack Holzwolle dahinter fertig werden. Holt er zu einer heftigen Replik aus, scheinen seine Augen wie Maiskörner aus seinem Gesicht zu platzen. Gemessen an seinem dramatischen mimischen Furor, gepaart mit seiner schneidenden, klaren Stimme, wirken seine Mitdiskutanten zumeist trübselig und mutlos[12].

Hier liegt ein entscheidender Unterschied zu Reich-Ranickis zweihundertjährigem Kollegen; zwar muß es noch immer nicht fundierter sein, was man für Kritik ausgibt, um erfolgreich zu wirken. Aber an Reich-Ranicki ist nicht mehr sein Kritiker-Urteil das interessanteste, sondern sein Talent zur Selbstinszenierung, das Spiel mit Affekten.

Marcel Reich-Ranicki enttäuscht sein Publikum nicht, darauf darf es sich verlassen; die Erwartung eines mimisch-gestisch-verbalen Spektakels erfüllt er immer wieder: professionell ‚vermarktet‘, von Werbung eingerahmt, in der Fernsehshow.

---

[11] Hajo Steinert: Der letzte Literaturpapst dieses Jahrhunderts: Marcel Reich-Ranicki, in: Betrifft Literatur. Über Marcel Reich-Ranicki, hg. von Peter Wapnewski, Stuttgart 1990, S. 104.

[12] Wolfram Knorr: Keiner schießt mit spitzeren Pfeilen, in: Wapnewski [Anm. 11], S. 89–90.

Erato, Kalliope, Melpomene und Thalia, denen hierbei oft genug übel mitgespielt wird, mögen sich unterdessen mit einem Xenion[13] aus Schillers „Musen-Almanach für das Jahr 1797" trösten, welches (wie etliche andere auch – dies als eine letzte Parallele:) ebenso auf Nicolai und manche seiner Zeitgenossen wie auf Reich-Ranicki zutrifft:

Der Leviathan und die Epigramme

Fürchterlich bist du im Kampf, nur brauchst du etwas viel Wasser,
Aber versuch es einmal, Fisch! in den Lüften mit uns.

---

[13] Schillers Werke. Nationalausgabe [Anm. 3], Bd. 1: Gedichte in der Reihenfolge ihres Erscheinens 1776–1799, hg. von Julius Petersen und Friedrich Beißner, Weimar 1943, S. 325.

BILDUNGSGESCHICHTEN IM RUHRGEBIET
Ralf Rothmanns Romane „Stier" und „Wäldernacht"

von Markus K r a u s e, Bonn

Abstract

In der zeitgenössischen deutschsprachigen Literatur sind die im Ruhrgebiet der sechziger und siebziger Jahre spielenden Romane „Stier" (1991) und „Wäldernacht" (1994) des Berliner Autors Ralf Rothmann insofern außergewöhnlich, als sie bewußt die Gattungsmuster des Bildungsromans variieren. Am Beispiel zweier konträr angelegter Protagonisten loten sie die Möglichkeiten der Gattung zwischen der Darstellung von individueller Entwicklung als gelungener Bildungsgeschichte und als kontinuierlichem Prozeß der Desillusionierung aus.

The novels „Stier" (1991) and „Wäldernacht" (1994), by the Berlin author Ralf Rothmann, both set in the 1960s and 70s in the Ruhr, are unusual in contemporary German literature in that they deliberately vary the usual patterns of the „Bildungsroman". They use two protagonists to test the limits of the genre between the description of individual growth in a story of successful character development on the one hand, and as a steady process of disillusionment on the other.

I.

Der Bildungsroman hat in der zeitgenössischen deutschen Literatur nicht gerade Konjunktur. Die jungen Autoren scheint er kaum zu faszinieren und zur produktiven Rezeption zu verleiten. Da liegt der Verdacht nahe, daß das literarische Modell des Bildungsromans – dessen Wirkungsgeschichte sich immerhin über zwei Jahrhunderte hinweg verfolgen läßt – gegenwärtig mehr oder minder obsolet geworden ist.

Eine traditionelle Definition des Bildungsromans postuliert, daß in dessen „Zentrum die Lebensgeschichte eines jungen Protagonisten steht, die durch eine Folge von Irrtümern und Enttäuschungen zu einem Ausgleich mit der Welt führt".[1] Was aber, wenn die gesellschaftliche Wirklichkeit, die dem literarischen Helden zunächst als etwas Fremdes, Äußeres gegenübertritt, kaum mehr objektivierbar und damit beschreibbar ist, sondern sich als Konglomerat heterogener Phänomene präsentiert, die auch ein kräftiges Bewußtsein kaum mehr zu einer Einheit zu-

---

[1] Jürgen Jacobs und Markus Krause: Der deutsche Bildungsroman. Gattungsgeschichte vom 18. bis zum 20. Jahrhundert, München 1989, S. 37. Die durchaus kontroverse Diskussion des Gattungsbegriffs kann in diesem Rahmen nicht noch einmal aufgegriffen werden; vgl. dazu exemplarisch: Rolf Selbmann: Der deutsche Bildungsroman, Stuttgart 1984; Gerhart Mayer: Der deutsche Bildungsroman. Von der Aufklärung bis zur Gegenwart, Stuttgart 1992.

sammenzuzwingen vermag? Wo die eine Realität in viele disparate Realitäten auseinanderfällt, muß es dem Einzelnen schwerfallen, ein produktives Verhältnis zu ihr zu entwickeln. Und wo gar die äußere Wirklichkeit, der man sich sicher glaubte, zur virtuellen Realität eines maschinell erzeugten Universums degeneriert, stößt sich das Individuum nicht mehr den Kopf an den objektiven Notwendigkeiten, sondern verliert sich im unendlichen Raum der artifiziellen Möglichkeiten.

Doch noch ein Zweites gilt es zu bedenken. Wenn der Bildungsroman herkömmlicher Prägung auf ein letztlich – nach welchen Umwegen auch immer – erreichtes harmonisches Verhältnis von Ich und Welt zielt, kann er auf Wertung und dezidierte Stellungnahme nicht verzichten. Der Held – und mit ihm der Leser – muß sich zumindest im Rückblick klar darüber werden, wo die Grenze zwischen temporären Mißverständnissen oder Irrtümern und den wirklich wichtigen Wahrheiten verläuft; und er darf letztlich nicht daran zweifeln, daß seine Bildungsgeschichte trotz allen Schwierigkeiten auf ein grundsätzlich positives Ziel hin ausgerichtet ist – und daß es sich lohnt, dieses Ziel mit dem Einsatz der ganzen Person zu verfolgen.

Was aber, wenn diese Gewißheiten für die Gesellschaft wie für den Einzelnen brüchig geworden sind, wenn in einer postmodernen Attitüde des ,anything goes' tradierte Werte und Überzeugungen weniger kritisch befragt als schlicht für überholt erklärt werden? Was bleibt, wenn kein fester (Stand-)Punkt mehr erreichbar erscheint, von dem aus das Individuum hoffen kann, die Welt aus den Angeln zu heben, das heißt, sie in seinem Sinne zu beeinflussen? Schlechte Voraussetzungen und trübe Aussichten also, so scheint es, für eine Gattung wie den Bildungsroman, die in ihrem inneren Kern auf Teleologie, auf die Darstellung eines Prozesses „der Selbstfindung und der Orientierung in der Welt"[2] ausgerichtet ist.

Und doch gibt es immer wieder einmal Versuche, das alte literarische Muster mit neuem Leben zu erfüllen. Als durchaus aktuell erwies sich das Genre beispielsweise, als es darum ging, die Studentenbewegung mit ihrem zentralen Postulat einer bruchlosen Synthese von Subjekt und objektiven Gegebenheiten, von individuellen Aspirationen und gesellschaftlicher Solidarität literarisch zu verarbeiten. Im Rückblick der Aktivisten wie der Mitläufer der Revolte fächerte sich eine Vielzahl von individuellen Bildungsgeschichten auf, deren positive oder negative Bewertung nicht unwesentlich von der politischen Einstellung der Autoren abhing.[3]

Zumeist in den siebziger Jahren erschienen[4], sind sie den Verhältnissen, von denen sie engagiert berichten, noch ganz nahe. Ihr Thema ist die problematische Su-

---

2 Jacobs/Krause [Anm. 1], S. 37.
3 Vgl. Markus Krause: Zwischen Autonomie und Solidarität. Anmerkungen zum Bildungsroman der Studentenbewegung, in: Wirkendes Wort 3, 1990, S. 394–407.
4 Genannt seien hier stellvertretend: Peter Schneider: Lenz (1973), Uwe Timm: Heißer Sommer (1974), Hermann Kinder: Der Schleiftrog (1977) und Jochen Schimmang: Der schöne Vogel Phönix (1979).

che nach Identität in einer Epoche des Umbruchs, ihr Anliegen die literarische Darstellung der Bedingungen der Möglichkeit einer Existenz, die Autonomie (des einen Einzelnen) und Solidarität (mit den vielen anderen) zur Deckung zu bringen weiß. Damit sind diese Bildungsgeschichten vom Inhalt und vom Selbstverständnis her eminent politisch; sie wollen zu Recht – auch – politisch gelesen werden, selbst wenn sie sich der überkommenen Muster des Bildungsromans bedienen.

II.

Die Zeiten aber ändern sich, und mit ihnen ändert sich die Sicht der jüngeren Vergangenheit. Fast zwei Jahrzehnte nach den Texten zur Studentenbewegung erschienen die Romane „Stier" (1991) und „Wäldernacht" (1994) des jungen Berliner Autors Ralf Rothmann. Auch sie berichten von den unruhigen Zeiten Ende der sechziger, Anfang der siebziger Jahre, als sich unterschiedliche Lebenswelten entwickelten und miteinander in Konkurrenz traten. Allerdings erscheint – das sei hier vorweggenommen – in Rothmanns Romanen das im eigentlichen Sinne Politische als zu vernachlässigende Größe, die für die alltägliche Existenz der Protagonisten kaum entscheidende Bedeutung gewinnt.

Die Kritik erkannte sogleich, daß hier individuelle Entwicklungsgeschichten erzählt wurden und daß damit die Traditionen des Bildungsromans nicht weit waren – ein schönes Indiz dafür, daß die Gattung wenigstens im Bewußtsein der professionellen Leser auch heute noch präsent ist. So lobte Matthias Bischoff „Stier" in der „Frankfurter Allgemeinen Zeitung" als „Entwicklungs-, ja Bildungsroman in beinahe klassischem Sinne", in dem „entscheidende Entwicklungsschritte" im Leben des Protagonisten heraufbeschworen werden – jeder dieser Entwicklungsschritte „formt ihn und legt sich als weiterer Kreis um seine Persönlichkeit".[5] Und Gustav Seibt beschrieb, ebenfalls in der „Frankfurter Allgemeinen Zeitung", „Wäldernacht" als einen Roman, der am Beispiel verschiedener „auseinanderlaufender Lebenskurven" glaubhaft die „Möglichkeiten eines heutigen Bildungsromans durchspielt".[6]

Die Affinitäten beider Texte zum Genre des Bildungsromans sind offensichtlich. Trotzdem spielen sie – bei allen Ähnlichkeiten in Anlage und Struktur – mit den Möglichkeiten der Gattung auf ganz unterschiedliche Art und Weise. Ausgangspunkt beider Romane ist die klassische Grundfrage jedes retrospektiv erzählten Bildungsromans nach der Genese der eigenen Individualität: Wie und warum bin ich der geworden, der ich bin? Damit steht auch das problematische Verhältnis

---

[5] Matthias Bischoff: Blutfleck im Sand, in: Frankfurter Allgemeine Zeitung, 12. 11. 1991.
[6] Gustav Seibt: Racko muß sterben, in: Frankfurter Allgemeine Zeitung, 3. 9. 1994; vgl. auch Dietmar Kanthak: Erna, nimm dich schomma der Kaffee!, in: General-Anzeiger Bonn, 5. 10. 1994.

von Zufall und Notwendigkeit ganz oben auf der Agenda: Habe ich alles mir Mögliche getan, oder habe ich Denkbares nicht realisiert, wegweisende Alternativen fahrlässig oder vorsätzlich mißachtet? Der kritische Blick auf die eigene Person aber findet in der Gegenwart kein Genügen, sondern bedarf des Rück-Blicks, der Hinwendung zur Geschichte der eigenen Subjektivität.

Und so überschreitet der Leser mit den Ich-Erzählern Kai Carlsen – in „Stier" – und Jan Marrée – in „Wäldernacht" – die magische Schwelle zur Vergangenheit; mit ihnen durchstreift er das Reich der Erinnerung, in der Facetten eines je eigenen Werdegangs aufleuchten und sich in der Retrospektive letztlich zu individuellen Bildungsgeschichten formieren. Wie in Kellers „Grünem Heinrich" fungiert der Protagonist so gleichermaßen als Subjekt wie als Objekt des Erzählens – was ihm widerfährt, dient der Ausprägung seiner Individualität, bestimmt damit aber auch seine besondere Sicht auf die Welt wie auf das eigene Ich.

III.

„An dem Tag, an dem mir auffiel, daß es nichts Zufälliges mehr gibt, war die Jugend vorüber." (ST, 9)[7] Mit dieser lakonischen Feststellung beginnt der sechsunddreißigjährige Erzähler in „Stier" seinen Rechenschaftsbericht. Im Kontrast zu seiner Gegenwart als Schriftsteller in Kreuzberg rekapituliert er drei entscheidende Abschnitte seines Lebensweges: zunächst die Ausbildung und Arbeit als Maurer in Oberhausen, dann die ziellose Existenz als Tagträumer und Gelegenheitsarbeiter im Umkreis der Freunde aus dem Essener ‚Blow up', und schließlich die Zeit als Pflegehelfer und Blutwäscher im Waldklinikum, in der er durch Lesen und Schreiben der Selbsterkenntnis ein Stück näher kommt, so daß allmählich der Entschluß reift, das heimische Ruhrgebiet zu verlassen und in die Metropole Berlin umzusiedeln.

Nach eigener Einschätzung „durch und durch Träumer" (ST, 32), ist Kai Carlsen trotz seines proletarisch-kleinbürgerlichen Elternhauses von Jugend an geprägt von der zunächst instinktiven, dann immer bewußteren Ablehnung einer „ganz normalen" bürgerlichen Existenz, die seinen „Horizont zusammenschrumpfen ließ auf die Länge der Flöz-Matthias-Straße oder die Breite eines Fernsehschirms." (ST, 51) So entschieden der Widerstand gegen die gängigen Lebenshaltungen, so pointiert und überspitzt die sprachliche Form, in der er sich äußert: Die „rechtwinklige Welt der Baustellen" (ST, 82), der Vorortkneipen, Diskotheken und Bordelle kennt auf der Skala der Gefühle nur „Hunger, Durst und Geilheit" (ST, 79); im „tarifvertraglich geregelten, daunengefederten, desodorierten"

---

7 „Stier" wird im folgenden mit der Sigle „ST" und der Angabe der Seitenzahl zitiert nach der Erstausgabe Frankfurt/M. (Suhrkamp Verlag) 1991.

Alltag (ST, 84) droht der Protagonist wie die Allzuvielen zum „muffigen Pantoffelspießer" (ST, 51), wenn nicht gar zur „panierten Schweineseele" (ST, 80) zu verkommen. Daß Kai Carlsen sich von Beginn an gegen den ihm angesichts seines sozialen Umfelds fast schon vorgezeichneten Lebensweg sperrt, daß er über Alternativen reflektiert und Veränderungen nicht als Risiko, sondern als Chance begreift, qualifiziert ihn zum Helden einer Bildungsgeschichte.

Anders aber als in den Romanen zur Studentenbewegung sind die treibenden Kräfte des Wandels bei Rothmann nicht im politischen Bereich zu suchen. Die Politik ist für den jungen Maurer eine ihm wesensfremde, irrelevante Sphäre: Die sozialistischen Klassiker interessieren ihn ebenso wenig wie Fragen der gerade aktuellen Tagespolitik; und Klassenbewußtsein etwa im Sinne der Helden der ‚Werkkreise Literatur der Arbeitswelt' ist ihm wie seinen Freunden ein Fremdwort. Dem entspricht, daß hier – ähnlich wie später in „Wäldernacht" – das Ruhrgebiet kaum als klassische Industrieregion mit spezifischen Problemen oder gar als Ort traditioneller Klassenkämpfe erscheint – die Sphäre der Stahlwerke, Fördertürme, Zechensiedlungen und Bergmannskapellen ist zwar als Folie der Geschichte stets präsent, gewinnt aber kaum tiefgreifenden Einfluß auf die Entwicklung des Helden.[8]

Als Gegenpol der kleinbürgerlichen Enge und Beschränktheit fungiert also nicht die große Politik, die politische Emanzipation von gesellschaftlichen Konventionen. Einen Ausweg aus der Misere ermöglichen stattdessen zunächst die Rockmusik und – bis zur besseren Erkenntnis – die Drogen, beides beispielhaft konzentriert im ‚Blow up' und in der lockeren Wohngemeinschaft seiner Betreiber, an die auch Kai Carlsen Anschluß findet. Verglichen mit dem „Kümmerliche[n], Begrenzende[n], Engstirnige[n]" seines bisherigen Alltags als guter Sohn und kompetenter Bauarbeiter (ST, 67) scheint hier das Reich der Freiheit im Zeichen des „Irgendwie" verwirklicht. Dabei stört den Helden zunächst nicht, daß diese Freiheit nicht nur in der Freiheit zu hungern besteht, sondern auch im „Fehlen jeder Vorstellung davon, wie es weitergehen sollte" (ST, 167).

Sein älterer Freund Ecki, Ex-Ingenieur, Besitzer des ‚Blow up' und Lebenskünstler gemäß eigenem Entschluß, verkörpert für ihn all das, was diese äußerlich so freie und ungebundene Existenz erstrebenswert macht: Kraft seines Lächelns, in dem „etwas von der Essenz aller Menschlichkeit" liegt (ST, 186), scheint er die alltägliche Realität mühelos zu transzendieren, so daß Normen und Widerstände gegenstandslos werden und alle Träume und Hoffnungen realisierbar erscheinen. Nur zu bald allerdings erweist sich diese Phase der Ziel- und Orientierungslosig-

---

[8] Bezeichnenderweise spielt in „Wäldernacht" die 1846 gegründete Arbeitersiedlung Eisenheim, die älteste ihrer Art im Ruhrgebiet, nicht in ihrem historischen Kontext eine Rolle, sondern allein zur sozialen Verortung der „Hells Angels Eisenheim" (S. 205).

keit als Durchgangsstadium. Spätestens als der am Leben gescheiterte Ecki im Waldklinikum einem einsamen Tod entgegendämmert, muß Kai Carlsen einsehen, daß sein Freund – wie er selbst von Jugend an „unheilbar infiziert von der Herzkrankheit Frau" (ST, 32) – entgegen dem äußeren Anschein eine Existenz nicht der menschlichen Erfüllung, sondern der letztlich vergeblichen Suche nach Liebe und Geborgenheit geführt hat.

Die Erkenntnis aber, daß ein Leben wie das des Freundes auf einer Lüge – wenn auch auf der „großartigsten, die es gibt" – aufbaut, auf der „weißen Lüge" nämlich, „daß Leben leicht sei" (ST, 186) – diese Erkenntnis, die gleichzeitig als Motto den zentralen Teil des Romans fokussiert, ermöglicht unserem Helden den langersehnten Durchbruch zu einer Existenz der Freiheit und Selbständigkeit in der Literatur. Eckis Tod bestätigt nämlich nur, was die Gespräche mit dem klugen, als literarische Figur allerdings wenig Kontur gewinnenden Arzt Hernandez über Literatur, Kunst und Philosophie bereits vorbereitet haben: Die Zeit ist reif für einen radikalen Abschied, Kai Carlsen wird nach Berlin gehen, um sich, so steht zu vermuten, intensiver als bisher seiner schriftstellerischen Berufung zu widmen.

Wie am Ende der Klinikzeit der Entschluß, die vertraute Welt des Ruhrreviers aufzugeben, so steht am Ende der erzählerischen Rahmenhandlung die Entscheidung, Berlin nach fünfzehn Jahren zu verlassen, um noch einmal etwas Neues zu versuchen – „Brücken brennen; Zukunft dunkel, aber offen" (ST, 371). Der offene Schluß, der vieles möglich erscheinen läßt, entspricht der trotz allen auch negativen Erfahrungen ungebrochenen Überzeugung des Helden von der „sanften Logik [seines] Schicksals, in dem sich bisher noch alles Widrige – irgendwann, irgendwie – als förderlich erwiesen hatte" (ST, 16). Skeptizismus oder gar Resignation sind einer solchen Einstellung fremd. Wo der Glauben an die eigenen Kräfte wie an die gütig lenkende Hand des Schicksals so stark ist, muß und wird sich alles zum Besten wenden.

IV.

Der von Selbst- und Weltzweifeln kaum berührte positive Bildungsheld Kai Carlsen also glaubt noch fest daran, „daß es im Dasein eines wachen Menschen keine [Zufälle] gibt, daß alles, was ihm geschieht, ein Arrangement schöpferischer Notwendigkeit ist" (ST, 348). Sein Pendant Jan Marrée in „Wäldernacht" hat diese Sicherheit längst verloren. Sein Weg führt ihn nicht mehr ins Unbekannte, neuen Herausforderungen zu, sondern bestenfalls aus seinem Berliner Atelier zurück in die provinzielle Enge des Ruhrgebiets, an den Ort seiner Kindheit und Jugend. Mit vierzig Jahren nicht viel älter als Kai Carlsen, fühlt er sich bereits ausgebrannt und leer. Die Vergangenheit, mit der er in seiner Heimatstadt Irrlich konfrontiert wird, erscheint bedrückend, die Gegenwart grau und belanglos und Zukunft, persönliche Entwicklung kaum vorstellbar: „Wenn die eigentliche Schönheit der Jugend in der Überzeugung besteht, grenzenlose Möglichkeiten zu haben, dann war ich häßlich und alt." (W, 268)[9]

Bezeichnend für die allgemeine Verdüsterung des Weltbildes ist die Einstellung des Protagonisten gegenüber der Kunst und seiner Profession als Künstler. Kai Carlsen gelang es offenbar noch – wie so vielen Bildungsroman-Helden – sich schreibend seiner selbst zu vergewissern und zumindest in der Literatur ein produktives Verhältnis zur Welt zu gewinnen: „Ein unbeschreibliches Glück, wenn auch oft grau, eine Tortur, die Spaß macht: Das Schreiben." (ST, 186) Solche beglückenden Momente der Identität in der Kunst, Augenblicke der Epiphanie, in denen „die Welt [. . .] momentlang am rechten Fleck" ist (ST, 187), sind dem Maler Jan Marrée seit langem fremd.

Sein Verhältnis zur Kunst wie zur eigenen Existenz als Künstler ist durchaus ambivalent. Einerseits verteidigt er die traditionelle, romantische Idealvorstellung vom Künstler als dem großen Einsamen, dem allein auf sich gestellten Schöpfer, der vor allem des „Glaubens" und der „Leidenschaft" bedürfe (W, 263), um zeitlos gültige Werke zu schaffen. Mit seinem ehemaligen Schulkameraden, dem um Anerkennung buhlenden Hobbymaler Ortwin Hiller, möchte er denn doch nicht auf eine Stufe gestellt werden. Ihm attestiert er nur zu gern das

> schlechte Gewissen einer Begabung, die aus Angst vor den Untiefen des Metiers, vor Alleinsein, Existenznot, Mißerfolg, einen planen Angestelltenweg gegangen war, der mit Sicherheit zum Rentenanspruch führte: Während die Sehnsucht Fett ansetzte und der Dämon im Bratenrohr verkam. (W, 226)

Andererseits ist ihm klar, daß er selbst diesem Ideal seit langem nicht mehr entspricht, daß sein persönlicher künstlerischer Dämon sich schon vor Zeiten verabschiedet haben muß. Die ihm zuerkannte ‚Kulturgabe Irrlich‘, gut dotiert, aber als künstlerische Anerkennung bedeutungslos, kann nur die preisverleihenden Honoratioren, nicht aber den Geehrten selbst darüber hinwegtäuschen, daß er als Künstler zwar eine bescheidene Vergangenheit, aber weder Gegenwart noch Zukunft hat: „[. . .] seit Jahren kein Aquarell mehr, keine Graphitzeichnung, nichts, alle Farben der Palette schwarz." (W, 192)

Diese allen Illusionen abschwörende Selbsteinschätzung führt jedoch nicht etwa – wie beispielsweise beim Grünen Heinrich der zweiten Fassung – zu einer grundsätzlichen Umorientierung, etwa im Sinne des Versuchs einer produktiven Reintegration in die bürgerliche Normalität. In der rigiden Abgrenzung gegenüber den Zeit- und Altersgenossen bezieht noch der Maler, der nicht (mehr) malt, das Bewußtsein der unverwechselbaren Individualität wenigstens vorübergehend aus der kompensatorischen Hypostasierung der eigenen Besonderheit, die nur die

---

[9] „Wäldernacht" wird im folgenden mit der Sigle „W" und der Angabe der Seitenzahl zitiert nach der Erstausgabe Frankfurt/M. (Suhrkamp Verlag) 1994.

Kehrseite der ausdrücklichen Ablehnung der bürgerlichen Welt mit ihren prosaischen Zwecken und immer gleichen Tätigkeiten ist. Immer weniger aber gelingt es, die eigene Selbstdefinition, die allein das Individuum im Innersten zusammenhält, mit der Realität in Einklang zu bringen.

Letztlich ist der Prozeß der Desillusionierung nicht nur in künstlerischer Hinsicht – über dessen einzelne Phasen der Leser allerdings trotz allen Rückblenden in Kindheit und Jugend wenig erfährt – bereits zu Beginn der Erzählung an sein Ende gekommen. Zu besichtigen ist das traurige Resultat einer Bildungsgeschichte unter negativen Vorzeichen, ein Held, der mit den Leidenschaften auch die Hoffnungen und Sehnsüchte verloren hat: „Ich [. . .] glaube an nichts, weder an mich noch an die lächerliche Kunst. Mein Körper ist eine Kloake, der Kopf ein Hinterhalt, und wenn ich mal ein Geheimnis besaß, hab ich's vergessen. Gründlich." (W, 263) So lassen sich die versteinerten Verhältnisse, die in der marmorkalten Existenz des kunstbeflissenen Fabrikanten Rutenkolk ihren groteskesten Ausdruck finden, nicht mehr zum Tanzen bringen. Was bleibt, sind die Ewigkeiten der „steinalten Wäldernacht" (W, 146), in der die Zeit für immer stillgestellt ist und Entwicklung unvorstellbar wird.

Die optimistische Grundtendenz des Bildungsromans ist hier in ihr Gegenteil verkehrt. In der Teleologie des Scheiterns führen alle Wege zu dem einen Ziel, das Trauer und Hoffnungslosigkeit heißt: „Wohin du denn wolltest, es war deine Richtung, dein Fall, nicht umzukehren, ein prachtvoller dunkler Weg, und immer erfüllten sich Wünsche und Möglichkeiten, nur nicht immer hier." (W, 302)

V.

Mit „Stier" und „Wäldernacht" hat Ralf Rothmann binnen weniger Jahre zwei Bildungsgeschichten mit konträrer Tendenz vorgelegt. Für Kai Carlsen, den positiven Bildungshelden, gilt noch das Diktum „Ich habe Wünsche/ also alles was ich brauche" aus Rothmanns Gedicht mit dem bezeichnenden Titel „Richtung Glück".[10] Für Jan Marrée dagegen sind die Zeiten, als das Wünschen noch geholfen hat, längst vergangen; als Subjekt wie Objekt eines kontinuierlichen Desillusionierungprozesses ist er der Anti-Bildungsheld schlechthin. Dabei muß die Frage offen bleiben, ob die zunehmende Skepsis gegenüber der Möglichkeit eines harmonischen Ausgleichs zwischen Ich und Welt, subjektiven Erwartungen und objektiven Notwendigkeiten ebenso autobiographisch fundiert ist wie verschiedene charakteristische Merkmale im Leben der Protagonisten.[11]

---

[10] In: Ralf Rothmann: Kratzer und andere Gedichte, Frankfurt/M. 1987, hier zitiert nach der Taschenbuchausgabe Frankfurt/M. 1991 (st 1824), S. 40.
[11] Wie die Protagonisten seiner Romane ist Rothmann, 1953 geboren, im Ruhrgebiet aufgewachsen. Nach der Lehre als Maurer arbeitete er unter anderem als Krankenpfleger, Drucker und Koch; siehe u. a. Stephan Reinhardt: Der stolzeste Stier bleibt wesentlich Rind, in: Süddeutsche Zeitung, 26. 10. 1991.

Der für einen Bildungsroman nicht ungewöhnlichen autobiographischen Grundierung entspricht, daß Rothmann in beiden Geschichten versucht, die Welt aus dem Blickwinkel eines Einzelnen zu erfassen. Adornos vielzitierte Skepsis gegenüber der traditionellen Form des personalen Erzählens – „Zerfallen ist die Identität der Erfahrung, das in sich kontinuierliche und artikulierte Leben, das die Haltung des Erzählers einzig gestattet"[12] – findet hier keinen Widerhall mehr. Noch das negative Selbst-Bewußtsein des gescheiterten Künstlers Marrée versteht sich als eigene, unverwechselbare Form der Identität, die eine dezidierte Beschreibung der Realität überhaupt erst legitimiert.

Kritisch anzumerken ist allerdings, daß beide Bildungshelden ihre Individualität vor allem aus dem entschiedenen Gegensatz zur traditionellen bürgerlichen Existenz definieren, diese aber mehr oder weniger eindimensional bleibt. Die enge Welt der Elternhäuser, der Siedlungen am Stadtrand oder der Baustellen im Ruhrrevier repräsentiert ebenso wenig die „ganze" soziale Wirklichkeit der sechziger und siebziger Jahre wie die Sphäre des ‚Blow up' in „Stier" oder der Rackoschen Jugendbande in „Wäldernacht" mit ihren nicht eben gewaltfreien Ritualen für die ganze Breite der gegenläufigen, auf Dauer durchaus wirkungsmächtigen gesellschaftlichen Tendenzen stehen kann.

Vielleicht aber sollten Romane, die Entwicklungsgeschichten erzählen, nicht in erster Linie an dem Kriterium gemessen werden, inwieweit sie die Totalität der zeitgenössischen gesellschaftlichen Realität adäquat darzustellen vermögen.[13] Indem das Genre des Bildungsromans die Welt so zeigt, wie sie sich zu einem bestimmten Moment in den Augen eines noch unvollkommenen, sich entwickelnden Individuums darstellt, trifft es zwar eine notwendigerweise subjektive Auswahl aus der Heterogenität der zeitgenössischen Wirklichkeit. Gerade indem es sich aber in Inhalt und Form zur Partialität seiner Weltsicht bekennt, verweigert es sich nicht der Bewertung der individuellen Entwicklungen wie der gesellschaftlichen Phänomene, die es beschreibt – damit ist aber auch der Leser, wenn er nur will, in das produktive Spiel der Wertungen so intensiv mit einbezogen wie bei kaum einer anderen literarischen Gattung.

---

[12] Theodor W. Adorno: Standort des Erzählers im zeitgenössischen Roman, in: ders.: Noten zur Literatur I, Frankfurt/M. 1958, S. 61–72, hier: S. 62.
[13] Vgl. zum Problem eines angeblichen „Realismus, der die tonangebende Wirklichkeit im Verhältnis 1:1 in Literatur abgebildet sehen möchte", die kritische Rezension von Helmut Böttiger: Das grobmaschige Netz der Sekundär-Realisten, in: Frankfurter Rundschau, 5. 10. 1994, sowie mit ähnlicher Tendenz: Werner Wunderlich: Endstation Oberhausen. Ralf Rothmanns Roman „Wäldernacht", in: Neue Zürcher Zeitung, 4. 10. 1994.

Bibliographie der Veröffentlichungen von Norbert Oellers

zusammengestellt von Volker C. Dörr und Alexandra Pontzen (Bonn)

1. Selbständige Veröffentlichungen (einschließlich Editionen)

Schiller. Geschichte seiner Wirkung bis zu Goethes Tod (1805 bis 1832), Bonn 1967 [= Diss. Bonn 1965].

Schillers Werke. Nationalausgabe, Band 28 (Briefe Schillers 1795/96), Weimar 1969.

- Band 36 I (Briefe an Schiller 1795–97. Text), Weimar 1972.
- Band 36 II (Apparat-Band zu 36 I), Weimar 1976.
- Band 29 (Briefe Schillers 1796–98), Weimar 1977 [hg. zus. mit Frithjof Stock].
- Band 37 I (Briefe an Schiller 1797/98. Text), Weimar 1981 [hg. zus. mit Frithjof Stock].
- Band 2 I (Gedichte. Letzte Gestalt. Text), Weimar 1983.
- Band 40 I (Briefe an Schiller 1803–05. Text), Weimar 1987 [hg. zus. mit Georg Kurscheidt].
- Band 37 II (Apparat-Band zu 37 I), Weimar 1988 [zus. mit Frithjof Stock].
- Band 2 II A (Apparat-Band zu den Gedichten, Teil 1), Weimar 1991 [zus. mit Georg Kurscheidt].
- Band 2 II B (Apparat-Band zu den Gedichten, Teil 2), Weimar 1993 [zus. mit Georg Kurscheidt].
- Band 40 II (Apparat-Band zu 40 I), Weimar 1995 [zus. mit Georg Kurscheidt].

Schiller – Zeitgenosse aller Epochen. Dokumente zur Wirkungsgeschichte Schillers in Deutschland, hg., eingeleitet und kommentiert, Teil 1: 1782–1859, Frankfurt/M. 1970 [Einleitung: S. 13–53]; Teil 2: 1860–1966, München 1976 [Einleitung: S. XIII–LV].

Theodor Echtermeyer und Arnold Ruge: Der Protestantismus und die Romantik. Zur Verständigung über die Zeit und ihre Gegensätze (Nachdruck aus den „Hallischen Jahrbüchern für Wissenschaft und Kunst" 1839/40), hg., kommentiert und mit einem Vorwort versehen, Hildesheim 1972.

Einführung in die neuere deutsche Literaturwissenschaft. Ein Arbeitsbuch, Berlin 1976; 6. Aufl. 1989 [zus. mit Dieter Gutzen und Jürgen H. Petersen].

Der Maikäfer. Eine Zeitschrift für Nichtphilister (1841–47), 4 Bde., Bonn 1982–85 [hg. zus. mit Ulrike Brandt, Astrid Kramer und Hermann Rösch-Sondermann].

Literaturwissenschaftliches Grundlagenwissen III: Methoden der Literaturbetrachtung 2 [Studienbrief], Hagen 1983.

Else Lasker-Schüler: Hebräische Balladen. Faksimile der Handschrift, Marbach am Neckar 1986 (Marbacher Schriften, Bd. 26).

Nikolaus Lenau: Werke und Briefe, Bd. 6,1 (Briefe 1838–1847. Text), Wien 1990 [hg. zus. mit Hartmut Steinecke].

Fünfzig Jahre Schiller-Nationalausgabe – und kein Ende? Marbach am Neckar 1991.

August Klingemann: Faust (Nachdruck der Erstausgabe [Leipzig und Altenburg 1815]). Mit einem Nachwort [zus. mit Saskia Schottelius], Stuttgart und Zürich 1991.

Nikolaus Lenau: Werke und Briefe, Bd. 6,2 (Briefe 1838–1847. Kommentar), Wien 1992 [hg. zus. mit Norbert Otto Eke, Karl Jürgen Skrodzki und Hartmut Steinecke].

Nikolaus Lenau: Werke und Briefe, Bd. 7 (Aufzeichnungen. Vermischte Schriften), Wien 1993 [hg. zus. mit Norbert Otto Eke, Karl Jürgen Skrodzki und Hartmut Steinecke].

Johann Caspar Schiller: Die Baumzucht im Grossen aus Zwanzigjährigen Erfahrungen im Kleinen, hg. v. Gottfried Stolle, Stuttgart 1993 [Der zweite Teil der ‚Baumzucht im Grossen' (S. 211 bis 308) aus der Handschrift transkribiert [von Norbert Oellers] unter Mitwirkung von Renate Dock [richtig: Ricarda Dick] und Jutta Schöning].

Schiller, Stuttgart 1993 [auch in: Deutsche Dichter. Leben und Werk deutschsprachiger Autoren vom Mittelalter bis zur Gegenwart, hg. v. Gunter E. Grimm und Frank Rainer Max, Stuttgart 1993, S. 249–272].

„Wir träumen ins Herz der Zukunft." Literatur in Nordrhein-Westfalen 1971–1994, Frankfurt/M. und Leipzig 1995 [hg. zus. mit Volker C. Dörr, Norbert O. Eke, Christoph Hollender, Joseph A. Kruse, Walter Olma und Hartmut Steinecke].

2. Herausgegebene Ausgaben, Sammelwerke und Zeitschriften

Schillers Werke. Nationalausgabe, Weimar 1978 ff. [bis 1991 zus. mit Siegfried Seidel].

Mitteilungen zur Theatergeschichte der Goethezeit. Aus der Sammlung Oscar Fambach am Germanistischen Seminar der Universität Bonn, Bonn 1980 ff. [zus. mit Karl Konrad Polheim].

Sammeln und Sichten. Festschrift für Oscar Fambach zum 80. Geburtstag, Bonn 1982 (Mitteilungen zur Theatergeschichte der Goethezeit, Bd. 4) [zus. mit Joachim Krause und Karl Konrad Polheim].

Probleme neugermanistischer Edition, Berlin 1982 (Sonderheft der Zeitschrift für deutsche Philologie, Bd. 101) [zus. mit Hartmut Steinecke].

Beschädigtes Erbe. Klassikerrezeption in finsterer Zeit, Bonn 1984 [zus. mit Horst Claussen].

Mitteilungen des Deutschen Germanistenverbandes, Frankfurt/M. 1984–87 [zus. mit Jürgen Wolff].

Unser Commercium. Goethes und Schillers Literaturpolitik, Stuttgart 1984 [zus. mit Wilfried Barner und Eberhard Lämmert].

Bonner Arbeiten zur deutschen Literatur, Bonn 1985 ff. [zus. mit Peter Pütz].

Johann Wolfgang Goethe: Sämtliche Werke. Briefe, Tagebücher und Gespräche. Frankfurter Ausgabe. 40 in 45 Bänden in zwei Abteilungen, Frankfurt/M. 1985 ff. [zus. mit Friedmar Apel u. a.].

Editionsprobleme der Literaturwissenschaft, Berlin 1986 (Sonderheft der Zeitschrift für deutsche Philologie, Bd. 105) [zus. mit Hartmut Steinecke].

Germanistik und Deutschunterricht im Zeitalter der Technologie. Selbstbestimmung und Anpassung. Vorträge des Germanistentages Berlin 1987, 4 Bde., Tübingen 1988.

Friedrich Schiller: Werke und Briefe, 12 Bde., Frankfurt/M. 1988 ff. [zus. mit Otto Dann u. a.].

Seltene und wertvolle Werke aus der Fürstlichen Bibliothek Corvey in Nachdrucken. Deutschsprachige Literatur, Stuttgart und Zürich 1988 ff. [zus. mit Hartmut Steinecke].

Nikolaus Lenau: Werke und Briefe. Historisch-kritische Gesamtausgabe, Wien 1989 ff. [zus. mit Helmut Brandt u. a.].

Brief und Briefwechsel in Mittel- und Osteuropa im 18. und 19. Jahrhundert, Essen 1989 [zus. mit Alexandru Dutu und Edgar Hosch].

Zeitschrift für deutsche Philologie, Berlin 1990 ff. [zus. mit Werner Besch, Christoph Cormeau, Hartmut Steinecke und Helmut Tervooren].

Schiller. Aspekte neuerer Forschung, Berlin 1990 (Sonderheft der Zeitschrift für deutsche Philologie, Bd. 109).

Die Deutsche Literatur. Biographisches und bibliographisches Lexikon. Reihe VI: Die Deutsche Literatur von 1890 bis 1990, Bern, Berlin u. a. 1991 ff. [zus. mit Peter Papisch, Ingrid Pergande, Erhard Schütz und Bernd Witte].

Zeitschrift für Germanistik. Neue Folge, Berlin, Bern u. a. 1991 ff. [zus. mit Wilhelm Bondzio u. a.].

Literatur in den Rheinlanden und in Westfalen – Literatur in Nordrhein-Westfalen. Texte aus hundert Jahren in vier Bänden, Frankfurt/M. und Leipzig 1995 ff. [zus. mit Joseph A. Kruse und Hartmut Steinecke].

Schiller als Historiker, Stuttgart und Weimar 1995 [zus. mit Otto Dann und Ernst Osterkamp].

Vom Umgang mit der Schoah in der deutschen Nachkriegsliteratur, Berlin 1995 (Sonderheft der Zeitschrift für deutsche Philologie, Bd. 114).

3. Aufsätze und Abhandlungen

Die „Jenaische Allgemeine Literatur-Zeitung" und Schiller, in: Studien zur Goethezeit. Festschrift für Lieselotte Blumenthal, hg. v. Helmut Holtzhauer und Bernhard Zeller, Weimar 1968, S. 302–329.

Schillers „Die Jungfrau von Orleans", in: Kindlers Literatur Lexikon, Bd. 4, Zürich 1968, Sp. 172–174 [Neufassung in: Kindlers Neues Literatur Lexikon, Bd. 14, München 1991, S. 930–933].

Ludwig Börne, in: Deutsche Dichter des 19. Jahrhunderts, hg. v. Benno von Wiese, Berlin 1969, S. 124–148 [2. Aufl. 1979: S. 155–180].

Bemerkungen über [Wolfgang Hildesheimers] „Mary Stuart". Mit einigen Vorbemerkungen über das Verhältnis Autor – Publikum, in: Über Wolfgang Hildesheimer, hg. v. Dierk Rodewald, Frankfurt/M. 1971, S. 60–78.

Johann Peter Hebel, in: Deutsche Dichter der Romantik, hg. v. Benno von Wiese, Berlin 1971, S. 55–85 [2. Aufl. 1983: S. 57–87].

Die zerstrittenen Dioskuren. Aspekte der Auseinandersetzung Heines mit Börne, in: Heine und seine Zeit, Berlin 1972 (Sonderheft der Zeitschrift für deutsche Philologie, Bd. 91), S. 66–90.

Johannes Bobrowski, in: Deutsche Dichter der Gegenwart, hg. v. Benno von Wiese, Berlin 1973, S. 413–435.

Souveränität und Abhängigkeit. Vom Einfluß der privaten und öffentlichen Kritik auf poetische Werke Schillers, in: Untersuchungen zur Literatur als Geschichte. Festschrift für Benno von Wiese, hg. v. Vincent J. Günther, Helmut Koopmann, Peter Pütz und Hans Joachim Schrimpf, Berlin 1973, S. 129–154.

Spuren Ibsens in Gerhart Hauptmanns frühen Dramen, in: Teilnahme und Spiegelung. Festschrift für Horst Rüdiger, hg. v. Beda Allemann und Erwin Koppen, Berlin 1975, S. 397–414.

Aspekte der Rezeptionsforschung. Rezeptionsorientierte Briefkommentierung, in: LiLi. Zeitschrift für Literaturwissenschaft und Linguistik 5, 1975, Heft 17: Phänomenologie und Hermeneutik, hg. v. Helmut Kreuzer, S. 68–81.

Der „umgekehrte Zweck" der ‚Erzählung' „Der Handschuh", in: Jahrbuch der Deutschen Schillergesellschaft 20, 1976, S. 387–401.

Johann Anton Leisewitz, in: Deutsche Dichter des 18. Jahrhunderts, hg. v. Benno von Wiese, Berlin 1977, S. 843–860.

Probleme der Briefkommentierung am Beispiel der Korrespondenz Schillers, in: Probleme der Brief-Edition, hg. v. Wolfgang Frühwald, Hans-Joachim Mähl und Walter Müller-Seidel, Bonn 1977, S. 105–123.

Die Bestrafung der Söhne. Zu Kafkas Erzählungen „Das Urteil", „Der Heizer" und „Die Verwandlung", in: Studien zur deutschen Literaturgeschichte und Gattungspoetik. Festgabe für Benno von Wiese, Berlin 1978 (Sonderheft der Zeitschrift für deutsche Philologie, Bd. 97), S. 70–87.

Zur Schiller-Rezeption in Österreich um 1800, in: Die österreichische Literatur. Ihr Profil an der Wende vom 18. zum 19. Jahrhundert, hg. v. Herbert Zeman, Graz 1979, S. 677–696.

Geschichte der Literatur in den Rheinlanden seit 1815, in: Rheinische Geschichte, hg. v. Franz Petri und Georg Droege, Bd. 3: Wirtschaft und Kultur im 19. und 20. Jahrhundert, Düsseldorf 1979, S. 553–696.

Schillers „Das Reich der Schatten" und „Das Ideal und das Leben". *Ein* Gedicht?, in: Kulturwissenschaften. Festgabe für Wilhelm Perpeet, hg. v. Heinrich Lützeler, Bonn 1980, S. 292–305 [leicht verändert in: Edition und Interpretation. Akten des [. . .] deutsch-französischen Editorenkolloquiums Berlin 1979, hg. v. Louis Hay und Winfried Woesler, Bern, Frankfurt/M. und Las Vegas 1981, S. 44–57].

Quod bonum publicum promovet. Johann Gottfried Seumes Rußland-Erfahrungen und ihre Darstellung, in: Reisen und Reisebeschreibungen im 18. und 19. Jahrhundert als Quellen der Kulturbeziehungsforschung, hg. v. B. I. Krasnobaev, Gert Robel und Herbert Zeman, Berlin 1980, S. 225–238.

Hof-, Stadt- und Nationaltheater [in Deutschland um 1800], in: Deutsche Literatur. Eine Sozialgeschichte, hg. v. Horst Albert Glaser, Bd. 5, Reinbek 1980, S. 255–275.

Über Clara Viebig. Nachwort, in: Clara Viebig: Das Miseräbelchen und andere Erzählungen, ausgewählt von Bernd Jentzsch, Olten und Freiburg i. Brsg. 1981, S. 101–112.

Thomas Mann, Friedrich Schiller und die Vorsehung, in: Arbeitskreis Heinrich Mann. Mitteilungsblatt. Sonderheft, hg. v. Peter-Paul Schneider, Lübeck 1981, S. 221–224.

Idylle und Politik. Französische Revolution, ästhetische Erziehung und die Freiheit der Urkantone, in: Friedrich Schiller. Kunst, Humanität und Politik in der späten Aufklärung, hg. v. Wolfgang Wittkowski, Tübingen 1982, S. 114–133.

Heinrich Laube als Direktor des Wiener Burgtheaters, in: Die österreichische Literatur. Ihr Profil im 19. Jahrhundert, hg. v. Herbert Zeman, Graz 1982, S. 23–45.

Goethes „Die Wahlverwandtschaften" und Kafkas „Der Prozeß", in: Trierer Beiträge. Aus Forschung und Lehre an der Universität Trier, Sonderheft 6 (September 1982), S. 17–22 [auch in: Jahrbuch des Wiener Goethe-Vereins 1982–84, S. 301–312].

Friedrich Wilhelm Krummachers Gedicht „Am Lurleifelsen" – eine Quelle für Heine? Mit einer methodologischen Vorbemerkung, in: Sammeln und Sichten. Festschrift für Oscar Fambach zum 80. Geburtstag, hg. v. Joachim Krause, N. O. und Karl Konrad Polheim, Bonn 1982 (Mitteilungen zur Theatergeschichte der Goethezeit, Bd. 4), S. 283–293.

Angleichung, Normalisierung, Restitution. Die Editio hybrida als Schicksal der deutschen Klassiker?, in: Probleme neugermanistischer Edition, hg. v. N. O. und Hartmut Steinecke, Berlin 1982 (Sonderheft der Zeitschrift für deutsche Philologie, Bd. 101), S. 29–42.

Warum eigentlich Eduard? Zur Namen-Wahl in Goethes „Wahlverwandtschaften", in: Genio huius loci. Dank an Leiva Petersen, hg. v. Dorothea Kuhn und Bernhard Zeller, Wien, Köln und Graz 1982, S. 215–234.

Caroline Schelling, in: Deutsche Dichter der Romantik, hg. v. Benno von Wiese, 2. Aufl., Berlin 1983, S. 168–196.

„Karikatur u. Excentricität". Bemerkungen zu Heinrich Manns Novellen „Das Wunderbare" und „Pippo Spano", in: Heinrich Mann. Sein Werk in der Weimarer Republik, hg. v. Helmut Koopmann und Peter-Paul Schneider, Frankfurt/M. 1983, S. 25–39.

Karl Roßmanns Untergang. Zu Kafkas Roman „Der Verschollene", in: Budapester Beiträge zur Germanistik, Bd. 10: Welt und Roman, hg. v. Antal Mádl und Miklos Salyamosy, Budapest 1983, S. 189–205.

Dichtung und Volkstum. Der Fall der Literaturwissenschaft, in: Literatur und Germanistik nach der ‚Machtübernahme‘, hg. v. Beda Allemann, Bonn 1983, S. 232–254.

Ein unbekannter Brief an Schiller. Mit weiteren Nachträgen zur Schiller-Nationalausgabe, in: Jahrbuch der Deutschen Schiller-Gesellschaft 27, 1983, S. 9–16.

Blochs Nähe zu Hebel, in: Bloch-Almanach 3, Ludwigshafen 1983, S. 123–134.

Klassische Dramen, Literaturwissenschaft, Theater, in: Schau-Bühne. Schillers Dramen 1945–1984 [Ausstellungskatalog], Marbach am Neckar 1984, S. 309–316.

Das verlorene Schöne in bewahrender Klage. Zu Schillers „Nänie", in: Gedichte und Interpretationen, Bd. 3: Klassik und Romantik, hg. v. Wulf Segebrecht, Stuttgart 1984, S. 182–195.

Goethes und Schillers Balladen vom Juni 1797 – auch Nebenwerke zu „Hermann und Dorothea" und „Wallenstein", in: Unser Commercium. Goethes und Schillers Literaturpolitik, hg. v. Wilfried Barner, Eberhard Lämmert und N. O., Stuttgart 1984, S. 507–527.

Else Lasker-Schülers „Hebräische Balladen" – auch für die asiatische Prinzessin Leila, in: Zeit der Moderne. Bernhard Zeller zum 65. Geburtstag, hg. v. Hans-Henrik Krummacher, Fritz Martini und Walter Müller-Seidel, Stuttgart 1984, S. 363–375.

Goethes Novelle „Die pilgernde Thörinn" und ihre französische Quelle, in: Goethe-Jahrbuch 102, 1985, S. 88–104.

Zwischen Poesie und Sacherläuterungen. Zu Lenaus Briefen, in: Lenau-Forum 1985, S. 47–51.

„Herkules im Himmel" und „Orpheus in der Unterwelt". Zu zwei Gedichtplänen Schillers, in: Impulse 9, hg. v. Walter Dietze und Werner Schubert, Berlin (Ost) und Weimar 1986, S. 75–89.

Die Wende vom 18. zum 19. Jahrhundert im klassischen Weimar, in: DAAD – Dokumentationen & Materialien 7, Bonn 1986, S. 111–123.

Literatur für die Mehrheit? Notizen über Heinrich August Ottokar Reichard und seinen „Revolutions-Almanach", in: Aufklärung. Interdisziplinäre Halbjahresschrift zur Erforschung des 18. Jahrhunderts und seiner Wirkungsgeschichte 1, 1986, Heft 2: Französische Revolution und deutsche Literatur, hg. v. Karl Eibl, S. 25–41.

Über Veränderungen in Leben und Werk Benno von Wieses, in: In memoriam Benno von Wiese, Bonn 1987, S. 18–26.

Goethe in der Kritik Börnes, in: Ludwig Börne und Frankfurt am Main, Frankfurt/M. 1987 (Frankfurter Bibliotheksschriften, Bd. 1), S. 1–38.

Die Niederlagen der Einzelnen durch die Vielen. Einige Bemerkungen über Grabbes „Hannibal" und „Die Hermannsschlacht", in: Christian Dietrich Grabbe 1801–1836. Beiträge zum Symposium 1986 der Grabbe-Gesellschaft, hg. v. Werner Broer und Detlev Kopp, Tübingen 1987, S. 114–129.

„Und bin ich strafbar, weil ich menschlich war?" Zu Schillers Tragödie „Die Jungfrau von Orleans", in: Friedrich Schiller. Angebot und Diskurs, hg. v. Helmut Brandt, Berlin (Ost) und Weimar 1987, S. 299–310.

Literatur der Überredung – Überzeugung durch Poesie. Bemerkungen zu Joseph Roths Roman „Hiob", in: Galizien – eine literarische Heimat, hg. v. Stefan H. Kaszynski, Poznan 1987, S. 151–161.

Collum liberum. Ludwig Börnes Freiheitsbegriff – das eindeutige Besondere, in: „Die Kunst – eine Tochter der Zeit". Neue Studien zu Ludwig Börne, hg. v. Inge Rippmann und Wolfgang Labuhn, Bielefeld 1988, S. 111–129.

Goethe und Schiller in ihrem Verhältnis zum Judentum, in: Conditio Judaica. Judentum, Antisemitismus und deutschsprachige Literatur vom 18. Jahrhundert bis zum Ersten Weltkrieg, Teil 1, hg. v. Hans Otto Horch und Horst Denkler, Tübingen 1988, S. 108–130.

Zwischen Aktualismus und Historismus. Zur Situation des Theaters in der Bundesrepublik Deutschland, in: DAAD – Dokumentationen & Materialien 14, Bonn 1989, S. 61–69.

Johann Anton Leisewitz, in: Deutsche Dichter. Leben und Werk deutschsprachiger Autoren, hg. v. Gunter E. Grimm und Frank Rainer Max, Bd. 4: Sturm und Drang, Klassik, Stuttgart 1989, S. 209–214.

Friedrich Schiller, in: Deutsche Dichter. Leben und Werk deutschsprachiger Autoren, hg. v. Gunter E. Grimm und Frank Rainer Max, Bd. 4: Sturm und Drang, Klassik, Stuttgart 1989, S. 261–312.

Die ersten beiden Bände der Lenau-Ausgabe und ihre editorischen Probleme, in: Lenau-Forum 1989, S. 5–13.

Rosen und Nachtigallen. Vom Fremdwerden des Vertrauten in Heinrich Heines Lyrik, in: Theorien, Epochen, Kontakte. Festschrift zum 60. Geburtstag von Antal Mádl, hg. v. Janos Szabo und Ferenc Szasz, Budapest 1989, S. 125–145 [überarbeitet unter dem Titel: Mehrfacher Schriftsinn. Rosen und Nachtigallen in Heines Lyrik, in: Heine-Jahrbuch 29, 1990, S. 129–146].

Der Brief als Mittel privater und öffentlicher Kommunikation in Deutschland im 18. Jahrhundert, in: Brief und Briefwechsel in Mittel- und Osteuropa im 18. und 19. Jahrhundert, hg. v. Alexandru Dutu, Edgar Hosch und N. O., Essen 1989, S. 9–36.

Franz Kafka als Briefschreiber, in: Die österreichische Literatur. Ihr Profil von der Jahrhundertwende bis zur Gegenwart (1880–1980), hg. v. Herbert Zeman, Graz 1989, S. 939–957.

Keine Hilfe für Karl Roßmann – Musik in Kafkas Roman „Der Verschollene", in: Dialog der Künste. Festschrift für Erwin Koppen, hg. v. Maria Moog-Grünewald und Christoph Rodiek, Frankfurt/M., Bern, New York und Paris 1989, S. 259–268.

Schillers Geschichtsauffassung im Spiegel seiner klassischen Dramen, [in chinesischer Übersetzung] in: Schiller und China, Chengdu 1989, S. 237–262.

Laudatio [auf Gerhard Mensching], in: Literaturpreis der Bonner LESE. 1989. Gerhard Mensching, Bonn 1989, S. 11–21.

Schiller – Gedichte als versifizierte Geschichte, in: Literatur und Geschichte 1788–1988, hg. v. Gerhard Schulz und Tim Mehigan, Bern, Frankfurt/M., New York und Paris 1990, S. 27–39.

Die Dame Lucifer zwischen Revolution und Literatur, in: Germanica Wratislaviensia LXXX, 1990, S. 121–135.

Zum Verständnis poetischer Texte aus Varianten. Goethes und Schillers „Tabulae votivae" und „Xenien" [zus. mit Georg Kurscheidt], in: editio 4, 1990, S. 160–182.

Aus einer Philologenwerkstatt, in: Jahrbuch der Deutschen Schillergesellschaft 34, 1990, S. 404 f.

Die Heiterkeit der Kunst. Goethe variiert Schiller, in: Edition als Wissenschaft. Festschrift für Hans Zeller, hg. v. Gunter Martens und Winfried Woesler, Tübingen 1991, S. 92–103.

„Teutscher Shakespear". Bemerkungen zu Schillers Dramen, alte und neue, in: 40 Jahre Theatergemeinde Bonn. Aufsätze und Dokumentation, Bonn 1991, S. 23–40.

Die Förderung der Geisteswissenschaften durch die Deutsche Forschungsgemeinschaft. Ein Gespräch mit Dr. Manfred Briegel, in: Zeitschrift für Germanistik N. F. 1, 1991, S. 487–501.

Schillers Jungfrau von Orleans als Mädchen aus der Fremde, in: Begegnung mit dem ‚Fremden‘. Grenzen – Traditionen – Vergleiche. Akten des VIII. internationalen Germanisten-Kongresses Tokyo 1990., hg. v. Eijiro Iwasaki, Bd. 7, hg. v. Yoshinori Shichiji, München 1991, S. 226–231.

Das lyrische Werk von Friedrich von Schiller, in: Kindlers Neues Literatur Lexikon, Bd. 14, München 1991, S. 915–920.

Hochschulgermanistik in den neuen Bundesländern, in: Mitteilungen des Deutschen Germanistenverbandes 1991, H. 4, S. 16–18 [außerdem in: Germanistik, Deutschunterricht und Kulturpolitik. Vorträge des Augsburger Germanistentags 1991, hg. v. Johannes Janota, Tübingen 1993, Bd. 4, S. 305–308].

Ein rastloser Wanderer. Johann Gottfried Seume, in: Russen und Rußland aus deutscher Sicht. 19. Jahrhundert: Von der Jahrhundertwende bis zur Reichsgründung (1800–1871), hg. v. Mechthild Keller, München 1992, S. 83–99.

Das Zufällige ist das Notwendige. Bemerkungen zu Schillers „Wallenstein“, in: Programmheft Schauspiel Bonn, Nr. 14, (April) 1992, S. 14–35.

Aspekte und Prinzipien regionaler Literaturgeschichtsschreibung, in: Literatur an der Grenze. Festgabe für Gerhard Schmidt-Henkel, hg. v. Uwe Grund und Günter Scholdt, Saarbrücken 1992, S. 11–21.

Die Bonner Schriftstellerin Johanna Elberskirchen – von der Zeit verschluckt?, in: Bonn und das Rheinland. Festschrift für Dietrich Höroldt, hg. v. Manfred Rey und Norbert Schloßmacher, Bonn 1992, S. 527–544.

Vision und Revolution 1790 und 1970. Peter Weiss’ Hölderlin-Drama, in: Literatur, Ästhetik, Geschichte. Neue Zugänge zu Peter Weiss, hg. v. Michael Hofmann, St. Ingbert 1992, S. 79–97 [franz. Übersetzung: Vision et révolution en 1790 et en 1970. „Hölderlin“ de Peter Weiss, in: Littérature, esthétique, histoire dans l’œuvre de Peter Weiss, Nancy 1993, S. 75–91].

Der Kollege, nah und fern [Beda Allemann], in: In memoriam Beda Allemann, Bonn 1992, S. 20–26.

Schillers Gedicht „Der Venuswagen“. Nachwort, in: Friedrich Schiller: Der Venuswagen. Unveränderter Nachdruck der ersten Auflage von 1781, Stuttgart und Weimar 1993, S. I–XXIV.

Elf Bemerkungen zum Beitrag von Karl Robert Mandelkow [„Die Goethe-Gesellschaft in Weimar als literaturwissenschaftliche Institution“], in: Literaturwissenschaft und Geistesgeschichte 1910 bis 1925, hg. v. Christoph König und Eberhard Lämmert, Frankfurt/M. 1993, S. 356–361.

„Kann auch so tief ein Mensch erniedrigt werden?“ – Warum „Amphitryon“? Warum „ein Lustspiel“?, in: text + kritik. Sonderband Heinrich von Kleist, hg. v. Heinz Ludwig Arnold, München 1993, S. 72–83.

Interpretierte Geschichte. Geschichtlichkeit der Interpretation. Probleme wissenschaftlicher Edition, in: Geist, Geld und Wissenschaft, hg. v. Peter J. Brenner, Frankfurt/M. 1993, S. 231–252.

Bertolt Brecht und Giordano Bruno, in: Giordano Bruno. Tragik eines Unzeitgemäßen, hg. v. Willi Hirdt, Tübingen 1993, S. 205–214.

Gedenkrede auf Lieselotte Blumenthal, in: Lieselotte Blumenthal zum Gedenken, Weimar und Marbach am Neckar 1993, S. 9–20.

Wie sollten Briefwechsel ediert werden?, in: Der Brief in Klassik und Romantik. Aktuelle Probleme der Briefedition, hg. v. Lothar Bluhm und Andreas Meier, Würzburg 1993, S. 1–12.

Bonn im Spiegel zeitgenössischer Literatur, in: Stichwort Literatur. Beiträge zu den Münstereifeler Literaturgesprächen, Bad Münstereifel 1993, S. 68–86.

Erforschung der Moderne und regionale Identitätssuche – ein Widerspruch?, in: Die Moderne im Rheinland. Ihre Förderung und Durchsetzung in Literatur, Theater, Musik, Architektur, angewandter und bildender Kunst 1900–1930. Vorträge des interdisziplinären Arbeitskreises zur Erforschung der Moderne im Rheinland, hg. v. Dieter Breuer, Köln 1994, S. 19–27.

Arrangement von Einfällen. Etwas über Schillers Weise zu dichten, in: Die Genese literarischer Texte. Modelle und Analysen, hg. v. Axel Gellhaus zus. mit Winfried Eckel, Diethelm Kaiser, Andreas Lohr-Jasperneite und Nikolaus Lohse, Würzburg 1994, S. 43–56.

Johannes Bobrowski, in: Deutsche Dichter des 20. Jahrhunderts, hg. v. Hartmut Steinecke, Berlin 1994, S. 593–608.

Franz Kafkas „Eine kaiserliche Botschaft", in: Der Abbruch des Turmbaus. Studien zum Geist in China und im Abendland. Festschrift für Rolf Trauzettel, Sankt Augustin 1995, S. 251–266.

Die „Hallischen Jahrbücher" und die deutsche Literatur, in: Philosophie und Literatur im Vormärz. Der Streit um die Romantik (1820–1854), hg. v. Walter Jaeschke, Hamburg 1995, S. 141–152.

Poetische Fiktion als Geschichte. Die Funktion erfundener Figuren in Geschichtsdramen Schillers, in: Schiller als Historiker, hg. v. Otto Dann, N. O. und Ernst Osterkamp, Stuttgart und Weimar 1995, S. 205–217.

„Der Sohn" – Walter Hasenclevers „Faust"-Versuch, in: Avantgarde, Modernität, Katastrophe, hg. v. Eberhard Lämmert und Giorgio Cusatelli, Firenze 1995, S. 169–178.

„Deines Tores Gold schmilzt an meiner Sehnsucht." Else Lasker-Schülers „Hebräische Balladen", in: Convivium. Germanistisches Jahrbuch Polen 1995, Bonn 1995, S. 65–78.

Editionswissenschaft um 1945, in: Zeitenwechsel. Germanistische Literaturwissenschaft vor und nach 1945, hg. v. Wilfried Barner und Christoph König, Frankfurt/M. 1996, S. 103–118.

MARTIN SWALES

Epochenbuch Realismus

Romane und Erzählungen

1996, ca. 200 Seiten, DIN A 5, kartoniert, ca. DM 39,80,
ISBN 3 503 03754 3
Grundlagen der Germanistik, Band 32

Der Band bietet eine umfassende Einführung in die deutsch-
sprachige Literatur des Realismus. Die bedeutendsten Werke
und Autoren der Epoche werden anhand von detaillierten
Textanalysen vorgestellt: der Bogen spannt sich von Gutzkow,
Sealsfield, Ludwig, Keller, Raabe über Fontane bis hin zu
Thomas Mann.

Dabei unternimmt Martin Swales eine Art Ehrenrettung dieser bislang als verinnerlicht geltenden erzählerischen Tradition. Neben der Auseinandersetzung mit den Klischees der
deutschen Geschichte — etwa mit dem „deutschen Sonder-
weg" und der „verspäteten Nation" — befaßt er sich mit unreflektierten Auffassungen des literarischen Realismus.

Martin Swales' Studie präsentiert einen Überblick über die
komplexe Tradition des Realismus, mit der er versucht, sowohl neue wissenschaftliche Akzente zu setzen, als auch
dem Publikum durch eine bewußt leserfreundliche Darstellung eine bisher eher vernachlässigte Prosatradition näher
zu bringen. — Ein Buch, das sich nicht nur an Studierende
und Fachleute richtet, sondern an jeden interessierten Leser.

UNSER AKTUELLES VERLAGSPROGRAMM JETZT IM INTERNET:
HTTP://WWW.GEIST.DE

ESV ERICH SCHMIDT VERLAG
Berlin Bielefeld München